I0846986

MIGUEL DE CERVANTES

DON QUIJOTE DE LA MANCHA

(Parte II)

astria

DON QUIJOTE DE LA MANCHA (Parte II)

MIGUEL DE CERVANTES

©Colección Erandique
Supervisión Editorial: Óscar Flores López
Diseño de portada: Andrea Rodríguez
Administración: Tesla Rodas—Jessica Cordero
Director Ejecutivo: José Azcona Bocock
Primera Edición
Tegucigalpa, Honduras—Diciembre de 2025

PRÓLOGO AL LECTOR

¡Válgame Dios, y con cuánta gana debes de estar esperando ahora, lector ilustre o quizá plebeyo, este prólogo, creyendo hallar en él venganzas, riñas y vituperios del autor del segundo Don Quijote, digo, de aquel que dicen que se engendró en Tordesillas y nació en Tarragona! Pues, en verdad, no he de darte ese contento; que, aunque los agravios despiertan la cólera en los pechos más humildes, en el mío ha de padecer excepción esta regla. Quisieras tú que lo llamara asno, mentecato y atrevido; pero no me pasa por el pensamiento: castíguelo su pecado, con su pan se lo coma y allá se lo haya.

Lo que no he podido dejar de sentir es que me note de viejo y de manco, como si hubiera estado en mi mano detener el tiempo para que no pasara por mí, o como si mi manquedad hubiera nacido en alguna taberna, y no en la más alta ocasión que vieron los siglos pasados, los presentes ni esperan ver los venideros. Si mis heridas no resplandecen ante los ojos de quien las mira, son estimadas, al menos, por quienes saben dónde se ganaron; que el soldado más bien parece muerto en la batalla que libre en la fuga. Y esto sucede en mí de tal manera que, si ahora me propusieran y facilitaran un imposible, preferiría haberme hallado en aquella empresa prodigiosa antes que verme ahora sano de mis heridas sin haber estado en ella.

Las heridas que el soldado muestra en el rostro y en el pecho son estrellas que guían a otros al cielo de la honra y al deseo de la justa alabanza; y conviene advertir que no se escribe con las canas, sino con el entendimiento, el cual suele mejorarse con los años.

He sentido también que me llame envidioso y que, como a ignorante, me explique qué cosa es la envidia; cuando, en realidad, de las dos que existen yo no conozco sino la santa, la noble y la bien intencionada. Y siendo esto así, como lo es, no tengo por qué perseguir a sacerdote alguno, y menos si tiene además la condición de familiar del Santo Oficio. Y si lo dijo por quien parece que lo dijo, se engañó por completo; porque a tal persona le adoro el ingenio, le admiro las obras y su ocupación continua y virtuosa.

Pero, en fin, le agradezco a este señor autor que diga que mis novelas son más satíricas que ejemplares, pero que son buenas; y no podrían serlo si no tuvieran de todo.

Me parece que me dices que ando muy limitado y que me contengo demasiado dentro de los términos de la modestia, sabiendo que no se debe añadir aflicción al afligido; y sin duda grande debe de ser la que este señor tiene, pues no se atreve a salir a campo abierto y a cielo claro, ocultando su nombre y fingiendo su patria, como si hubiera cometido alguna traición de lesa majestad.

Si por ventura llegaras a conocerlo, dile de mi parte que no me tengo por agraviado; que bien sé lo que son las tentaciones del demonio, y que una de las mayores es ponerle a un hombre en la cabeza que puede componer e imprimir un libro con el que gane tanta fama como dinero, y tanto dinero como fama. Y para confirmación de esto, quiero que, con tu buen donaire y gracia, le cuentes este cuento:

Había en Sevilla un loco que dio en el más gracioso disparate que loco alguno haya dado en el mundo. Hizo un cañuto de caña, puntiagudo en un extremo, y cuando encontraba algún perro en la calle o en cualquier otra parte, con un pie le sujetaba el suyo y con la mano le alzaba el otro, y como mejor podía acomodaba el cañuto en cierta parte, de modo que, soplándole, lo dejaba redondo como una pelota. Y teniéndolo así, le daba dos palmadas en la barriga y lo soltaba, diciendo a los circunstantes, que siempre eran muchos:

—¿Pensarán ahora que es poco trabajo hinchar un perro?

—¿Pensará ahora que es poco trabajo hacer un libro?

Y si este cuento no le cuadrara, le dirás, lector amigo, este otro, que también es de loco y de perro:

Había en Córdoba otro loco que tenía por costumbre llevar sobre la cabeza un pedazo de losa de mármol o un canto no muy liviano; y cuando encontraba algún perro descuidado, se le acercaba y dejaba caer a plomo el peso sobre él. Se enfurecía el perro y, dando ladridos y aullidos, no se detenía en tres calles. Sucedió que, entre los perros sobre los que descargó la carga, hubo uno que pertenecía a un bonetero, a quien su dueño quería mucho. Cayó el canto, le dio en la cabeza, alzó el grito el perro maltrecho; lo vio y lo sintió su amo, tomó una vara de medir y salió tras el loco, y no le dejó hueso sano. Y a cada golpe que le daba decía:

—Perro ladrón, ¿a mi podenco? ¿No viste, cruel, que era podenco mi perro?

Y repitiendo muchas veces el nombre de podenco, dejó al loco hecho una alheña. Escarmentó el loco y se retiró, y por más de un mes no salió a la plaza; al cabo de ese tiempo volvió con su invención y con mayor carga. Se acercaba a donde estaba el perro y, mirándolo fijamente, sin querer ni atreverse a soltar la piedra, decía:

—Este es Podenco: ¡cuidado!

En efecto, a todos los perros que encontraba, aunque fueran alanos o gozques, los llamaba podencos; y así, no volvió a soltar el canto. Quizá de esta suerte le pueda acontecer a este historiador, que no se atreverá a soltar de nuevo la presa de su ingenio en libros que, siendo malos, resultan más duros que las peñas.

Dile también que de la amenaza que me hace, diciendo que me quitará la ganancia con su libro, no se me da un ardite; que, acomodándome al famoso entremés de La Perendenga, le respondo que viva el Veinticuatro mi señor, y Cristo con todos.

Viva el gran conde de Lemos, cuya cristiandad y liberalidad, bien conocidas, me sostienen contra todos los golpes de mi corta fortuna; y viva también la suma caridad del ilustrísimo de Toledo, don Bernardo de Sandoval y Rojas. Y aunque no hubiera imprentas en el mundo, y aunque se imprimieran contra mí más libros que letras tienen las coplas de Mingo Revulgo, estos dos príncipes, sin que los mueva adulación mía ni otro género de aplauso, sino solo su bondad, han tomado a su cargo el hacerme merced y favorecerme, en lo cual me tengo por más dichoso y más rico que si la fortuna, por camino ordinario, me hubiera puesto en su cumbre.

La honra puede tenerla el pobre, pero no el vicioso; la pobreza puede nublar la nobleza, pero no oscurecerla del todo; y cuando la virtud deja ver alguna luz, aunque sea entre los inconvenientes y estrecheces, viene a ser estimada por los altos y nobles espíritus y, por consiguiente, favorecida.

Y no le digas más, ni yo quiero decirte más a ti, sino advertirte que consideres que esta segunda parte de Don Quijote que te ofrezco está cortada del mismo artífice y del mismo paño que la primera, y que en ella te doy a don Quijote dilatado y, finalmente, muerto y sepultado, para que nadie se atreva a levantarle nuevos testimonios; pues bastan los pasados, y basta también que un hombre honrado haya dado noticia de estas discretas locuras sin querer volver a entrar en ellas. Porque la abundancia de las cosas, aunque sean buenas, hace que no se estimen, y la escasez, aun de las malas, algo las hace estimar.

Se me olvidaba decirte que esperes Persiles, que ya estoy acabándolo, y la segunda parte de La Galatea.

CAPÍTULO I: DE LO QUE EL CURA Y EL BARBERO PASARON CON DON QUIJOTE CERCA DE SU ENFERMEDAD

Cuenta Cide Hamete Benengeli, en la segunda parte de esta historia y tercera salida de don Quijote, que el cura y el barbero estuvieron casi un mes sin verlo, para no renovarle ni traerle a la memoria las cosas pasadas; pero no por eso dejaron de visitar a su sobrina y a su ama, encargándoles que cuidaran de regalarlo, dándole alimentos reconfortantes y apropiados para el corazón y el cerebro, de donde procedía, según buen juicio, toda su mala ventura.

Ellas dijeron que así lo hacían y lo harían, con toda la voluntad y el cuidado posibles, porque notaban que su señor, por momentos, daba muestras de estar en su entero juicio; de lo cual recibieron ambos gran contento, pues les parecía que habían acertado al traerlo encantado en el carro de los bueyes, como se contó en la primera parte de esta tan grande como puntual historia, en su último capítulo.

Y así, determinaron visitarlo y comprobar su mejoría, aunque tenían casi por imposible que la tuviera; y acordaron no tocarle asunto alguno de la andante caballería, para no ponerse en peligro de descoser las heridas, que tan tiernas estaban.

Lo visitaron, en fin, y lo hallaron sentado en la cama, vestido con una almilla de bayeta verde y un bonete colorado toledano; estaba tan seco y enjuto que parecía hecho de carne momificada. Los recibió muy bien, le preguntaron por su salud, y él dio cuenta de sí y de ella con mucho juicio y palabras muy elegantes.

En el curso de la conversación vinieron a tratar de lo que llaman razón de Estado y modos de gobierno, corrigiendo abusos, condenando unos, reformando costumbres y desterrando otras, de modo que cada uno de los tres se hizo un nuevo legislador, un Licurgo moderno o un Solón flamante. De tal manera renovaron la república, que no parecía sino que la habían puesto en una fragua y sacado otra distinta; y habló don Quijote con tanta discreción en todas las materias que se tocaron, que los dos examinadores creyeron sin duda que estaba completamente sano y en su entero juicio.

Se encontraban presentes en la conversación la sobrina y el ama, y no se cansaban de dar gracias a Dios al ver a su señor con tan buen entendimiento; pero el cura, cambiando su primer propósito —que era no tocarle nada de caballerías—, quiso probar del todo si la sanidad de don Quijote era falsa o verdadera. Así, de asunto en asunto, llegó a contar algunas noticias venidas de la Corte; y, entre otras, dijo que se tenía por cierto que el Turco bajaba con una poderosa armada, y que no se sabía su designio ni dónde había de descargar tan gran nublado. Con este temor —que casi cada año nos pone en armas— estaba prevenida toda la cristiandad, y Su Majestad había mandado proveer las costas de Nápoles y Sicilia y la isla de Malta.

A esto respondió don Quijote:

—Su Majestad ha obrado como prudentísimo guerrero al proveer sus estados con tiempo, para que el enemigo no lo halle desprevenido; pero si tomara mi consejo, le aconsejaría que usara de una prevención en la cual Su Majestad, a estas horas, debe de estar muy lejos de pensar.

Apenas oyó esto el cura, cuando dijo para sí: «¡Dios te tenga de su mano, pobre don Quijote, que me parece que te despeñas de la alta cumbre de tu locura al profundo abismo de tu simpleza!». Pero el barbero, que ya había pensado lo mismo que el cura, preguntó a don Quijote cuál era la advertencia de esa prevención que decía que convenía hacer; quizá podría ser de las que se ponen en la lista de los muchos consejos impertinentes que suelen darse a los príncipes.

—El mío, señor barbero —dijo don Quijote—, no será impertinente, sino pertinente.

—No lo digo por eso —replicó el barbero—, sino porque la experiencia ha mostrado que todos, o los más, de los arbitrios que se dan a Su Majestad, o son imposibles, o disparatados, o en daño del rey o del reino.

—Pues el mío —respondió don Quijote— ni es imposible ni disparatado, sino el más fácil, el más justo y el más ingenioso y breve que puede caber en el pensamiento de arbitrante alguno.

—Ya tarda en decirlo usted, señor don Quijote —dijo el cura.

—No querría —dijo don Quijote— decirlo aquí ahora, y que mañana amaneciera en oídos de los señores consejeros, y que otro se llevara las gracias y el premio de mi trabajo.

—Por mí —dijo el barbero— doy mi palabra, aquí y delante de Dios, de no decir lo que usted dijera a rey ni a roque, ni a hombre terrenal;

juramento que aprendí del romance del cura que, en el prefacio, avisó al rey del ladrón que le había robado las cien doblas y su mula, la andariega.

—No sé historias —dijo don Quijote—, pero sé que ese juramento es bueno, porque sé que el señor barbero es hombre de bien.

—Aunque no lo fuera —dijo el cura—, yo lo avalo y respondo por él: en este caso no hablará más que un mudo, so pena de pagar lo juzgado y sentenciado.

—¿Y a usted quién le fía, señor cura? —dijo don Quijote.

—Mi profesión —respondió el cura—, que es guardar secreto.

—¡Cuerpo de tal! —dijo entonces don Quijote—. ¿Qué hay que hacer, sino mandar Su Majestad, por pregón público, que se junten en la Corte, para un día señalado, todos los caballeros andantes que vagan por España? Porque, aunque no vinieran sino media docena, tal podría venir entre ellos que, él solo, bastara para destruir toda la potestad del Turco. Estén ustedes atentos y vayan conmigo. ¿Acaso es cosa nueva que un solo caballero andante deshaga un ejército de doscientos mil hombres, como si todos juntos tuvieran una sola garganta o fueran hechos de alfeñique? Si no, díganme: ¿cuántas historias están llenas de estas maravillas?

¡Ojalá —en mala hora para mí, que no quiero decir para otro— viviera hoy el famoso don Belianís, o alguno del innumerable linaje de Amadís de Gaula; porque, si alguno de esos viviera hoy y se afrontara con el Turco, a fe que no le arrendara la ganancia! Pero Dios mirará por su pueblo y deparará a alguno que, si no tan bravo como los caballeros andantes de otros tiempos, al menos no les será inferior en ánimo; y Dios me entiende, y no digo más.

—¡Ay! —dijo en ese punto la sobrina—. ¡Que me maten si no quiere mi señor volver a ser caballero andante!

A lo que dijo don Quijote:

—Caballero andante he de morir, y baje o suba el Turco cuando quiera y con cuanta fuerza pueda; que otra vez digo que Dios me entiende.

En esto dijo el barbero:

—Suplico que se me dé licencia para contar un cuento breve que sucedió en Sevilla, que, por venir aquí como de molde, me dan ganas de contarlo.

Dio la licencia don Quijote, y el cura y los demás le prestaron atención, y él comenzó de esta manera:

—En la casa de los locos de Sevilla estaba un hombre a quien sus parientes habían puesto allí por falto de juicio. Era graduado en Cánones por Osuna; pero, aunque lo hubiera sido por Salamanca, según opinión de muchos, no dejaría de ser loco. Este licenciado, al cabo de algunos años de recogimiento, se dio a entender que estaba cuerdo y en su entero juicio; y con esa idea escribió al arzobispo, suplicándole encarecidamente y con muy bien concertadas razones que mandase sacarlo de la miseria en que vivía, pues por la misericordia de Dios ya había recobrado el juicio perdido. Pero sus parientes, por gozar de parte de su hacienda, lo tenían allí y, a pesar de la verdad, querían que fuese loco hasta la muerte.

El arzobispo, persuadido por muchos billetes discretos y bien escritos, mandó a un capellán suyo que se informara del rector de la casa si era verdad lo que aquel licenciado le escribía, y que asimismo hablara con el loco; y que, si le parecía que tenía juicio, lo sacara y lo pusiera en libertad.

Así lo hizo el capellán, y el rector le dijo que aquel hombre todavía estaba loco; que, aunque hablaba muchas veces como persona de gran entendimiento, al cabo decía tantas necedades que, en muchas y muy grandes, igualaban a sus primeras discreciones, como podía comprobarse hablándole.

Quiso hacerlo el capellán, y, conversando con él, habló una hora y más, y en todo ese tiempo jamás el loco dijo razón torcida ni disparatada; antes habló tan atentamente que el capellán se vio obligado a creer que estaba cuerdo. Y entre otras cosas que le dijo fue que el rector le tenía ojeriza por no perder los regalos que sus parientes le hacían para que dijese que aún estaba loco, y que el mayor enemigo que tenía en su desgracia era su mucha hacienda, pues, por gozarse de ella, sus contrarios ponían dudas y desconfiaban de la merced que Nuestro Señor le había hecho al volverlo de bestia en hombre.

Finalmente, habló de tal modo que hizo sospechoso al rector, codiciosos y desalmados a sus parientes, y a él tan discreto, que el capellán se determinó a llevárselo consigo para que el arzobispo lo viera y comprobara por su mano la verdad de aquel negocio.

Con esa buena fe, el capellán pidió al rector que mandase dar los vestidos con que había entrado allí el licenciado. Volvió a decir el rector que mirase lo que hacía, porque, sin duda, el licenciado aún estaba loco. No sirvieron de nada, para con el capellán, las prevenciones y advertencias del rector para que dejara de llevárselo; obedeció el rector, viendo que era orden del arzobispo.

Pusieron al licenciado sus vestidos, que eran nuevos y decentes; y cuando él se vio vestido de cuerdo y desnudo de loco, suplicó al capellán que, por caridad, le diera licencia para ir a despedirse de sus compañeros. El capellán dijo que quería acompañarlo y ver los locos que había en la casa.

Subieron, en efecto, y con ellos algunos de los que estaban presentes; y, llegado el licenciado a una jaula donde estaba un loco furioso, aunque entonces sosegado y quieto, le dijo:

—Hermano mío, mire si me manda algo, que me voy a mi casa; porque Dios ha sido servido, por su infinita bondad y misericordia, sin yo merecerlo, de devolverme el juicio. Ya estoy sano y cuerdo; que para el poder de Dios ninguna cosa es imposible. Tenga grande esperanza y confianza en Él, que, pues a mí me ha vuelto a mi primer estado, también lo volverá a usted si en Él confía. Yo tendré cuidado de enviarle algunos regalos para que coma; y coma en todo caso, porque le hago saber que pienso —como quien ha pasado por ello— que todas nuestras locuras proceden de tener el estómago vacío y el cerebro lleno de aire. Anímese, anímese, que el descaecimiento en los infortunios empequeñece la salud y acarrea la muerte.

Todas estas razones del licenciado las escuchó otro loco que estaba en otra jaula, enfrente de la del furioso; y levantándose de una estera vieja donde estaba echado, desnudo, preguntó a grandes voces quién era el que se iba sano y cuerdo. El licenciado respondió:

—Soy yo, hermano, el que me voy; que ya no tengo necesidad de estar más aquí, por lo que doy infinitas gracias a los cielos, que tan grande merced me han hecho.

—Mire lo que dice, licenciado; no lo engañe el diablo —replicó el loco—. Afirme el paso y quédese quieto en su casa; así se ahorrará el regreso.

—Yo sé que estoy bien —replicó el licenciado—, y no habrá necesidad de volver a hacer estaciones.

—¿Usted bien? —dijo el loco—. Ahora se verá. Váyase con Dios; pero yo le voto a Júpiter, cuya majestad represento en la tierra, que por este pecado que hoy comete Sevilla en sacarlo de esta casa y tenerlo por cuerdo, he de hacer un castigo tal en ella que quede memoria por todos los siglos, amén. ¿No sabe usted, licenciadillo menguado, que puedo hacerlo? Porque soy Júpiter Tonante, y tengo en mis manos los rayos abrasadores con que puedo y suelo amenazar y destruir el mundo. Pero con una sola cosa quiero castigar a este pueblo ignorante: con no llover en él ni en todo su distrito y contorno por tres años enteros, que se han de contar desde este instante en adelante. ¿Usted libre, usted sano, usted cuerdo, y yo loco, y yo enfermo, y yo atado…? ¡Así pienso llover como pensar ahorcarme!

A las voces y razones del loco estuvieron atentos los circunstantes; pero el licenciado, volviéndose al capellán y tomándole de las manos, le dijo:

—No tenga pena, señor mío, ni haga caso de lo que este loco ha dicho; que si él es Júpiter y no quiere que llueva, yo, que soy Neptuno, padre y dios de las aguas, haré llover todas las veces que se me antoje y sea menester.

A lo que respondió el capellán:

—Con todo eso, señor Neptuno, no será bien enojar al señor Júpiter. Usted se queda en su casa, y otro día, cuando haya más comodidad y más tiempo, volveremos por usted.

Se rieron el rector y los presentes; y por esa risa se avergonzó un poco el capellán. Desnudaron al licenciado, se quedó en la casa, y así terminó el cuento.

—¿Y este es el cuento, señor barbero —dijo don Quijote—, que por venir aquí como de molde no podía dejar de contarlo? ¡Ah, señor rapador, señor rapador, y cuán ciego es quien no ve por tela de cedazo! ¿Es posible que usted no sepa que las comparaciones que se hacen de ingenio a ingenio, de valor a valor, de hermosura a hermosura y de linaje a linaje son siempre odiosas y mal recibidas? Yo, señor barbero, no soy Neptuno, el dios de las aguas, ni procuro que nadie me tenga por discreto no siéndolo; solo me fatigo por dar a entender al mundo el error en que está por no renovar en sí el felicísimo tiempo en que florecía la orden de la andante caballería.

Pero no es digna nuestra edad corrompida de gozar tanto bien como gozaron aquellas edades en que los caballeros andantes tomaron sobre sus hombros la defensa de los reinos, el amparo de las doncellas, el socorro de huérfanos y pupilos, el castigo de los soberbios y el premio de los humildes. Los más de los caballeros que hoy se usan, antes sienten crujir los damascos, los brocados y otras ricas telas con que se visten, que la malla con que se arman. Ya no hay caballero que duerma en los campos, sujeto al rigor del cielo, armado de todas armas desde los pies a la cabeza; ni hay quien, sin sacar los pies de los estribos, arrimado a su lanza, procure apenas cabecear el sueño, como lo hacían los caballeros andantes.

Ya no hay quien, saliendo de este bosque, entre en aquella montaña, y de allí pise una playa estéril y desierta del mar, las más veces proceloso y alterado, y hallando en ella un pequeño batel sin remos, vela, mástil ni jarcia, con intrépido corazón se arroje en él, entregándose a las implacables olas del mar profundo, que ya lo suben al cielo y ya lo bajan al abismo; y él, poniendo el pecho a la borrasca irresistible, cuando menos lo piensa se halla a tres mil y más leguas del lugar donde se embarcó, y al saltar en tierra remota y desconocida le suceden cosas dignas de estar escritas, no en pergaminos, sino en bronces.

Pero ahora triunfa la pereza sobre la diligencia, la ociosidad sobre el trabajo, el vicio sobre la virtud, la arrogancia sobre la valentía, y la teoría sobre la práctica de las armas, que solo vivieron y resplandecieron en las edades de oro y en los caballeros andantes. Si no, díganme: ¿quién fue más honesto y más valiente que el famoso Amadís de Gaula?

¿Quién más discreto que Palmerín de Inglaterra? ¿Quién más hábil y diestro que Tirante el Blanco? ¿Quién más galán que Lisuarte de Grecia? ¿Quién más acuchillado ni más acuchillador que don Belianís? ¿Quién más intrépido que Perión de Gaula, o quién más acometedor de peligros que Felixmarte de Hircania, o quién más sincero que Esplandián? ¿Quién más arrojado que don Cirongilio de Tracia? ¿Quién más bravo que Rodamonte? ¿Quién más prudente que el rey Sobrino? ¿Quién más atrevido que Reinaldos? ¿Quién más invencible que Roldán? ¿Y quién más gallardo y más cortés que Rugero, de quien descienden hoy los duques de Ferrara, según Turpín en su Cosmografía?

Todos estos caballeros, y otros muchos que pudiera nombrar, señor cura, fueron caballeros andantes, luz y gloria de la caballería. De estos, o tales como estos, quisiera yo que fueran los de mi arbitrio; que, si lo fueran, Su Majestad se hallaría bien servido y se ahorraría mucho gasto, y el Turco se quedaría pelándose las barbas. Y con esto me quiero quedar en mi casa, pues no me saca el capellán de ella; y si Júpiter —como ha dicho el barbero— no llueve, aquí estoy yo, que lloveré cuando se me antoje. Digo esto para que sepa el señor de la bacía que lo entiendo.

—En verdad, señor don Quijote —dijo el barbero—, no lo dije por eso; y así me ayude Dios, como fue buena mi intención, y no debe usted sentirse.

—Si puedo sentirme o no —respondió don Quijote—, yo lo sé.

A esto dijo el cura:

—Aun así, yo casi no he hablado palabra hasta ahora, y no quisiera quedarme con un escrúpulo que me roe y me escarba la conciencia, nacido de lo que aquí ha dicho el señor don Quijote.

—Para otras cosas mayores —respondió don Quijote— tiene licencia el señor cura; así que puede decir su escrúpulo, porque no es cosa buena andar con la conciencia escrupulosa.

—Pues con ese beneplácito —respondió el cura—, digo que mi escrúpulo es que no me puedo persuadir de ninguna manera de que toda la caterva de caballeros andantes que usted, señor don Quijote, ha referido, haya sido real y verdaderamente gente de carne y hueso en el mundo; antes pienso que todo es ficción, fábula y mentira, y sueños contados por hombres despiertos, o, por mejor decir, medio dormidos.

—Ese es otro error —respondió don Quijote— en que han caído muchos, que no creen que haya habido tales caballeros en el mundo; y yo muchas veces, con diversas gentes y en distintas ocasiones, he procurado sacar a la luz de la verdad este engaño casi común. Pero unas veces no he logrado mi intento, y otras sí, sosteniéndolo sobre los hombros de la verdad; y esa verdad es tan cierta, que estoy por decir que con mis propios ojos vi a Amadís de Gaula, que era hombre alto de cuerpo, blanco de rostro, bien puesto de barba —aunque negra—, de mirada entre blanda y rigurosa, corto de palabras, tardo en airarse y pronto en dejar la ira. Y del modo que he delineado a Amadís, podría, a mi parecer, pintar y describir a todos cuantos caballeros andantes andan en las historias del orbe, porque, por la idea que tengo de que fueron como sus historias cuentan, y por las hazañas que hicieron y las condiciones que tuvieron, se pueden sacar, con buena filosofía, sus facciones, sus colores y sus estaturas.

—¿Tan grande le parece a usted, mi señor don Quijote —preguntó el barbero—, que debía de ser el gigante Morgante?

—En esto de gigantes —respondió don Quijote— hay diferentes opiniones, si los ha habido o no en el mundo; pero la Santa Escritura, a la que no puede faltarle un átomo de verdad, nos muestra que los hubo, contándonos la historia de aquel filisteo Goliat, que tenía siete codos y medio de altura, que es una desmesura. También en la isla de Sicilia se han hallado canillas y espaldas tan grandes que su tamaño manifiesta que fueron gigantes sus dueños, y tan grandes como torres; y la geometría saca de duda esta verdad. Pero, con todo eso, no sabré decir con certidumbre qué tamaño tendría Morgante, aunque imagino que no debió de ser muy alto; y me mueve a pensar así el hallar en la historia, donde se hace mención particular de sus hazañas, que muchas veces dormía bajo techo; y, pues hallaba casa donde cupiera, claro está que su grandeza no era desmesurada.

—Así es —dijo el cura.

El cual, gustando de oírle decir tan grandes disparates, le preguntó qué pensaba acerca de los rostros de Reinaldos de Montalbán y de don Roldán, y de los demás Doce Pares de Francia, pues todos habían sido caballeros andantes.

—De Reinaldos —respondió don Quijote— me atrevo a decir que era ancho de rostro, de color bermejo, los ojos vivarachos y algo saltones, puntilloso y colérico en demasía, amigo de ladrones y de gente perdida. De Roldán —o Rotolando, u Orlando, que con todos esos nombres lo nombran las historias— soy de parecer, y me afirmo, que fue de mediana estatura, ancho de espaldas, algo estevado, moreno de rostro y de barba rala, velloso en el cuerpo y de mirada amenazadora; corto de palabras, pero muy comedido y bien criado.

—Si no fue Roldán más gentilhombre de lo que usted ha dicho —replicó el cura—, no fue maravilla que la señora Angélica la Bella lo desdeñara y lo dejara por la gala, brío y donaire que debía de tener el morillo de barba apuntada a quien ella se entregó; y anduvo discreta al amar antes la blandura de Medoro que la aspereza de Roldán.

—Esa Angélica —respondió don Quijote—, señor cura, fue una doncella descarriada, andariega y algo caprichosa, y tan lleno dejó el mundo de sus impertinencias como de la fama de su hermosura: despreció mil señores, mil valientes y mil discretos, y se contentó con un pajecillo de barba apenas nacida, sin otra hacienda ni nombre que el que le pudo dar, por agradecido, la amistad que guardó a su amigo.

El gran cantor de su belleza, el famoso Ariosto, por no atreverse —o por no querer— a cantar lo que a esta señora le sucedió después de su ruin entrega, que no debieron de ser cosas demasiado honestas, la dejó donde dijo:

Y cómo del Catay recibió el cetro,
Quizá otro cantará con mejor plectro.

Y sin duda esto fue como profecía; que los poetas también se llaman vates, que quiere decir adivinos. Esta verdad se ve clara, porque después un famoso poeta andaluz lloró y cantó sus lágrimas, y otro poeta castellano, único y famoso, cantó su hermosura.

—Dígame, señor don Quijote —dijo entonces el barbero—, ¿no ha habido algún poeta que haya hecho alguna sátira a esa señora Angélica, entre tantos como la han alabado?

—Bien creo yo —respondió don Quijote— que si Sacripante o Roldán hubieran sido poetas, ya habrían "jabonado" a la doncella; porque es propio y natural de los poetas desdeñados y no admitidos por sus damas —sean fingidas o no—, en fin, de aquellas a quienes escogieron por señoras de sus pensamientos, vengarse con sátiras y libelos: venganza, por cierto, indigna de pechos generosos. Pero hasta ahora no ha llegado a mi noticia verso alguno infamatorio contra la señora Angélica, que traía revuelto el mundo.

—¡Milagro! —dijo el cura.

Y en esto oyeron que el ama y la sobrina —que ya habían dejado la conversación— daban grandes voces en el patio, y acudieron todos al ruido.

CAPÍTULO II: QUE TRATA DE LA NOTABLE PENDENCIA QUE SANCHO PANZA TUVO CON LA SOBRINA Y EL AMA DE DON QUIJOTE, CON OTROS ASUNTOS GRACIOSOS

Cuenta la historia que las voces que oyeron don Quijote, el cura y el barbero eran de la sobrina y el ama, que se las daban a Sancho Panza, el cual pugnaba por entrar a ver a don Quijote, y ellas le defendían la puerta:

—¿Qué quiere este mostrenco en esta casa? Váyase a la suya, hermano, que usted es —y no otro— quien distrae y sonsaca a mi señor, y lo lleva por esos andurriales.

A lo que Sancho respondió:

—Ama del demonio: el sonsacado, el distraído y el llevado por esos andurriales soy yo, y no su amo. Él me llevó por esos mundos, y ustedes se equivocan en la mitad del justo precio. Él me sacó de mi casa con engaños, prometiéndome una ínsula, que hasta ahora la estoy esperando.

—¡Malas ínsulas lo ahoguen! —respondió la sobrina—. ¡Sancho maldito! ¿Y qué son ínsulas? ¿Es alguna cosa de comer, goloso, comilón, que eso es lo que usted es?

—No es de comer —replicó Sancho—, sino de gobernar y regir mejor que cuatro ciudades y que cuatro alcaldes de Corte.

—Con todo eso —dijo el ama—, no entrará aquí, saco de maldades y costal de malicias. Vaya a gobernar su casa y a labrar sus pegujares, y déjese de pretender ínsulas ni ínsulos.

Gran gusto recibían el cura y el barbero de oír el coloquio de los tres; pero don Quijote, temeroso de que Sancho se descosiera y desbuchara algún montón de maliciosas necedades, y tocara en puntos que no le estarían bien a su crédito, lo llamó, e hizo que las dos callasen y lo dejasen entrar.

Entró Sancho, y el cura y el barbero se despidieron de don Quijote, de cuya salud desesperaron, viendo cuán metido estaba en sus desvaríos, y cuán embebido en la simpleza de sus malandantes caballerías. Y así dijo el cura al barbero:

—Ya verá, compadre, cómo cuando menos lo pensemos nuestro hidalgo sale otra vez a volar la ribera.

—No pongo yo duda en eso —respondió el barbero—; pero no me maravilla tanto la locura del caballero como la simpleza del escudero, que tan creído tiene eso de la ínsula, que creo que no se lo sacarán de la cabeza cuantos desengaños puedan imaginarse.

—Dios los remedie —dijo el cura—, y estemos atentos: veremos en qué para esta máquina de disparates de tal caballero y de tal escudero, que parece que los forjaron a los dos en una misma turquesa, y que las locuras del señor, sin las necedades del criado, no valían un ardite.

—Así es —dijo el barbero—; y me gustaría mucho saber qué tratarán ahora los dos.

—Yo estoy seguro —respondió el cura— de que la sobrina o el ama nos lo contará después; que no son de condición de dejar de escucharlo.

Entre tanto, don Quijote se encerró con Sancho en su aposento; y estando solos, le dijo:

—Mucho me pesa, Sancho, que hayas dicho y digas que yo fui quien te sacó de tus casillas, sabiendo que yo no me quedé en mi casa: juntos salimos, juntos fuimos y juntos peregrinamos; una misma fortuna y una misma suerte han corrido por los dos. Si a ti te mantearon una vez, a mí me han molido ciento, y esto es lo que te llevo de ventaja.

—Eso estaba puesto en razón —respondió Sancho—, porque, según usted dice, más propias son de los caballeros andantes las desgracias que de sus escuderos.

—Te engañaste, Sancho —dijo don Quijote—, según aquello de "cuando caput dolet...", etcétera.

—No entiendo otra lengua que la mía —respondió Sancho.

—Quiero decir —dijo don Quijote— que cuando la cabeza duele, todos los miembros duelen; y así, siendo yo tu amo y señor, soy tu cabeza, y tú eres mi parte, pues eres mi criado; y por esta razón, el mal que a mí me toque o me tocare, a ti te ha de doler, y a mí el tuyo.

—Así había de ser —dijo Sancho—; pero cuando a mí me manteaban como a miembro, mi cabeza se estaba detrás de las bardas mirándome volar por los aires, sin sentir dolor alguno; y pues los miembros están obligados a dolerse del mal de la cabeza, también debía ella dolerse de ellos.

—¿Quieres decir ahora, Sancho —respondió don Quijote—, que no me dolía cuando a ti te manteaban? Si lo dices, ni lo digas ni lo pienses, pues más dolor sentía yo entonces en el ánimo que tú en el cuerpo. Pero dejemos esto aparte por ahora, que tiempo habrá para ponderarlo y ponerlo en su punto.

Y dime, Sancho amigo: ¿qué dicen de mí por ese lugar? ¿En qué opinión me tiene el vulgo, en qué los hidalgos y en qué los caballeros? ¿Qué dicen de mi valentía, de mis hazañas y de mi cortesía? ¿Qué se habla del propósito que he tomado de resucitar y volver al mundo la ya olvidada orden caballeresca? En fin, quiero, Sancho, que me digas lo que acerca de esto ha llegado a tus oídos; y esto me lo has de decir sin añadir al bien ni quitar al mal cosa alguna. Porque de los vasallos leales es decir la verdad a sus señores tal cual es, sin que la lisonja la acreciente ni otro respeto vano la disminuya.

Y quiero que sepas, Sancho, que si a los oídos de los príncipes llegara la verdad desnuda, sin vestidos de adulación, otros siglos correrían, y otras edades serían tenidas por más de hierro que la nuestra, que entiendo que de las que ahora se usan es la dorada. Que este aviso te sirva, Sancho, para que con discreción y buena intención pongas en mis oídos la verdad de las cosas que supieras de lo que te he preguntado.

—Eso haré con muy buena gana, señor mío —respondió Sancho—, con condición de que usted no se enoje de lo que dijere, pues quiere que lo diga en cueros, sin vestirlo con otras ropas que aquellas con que llegó a mi noticia.

—En ninguna manera me enojaré —respondió don Quijote—. Puedes hablar libremente y sin rodeo alguno.

—Pues lo primero que digo —dijo Sancho— es que el vulgo lo tiene a usted por grandísimo loco, y a mí por no menos mentecato. Los hidalgos dicen que usted, no contentándose con los límites de la hidalguía, se ha puesto "don" y se ha lanzado a caballero con cuatro cepas y dos yugadas de tierra, y con un trapo atrás y otro adelante. Dicen los caballeros que no querrían que los hidalgos se les opusieran, especialmente aquellos hidalgos escuderiles que dan humo a los zapatos y rematan los puntos de las medias negras con seda verde.

—Eso —dijo don Quijote— no tiene que ver conmigo, pues siempre ando bien vestido y jamás remendado; roto, bien podría ser, y ese roto más de las armas que del tiempo.

—En lo que toca —prosiguió Sancho— a la valentía, cortesía, hazañas y propósito de usted, hay diversas opiniones: unos dicen "loco, pero gracioso"; otros, "valiente, pero desgraciado"; otros, "cortés, pero impertinente"; y por ahí van diciendo tantas cosas, que ni a usted ni a mí nos dejan hueso sano.

—Mira, Sancho —dijo don Quijote—: dondequiera que la virtud está en grado eminente, es perseguida. Pocos, o ninguno, de los varones famosos que pasaron dejaron de ser calumniados por la malicia. Julio César, animosísimo, prudentísimo y valentísimo capitán, fue notado de ambicioso, y algo no limpio, ni en sus vestidos ni en sus costumbres. Alejandro, a quien sus hazañas le ganaron el renombre de Magno, dicen de él que tuvo ciertos puntos de borracho. De Hércules, el de los muchos trabajos, se cuenta que fue lascivo y blando. De don Galaor, hermano de Amadís de Gaula, se murmura que fue más que demasiado rijoso; y de su hermano, que fue llorón. Así que, ¡oh Sancho!, entre tantas calumnias de buenos bien pueden pasar las mías, con tal que no sean más de las que has dicho.

—¡Ahí está el toque, cuerpo de mi padre! —replicó Sancho.

—Pues ¿hay más? —preguntó don Quijote.

—Aún falta desollar la cola —dijo Sancho—. Lo de hasta aquí son tortas y pan pintado; pero si usted quiere saber todo lo que hay acerca de las caloñas que le ponen, yo le traeré aquí, ahora mismo, a quien se las diga todas, sin que falte ni una migaja. Porque anoche llegó el hijo de Bartolomé Carrasco, que viene de estudiar de Salamanca, ya hecho bachiller; y, yendo yo a darle la bienvenida, me dijo que ya andaba en libros la historia de usted, con nombre de El ingenioso hidalgo don Quijote de la Mancha. Y dice que me nombran a mí en ella con mi mismo nombre de Sancho Panza, y a la señora Dulcinea del Toboso, con otras cosas que pasamos nosotros a solas, y yo me hice cruces de espantado: ¿cómo pudo saberlas el historiador que las escribió?

—Yo te aseguro, Sancho —dijo don Quijote—, que debe de ser algún sabio encantador el autor de nuestra historia; que a esos no se les encubre nada de lo que quieren escribir.

—¿Y cómo —dijo Sancho— si era sabio y encantador, pues, según dice el bachiller Sansón Carrasco, que así se llama el que digo, el autor de la historia se llama Cide Hamete Berenjena?

—Ese nombre es de moro —respondió don Quijote.

—Así será —respondió Sancho—, porque casi siempre he oído decir que los moros son amigos de berenjenas.

—Debes de equivocarte, Sancho —dijo don Quijote—, en el sobrenombre de ese Cide, que en arábigo quiere decir "señor".

—Bien podría ser —replicó Sancho—; pero si usted quiere que yo lo haga venir aquí, iré por él volando.

—Me harás un gran favor, amigo —dijo don Quijote—; que me tienes suspenso con lo que me has dicho, y no comeré bocado que me sepa bien hasta estar enterado de todo.

—Pues voy por él —respondió Sancho.

Y dejando a su señor, se fue a buscar al bachiller, con el cual volvió al poco rato, y entre los tres pasaron un coloquio graciosísimo.

CAPÍTULO III: DEL RIDÍCULO RAZONAMIENTO QUE PASÓ ENTRE DON QUIJOTE, SANCHO PANZA Y EL BACHILLER SANSÓN CARRASCO

Quedó don Quijote pensativo, esperando al bachiller Carrasco, de quien esperaba oír las nuevas de sí mismo puestas en libro, como había dicho Sancho; y no se podía persuadir a que tal historia existiera, pues aún no estaba enjuta, en el filo de su espada, la sangre de los enemigos que había muerto, y ya querían que anduvieran en estampa sus altas caballerías.

Con todo eso, pensó que algún sabio, ya amigo o enemigo, por arte de encantamiento, las habría dado a la imprenta: si amigo, para engrandecerlas y levantarlas sobre las más señaladas de caballero andante; si enemigo, para aniquilarlas y ponerlas por debajo de las más viles que de algún vil escudero se hubieran escrito, aunque —decía entre sí— nunca hazañas de escuderos se escribieron. Y cuando fuera verdad que tal historia existía, siendo de caballero andante, por fuerza había de ser grandilocuente, alta, insigne, magnífica y verdadera.

Con esto se consoló algo; pero le desconsoló pensar que su autor era moro, según aquel nombre de Cide, y de los moros no se podía esperar verdad alguna, porque todos son embaucadores, falsarios y quimeristas. Temía que hubiese tratado sus amores con alguna indecencia que redundara en menoscabo y perjuicio de la honestidad de su señora Dulcinea del Toboso. Deseaba que hubiese declarado su fidelidad y el decoro que siempre le había guardado, menospreciando reinas, emperatrices y doncellas de toda condición, y teniendo a raya los ímpetus de los naturales movimientos.

Y así, envuelto en estas y otras muchas imaginaciones, lo hallaron Sancho y Carrasco, a quien don Quijote recibió con mucha cortesía.

Era el bachiller, aunque se llamaba Sansón, de cuerpo no muy grande, pero muy gran socarrón; de color macilento, pero de muy buen entendimiento. Tendría hasta veinticuatro años, cara redonda, nariz chata y boca grande; señales todas de condición maliciosa y amigo de donaires y burlas, como lo mostró apenas vio a don Quijote, poniéndose delante de él de rodillas y diciéndole:

—Déme su grandeza las manos, señor don Quijote de la Mancha; que por el hábito de San Pedro que visto, aunque no tengo otras órdenes que las cuatro primeras, usted es uno de los más famosos caballeros andantes que ha habido, ni aun habrá, en toda la redondez de la tierra. Bendito sea Cide Hamete Benengeli, que dejó escrita la historia de sus grandezas, y más bendito sea el curioso que tuvo cuidado de hacerlas traducir del arábigo a nuestro castellano, para entretenimiento universal de las gentes.

Así lo hizo levantar don Quijote, y dijo:

—De ese modo, ¿es verdad que hay historia mía, y que fue moro y sabio el que la compuso?

—Es tan verdad, señor —dijo Sansón—, que tengo para mí que hoy están impresos más de doce mil libros de esa historia. Si no, que lo digan Portugal, Barcelona y Valencia, donde se han impreso; y aún corre fama de que se está imprimiendo en Amberes, y a mí se me alcanza que no ha de haber nación ni lengua donde no se traduzca.

—Una de las cosas —dijo entonces don Quijote— que más debe de dar contento a un hombre virtuoso y eminente es verse, viviendo, andar con buen nombre por las lenguas de la gente, impreso y en estampa. Dije con buen nombre; porque si es al contrario, ninguna muerte se le igualará.

—Si de buena fama y buen nombre se trata —dijo el bachiller—, solo usted lleva la palma a todos los caballeros andantes; porque el moro, en su lengua, y el cristiano, en la suya, tuvieron cuidado de pintarnos muy al vivo la gallardía de usted, el gran ánimo en acometer peligros, la paciencia en las adversidades, y el sufrimiento en las desgracias y en las heridas; y también la honestidad y continencia en los amores tan platónicos de usted y de mi señora doña Dulcinea del Toboso.

—Nunca —dijo en ese punto Sancho Panza— he oído llamar "doña" a mi señora Dulcinea, sino solamente la señora Dulcinea del Toboso; y ya en esto anda errada la historia.

—No es objeción de importancia esa —respondió Carrasco.

—No, por cierto —respondió don Quijote—; pero dígame, señor bachiller: ¿qué hazañas mías son las que más se ponderan en esa historia?

—En eso —respondió el bachiller— hay diferentes opiniones, como hay diferentes gustos: unos se atienen a la aventura de los molinos de viento, que a usted le parecieron Briareo y gigantes; otros, a la de los batanes; este, a la descripción de los dos ejércitos, que después parecieron dos manadas de carneros; aquel encarece la del muerto que llevaban a enterrar a Segovia; uno dice que a todas se aventaja la libertad de los galeotes; otro, que ninguna iguala a la de los dos gigantes "benitos", con la pendencia del valeroso vizcaíno.

—Dígame, señor bachiller —dijo entonces Sancho—: ¿entra ahí la aventura de los yangüeses, cuando a nuestro buen Rocinante se le antojó pedir cotufas en el golfo?

—No se le quedó nada —respondió Sansón— al sabio en el tintero: todo lo dice y todo lo apunta, hasta lo de las cabriolas que el buen Sancho hizo en la manta.

—En la manta no hice yo cabriolas —respondió Sancho—; en el aire sí, y aun más de las que yo quisiera.

—Por lo que imagino —dijo don Quijote—, no hay historia humana en el mundo que no tenga sus altibajos, especialmente las que tratan de caballerías, las cuales nunca pueden estar llenas de sucesos prósperos.

—Con todo eso —respondió el bachiller—, dicen algunos que han leído la historia que se habrían alegrado de que se les hubiera olvidado a los autores algunos de los infinitos palos que, en diferentes encuentros, le dieron a usted.

—Ahí entra la verdad de la historia —dijo Sancho.

—También pudieron callarlos por equidad —dijo don Quijote—, pues las acciones que ni mudan ni alteran la verdad de la historia no hay para qué escribirlas si han de redundar en menosprecio del señor de la historia. A fe que no fue tan piadoso Eneas como Virgilio lo pinta, ni tan prudente Ulises como lo describe Homero.

—Así es —replicó Sansón—; pero una cosa es escribir como poeta y otra como historiador: el poeta puede contar o cantar las cosas, no como fueron, sino como debían ser; y el historiador las ha de escribir, no como debían ser, sino como fueron, sin añadir ni quitar a la verdad cosa alguna.

—Pues si ese señor moro se empeña en decir verdades —dijo Sancho—, a buen seguro que entre los palos de mi señor se hallarán los míos; porque nunca a él le midieron las espaldas que no me las midieran a mí en todo el cuerpo. Pero no hay de qué maravillarse, pues, como dice el mismo señor mío, del dolor de la cabeza participan los miembros.

—Socarrón eres, Sancho —respondió don Quijote—. A fe que no te falta memoria cuando quieres tenerla.

—Cuando yo quisiera olvidarme de los garrotazos que me han dado —dijo Sancho—, no me lo permitirán los cardenales, que aún están frescos en las costillas.

—Calla, Sancho —dijo don Quijote—, y no interrumpas al señor bachiller, a quien suplico que pase adelante y me diga lo que se dice de mí en esa historia.

—Y de mí —dijo Sancho—, que también dicen que soy yo uno de los principales presonajes de ella.

—Personajes, no presonajes, Sancho amigo —dijo Sansón.

—¿Otro corrector de palabras tenemos? —dijo Sancho—. Pues dense a eso, y no acabaremos en toda la vida.

—Que Dios me castigue, Sancho —respondió el bachiller—, si no es verdad que usted es la segunda persona de la historia; y hay quien aprecia más oírlo hablar a usted que al más pintado de toda ella. Aunque también hay quien dice que anduvo usted demasiado crédulo al creer que podía ser verdad el gobierno de aquella ínsula que le ofreció el señor don Quijote, que está aquí presente.

—Aún hay sol en las bardas —dijo don Quijote—; y mientras más vaya entrando en edad Sancho, con la experiencia que dan los años, estará más idóneo y más hábil para ser gobernador que ahora.

—Por Dios, señor —dijo Sancho—, la ínsula que yo no gobierne con los años que tengo, no la gobernaré con los años de Matusalén. El daño está en que esa ínsula se entretiene, no sé dónde, y no en faltarme a mí el juicio para gobernarla.

—Encomiéndelo a Dios, Sancho —dijo don Quijote—; que todo se hará bien, y quizá mejor de lo que usted piensa; que no se mueve la hoja del árbol sin la voluntad de Dios.

—Así es verdad —dijo Sansón—; que si Dios quiere, no le faltarán a Sancho mil ínsulas que gobernar, cuanto más una.

—Gobernadores he visto por ahí —dijo Sancho— que, a mi parecer, no llegan a la suela de mi zapato, y con todo eso los llaman "señoría" y los sirven en plata.

—Esos no son gobernadores de ínsula —replicó Sansón—, sino de otros gobiernos más manuales; porque los que gobiernan ínsulas, por lo menos, han de saber gramática.

—Con la grama bien me avendría yo —dijo Sancho—; pero con la tica ni me meto ni me entiendo, porque no sé qué es. Pero dejando esto del gobierno en manos de Dios —que me eche donde más se sirva de mí—, digo, señor bachiller Sansón Carrasco, que infinitamente me ha dado gusto que el autor de la historia haya hablado de mí de manera que no enfadan las cosas que de mí se cuentan; que, a fe de buen escudero, si hubiera dicho de mí cosas que no fueran muy de cristiano viejo, como soy, nos habían de oír los sordos.

—Eso fuera hacer milagros —respondió Sansón.

—Milagros o no milagros —dijo Sancho—, cada uno mire cómo habla o cómo escribe de las personas, y no suelte a troche y moche lo primero que le viene a la cabeza.

—Una de las tachas que ponen a esa historia —dijo el bachiller— es que su autor puso en ella una novela intitulada El curioso impertinente; no por mala ni por mal razonada, sino por no venir allí, ni tener que ver con la historia de usted, señor don Quijote.

—Yo apostaría —replicó Sancho— que ha mezclado el "hijo de perro" con berzas y con capachos.

—Ahora digo —dijo don Quijote— que no ha sido sabio el autor de mi historia, sino algún ignorante hablador, que a tientas y sin discurso se puso a escribirla, salga lo que salga, como hacía Orbaneja, el pintor de Úbeda, a quien, preguntándole qué pintaba, respondió: "Lo que salga". Tal vez pintaba un gallo, de tal modo y tan mal parecido, que era menester que con letras góticas escribiera junto a él: "Este es gallo". Y así debe de ser mi historia, que tendrá necesidad de comento para entenderla.

—Eso no —respondió Sansón—; porque es tan clara, que no hay nada que dificulte en ella: los niños la manosean, los muchachos la leen, los hombres la entienden y los viejos la celebran. Y, en fin, es tan trillada, tan leída y tan sabida de todo género de gentes, que apenas han visto algún rocín flaco, cuando dicen: "Allí va Rocinante". Y los que más se han dado a su lectura son los pajes: no hay antecámara de señor donde no se halle un Don Quijote; unos lo toman si otros lo dejan; estos lo embisten y aquellos lo piden. En fin, esa historia es el entretenimiento más gustoso y menos perjudicial que hasta ahora se haya visto, porque en toda ella no se descubre, ni por asomos, una palabra deshonesta ni un pensamiento menos que católico.

—De otra suerte —dijo don Quijote— no fuera escribir verdades, sino mentiras; y los historiadores que se valen de mentiras deberían ser quemados, como los que hacen moneda falsa. Y no sé yo qué movió al autor a valerse de novelas y cuentos ajenos, habiendo tanto que escribir en los míos: sin duda se debió de atener al refrán: "De paja y de heno…", etcétera. Pues en verdad que solo con manifestar mis pensamientos, mis suspiros, mis lágrimas, mis buenos deseos y mis acometimientos, pudiera hacer un volumen mayor, o tan grande, como el que pueden hacer todas las obras del Tostado.

En fin, lo que yo entiendo, señor bachiller, es que para componer historias y libros —sean como sean— se necesita gran juicio y maduro entendimiento. Decir gracias y escribir donaires es de grandes ingenios. La figura más discreta de la comedia es la del bobo, porque no lo ha de ser el que quiere dar a entender que es simple. La historia es cosa sagrada, porque ha de ser verdadera; y donde está la verdad está Dios, en cuanto a verdad. Pero, con todo eso, hay algunos que componen y arrojan libros de sí como si fueran buñuelos.

—No hay libro tan malo —dijo el bachiller— que no tenga algo bueno.

—No hay duda —replicó don Quijote—; pero muchas veces acontece que quienes tenían merecidamente gran fama por sus escritos, al darlos a la imprenta la perdieron del todo, o la disminuyeron en algo.

—La causa de eso —dijo Sansón— es que, como las obras impresas se miran despacio, fácilmente se ven sus faltas, y tanto más se escudriñan cuanto mayor es la fama del que las compuso. Los hombres famosos por su ingenio —los grandes poetas, los ilustres historiadores— siempre, o las más veces, son envidiados de aquellos que tienen por gusto y particular entretenimiento juzgar los escritos ajenos, sin haber dado los propios a la luz del mundo.

—Eso no es de extrañar —dijo don Quijote—, porque muchos teólogos hay que no sirven para el púlpito, y son buenísimos para conocer las faltas o sobras de los que predican.

Todo esto es así, señor don Quijote —dijo Carrasco—; pero yo quisiera que esos censuradores fueran más misericordiosos y menos escrupulosos, sin atenerse a los átomos del sol clarísimo de la obra que murmuran. Que si *aliquando bonus dormitat Homerus*, consideren lo mucho que estuvo despierto, para dar a luz su obra con la menor sombra posible. Y quizá podría ser que lo que a ellos les parece mal fueran lunares, que a veces aumentan la hermosura del rostro que los tiene. Y así digo que es grandísimo el riesgo que corre quien imprime un libro, siendo cosa casi imposible componer uno que satisfaga y contente a todos los que lo lean.

—El que trata de mí —dijo don Quijote— a pocos habrá contentado.

—Antes es al revés —respondió Sansón—; que, como *stultorum infinitus est numerus*, infinitos son los que han gustado de esa historia.

Y algunos han hallado falta y malicia en la memoria del autor, pues se le olvidó contar quién fue el ladrón que le hurtó el rucio a Sancho: allí no se declara, y solo se infiere de lo escrito que se lo hurtaron; y poco después lo vemos a caballo sobre el mismo jumento, sin que haya aparecido. También dicen que se le olvidó poner lo que Sancho hizo con aquellos cien escudos que halló en la maleta en Sierra Morena, que nunca más los nombra, y hay muchos que desean saber qué hizo con ellos o en qué los gastó, que es uno de los puntos sustanciales que faltan en la obra.

Respondió Sancho:

—Yo, señor Sansón, no estoy ahora para cuentas ni cuentos; que me ha tomado un desmayo de estómago y, si no lo reparo con dos tragos de lo añejo, me pondrá en la espina de Santa Lucía. En mi casa lo tengo, y mi "deseo" me espera. En acabando de comer, vuelvo, y satisfaré a usted y a todo el mundo de lo que quieran preguntar: así de la pérdida del jumento como del gasto de los cien escudos.

Y sin esperar respuesta ni decir otra palabra, se fue a su casa.

Don Quijote pidió y rogó al bachiller que se quedara a hacer penitencia con él. Aceptó el bachiller el envite: se quedó, se añadió al ordinario un par de pichones, se trató en la mesa de caballerías, siguió el humor Carrasco, se acabó el banquete, durmieron la siesta, volvió Sancho, y continuó la plática pasada.

CAPÍTULO IV: DONDE SANCHO PANZA SATISFACE AL BACHILLER SANSÓN CARRASCO DE SUS DUDAS Y PREGUNTAS, CON OTROS SUCESOS DIGNOS DE SABERSE Y DE CONTARSE

Volvió Sancho a casa de don Quijote, y, volviendo al razonamiento anterior, dijo:

—A lo que dijo el señor Sansón, de que se deseaba saber quién, o cómo, o cuándo se me hurtó el jumento, respondo que la misma noche que, huyendo de la Santa Hermandad, nos metimos en Sierra Morena, después de la aventura sin ventura de los galeotes y de la del difunto que llevaban a Segovia, mi señor y yo nos entramos entre una espesura, donde mi señor, arrimado a su lanza, y yo sobre mi rucio, molidos y cansados de las refriegas pasadas, nos pusimos a dormir como si fuera sobre cuatro colchones de pluma; especialmente yo, que dormí con sueño tan pesado, que quienquiera que fuese tuvo lugar de llegar y suspenderme sobre cuatro estacas que puso a los cuatro lados de la albarda, de manera que me dejó a caballo sobre ella, y me sacó de debajo de mí al rucio, sin que yo lo sintiera.

—Eso es cosa fácil y no acontecimiento nuevo —dijo Sansón—; que lo mismo le sucedió a Sacripante cuando, estando en el cerco de Albraca, con esa misma invención le sacó el caballo de entre las piernas aquel famoso ladrón llamado Brunelo.

—Amaneció —prosiguió Sancho—, y apenas me hube estremecido, cuando, faltando las estacas, di conmigo en el suelo de una gran caída. Miré por el jumento y no lo vi; se me llenaron los ojos de lágrimas e hice una lamentación que, si no la puso el autor de nuestra historia, puede tener por cierto que no puso cosa buena. Al cabo de no sé cuántos días, viniendo con la señora princesa Micomicona, conocí mi asno, y que venía sobre él, en hábito de gitano, aquel Ginés de Pasamonte, aquel embustero y grandísimo maleador que mi señor y yo quitamos de la cadena.

—Ahí no está el yerro —replicó Sansón—, sino en que, antes de haber reaparecido el jumento, dice el autor que iba Sancho a caballo en ese mismo rucio.

—A eso —dijo Sancho— no sé qué responder, sino que el historiador se engañó, o quizá fue descuido del impresor.

—Así es, sin duda —dijo Sansón—; pero ¿qué se hicieron los cien escudos? ¿Se deshicieron?

Respondió Sancho:

—Yo los gasté en provecho de mi persona y de la de mi mujer y mis hijos; y han sido causa de que mi mujer lleve con paciencia los caminos y carreras que he andado sirviendo a mi señor don Quijote. Porque si, después de tanto tiempo, volviera sin blanca y sin el jumento a mi casa, mala ventura me esperaba. Y si hay más que saber de mí, aquí estoy, que responderé al mismo rey en persona; y nadie tiene por qué meterse en si traje o no traje, si gasté o no gasté. Que si los palos que me dieron en estos viajes se hubieran de pagar en dinero, aunque no se tasaran sino a cuatro maravedís cada uno, en otros cien escudos no habría para pagarme ni la mitad. Y que cada cual se meta la mano en el pecho y no se ponga a juzgar lo blanco por negro ni lo negro por blanco: que cada uno es como Dios lo hizo, y aun peor muchas veces.

—Yo tendré cuidado —dijo Carrasco— de advertírselo al autor de la historia, para que, si otra vez la imprime, no se le olvide esto que el buen Sancho ha dicho; que con ello se realzará un buen tramo más de lo que ya está.

—¿Hay algo más que enmendar en esa leyenda, señor bachiller? —preguntó don Quijote.

—Sí debe de haber —respondió él—; pero nada que sea de tanta importancia como lo referido.

—¿Y acaso —dijo don Quijote— promete el autor segunda parte?

—Sí promete —respondió Sansón—; pero dice que no la ha hallado ni sabe quién la tiene, y así estamos en duda si saldrá o no. Y así, por esto, y porque algunos dicen: "Nunca segundas partes fueron buenas", y otros: "De las cosas de don Quijote bastan las escritas", se duda que haya segunda parte. Aunque algunos, más joviales que saturninos, dicen: "Vengan más quijotadas: embista don Quijote y hable Sancho Panza, y sea lo que fuere, que con eso nos contentamos".

—¿Y a qué se atiene el autor? —preguntó don Quijote.

—A que —respondió Sansón—, en cuanto halle la historia que va buscando con extraordinarias diligencias, la dará luego a la imprenta, movido más por el interés que por otra alabanza.

A lo que dijo Sancho:

—¿Al dinero y al interés mira el autor? ¡Maravilla será que acierte! Porque no hará sino errar y errar, como sastre en vísperas de Pascua, y las obras que se hacen aprisa nunca se acaban con la perfección que requieren. Atienda ese señor moro —o lo que sea— a mirar lo que hace; que mi señor y yo le daremos tanto ripio en materia de aventuras y sucesos diferentes, que podrá componer no solo segunda parte, sino ciento. Debe de pensar el buen hombre que nos dormimos aquí en las pajas; pero ténganos el pie al herrar y verá de qué cojeamos. Lo que yo sé decir es que si mi señor tomara mi consejo, ya estaríamos en campaña deshaciendo agravios y enderezando tuertos, como es uso y costumbre de los buenos caballeros andantes.

No bien acababa Sancho de decir estas razones, cuando llegaron a sus oídos relinchos de Rocinante; relinchos que don Quijote tomó por felicísimo agüero, y determinó hacer, de allí a tres o cuatro días, otra salida. Y declarando su intento al bachiller, le pidió consejo de por qué parte comenzaría su jornada; el cual le respondió que era su parecer que fuese al reino de Aragón y a la ciudad de Zaragoza, adonde dentro de pocos días se habían de hacer solemnísimas justas por la fiesta de San Jorge, en las cuales podría ganar fama sobre todos los caballeros aragoneses, que sería ganarla sobre todos los del mundo. Lo alabó por honradísima y valentísima su determinación, y le advirtió que anduviera con más tiento en acometer peligros, porque su vida no era suya, sino de todos aquellos que habían de necesitarlo para que los amparase y socorriese en sus desventuras.

—De eso es de lo que yo reniego, señor Sansón —dijo entonces Sancho—; porque mi señor acomete a cien hombres armados como un muchacho goloso a media docena de melones. ¡Cuerpo del mundo, señor bachiller! Sí: hay tiempos de acometer y tiempos de retirarse, y no ha de ser todo "¡Santiago, y cierra, España!". Y más, que yo he oído decir —y creo que al mismo señor mío, si no me engaña la memoria— que entre los extremos de cobarde y temerario está el medio de la valentía. Y si esto es así, no quiero que huya sin motivo, ni que acometa cuando la demasía pide otra cosa.

Pero, sobre todo, aviso a mi señor que si me ha de llevar consigo, ha de ser con condición de que él lo batalle todo, y que yo no he de estar obligado a otra cosa que a mirar por su persona en lo que toque a su limpieza y a su regalo; que en eso yo le serviré con gusto. Pero pensar que tengo de poner mano a la espada, aunque sea contra villanos malandrines de hacha y capellina, es pensar en lo inútil. Yo, señor Sansón, no pienso granjear fama de valiente, sino de ser el mejor y más leal escudero que jamás sirvió a caballero andante. Y si mi señor don Quijote, obligado por mis muchos y buenos servicios, quiere darme alguna ínsula de las muchas que dice que se han de topar por ahí, tendré por grande merced recibirla; y si no me la da, nacido soy, y no ha de vivir el hombre de otro sino de Dios. Y, además, tan bien —y quizá mejor— me sabrá el pan sin gobierno que siendo gobernador.

¿Y sé yo, por ventura, si en esos gobiernos me tiene preparado el diablo alguna zancadilla, para que tropiece y caiga y me quiebre las muelas? Sancho nací y Sancho pienso morir; pero si, con todo eso, sin mucha solicitud y sin mucho riesgo, me depara el cielo alguna ínsula o cosa semejante, no soy tan necio que la deseche; que también se dice: "Cuando te den la vaquilla, corre con la soguilla", y "Cuando viene el bien, métclo en tu casa".

—Usted, hermano Sancho —dijo Carrasco—, ha hablado como catedrático; pero con todo eso, confíe en Dios y en el señor don Quijote, que le ha de dar un reino, y no solo una ínsula.

—Tanto da lo mucho como lo poco —respondió Sancho—; aunque puedo decirle que el señor Carrasco no verá que mi señor eche en saco roto el reino que me dé. Yo me he tomado el pulso y me hallo con salud para regir reinos y gobernar ínsulas; y esto ya otras veces se lo he dicho a mi señor.

—Mire, Sancho —dijo Sansón—, que los oficios mudan las costumbres, y podría ser que, viéndolo gobernador, no conociera ni a la madre que lo parió.

—Eso se entiende —respondió Sancho— de los que nacieron en las malvas, y no de los que tienen en el alma cuatro dedos de enjundia de cristiano viejo, como yo. ¡No, sino arrímese usted a mi condición, que verá si sé pagar desagradecimientos!

—Dios lo haga —dijo don Quijote—, y ya se verá cuando el gobierno venga; que ya me parece que lo traigo entre los ojos.

Dicho esto, rogó al bachiller que, si era poeta, le hiciera merced de componerle unos versos sobre la despedida que pensaba hacer de su señora Dulcinea del Toboso, y que advirtiera que al principio de cada verso había de poner una letra de su nombre, de manera que al final, juntando las primeras letras, se leyera: "Dulcinea del Toboso".

Respondió el bachiller que, aunque él no era de los famosos poetas que había en España —que decían que no eran sino tres y medio—, no dejaría de componer esos versos; aunque hallaba gran dificultad en la composición, porque las letras que contenía el nombre eran diecisiete. Y que si hacía cuatro coplas castellanas de cuatro versos, sobraba una letra; y si las hacía de cinco —a las que llaman décimas o redondillas—, faltaban tres letras. Pero que, con todo eso, procuraría encajar una letra lo mejor que pudiera, de manera que en las cuatro coplas se incluyera el nombre de Dulcinea del Toboso.

—Ha de ser así en todo caso —dijo don Quijote—; porque si allí no va el nombre claro y manifiesto, no hay mujer que crea que para ella se hicieron los versos.

Quedaron en eso, y en que la partida sería de allí a ocho días. Don Quijote encargó al bachiller que la tuviera secreta, especialmente al cura y a maese Nicolás, y a su sobrina y al ama, para que no estorbasen su honrada y valerosa determinación. Todo lo prometió Carrasco.

Con esto se despidió, encargando a don Quijote que de todos sus buenos o malos sucesos le avisara, si tenía ocasión; y así se despidieron, y Sancho fue a poner en orden lo necesario para la jornada.

CAPÍTULO V: DE LA DISCRETA Y GRACIOSA PLÁTICA QUE PASÓ ENTRE SANCHO PANZA Y SU MUJER TERESA PANZA, Y OTROS SUCESOS DIGNOS DE FELIZ RECORDACIÓN

Al llegar el traductor de esta historia a escribir este quinto capítulo, dice que lo tiene por apócrifo, porque en él habla Sancho Panza con otro estilo del que se podía esperar de su corto ingenio, y dice cosas tan sutiles, que no le parece posible que él las supiera; pero que no quiso dejar de traducirlo, por cumplir con lo que a su oficio debía. Y así, prosiguió diciendo:

Llegó Sancho a su casa tan regocijado y alegre, que su mujer conoció su alegría a tiro de ballesta; tanto, que se vio obligada a preguntarle:

—¿Qué traes, Sancho amigo, que vienes tan alegre?

A lo que él respondió:

—Mujer mía, si Dios quisiera, bien me alegraría yo de no estar tan contento como parezco.

—No te entiendo, marido —replicó ella—, y no sé qué quieres decir con eso de que te alegrarías, si Dios quisiera, de no estar contento; porque, aunque sea tonta, no sé yo quién recibe gusto de no tenerlo.

—Mira, Teresa —respondió Sancho—: yo estoy alegre porque tengo determinado volver a servir a mi amo don Quijote, que quiere salir por tercera vez a buscar aventuras; y yo vuelvo a salir con él, porque así lo quiere mi necesidad, junto con la esperanza —que me alegra— de pensar si podré hallar otros cien escudos como los ya gastados. Pero me entristece haber de apartarme de ti y de mis hijos. Y si Dios quisiera darme de comer a pie enjuto y en mi casa, sin traerme por vericuetos y encrucijadas —pues lo podría hacer a poca costa, y con solo quererlo—, claro está que mi alegría sería más firme y valedera; porque la que tengo va mezclada con la tristeza de dejarte. Así que dije bien que me alegraría, si Dios quisiera, de no estar contento.

—Mira, Sancho —replicó Teresa—: desde que te hiciste miembro de caballero andante, hablas de una manera tan enredada, que no hay quien te entienda.

—Basta con que me entienda Dios, mujer —respondió Sancho—; que Él entiende todas las cosas. Y dejemos esto aquí. Y atiende, hermana: te conviene tener cuenta estos tres días con el rucio, de manera que esté listo para cuando haga falta; dóblale los piensos, revisa la albarda y las demás jarcias; porque no vamos a bodas, sino a rodear el mundo y a tener dares y tomares con gigantes, con endriagos y con vestiglos, y a oír silbos, rugidos, bramidos y alaridos; y aun todo eso sería cosa ligera si no tuviéramos que ver con yangüeses y con moros encantados.

—Bien creo yo, marido —replicó Teresa—, que los escuderos andantes no comen el pan de balde; y así, me quedaré rogando a Nuestro Señor que te saque pronto de tanta mala ventura.

—Yo te digo, mujer —respondió Sancho—, que si no pensara verme gobernador de una ínsula dentro de poco, aquí mismo me caería muerto.

—Eso no, marido mío —dijo Teresa—: viva la gallina, aunque sea con su pepita. Vive tú, y que se lleve el diablo cuantos gobiernos hay en el mundo. Sin gobierno saliste del vientre de tu madre, sin gobierno has vivido hasta ahora, y sin gobierno te irás —o te llevarán— a la sepultura cuando Dios sea servido. Como esos hay en el mundo que viven sin gobierno, y no por eso dejan de vivir ni de estar contados entre la gente. La mejor salsa del mundo es el hambre; y como esa no falta a los pobres, siempre comen con gusto.

Pero mira, Sancho: si por ventura te vieras con algún gobierno, no te olvides de mí y de tus hijos. Mira que Sanchico tiene ya quince años cabales, y es razón que vaya a la escuela, si es que su tío el abad lo ha de dejar encaminado en la Iglesia. Mira también que Mari Sancha, tu hija, no se va a morir si la casamos; que me da barruntos de que desea tener marido tanto como tú deseas verte con gobierno; y, en fin, mejor parece la hija mal casada que bien amancebada.

—A buena fe —respondió Sancho—, que si Dios me llega a dar algún cargo de gobierno, tengo de casar, mujer mía, a Mari Sancha tan en alto que no la alcancen sino con llamarla señora.

—Eso no, Sancho —respondió Teresa—; cásala con su igual, que es lo más acertado. Porque si de los zuecos la sacas a chapines, y de saya parda de catorceno a verdugado y sayas de seda, y de una Marica y un "tú" la subes a "doña tal" y "señoría", no va a hallarse la muchacha, y a cada paso caerá en mil faltas, mostrando la hilaza de su tela basta y grosera.

—Calla, boba —dijo Sancho—; que todo será cosa de usarlo dos o tres años, y después le vendrán el señorío y la gravedad como caídos del cielo. Y si no, ¿qué importa? Que sea ella "señoría", y venga lo que viniere.

—Mídete, Sancho, con tu estado —respondió Teresa—; no quieras alzarte a mayores, y atiende al refrán que dice: "Al hijo de tu vecino, límpiale las narices y métalo en tu casa". ¡Por cierto, sería cosa muy linda casar a nuestra María con un condazo o con un caballerote que, cuando se le antojara, la pusiera como nueva, llamándola villana, hija del destripaterrones y de la pelarruecas! ¡No en mis días, marido! ¡Para eso, por cierto, he criado yo a mi hija!

Trae tú dineros, Sancho, y déjame a mí el casarla; que ahí está Lope Tocho, el hijo de Juan Tocho, mozo rollizo y sano, a quien conocemos, y sé que no mira mal a la muchacha. Con ese —que es nuestro igual— estará bien casada; la tendremos siempre a la vista, y seremos todos uno: padres e hijos, nietos y yernos, y andarán la paz y la bendición de Dios entre nosotros. Pero no me la cases tú en esas cortes y en esos palacios grandes, donde ni a ella la entiendan, ni ella se entienda.

—Ven acá, bestia y mujer de Barrabás —replicó Sancho—: ¿por qué quieres tú ahora, sin motivo, estorbarme que no case a mi hija con quien me dé nietos que se llamen "señoría"? Mira, Teresa: siempre he oído decir a mis mayores que el que no sabe gozar de la ventura cuando le viene, no debe quejarse si se le pasa. Y no sería bien que, ahora que está llamando a nuestra puerta, se la cerremos. Dejémonos llevar de este viento favorable que nos sopla.

Por este modo de hablar, y por lo que más abajo dice Sancho, dijo el traductor de esta historia que tenía por apócrifo este capítulo.

—¿No te parece, animalia —prosiguió Sancho—, que será bien dar con mi cuerpo en algún gobierno provechoso que nos saque el pie del lodo? Y cásese Mari Sancha con quien yo quiera, y verás cómo te llaman a ti doña Teresa Panza, y te sientas en la iglesia sobre alfombras, almohadas y tapices, a pesar y despecho de las hidalgas del pueblo. ¡No, sino quédense ustedes siempre como están, sin crecer ni menguar, como figura de pared! Y en esto no hablemos más: Sanchica ha de ser condesa, aunque tú me digas lo contrario.

—¿Ves todo lo que dices, marido? —respondió Teresa—. Pues con todo eso, temo que ese condado de mi hija ha de ser su perdición. Tú haz lo que quieras, aunque la hagas duquesa o princesa; pero te aseguro que no será con mi voluntad ni con mi consentimiento.

Siempre, hermano, fui amiga de la igualdad, y no puedo ver grandezas sin fundamento. Teresa me pusieron en el bautismo: nombre limpio y escueto, sin añadiduras ni adornos, ni "dones" ni "doñas". Cascajo se llamó mi padre, y a mí, por ser tu mujer, me llaman Teresa Panza (que con razón me podrían llamar Teresa Cascajo, pero allá van reyes donde quieren leyes); y con ese nombre me contento, sin que me pongan un "don" encima, que pese tanto que no lo pueda llevar.

Y no quiero dar que hablar a los que me vean andar vestida como condesa o como gobernadora, porque luego dirán: "Miren qué entonada va la pazpuerca: ayer no se hartaba de estirar un copo de estopa, e iba a misa cubierta la cabeza con la falda de la saya en lugar de manto; y ya hoy va con verdugado, con broches y con aires, como si no la conociéramos". Si Dios me guarda mis siete —o mis cinco— sentidos, o los que tenga, no pienso dar ocasión de verme en tal apuro. Tú, hermano, vete a ser gobernador o "insulero", y date aires a tu gusto; que mi hija y yo, por el siglo de mi madre, no nos hemos de mover un paso de nuestra aldea. "La mujer honrada, la pierna quebrada, y en casa"; y "la doncella honesta, su fiesta es hacer algo". Vete con tu don Quijote a tus aventuras, y déjanos a nosotras con nuestras malas venturas; que Dios nos las mejorará si somos buenas. Y yo no sé, por cierto, quién le puso a él "don", que no lo tuvieron sus padres ni sus abuelos.

—Ahora digo —replicó Sancho— que tienes algún familiar en ese cuerpo. ¡Válgame Dios, mujer, y qué de cosas has ensartado unas con otras, sin pies ni cabeza! ¿Qué tienen que ver el cascajo, los broches, los refranes y los aires con lo que yo digo?

Ven acá, mentecata e ignorante —que así te puedo llamar, pues no entiendes mis razones y vas huyendo de la dicha—: si yo dijera que mi hija se arrojara de una torre abajo, o que se fuera por esos mundos, como se quiso ir la infanta doña Urraca, tendrías razón de no seguirme el gusto. Pero si en dos paletas, y en menos de un abrir y cerrar de ojos, le pongo un "don" y una "señoría" a cuestas, la saco de los rastrojos y la pongo en toldo y en peana, y en un estrado con más almohadas de terciopelo que las que tuvieron moros en su linaje los Almohadas de Marruecos, ¿por qué no vas a querer lo que yo quiero?

—¿Sabes por qué, marido? —respondió Teresa—. Por el refrán que dice: "Quien te cubre, te descubre". Al pobre todos le pasan los ojos como de corrida, y en el rico los detienen; y si el rico fue antes pobre, ahí es el murmurar y el maldecir, y la porfía de los maldicientes, que los hay por esas calles a montones, como enjambres de abejas.

—Mira, Teresa —respondió Sancho—, y escucha lo que ahora quiero decirte; quizá no lo has oído en todos los días de tu vida, y yo ahora no hablo por mí. Todo lo que voy a decir son sentencias del padre predicador que la Cuaresma pasada predicó en este pueblo; el cual, si mal no me acuerdo, dijo que todas las cosas presentes que los ojos ven se quedan en la memoria con más fuerza que las cosas pasadas.

(Estas razones que aquí va diciendo Sancho son las segundas por las cuales dice el traductor que tiene por apócrifo este capítulo, pues exceden a la capacidad de Sancho. Y él siguió diciendo:)

—De ahí nace que, cuando vemos a alguna persona bien compuesta y con ricos vestidos, y con pompa de criados, por fuerza nos mueve y nos convida a tenerle respeto, aunque la memoria, en ese instante, nos represente alguna bajeza en que vimos a esa persona. Esa "infamia", sea de pobreza o de linaje, como ya pasó, ya no es: solo es lo que vemos presente. Y si aquel a quien la fortuna sacó del borrador de su bajeza a la altura de su prosperidad fuera bien criado, liberal y cortés con todos, y no se pusiera a disputar con aquellos que por antigüedad se tienen por nobles, ten por cierto, Teresa, que no habrá quien se acuerde de lo que fue, sino que reverenciarán lo que es, si no son los envidiosos, de quienes ninguna próspera fortuna está segura.

—Yo no te entiendo, marido —replicó Teresa—; haz lo que quieras y no me rompas más la cabeza con tus sermones. Y si estás empeñado en hacer lo que dices…

—"Resuelto" has de decir, mujer —dijo Sancho—, y no "empeñado" ni "revuelto".

—No te pongas a discutir conmigo, marido —respondió Teresa—. Yo hablo como Dios quiere, y no me meto en más enredos. Y digo que si estás porfiando en tener gobierno, te lleves contigo a tu hijo Sancho, para que desde ahora le enseñes a mandar; que bien está que los hijos hereden y aprendan los oficios de sus padres.

—En cuanto tenga gobierno —dijo Sancho—, mandaré por él con la posta, y te enviaré dineros, que no me faltarán, porque nunca falta quien se los preste a los gobernadores cuando no los tienen. Y vístelo de modo que disimule lo que es y parezca lo que ha de ser.

—Manda tú el dinero —dijo Teresa—, que yo lo vestiré como un palmito.

—En fin, quedamos de acuerdo —dijo Sancho— en que nuestra hija ha de ser condesa.

—El día que yo la vea condesa —respondió Teresa—, ese día haré cuenta que la entierro; pero otra vez te digo que hagas lo que te dé gusto, que con esta carga nacemos las mujeres: obedecer a los maridos, aunque sean unos porros.

Y en esto comenzó a llorar tan de veras como si ya viera muerta y enterrada a Sanchica. Sancho la consoló, diciéndole que, ya que había de hacerla condesa, la haría lo más tarde que pudiera.

Con esto se acabó su plática, y Sancho volvió a ver a don Quijote para dar orden a la partida.

CAPÍTULO VI: DE LO QUE LE PASÓ A DON QUIJOTE CON SU SOBRINA Y CON SU AMA, Y ES UNO DE LOS CAPÍTULOS IMPORTANTES DE TODA LA HISTORIA

Mientras Sancho Panza y su mujer Teresa Cascajo pasaban la referida plática —tan impertinente como larga—, no estaban ociosas la sobrina y el ama de don Quijote, que por mil señales iban entendiendo que su tío y señor quería desgarrarse por tercera vez y volver al ejercicio de su —para ellas— mal andante caballería. Procuraban por todas las vías apartarlo de tan mal pensamiento; pero todo era predicar en desierto y majar en hierro frío.

Con todo eso, entre otras muchas razones que con él trataron, le dijo el ama:

—En verdad, señor mío, que si usted no afirma el pie llano y se está quieto en su casa, y se deja de andar por montes y valles como alma en pena, buscando eso que dicen que se llama aventuras —y que yo llamo desdichas—, me tengo que quejar a Dios y al Rey a voz en grito, para que pongan remedio en ello.

A lo que respondió don Quijote:

—Ama, lo que Dios responderá a tus quejas yo no lo sé, ni lo que responderá Su Majestad tampoco; y solo sé que si yo fuera rey, me excusaría de responder a esa infinidad de memoriales impertinentes que cada día le dan. Porque uno de los mayores trabajos que tienen los reyes, entre otros muchos, es estar obligados a escuchar a todos y a responder a todos; y así, no quisiera yo que cosas mías le dieran pesadumbre.

A lo que dijo el ama:

—Dígame, señor: en la corte de Su Majestad, ¿no hay caballeros?

—Sí —respondió don Quijote—, y muchos; y es razón que los haya, para adorno de la grandeza de los príncipes y para ostentación de la majestad real.

—Pues ¿no sería usted —replicó ella— uno de los que, sin moverse, sirvieran a su rey y señor, quedándose en la corte?

—Mira, amiga —respondió don Quijote—: no todos los caballeros pueden ser cortesanos, ni todos los cortesanos pueden ni deben ser caballeros andantes. De todo ha de haber en el mundo, y aunque todos seamos caballeros, hay mucha diferencia entre unos y otros. Porque los cortesanos, sin salir de sus aposentos ni de los umbrales de la corte, pasean por todo el mundo mirando un mapa, sin costarles una blanca, ni padecer calor ni frío, hambre ni sed. Pero nosotros, los caballeros andantes de veras, al sol, al frío, al aire, a las inclemencias del cielo, de noche y de día, a pie y a caballo, medimos toda la tierra con nuestros propios pies; y no solo conocemos enemigos pintados, sino enemigos en carne y hueso, y en todo trance y ocasión los acometemos, sin pararnos en niñerías ni en las leyes de los desafíos: si lleva o no lleva la lanza más corta, o la espada; si trae sobre sí reliquias o algún engaño encubierto; si se ha de partir el sol y hacerse tajadas con él o no; y otras ceremonias de ese jaez, que se usan en los desafíos particulares, de persona a persona, que tú no sabes y yo sí.

Y has de saber más: que el buen caballero andante, aunque vea diez gigantes cuyas cabezas no solo toquen, sino pasen las nubes; y que a cada uno le sirvan de piernas dos grandísimas torres; y que los brazos parezcan árboles de gruesos y poderosos navíos; y que cada ojo sea como una gran rueda de molino, y más ardiente que un horno de vidrio, no se ha de espantar de ninguna manera. Antes, con buen continente y corazón intrépido, los ha de acometer y embestir; y si fuera posible, vencerlos y desbaratarlos en un instante, aunque vinieran armados de conchas de cierto pescado —dicen que más duras que diamantes— y en lugar de espadas trajeran cuchillos tajantes de acero damasquino, o porras herradas con puntas también de acero, como yo las he visto más de dos veces.

Todo esto he dicho, ama mía, para que veas la diferencia que hay de unos caballeros a otros. Y sería cosa justa que no hubiera príncipe que no estimara más esta segunda —o, por mejor decir, primera— especie de caballeros andantes; que, según leemos en sus historias, ha habido entre ellos quien fue la salud no solo de un reino, sino de muchos.

—¡Ah, señor mío! —dijo entonces la sobrina—. Mire usted que todo eso que dice de los caballeros andantes es fábula y mentira; y sus historias, aunque no las quemaran, merecían que a cada una le pusieran un sambenito, o alguna señal con que fuera conocida por infame y por gastadora de las buenas costumbres.

—Por el Dios que me sustenta —dijo don Quijote—, que si no fueras mi sobrina de veras, como hija de mi propia hermana, te habría dado un castigo, por la blasfemia que has dicho, que sonara por todo el mundo. ¿Cómo es posible que una muchacha que apenas sabe mover doce palillos de encaje se atreva a poner lengua y a censurar las historias de los caballeros andantes?

¿Qué diría el señor Amadís si oyera tal cosa? Pero a buen seguro que él te perdonaría, porque fue el más humilde y cortés caballero de su tiempo, y además gran amparador de doncellas. Mas tal podría haberte oído que no te habría ido bien; porque no todos son corteses ni miran con cuidado: algunos hay groseros y descomedidos. Ni todos los que se llaman caballeros lo son del todo: unos son de oro y otros de alquimia, y todos parecen caballeros; pero no todos resisten la piedra de toque de la verdad. Hay hombres bajos que revientan por parecer caballeros, y caballeros altos que parecen, a propósito, hombres bajos: aquellos se levantan por ambición o por virtud; estos se abajan por flojedad o por vicio. Y es menester valerse del conocimiento discreto para distinguir estas dos maneras de caballeros, tan parecidos en el nombre y tan distantes en las acciones.

—¡Válgame Dios! —dijo la sobrina—. ¡Que sepa usted tanto, señor tío, que si hiciera falta podría subirse a un púlpito e irse a predicar por esas calles, y que, con todo eso, caiga en una ceguera tan grande y en una simpleza tan conocida, que se haga creer valiente siendo viejo; que tiene fuerzas estando enfermo; que endereza tuertos estando ya agobiado por la edad; y, sobre todo, que es caballero, no siéndolo! Porque aunque los hidalgos lo puedan ser, los pobres no…

—Tienes mucha razón, sobrina, en lo que dices —respondió don Quijote—, y yo podría decirte cosas sobre linajes que te dejarían admirada; pero por no mezclar lo divino con lo humano, no las digo.

Miren, amigas: a cuatro suertes de linajes —y estén atentas— se pueden reducir todos los que hay en el mundo. Son estas: unos tuvieron principios humildes y se fueron extendiendo y dilatando hasta llegar a suma grandeza; otros tuvieron principios grandes y los fueron conservando, y los conservan y mantienen en el ser en que comenzaron; otros, aunque tuvieron principios grandes, acabaron en punta, como pirámide, habiendo disminuido y aniquilado su principio hasta parar en nada, como lo es la punta de la pirámide, que respecto de su base no es nada; y otros hay —que son los más— que ni tuvieron buen principio, ni razonable medio, y así tendrán el fin: sin nombre, como el linaje de la gente plebeya y ordinaria.

De los primeros, que tuvieron principio humilde y subieron a la grandeza que ahora conservan, te sirva de ejemplo la casa otomana, que, de un humilde pastor que le dio principio, está en la cumbre en que la vemos. Del segundo linaje, que tuvo principio en grandeza y la conserva sin aumentarla, serán ejemplo muchos príncipes que por herencia lo son, y se conservan en ella sin aumentarla ni disminuirla, conteniéndose en los límites de sus estados pacíficamente.

De los que comenzaron grandes y acabaron en punta hay millares de ejemplos: todos los faraones y tolomeos de Egipto, los césares de Roma, con toda la caterva —si es que se le puede dar este nombre— de infinitos príncipes, monarcas, señores, medos, asirios, persas, griegos y bárbaros; todos esos linajes y señoríos acabaron en punta y en nada, así ellos como los que les dieron principio. Pues no será posible hallar ahora ninguno de sus descendientes; y si lo halláramos, sería en estado bajo y humilde.

Del linaje plebeyo no tengo que decir sino que sirve solo para aumentar el número de los que viven, sin que merezcan otra fama ni otro elogio sus grandezas. De todo lo dicho quiero que infieran, bobas mías, que grande es la confusión que hay entre los linajes, y que solo parecen grandes e ilustres aquellos que lo muestran en la virtud, y en la riqueza y liberalidad de sus dueños. Dije virtudes, riquezas y liberalidades, porque el grande que es vicioso será vicioso grande, y el rico que no es liberal será un avaro mendigo: que al poseedor de riquezas no lo hace dichoso tenerlas, sino gastarlas; y no gastarlas como sea, sino saberlas gastar bien.

Al caballero pobre no le queda otro camino para mostrar que es caballero sino el de la virtud: siendo afable, bien criado, cortés y comedido, y servicial; no soberbio, no arrogante, no murmurador, y, sobre todo, caritativo. Que con dos maravedís que, con ánimo alegre, dé al pobre, se mostrará tan liberal como el que da limosna a campana herida; y no habrá quien lo vea adornado de esas virtudes que, aunque no lo conozca, deje de juzgarlo por de buena casta; y el no serlo sería milagro. Siempre la alabanza fue premio de la virtud, y los virtuosos no pueden dejar de ser alabados.

Dos caminos hay, hijas, por donde pueden los hombres llegar a ser ricos y honrados: uno es el de las letras, otro el de las armas. Yo tengo más armas que letras, y nací —según me inclino a las armas— bajo la influencia del planeta Marte; así que casi me es forzoso seguir por su camino, y por él he de ir a pesar de todo el mundo. Y será en vano cansarse en persuadirme de que yo no quiera lo que los cielos quieren, la fortuna ordena y la razón pide, y, sobre todo, mi voluntad desea.

Porque, sabiendo —como sé— los innumerables trabajos que son propios de la andante caballería, sé también los infinitos bienes que se alcanzan con ella. Y sé que la senda de la virtud es muy estrecha, y el camino del vicio, ancho y espacioso; y sé que sus fines son diferentes, porque el del vicio —dilatado y espacioso— acaba en muerte, y el de la virtud —angosto y trabajoso— acaba en vida; y no en vida que se acaba, sino en la que no tendrá fin. Y sé, como dice el gran poeta castellano nuestro, que:

Por estas asperezas se camina
De la inmortalidad al alto asiento,
Donde nunca llega quien de allí declina.

—¡Ay, desdichada de mí! —dijo la sobrina—. ¡Que también mi señor es poeta! Todo lo sabe, todo lo alcanza. Yo apuesto que si quisiera ser albañil, sabría fabricar una casa como una jaula.

—Yo te prometo, sobrina —respondió don Quijote—, que si estos pensamientos caballerescos no me llevaran tras sí todos los sentidos, no habría cosa que yo no hiciera, ni curiosidad que no saliera de mis manos, especialmente jaulas y palillos de dientes.

En ese momento llamaron a la puerta; y, preguntando quién llamaba, respondió Sancho Panza que era él. Y apenas lo conoció el ama, cuando corrió a esconderse, por no verlo: tanto lo aborrecía. La sobrina le abrió; salió a recibirlo con los brazos abiertos su señor don Quijote, y los dos se encerraron en su aposento, donde tuvieron otro coloquio que no fue menos sabroso que el pasado.

CAPÍTULO VII: DE LO QUE PASÓ DON QUIJOTE CON SU ESCUDERO, CON OTROS SUCESOS FAMOSÍSIMOS

Apenas vio el ama que Sancho Panza se encerraba con su señor, cuando cayó en la cuenta de sus tratos; y, imaginando que de aquella consulta saldría la resolución de su tercera salida, se echó el manto, toda llena de congoja y pesadumbre, y se fue a buscar al bachiller Sansón Carrasco, pareciéndole que, por ser bien hablado y amigo reciente de su señor, podría persuadirlo de que dejara tan desvariado propósito.

Lo halló paseándose por el patio de su casa; y, al verlo, se dejó caer a sus pies, sudando y con el alma en un puño. Cuando Carrasco la vio con muestras tan doloridas y sobresaltadas, le dijo:

—¿Qué es esto, señora ama? ¿Qué le ha sucedido, que parece que se le quiere arrancar el alma?

—No es nada, señor Sansón mío, sino que mi amo se sale; ¡se sale, sin duda!

—¿Y por dónde se sale, señora? —preguntó Sansón—. ¿Se le ha roto alguna parte del cuerpo?

—No se sale —respondió ella— sino por la puerta de su locura. Quiero decir, señor bachiller de mi alma, que quiere salir otra vez —y con esta será la tercera— a buscar por ese mundo lo que él llama venturas; y yo no alcanzo cómo les da ese nombre. La primera vez nos lo trajeron atravesado sobre un jumento, molido a palos. La segunda vino en un carro de bueyes, metido y encerrado en una jaula, donde él se imaginaba estar encantado; y venía tal el pobre, que no lo hubiera conocido ni la madre que lo parió: flaco, amarillo, con los ojos hundidos en los últimos rincones del cerebro. Y para volverlo un poco en sí, gasté más de seiscientos huevos, como lo sabe Dios y todo el mundo, y mis gallinas, que no me dejarían mentir.

—Eso lo creo muy bien —respondió el bachiller—; que ellas son tan buenas, tan gordas y tan bien criadas, que no dirán una cosa por otra, aunque reventaran. En fin, señora ama, ¿no hay otra cosa, ni ha sucedido otro desmán, sino ese temor de que el señor don Quijote quiere hacer otra salida?

—No, señor —respondió ella.

—Pues no tenga pena —respondió el bachiller—, sino váyase en buena hora a su casa, y déjeme preparado para almorzar alguna cosa caliente; y, de camino, vaya rezando la oración de Santa Apolonia, si es que la sabe, que yo iré luego allá, y verá maravillas.

—¡Pobre de mí! —replicó el ama—. ¿La oración de Santa Apolonia me manda usted que rece? Eso sería si mi amo estuviera de las muelas; pero no lo está, sino de los cascos.

—Yo sé lo que digo, señora ama: váyase, y no se ponga a discutir conmigo, pues sabe que soy bachiller por Salamanca; y no hay más que bachillear —respondió Carrasco.

Con esto se fue el ama, y el bachiller fue luego a buscar al cura, para comunicarle lo que se dirá a su tiempo.

En lo que estuvieron encerrados don Quijote y Sancho, hablaron largo y tendido, como con puntualidad y verdadera relación cuenta la historia. Dijo Sancho a su amo:

—Señor, ya tengo convencida a mi mujer de que me deje ir con usted adonde quiera llevarme.

—Convencida has de decir, Sancho —dijo don Quijote—, y no "relucida".

—Una o dos veces —respondió Sancho—, si mal no me acuerdo, le he suplicado a usted que no me ande corrigiendo las palabras, si entiende lo que quiero decir; y que, cuando no me entienda, diga: "Sancho, no te entiendo". Y si yo no me explico, entonces podrá corregirme; que yo soy tan…

—No te entiendo, Sancho —dijo luego don Quijote—, porque no sé qué quieres decir.

—Pues si usted no me puede entender —respondió Sancho—, no sé cómo decirlo; no sé más, y Dios me ayude.

—Ya, ya caigo —respondió don Quijote—: tú quieres decir que eres dócil, blando y manejable; que aceptarás lo que yo te diga y pasarás por lo que te enseñe.

—Apuesto yo —dijo Sancho— que desde el principio me entendió; pero quiso alborotarme, por oírme decir otras doscientas disparates.

—Podría ser —respondió don Quijote—. Y en fin, ¿qué dice Teresa?

—Teresa dice —dijo Sancho— que ate bien mi suerte con la de usted, y que hablen las cartas y callen las barbas, porque quien reparte no baraja; y más vale "un toma" que "dos te daré". Y yo digo que el consejo de la mujer es poco, y el que no lo toma es loco.

—Y yo también lo digo —respondió don Quijote—. Sigue, Sancho amigo: adelante, que hoy hablas como si soltaras perlas.

—El caso —replicó Sancho— es que, como usted bien sabe, todos estamos sujetos a la muerte; hoy estamos y mañana no; tan pronto se va el cordero como el carnero; y nadie puede prometerse en este mundo más horas de vida que las que Dios quiera darle. Porque la muerte es sorda, y cuando llega a llamar a las puertas de la vida, siempre viene de prisa, y no la detienen ruegos, ni fuerzas, ni cetros, ni mitras, según es voz y fama, y según lo dicen por esos púlpitos.

—Todo eso es verdad —dijo don Quijote—, pero no sé a dónde quieres llegar.

—Quiero llegar —dijo Sancho— a que usted me señale un salario fijo de lo que me ha de dar cada mes, todo el tiempo que yo le sirva, y que ese salario se me pague de su hacienda. Porque no quiero vivir de promesas, que llegan tarde, o mal, o nunca: con lo mío me ayude Dios. En fin, yo quiero saber lo que gano, poco o mucho; que sobre un huevo pone la gallina, y muchos pocos hacen un mucho, y mientras se gana algo, no se pierde nada.

Verdad es que si sucediera —cosa que ni creo ni espero— que usted me diera la ínsula que me tiene prometida, no soy tan ingrato ni llevo las cosas tan al pie de la letra que no quiera que se aprecie lo que valga la renta de esa ínsula, y se descuente de mi salario, lo uno por lo otro.

—Sancho amigo —respondió don Quijote—, a veces tan buena suele ser una "gata" como una "rata".

—Ya entiendo —dijo Sancho—: yo apuesto que quería decir "rata", y no "gata"; pero no importa, porque usted me entendió.

—Y tan bien te entendí —respondió don Quijote—, que he llegado al fondo de tus pensamientos, y sé al blanco que apuntas con esas innumerables saetas de refranes.

Mira, Sancho: yo bien te señalaría salario, si hubiera hallado en alguna historia de caballeros andantes un ejemplo que me mostrara, aunque fuera por un resquicio, lo que solían ganar sus escuderos por mes o por año. Pero he leído todas —o casi todas— sus historias, y no me acuerdo de haber leído que ningún caballero andante señalara salario fijo a su escudero. Solo sé que todos servían "a merced", y que cuando menos lo esperaban, si a sus señores les había ido bien, se hallaban premiados con una ínsula, o con otra cosa equivalente; y por lo menos quedaban con título y señoría.

Si con estas esperanzas y añadiduras, Sancho, quieres volver a servirme, sea en buena hora. Pero pensar que yo he de sacar de sus quicios la antigua costumbre de la caballería andante es pensar en vano. Así que, Sancho mío, vuelve a tu casa y dile a Teresa cuál es mi intención; y si a ella le parece bien, y a ti también te parece bien estar "a merced" conmigo, entonces, muy bien; y si no, tan amigos como siempre. Que si al palomar no le falta cebo, no le faltarán palomas.

Y mira, hijo: vale más buena esperanza que mala posesión, y buena queja que mala paga. Hablo así, Sancho, para que veas que yo también sé soltar refranes a manos llenas.

Y, en fin, quiero decirte —y te lo digo— que si no quieres venir "a merced" conmigo y correr la suerte que yo corra, que Dios te guarde y te haga un santo; que a mí no me faltarán escuderos más obedientes y más solícitos, y no tan remilgosos ni tan habladores como tú.

Cuando Sancho oyó la resolución firme de su amo, se le nubló el cielo y se le cayeron las alas del corazón, porque tenía creído que su señor no se iría sin él por todos los bienes del mundo. Y así, estando suspenso y pensativo, entró Sansón Carrasco; y el ama y la sobrina —deseosas de oír con qué razones persuadía a su señor de que no volviera a buscar aventuras—, se asomaron también.

Llegó Sansón, socarrón famoso, y, abrazándolo como la vez primera, con voz levantada le dijo:

—¡Oh flor de la andante caballería! ¡Oh luz resplandeciente de las armas! ¡Oh honor y espejo de la nación española! Plega a Dios todopoderoso —allá donde su poder más largamente se encierra— que la persona o personas que pusieran impedimento a tu tercera salida, no hallen salida en el laberinto de sus deseos, ni se les cumpla jamás lo que más deseen.

Y volviéndose al ama, le dijo:

—Ya puede la señora ama dejar de rezar la oración de Santa Apolonia; porque yo sé que es determinación precisa de las esferas que el señor don Quijote vuelva a ejecutar sus altos y nuevos pensamientos. Y yo cargaría mi conciencia si no exhortara y persuadiera a este caballero a que no tenga más tiempo encogida y detenida la fuerza de su valeroso brazo y la bondad de su ánimo valentísimo. Porque con su tardanza defrauda el derecho de los agraviados, el amparo de los huérfanos, la honra de las doncellas, el favor de las viudas y el arrimo de las casadas, y otras cosas de este jaez, que tocan, atañen y son propias de la orden de la caballería andante.

Ea, señor don Quijote mío, hermoso y bravo: antes hoy que mañana póngase usted y su grandeza en camino. Y si faltara algo para ponerlo por obra, aquí estoy yo para suplirlo con mi persona y con mi hacienda; y si fuera necesario servirle de escudero, lo tendré por felicísima ventura.

Entonces dijo don Quijote, volviéndose a Sancho:

—¿No te dije yo, Sancho, que me iban a sobrar escuderos? Mira quién se ofrece a serlo: nada menos que el bachiller Sansón Carrasco, perpetuo alborotador y alegrador de los patios de las escuelas salmanticenses; sano, ágil, callado, sufridor del calor y del frío, del hambre y de la sed, con todas las partes que se requieren para ser escudero de caballero andante.

Pero no permita el cielo que, por seguir mi gusto, yo le desjarrete y quiebre la columna de las letras y el vaso de las ciencias, y tronche la palma eminente de las buenas y liberales artes. Quédese el nuevo Sansón en su patria, y honrándola honre también las canas de sus ancianos padres. Yo con cualquier escudero estaré contento, ya que Sancho no se digna venir conmigo.

—Sí me digno —respondió Sancho, enternecido y con los ojos llenos de lágrimas—; y digo más: no se dirá por mí "el pan comido y la compañía deshecha". Yo no vengo de alcurnia desagradecida, y ya sabe todo el mundo —y especialmente mi pueblo— quiénes fueron los Panzas, de quienes yo desciendo.

Y además, tengo conocido y bien probado, por muchas buenas obras y por mejores palabras, el deseo que usted tiene de hacerme merced. Y si me puse a pedir cuentas sobre mi salario, fue por complacer a mi mujer; que cuando ella agarra una idea, no hay mazo que apriete tanto los aros de una cuba como ella aprieta para que se haga lo que quiere.

Pero, en fin, el hombre ha de ser hombre y la mujer ha de ser mujer. Y pues yo soy hombre en todas partes —que no lo puedo negar—, también lo quiero ser en mi casa, le pese a quien le pese. Así que no hay más que hacer: disponga usted su testamento con su codicilo, de manera que no se pueda invalidar, y pongámonos luego en camino, para que no padezca el alma del señor Sansón, que dice que su conciencia lo obliga a persuadirlo a salir por tercera vez por ese mundo.

Y yo de nuevo me ofrezco a servirle fiel y lealmente, tan bien y mejor que cuantos escuderos han servido a caballeros andantes en los tiempos pasados y presentes.

El bachiller quedó admirado al oír el modo de hablar de Sancho Panza. Aunque había leído la primera historia de su señor, nunca creyó que fuera tan gracioso como allí lo pintan; pero al oírlo decir ahora "testamento y codicilo que no se pueda invalidar", en lugar de "revocar", dio por cierto todo lo que había leído, y lo tuvo por uno de los más solemnes mentecatos de estos siglos, diciendo para sí que dos locos como amo y criado no se habrían visto en el mundo.

En fin, don Quijote y Sancho se abrazaron y quedaron amigos; y con el parecer y beneplácito del gran Carrasco —que por entonces era su oráculo— se ordenó que dentro de tres días saldrían. En ellos habría tiempo de preparar lo necesario para el viaje y de buscar una celada de encaje, que de todos modos dijo don Quijote que había de llevar. Sansón se la ofreció, porque sabía que no se la negaría un amigo suyo que la tenía, aunque estaba más oscura por el moho y el orín que limpia por el acero.

Las maldiciones que las dos —ama y sobrina— echaron al bachiller no tuvieron cuento: se mesaron los cabellos, se arañaron el rostro, y, a la manera de las plañideras de otros tiempos, lamentaban la partida como si fuera la muerte de su señor. El propósito que tuvo Sansón para persuadirlo de que saliera otra vez fue hacer lo que adelante cuenta la historia, todo por consejo del cura y del barbero, con quienes él lo había tratado antes.

En conclusión, en aquellos tres días don Quijote y Sancho se acomodaron con lo que les pareció convenirles; y, habiendo apaciguado Sancho a su mujer, y don Quijote a su sobrina y a su ama, al anochecer, sin que nadie los viera —salvo el bachiller, que quiso acompañarlos media legua—, se pusieron en camino del Toboso: don Quijote sobre su buen Rocinante, y Sancho sobre su antiguo rucio. Llevaban las alforjas con cosas tocantes a la vida de camino, y la bolsa con dineros que don Quijote le dio para lo que se ofreciera.

Sansón lo abrazó y le rogó que le avisara de su buena o mala fortuna, para alegrarse con una y entristecerse con la otra, como pedían las leyes de su amistad. Don Quijote se lo prometió; Sansón dio la vuelta al lugar, y los dos tomaron la de la gran ciudad del Toboso.

CAPÍTULO VIII: DONDE SE CUENTA LO QUE LE SUCEDIÓ A DON QUIJOTE, YENDO A VER A SU SEÑORA DULCINEA DEL TOBOSO

«¡Bendito sea el poderoso Alá! —dice Hamete Benengeli al comienzo de este octavo capítulo—. ¡Bendito sea Alá!», repite tres veces, y dice que da estas bendiciones por ver que ya tiene en campaña a don Quijote y a Sancho. Y advierte a los lectores de su agradable historia que, desde este punto, comienzan las hazañas y los donaires de don Quijote y de su escudero. Les pide que se olviden de las pasadas caballerías del Ingenioso Hidalgo, y pongan los ojos en las que están por venir, que desde ahora, en el camino del Toboso, comienzan; así como las otras comenzaron en los campos de Montiel. Y no es mucho lo que pide para tanto como promete; y así prosigue, diciendo:

Solos quedaron don Quijote y Sancho, y apenas se hubo apartado Sansón, cuando comenzó a relinchar Rocinante y a suspirar el rucio; lo cual, de entrambos —caballero y escudero— fue tenido por buena señal y por felicísimo agüero. Aunque, si se ha de contar la verdad, más fueron los suspiros y rebuznos del rucio que los relinchos del rocín; de donde Sancho sacó que su ventura había de sobrepujar y ponerse por encima de la de su señor. Se apoyaba, no sé si en astrología de esa que él decía saber —pues la historia no lo declara—; solo le oyeron decir que, cuando tropezaba o caía, se alegraría de no haber salido de casa, porque del tropezón o la caída no se sacaba otra cosa que el zapato roto o las costillas quebradas. Y aunque tonto, no andaba del todo fuera de camino.

Don Quijote le dijo:

—Sancho amigo, la noche se nos viene encima a toda prisa, y con más oscuridad de la que querríamos para alcanzar a ver con el día al Toboso, adonde tengo determinado ir antes de meterme en otra aventura. Allí tomaré la bendición y la buena licencia de la sin par Dulcinea; con cuya licencia pienso —y tengo por cierto— acabar y dar feliz remate a toda peligrosa aventura, porque ninguna cosa de esta vida hace más valientes a los caballeros andantes que verse favorecidos por sus damas.

—Yo así lo creo —respondió Sancho—; pero me parece difícil que usted pueda hablarle o verse con ella, al menos de manera que pueda recibir su bendición, si no es que se la eche desde las bardas del corral, por donde yo la vi la vez primera, cuando le llevé la carta donde iban las nuevas de las sandeces y locuras que usted se quedó haciendo en lo más hondo de Sierra Morena.

—¿Bardas de corral se te antojaron aquellas, Sancho —dijo don Quijote—, por donde viste a aquella gentileza y hermosura jamás bastante alabada? No debieron de ser sino galerías, corredores o lonjas —o como les llamen— de ricos y reales palacios.

—Todo pudo ser —respondió Sancho—; pero a mí me parecieron bardas, a menos que me falle la memoria.

—Con todo eso, vamos allá, Sancho —replicó don Quijote—; que, con solo verla, me da igual que sea por bardas, por ventanas, por resquicios o por verjas de jardines: cualquier rayo que del sol de su belleza llegue a mis ojos alumbrará mi entendimiento y fortalecerá mi corazón, de modo que quede único y sin igual en discreción y valentía.

—Pues en verdad, señor —respondió Sancho—, cuando yo vi ese sol de la señora Dulcinea del Toboso no estaba tan claro que pudiera echar rayos; y debió de ser que, como ella estaba aventando aquel trigo que dije, el mucho polvo que levantaba se le puso como nube delante del rostro y se le oscureció.

—¡Que todavía insistes, Sancho —dijo don Quijote—, en decir, pensar, creer y porfiar que mi señora Dulcinea aventaba trigo, siendo ese un oficio y ejercicio tan apartado de lo que hacen —y deben hacer— las personas principales, destinadas para otros entretenimientos y ocupaciones que muestran, a tiro de ballesta, su condición…! ¡Qué poco se te acuerdan, oh Sancho, aquellos versos de nuestro poeta, donde pinta las labores que hacían, allá en sus moradas de cristal, aquellas cuatro ninfas que del amado Tajo sacaron las cabezas y se sentaron a labrar en el prado verde aquellas ricas telas que el ingenioso poeta describe, todas de oro, de seda y de perlas, urdidas y tejidas!

Así debía de ser lo de mi señora cuando tú la viste; pero la envidia que algún mal encantador debe de tener a mis cosas trueca y convierte en figuras extrañas todo lo que había de darme gusto. Por eso temo que en esa historia —si es verdad que anda impresa—, si su autor fue algún sabio enemigo mío, habrá puesto unas cosas por otras, mezclando con una verdad mil mentiras y entreteniéndose en contar acciones que no pide la continuación de una verdadera historia. ¡Oh envidia, raíz de infinitos males y carcoma de las virtudes! Todos los vicios, Sancho, traen consigo un no sé qué de deleite; pero la envidia no trae sino disgustos, rencores y rabias.

—Eso mismo digo yo —respondió Sancho—; y pienso que en esa historia que el bachiller Carrasco dijo que había visto, mi honra debe de andar por ahí de acá para allá, a tirones y a empellones, barriendo las calles. Pues, a fe de buen hombre, yo no he dicho mal de ningún encantador, ni tengo tantos bienes como para que me envidien; bien es verdad que soy algo malicioso y que tengo mis asomos de bellaco, pero todo lo cubre y tapa la gran capa de mi simpleza, siempre natural y nunca fingida. Y si no tuviera otra cosa sino creer, como creo firme y verdaderamente, en Dios y en todo lo que tiene y cree la santa Iglesia Católica Romana, y ser enemigo mortal, como lo soy, de los judíos, debían los historiadores tener misericordia de mí y tratarme bien en sus escritos.

Pero digan lo que quieran: desnudo nací, desnudo me hallo; ni pierdo ni gano. Y aunque me vea puesto en libros y andando por el mundo de mano en mano, me importa un higo que digan de mí lo que se les antoje.

—Eso me parece, Sancho —dijo don Quijote—, y se parece a lo que le sucedió a un famoso poeta de estos tiempos. Hizo una sátira maliciosa contra todas las damas cortesanas, y no nombró en ella a una dama de la que se podía dudar si lo era o no. Esta, al ver que no estaba en la lista, fue a quejarse al poeta y le dijo que qué había visto en ella para no ponerla entre las otras, y que alargara la sátira y la incluyera; y si no, que mirara para lo que había nacido. Así lo hizo el poeta, la puso como no digan dueñas, y ella quedó satisfecha por verse con fama, aunque fuera infame.

También viene a propósito lo que cuentan de aquel pastor que prendió fuego y abrasó el templo famoso de Diana —una de las siete maravillas del mundo— solo porque quedara vivo su nombre en los siglos venideros. Y aunque se mandó que nadie lo nombrara ni lo escribiera, para que no consiguiera su deseo, todavía se supo que se llamaba Eróstrato.

Y también se parece a lo que le sucedió al grande emperador Carlos V con un caballero en Roma. Quiso ver el emperador aquel famoso templo de la Rotonda, que en la antigüedad se llamó templo de todos los dioses, y ahora —con mejor nombre— se llama de todos los santos; es el edificio más entero de cuantos levantó la gentilidad en Roma y el que más conserva la fama de la grandeza de sus fundadores. Es como una media naranja, grandísimo, y entra en él luz solo por una ventana, o, por mejor decir, por una claraboya redonda en la cima.

Mirando el emperador aquel edificio, estaba junto a él un caballero romano, declarándole sus primores y sutilezas; y al apartarse de la claraboya, dijo el caballero:

—Mil veces, sacra majestad, me vino el deseo de abrazarme con vuestra majestad y arrojarme de esa claraboya abajo, por dejar de mí fama eterna en el mundo.

—Yo os agradezco —respondió el emperador— que no hayáis puesto tan mal pensamiento en efecto; y de aquí en adelante no os pondré en ocasión de volver a probar vuestra lealtad: os mando que jamás me habléis, ni estéis donde yo estuviere.

Y tras estas palabras le hizo una gran merced.

Quiero decirte, Sancho, que el deseo de alcanzar fama es muy activo. ¿Quién piensas tú que arrojó a Horacio del puente abajo, armado de todas armas, a la profundidad del Tíber? ¿Quién abrasó el brazo y la mano a Mucio? ¿Quién empujó a Curcio a lanzarse en la sima ardiente que se abrió en medio de Roma? ¿Quién, contra todos los agüeros, hizo pasar el Rubicón a César? Y, con ejemplos más modernos, ¿quién barrenó los navíos y dejó en seco y aislados a los valerosos españoles guiados por el cortesísimo Cortés en el Nuevo Mundo?

Todas estas y otras hazañas fueron y serán obras de la fama, que los mortales desean como premio y como parte de la inmortalidad que merecen sus hechos. Pero los cristianos —católicos y caballeros andantes— más debemos atender a la gloria eterna de los siglos venideros, en las regiones celestes, que a la vanidad de la fama en este siglo, que es acabable y se acaba con el mundo, pues también el mundo tiene su fin señalado.

Así que, ¡oh Sancho!, nuestras obras no han de salir del límite que nos pone la religión cristiana que profesamos. Hemos de matar en los gigantes a la soberbia; a la envidia, con la generosidad y el buen ánimo; a la ira, con el continente reposado y la quietud del alma; a la gula y al sueño, con el poco comer que comemos y el mucho velar que velamos; a la lujuria y la lascivia, con la lealtad que guardamos a las que hicimos señoras de nuestros pensamientos; y a la pereza, andando por todas partes del mundo, buscando ocasiones que nos hagan, sobre cristianos, famosos caballeros.

Aquí tienes, Sancho, los medios por donde se llega a las alabanzas que trae consigo la buena fama.

—Todo lo que usted me ha dicho hasta aquí —dijo Sancho— lo he entendido muy bien; pero, con todo eso, quisiera que usted me aclarara una duda que ahora mismo se me vino a la memoria.

—"Aclarara" quieres decir, Sancho —dijo don Quijote—. Dilo cuando quieras, que yo responderé lo que sepa.

—Dígame, señor —prosiguió Sancho—: esos Julios o Augustos, y todos esos caballeros famosos que ha nombrado, que ya están muertos, ¿dónde están ahora?

—Los gentiles —respondió don Quijote— sin duda están en el infierno; los cristianos, si fueron buenos cristianos, o están en el purgatorio o en el cielo.

—Está bien —dijo Sancho—; pero sepamos ahora: esas sepulturas donde están los cuerpos de esos señorones, ¿tienen delante lámparas de plata, o están adornadas las paredes de sus capillas con muletas, mortajas, cabelleras, piernas y ojos de cera? Y si no, ¿con qué están adornadas?

A lo que respondió don Quijote:

—Los sepulcros de los gentiles fueron, por la mayor parte, suntuosos templos. Las cenizas de Julio César las pusieron sobre una pirámide de piedra de desmesurada grandeza, a la que hoy llaman en Roma la Aguja de San Pedro. Al emperador Adriano le sirvió de sepultura un castillo tan grande como una buena aldea, al que llamaron Moles Hadriani, que ahora es el castillo de Sant'Angelo en Roma. La reina Artemisa sepultó a su marido Mausoleo en un sepulcro que se tuvo por una de las siete maravillas del mundo. Pero ninguna de esas sepulturas —ni otras muchas de gentiles— se adornaron con mortajas ni con otras señales que mostraran ser santos los que allí estaban sepultados.

—A eso voy —replicó Sancho—. Y dígame ahora: ¿qué es más: resucitar a un muerto o matar a un gigante?

—La respuesta es clara —respondió don Quijote—: más es resucitar a un muerto.

—¡Lo tengo! —dijo Sancho—. Luego la fama del que resucita muertos, da vista a los ciegos, endereza a los cojos y da salud a los enfermos —y delante de sus sepulturas arden lámparas y se llenan sus capillas de gente devota que adora sus reliquias— será mejor fama, para este siglo y para el otro, que la que dejaron y dejarán cuantos emperadores gentiles y caballeros andantes ha habido en el mundo.

—También confieso esa verdad —respondió don Quijote.

—Pues esa fama, esas gracias, esas prerrogativas —como las llaman— las tienen los cuerpos y reliquias de los santos: con aprobación y licencia de nuestra santa madre Iglesia, tienen lámparas, velas, mortajas, muletas, pinturas, cabelleras, ojos, piernas, con que crece la devoción y se engrandece su cristiana fama. Los cuerpos de los santos —o sus reliquias— los llevan los reyes sobre sus hombros, besan pedazos de sus huesos, y con ellos adornan y enriquecen sus oratorios y sus altares más preciados.

—¿Qué quieres que yo saque de todo eso, Sancho? —dijo don Quijote.

—Quiero decir —dijo Sancho— que nos dediquemos a ser santos, y alcanzaremos más pronto la buena fama que pretendemos. Y advierta, señor, que ayer o antes de ayer —que, como hace poco, se puede decir así— canonizaron o beatificaron a dos frailecitos descalzos, cuyas cadenas de hierro con que se ceñían y mortificaban se tiene ahora por gran ventura besarlas y tocarlas; y están en más veneración que la espada de Roldán en la armería del rey nuestro señor, que Dios guarde.

Así que, señor mío, más vale ser humilde frailecito, de cualquier orden, que valiente caballero andante. Más alcanzan con Dios dos docenas de disciplinas que dos mil lanzadas, ya sean contra gigantes, contra vestiglos o contra endriagos.

—Todo eso es así —respondió don Quijote—; pero no todos podemos ser frailes, y muchos son los caminos por donde Dios lleva a los suyos al cielo. Religión es la caballería: caballeros santos hay en la gloria.

—Sí —respondió Sancho—; pero yo he oído decir que hay más frailes en el cielo que caballeros andantes.

—Eso es —respondió don Quijote— porque es mayor el número de religiosos que el de caballeros.

—Muchos son los andantes —dijo Sancho.

—Muchos —respondió don Quijote—; pero pocos los que merecen nombre de caballeros.

En estas y otras pláticas semejantes se les pasó aquella noche y el día siguiente, sin que les sucediera cosa digna de contarse, de lo cual no poco le pesó a don Quijote.

En fin, al anochecer del otro día, descubrieron la gran ciudad del Toboso. Con esa vista se le alegraron los espíritus a don Quijote y se le entristecieron a Sancho, porque no sabía la casa de Dulcinea, ni en su vida la había visto, como tampoco la había visto su señor. De modo que el uno por verla y el otro por no haberla visto, estaban alborotados; y Sancho no imaginaba qué había de hacer cuando su dueño lo enviara al Toboso.

Finalmente, don Quijote determinó entrar en la ciudad ya entrada la noche; y mientras llegaba la hora, se quedaron entre unas encinas, cerca del Toboso. Y llegada la señal, entraron en la ciudad, donde les sucedieron cosas que a cosas llegan.

CAPÍTULO IX: DONDE SE CUENTA LO QUE EN ÉL SE VERÁ

Medianoche sería, poco más o menos, cuando don Quijote y Sancho dejaron el monte y entraron en el Toboso. Estaba el pueblo en un sosegado silencio, porque todos sus vecinos dormían y reposaban a pierna tendida, como suele decirse. Era la noche entre clara y oscura; aunque Sancho hubiera querido que fuera del todo oscura, por hallar en la oscuridad disculpa para su simpleza. No se oía en todo el lugar sino ladridos de perros, que atronaban los oídos de don Quijote y turbaban el corazón de Sancho. De cuando en cuando rebuznaba un jumento, gruñían puercos, maullaban gatos; y aquellas voces, de distintos sonidos, se hacían más grandes con el silencio de la noche. Todo lo cual tuvo el enamorado caballero por mal agüero; pero, con todo eso, dijo a Sancho:

—Sancho, guía al palacio de Dulcinea; quizá podamos hallarla despierta.

—¿A qué palacio tengo que guiar, cuerpo del sol —respondió Sancho—, si en el que yo vi a su grandeza no era sino una casa muy pequeña?

—Debía de estar retirada entonces —respondió don Quijote— en algún rincón apartado de su alcázar, solazándose a solas con sus doncellas, como es costumbre de altas señoras y princesas.

—Señor —dijo Sancho—, ya que usted quiere, a pesar mío, que sea alcázar la casa de mi señora Dulcinea, ¿es hora esta para hallar la puerta abierta? ¿Y será cosa decente que demos aldabonazos para que nos oigan y nos abran, alborotando a toda la gente? ¿Acaso vamos a llamar a casa de nuestras mancebas, como hacen los amancebados, que llegan, llaman y entran a cualquier hora, por tarde que sea?

—Hallemos primero el alcázar —replicó don Quijote—; que después te diré lo que conviene hacer. Y advierte, Sancho, que yo veo —o me lo parece— que aquel bulto grande y aquella sombra que desde aquí se descubre debe de ser el palacio de Dulcinea.

—Pues guíe usted —respondió Sancho—; quizá sea así. Pero yo lo veré con los ojos y lo tocaré con las manos, y entonces lo creeré, como creo que ahora no es de día.

Guió don Quijote, y habiendo andado como doscientos pasos, dieron con el bulto que hacía la sombra; vieron una gran torre y, al instante, conoció don Quijote que aquel edificio no era alcázar, sino la iglesia principal del pueblo. Y dijo:

—Con la iglesia hemos dado, Sancho.

—Ya lo veo —respondió Sancho—. Y plega a Dios que no demos con nuestra sepultura; que no es buena señal andar por los cementerios a estas horas; y más habiéndole dicho yo a usted —si mal no me acuerdo— que la casa de esta señora ha de estar en una callejuela sin salida.

—¡Maldito seas, mentecato! —dijo don Quijote—. ¿Dónde has visto tú que los alcázares y palacios reales se edifiquen en callejuelas sin salida?

—Señor —respondió Sancho—, en cada tierra hay sus usos: quizá aquí, en el Toboso, se acostumbra edificar en callejuelas los palacios y edificios grandes. Así que le suplico a usted que me deje buscar por estas calles y callejuelas que se me ofrecen: podría ser que en algún rincón diera con ese alcázar; y ojalá lo viera yo comido de perros, porque así nos trae cansados y maltrechos.

—Habla con respeto, Sancho, de las cosas de mi señora —dijo don Quijote—, y tengamos la fiesta en paz, y no echemos la soga tras el caldero.

—Yo me moderaré —respondió Sancho—; pero ¿con qué paciencia podré aguantar que usted quiera que, por haber visto una sola vez la casa de nuestra señora, la tenga que saber siempre y encontrar a medianoche, cuando usted, que debe de haberla visto mil veces, no la encuentra?

—Me vas a desesperar, Sancho —dijo don Quijote—. Ven acá, hereje: ¿no te he dicho mil veces que en todos los días de mi vida no he visto a la sin par Dulcinea, ni jamás crucé los umbrales de su palacio, y que solo estoy enamorado de oídas y de la gran fama que tiene de hermosa y discreta?

—Ahora lo oigo —respondió Sancho—; y digo que, pues usted no la ha visto, ni yo tampoco…

—Eso no puede ser —replicó don Quijote—; porque, por lo menos, ya me dijiste tú que la viste aventando trigo, cuando me trajiste la respuesta de la carta que le envié contigo.

—No se fíe de eso, señor —respondió Sancho—; porque le hago saber que también fue de oídas la vista y la respuesta que le traje; porque sé yo quién es la señora Dulcinea lo mismo que darle un puñetazo al cielo.

—Sancho, Sancho —respondió don Quijote—, hay tiempos de burlar y tiempos en que las burlas caen y parecen mal. No porque yo diga que ni he visto ni he hablado con la señora de mi alma, vas tú a decir también que ni la has hablado ni visto, siendo tan al revés como sabes.

Estando los dos en estas pláticas, vieron que venía pasando por donde estaban uno con dos mulas, y por el ruido que hacía el arado, que arrastraba por el suelo, juzgaron que debía de ser un labrador, que había madrugado antes del día para ir a su labranza; y así fue. Venía el labrador cantando aquel romance que dice:

> Mala la tuvisteis, franceses,
> en esa de Roncesvalles.

—Que me maten, Sancho —dijo, al oírlo, don Quijote—, si esta noche nos ha de pasar algo bueno. ¿No oyes lo que viene cantando ese villano?

—Sí lo oigo —respondió Sancho—; pero ¿qué tiene que ver con lo nuestro la batalla de Roncesvalles? Tan bien podría cantar el romance de Calaínos, que todo daría lo mismo para que nos vaya bien o mal en este asunto.

Llegó en esto el labrador, a quien don Quijote preguntó:

—¿Sabría usted decirme, buen amigo —y Dios le dé buena ventura—, dónde quedan por aquí los palacios de la sin par princesa doña Dulcinea del Toboso?

—Señor —respondió el mozo—, yo soy forastero y hace pocos días que estoy en este pueblo, sirviendo a un labrador rico en la labranza del campo. En esa casa de enfrente viven el cura y el sacristán: cualquiera de los dos podrá darle a usted razón de esa señora princesa, porque tienen la lista de todos los vecinos del Toboso; aunque yo creo que en todo el pueblo no vive princesa ninguna. Señoras principales, sí, muchas, que cada una en su casa puede ser princesa.

—Pues entre esas —dijo don Quijote— debe de estar, amigo, aquella por quien te pregunto.

—Podría ser —respondió el mozo—; y adiós, que ya viene el alba.

Y, dando a sus mulas, no atendió a más preguntas. Sancho, que vio a su señor suspenso y bastante descontento, le dijo:

—Señor, ya viene el día a toda prisa, y no será cosa buena dejar que nos halle el sol en la calle. Mejor será que salgamos fuera de la ciudad, y que usted se esconda en alguna arboleda cercana; y yo volveré de día, y no dejaré rincón en todo este lugar donde no busque la casa, alcázar o palacio de mi señora. Y sería yo muy desdichado si no lo encontrara; y cuando lo encuentre, hablaré con ella y le diré dónde y cómo queda usted esperando, para que me dé orden y traza de verla sin menoscabo de su honra y fama.

—Has dicho, Sancho —dijo don Quijote—, mil sentencias encerradas en pocas palabras: el consejo que ahora me has dado lo deseo y lo recibo con grandísimo gusto. Ven, hijo, y vamos a buscar dónde me esconda; que tú volverás, como dices, a buscar, ver y hablar con mi señora, de cuya discreción y cortesía espero favores más que milagrosos.

Sancho se moría por sacar a su amo del pueblo, para que no descubriera la mentira de la respuesta que de parte de Dulcinea le había llevado a Sierra Morena; así que apresuró la salida, y luego salieron. A dos millas del lugar hallaron una arboleda o bosque, donde don Quijote se escondió mientras Sancho volvía a la ciudad a hablar con Dulcinea; en cuya embajada le sucedieron cosas que piden nueva atención y nuevo crédito.

CAPÍTULO X: DONDE SE CUENTA EL INGENIO QUE TUVO SANCHO PARA ENCANTAR A LA SEÑORA DULCINEA, Y DE OTROS SUCESOS TAN RIDÍCULOS COMO VERDADEROS

Cuando el autor de esta gran historia llega a contar lo que en este capítulo cuenta, dice que hubiera querido callarlo, temeroso de que no le creyeran; porque las locuras de don Quijote llegaron aquí al término y raya de las mayores que se pueden imaginar, y aún pasaron dos tiros de ballesta más allá. En fin, aunque con ese miedo y recelo, las escribió tal como sucedieron, sin añadir ni quitar a la historia un átomo de verdad, sin importarle las objeciones de quienes quisieran llamarlo mentiroso; y tuvo razón, porque la verdad se afina y no se quiebra, y siempre anda sobre la mentira como el aceite sobre el agua.

Y así, prosiguiendo su historia, dice que, apenas don Quijote se escondió en la arboleda —encinar o selva— junto al gran Toboso, mandó a Sancho volver a la ciudad, y que no regresara a su presencia sin haber hablado primero de su parte con su señora, suplicándole que fuera servida de dejarse ver de su cautivo caballero y se dignara echarle su bendición, para que él pudiera esperar, por ella, felicísimos sucesos en todos sus acometimientos y dificultosas empresas. Se encargó Sancho de hacerlo como se le mandaba, y de traerle tan buena respuesta como la primera vez.

—Anda, hijo —replicó don Quijote—, y no te turbes cuando te veas delante de la luz del sol de hermosura que vas a buscar. ¡Dichoso tú sobre todos los escuderos del mundo! Acuérdate, y no se te pase, de cómo te recibe: si cambia de color mientras le das mi embajada; si se desasosiega y se turba al oír mi nombre; si no cabe en la almohada, si acaso la hallas sentada en el estrado rico de su autoridad; y si está en pie, mírala si se apoya ahora en un pie, ahora en el otro; si te repite la respuesta dos o tres veces; si la muda de blanda a áspera, de amarga a amorosa; si se lleva la mano al cabello para acomodarlo, aunque no lo tenga desordenado.

En fin, hijo, mira todas sus acciones y movimientos; porque si tú me los cuentas tal como fueron, sacaré yo lo que ella tiene escondido en lo secreto del corazón acerca de lo que toca al asunto de mis amores. Porque has de saber, Sancho —si no lo sabes—, que entre los amantes las acciones y movimientos exteriores, cuando se habla de amores, son correos certísimos que traen las nuevas de lo que allá dentro, en el alma, pasa. Ve, amigo, y qué te guíe mejor ventura que la mía, y que vuelvas con mejor suceso del que yo quedo temiendo y esperando en esta amarga soledad en que me dejas.

—Yo iré y volveré pronto —dijo Sancho—; y ensanche usted, señor mío, ese corazoncito, que lo debe de tener ahora no mayor que una avellana. Y considere que se suele decir que buen corazón rompe mala ventura, y que donde no hay tocinos no hay estacas; y también se dice: donde menos se piensa, salta la liebre. Lo digo porque, si esta noche no hallamos los palacios o alcázares de mi señora, ahora que es de día los pienso hallar cuando menos lo piense; y hallados, déjeme a mí con ella.

—Por cierto, Sancho —dijo don Quijote—, siempre traes tus refranes tan a propósito de lo que tratamos, que ojalá Dios me dé la misma buena ventura en lo que deseo.

Dicho esto, Sancho le dio la espalda y azuzó a su rucio; y don Quijote se quedó a caballo, descansando sobre los estribos y sobre el apoyo de su lanza, lleno de tristes y confusas imaginaciones, donde lo dejaremos, y nos iremos con Sancho Panza, que no menos confuso y pensativo se apartó de su señor que como él quedaba.

Tanto así, que apenas salió del bosque, volvió la cabeza y, al ver que don Quijote ya no se veía, se bajó del jumento; y sentado al pie de un árbol, comenzó a hablar consigo mismo y a decir:

—Veamos ahora, Sancho hermano, adónde va usted. ¿Va a buscar algún jumento que se le haya perdido? No, por cierto. ¿Pues qué va a buscar? Va a buscar, como quien no dice nada, a una princesa, y en ella al sol de la hermosura y a todo el cielo junto. ¿Y dónde piensa hallar eso, Sancho? ¿Dónde? En la gran ciudad del Toboso. ¿Y de parte de quién la va a buscar? De parte del famoso caballero don Quijote de la Mancha, que deshace tuertos, y da de comer al que tiene hambre, y de beber al que tiene sed.

Todo eso está muy bien. ¿Y sabe su casa, Sancho? Mi amo dice que han de ser reales palacios o soberbios alcázares. ¿Y la ha visto usted alguna vez? Ni yo ni mi amo la hemos visto jamás. ¿Y le parece bien y acertado que si los del Toboso supieran que usted está aquí con intención de ir a sonsacarles sus princesas y a inquietarles sus damas, vinieran y le molieran las costillas a palos, sin dejarle hueso sano? En verdad que tendrían mucha razón, si no fuera porque voy mandado, y porque:

Mensajero sois, amigo;
no merecéis culpa, no.

Pero no se confíe usted en eso, Sancho; que la gente manchega es tan colérica como honrada, y no consiente cosquillas de nadie. Vive Dios que si lo huelen… ¡mala ventura le espera!
—¡Caray! —se dijo—. ¡Allá darás, rayo! ¿Y voy a andar yo buscando tres pies al gato por el gusto ajeno? Además, buscar a Dulcinea por el Toboso es como buscar a Marica por Rávena o al bachiller en Salamanca. ¡El diablo, el diablo me metió en esto, porque otro no!
Este soliloquio pasó consigo Sancho, y lo que sacó de él fue volver a decirse:
—Bueno: todo tiene remedio, excepto la muerte, bajo cuyo yugo hemos de pasar todos, nos guste o no, al acabar la vida. A mi amo, por mil señales, lo he visto loco de atar, y yo tampoco me quedo atrás, porque soy más mentecato que él al seguirlo y servirlo; que bien dice el refrán: "Dime con quién andas y te diré quién eres", y aquel otro: "No importa con quién naces, sino con quién te crías".
Siendo, pues, loco como lo es —y de una locura que muchas veces le hace tomar unas cosas por otras, y juzgar lo blanco por negro y lo negro por blanco, como pasó cuando dijo que los molinos de viento eran gigantes, y las mulas de los religiosos dromedarios, y las manadas de carneros ejércitos de enemigos, y otras cosas por el estilo—, no será muy difícil hacerle creer que una labradora, la primera que me encuentre por aquí, es la señora Dulcinea. Y si él no lo cree, juraré yo; y si él jura, juraré yo de nuevo; y si él porfía, porfiaré yo más, y de tal manera que siempre he de salir con la mía, pase lo que pase. Quizá, con esta porfía, lograré que no me envíe otra vez a embajadas semejantes, viendo el mal recado que le traigo; o quizá pensará —como yo imagino— que algún mal encantador de esos que dice que le quieren mal le habrá mudado la figura para hacerle daño.
Con esto que pensó Sancho Panza quedó sosegado, y dio por bien acabado su negocio. Se detuvo allí hasta la tarde, para dar lugar a que don Quijote pensara que había tenido tiempo de ir y volver del Toboso.
Y le salió tan bien la cuenta, que cuando se levantó para subir al rucio vio que del Toboso, hacia donde él estaba, venían tres labradoras sobre

tres pollinos —o pollinas, que el autor no lo declara, aunque más se puede creer que eran borrica, por ser la cabalgadura ordinaria de aldeanas; pero como no importa tanto, no hay para qué detenernos en averiguarlo.

En resumen: apenas Sancho vio a las labradoras, se fue a paso rápido a buscar a su señor don Quijote, y lo halló suspirando y diciendo mil amorosas lamentaciones. Y en cuanto lo vio don Quijote, le dijo:

—¿Qué hay, Sancho amigo? ¿Puedo señalar este día con piedra blanca o con negra?

—Mejor será —respondió Sancho— que usted lo señale con almagre, como rótulos de cátedras, para que lo vean bien los que lo vean.

—De ese modo —replicó don Quijote—, buenas nuevas traes.

—Tan buenas —respondió Sancho—, que usted no tiene más que espolear a Rocinante y salir a lo abierto a ver a la señora Dulcinea del Toboso, que, con otras dos doncellas suyas, viene a ver a usted.

—¡Santo Dios! ¿Qué dices, Sancho amigo? —dijo don Quijote—. Mira que no me engañes, ni quieras con falsas alegrías alegrar mis verdaderas tristezas.

—Yo me moderaré —respondió Sancho—; pero ¿con qué paciencia podré aguantar que usted quiera que, por haber visto una sola vez la casa de nuestra señora, la tenga que saber siempre y encontrar a medianoche, cuando usted, que debe de haberla visto miles de veces, no la encuentra?

—¿Qué ganaría yo con engañarlo —respondió Sancho—, y más estando tan cerca de que se descubra la verdad? Espolee, señor, y venga, y verá venir a la princesa, nuestra señora, vestida y adornada; en fin, como quien ella es. Ella y sus doncellas son todas una ascua de oro, todas mazorcas de perlas, todas diamantes, todas rubíes, todas telas de brocado de más de diez altos. Los cabellos vienen sueltos por las espaldas, que son otros tantos rayos del sol jugando con el viento; y, sobre todo, vienen a caballo sobre tres hacaneas remendadas, que no hay más que ver.

—Hacaneas querrás decir, Sancho.

—Poca diferencia hay —respondió Sancho— de cananeas a hacaneas; pero vengan sobre lo que vengan, ellas vienen las más galanas señoras que se puedan desear, especialmente la princesa Dulcinea, mi señora, que pasma los sentidos.

—Vamos, Sancho hijo —respondió don Quijote—; y por premio de estas buenas nuevas, tan inesperadas, te mando el mejor despojo que gane en la primera aventura que tenga; y si esto no te contenta, te mando las crías que este año me den las tres yeguas mías, que tú sabes que quedan para parir en el prado concejil de nuestro pueblo.

—A las crías me atengo —respondió Sancho—; porque que los despojos de la primera aventura sean buenos no está muy seguro.

Ya en esto salieron de la selva y descubrieron cerca a las tres aldeanas. Don Quijote tendió los ojos por todo el camino del Toboso, y como no vio sino a las tres labradoras, se turbó del todo y preguntó a Sancho si las había dejado fuera de la ciudad.

—¿Cómo fuera de la ciudad? —respondió Sancho—. ¿Tiene usted los ojos en la nuca, que no ve que son estas las que vienen aquí, resplandecientes como el mismo sol a mediodía?

—Yo no veo, Sancho —dijo don Quijote—, sino a tres labradoras sobre tres borricos.

—¡Ahora me libre Dios del diablo! —respondió Sancho—. ¿Y es posible que tres hacaneas —o como se llamen—, blancas como el ampo de la nieve, le parezcan a usted borricos? ¡Vive el Señor, que me arranque estas barbas si eso fuera verdad!

—Pues yo te digo, Sancho amigo —dijo don Quijote—, que es tan verdad que son borricos o borricas, como yo soy don Quijote y tú Sancho Panza; por lo menos, a mí así me lo parecen.

—Calle, señor —dijo Sancho—; no diga esa palabra, sino despabile esos ojos y venga a hacer reverencia a la señora de sus pensamientos, que ya llega cerca.

Y diciendo esto, se adelantó a recibir a las tres aldeanas; y bajándose del rucio, tomó del cabestro el jumento de una de ellas y, hincando ambas rodillas en el suelo, dijo:

—Reina y princesa y duquesa de la hermosura: sea servida su alteza y grandeza de recibir en su gracia y buen talante al cautivo caballero suyo, que allí está hecho piedra y mármol, turbado y sin pulso de verse ante su magnífica presencia. Yo soy Sancho Panza, su escudero, y él es el maltrecho caballero don Quijote de la Mancha, llamado por otro nombre el Caballero de la Triste Figura.

A esa altura ya se había arrodillado don Quijote junto a Sancho, y miraba con ojos desorbitados y vista turbada a la que Sancho llamaba reina y señora; y como no veía en ella sino una moza aldeana, y no de muy buen rostro —porque era carirredonda y chata—, estaba suspenso y admirado, sin atreverse a abrir los labios.

Las labradoras estaban también atónitas, viendo a aquellos dos hombres tan diferentes de rodillas, que no dejaban pasar adelante a su compañera; pero rompiendo el silencio la detenida, toda desgraciada y mohína, dijo:

—Apártense, por amor de Dios, del camino, y déjennos pasar; que vamos deprisa.

A lo que respondió Sancho:

—¡Oh princesa y señora universal del Toboso! ¿Cómo su magnánimo corazón no se enternece al ver arrodillado ante su sublime presencia a la columna y sustento de la caballería andante?

Oyendo esto, otra de las dos dijo:

—¡Anda, mira qué te digo, burra de mi suegro! ¡Miren con qué vienen ahora los señoritos a burlarse de las aldeanas, como si aquí no supiéramos echar pullas como ellos! Sigan su camino, y déjennos hacer lo nuestro, que les hará bien.

—Levántate, Sancho —dijo entonces don Quijote—; que ya veo que la Fortuna, no satisfecha con mi mal, tiene tomados todos los caminos por donde pudiera venirme algún consuelo a esta alma miserable que tengo en estas carnes. Y tú, ¡oh extremo del valor que puede desearse, término de la humana gentileza, único remedio de este corazón afligido que te adora!, ya que el maligno encantador me persigue y ha puesto nubes y cataratas en mis ojos, y solo para mí —y no para otros— ha mudado y transformado tu hermosura sin igual y tu rostro en el de una labradora pobre; si es que tampoco el mío lo ha mudado en el de algún monstruo, para hacerme odioso a tus ojos, no dejes de mirarme blanda y amorosamente, y echa de ver en esta sumisión y arrodillamiento que hago ante tu hermosura contrahecha la humildad con que mi alma te adora.

—¡Toma, qué cosas! —respondió la aldeana—. Yo no soy amiga de oír requiebros. Apártense y déjennos ir, y se lo agradeceremos.

Sancho se apartó y la dejó pasar, contentísimo de haber salido bien de su enredo.

Apenas se vio libre la aldeana que hacía de Dulcinea, cuando, picando su hacanea con un aguijón que traía en un palo, se echó a correr por el prado. Y como la borrica sentía la punta del aguijón, que la apremiaba más de lo ordinario, empezó a dar corcovos, de manera que dio con la señora Dulcinea en tierra.

Al verlo don Quijote corrió a levantarla, y Sancho a componer y cinchar la albarda, que también se había ido hacia la barriga de la pollina. Acomodada, pues, la albarda, y queriendo don Quijote alzar a su encantada señora en brazos para ponerla sobre la jumenta, ella, levantándose del suelo, le quitó ese trabajo: se echó un poco atrás, dio una carrerita, y poniendo ambas manos sobre las ancas de la pollina, subió con el cuerpo —más ligero que un halcón— sobre la albarda, y quedó a horcajadas, como si fuera hombre. Y entonces dijo Sancho:

—¡Vive Roque, que la señora, nuestra ama, es más ligera que un acotán, y puede enseñar a subir a la jineta al más diestro cordobés o mexicano! Pasó de un salto el arzón trasero, y sin espuelas hace correr la hacanea como una cebra. Y no se quedan atrás sus doncellas, que todas corren como el viento.

Y así era, porque en cuanto Dulcinea se vio a caballo, las otras dos la siguieron y se pusieron a correr tras ella, sin volver la cabeza atrás por más de media legua.

Don Quijote las siguió con la vista, y cuando vio que ya no se veían, volviéndose a Sancho, le dijo:

—Sancho, ¿qué te parece cuán odiado soy de encantadores? Mira hasta dónde llega su malicia y la inquina que me tienen, pues han querido privarme del contento que pudiera darme ver a mi señora tal como es. En efecto, nací para ejemplo de desdichados, y para ser blanco y terrero donde apunten y claven las flechas de la mala fortuna. Y advierte también, Sancho, que no se contentaron estos traidores con haber transformado a mi Dulcinea, sino que la trocaron en una figura tan baja y tan fea como la de aquella aldeana; y, además, le quitaron lo que es tan propio de las señoras principales: el buen olor, por andar siempre entre ámbares y flores. Porque te hago saber, Sancho, que cuando llegué a alzar a Dulcinea para ponerla en su hacanea —según tú dices; que a mí me pareció borrica— me dio un olor de ajos crudos que me revolvió y me atosigó el alma.

—¡Oh canalla! —gritó Sancho—. ¡Oh encantadores aciagos y malintencionados; y quién los viera a todos ensartados por las agallas, como sardinas en una ristra! Mucho saben, mucho pueden y mucho más hacen. Les debía bastar, bellacos, con haber mudado las perlas de los ojos de mi señora en agallas de corcho, y sus cabellos de oro purísimo en cerdas de cola de buey bermejo, y, en fin, sus facciones de buenas en malas, sin meterse con el olor; que por él, al menos, hubiéramos sacado lo que estaba encubierto bajo aquella corteza fea. Aunque, para decir verdad, nunca vi su fealdad, sino su hermosura, a la cual subía de punto y quilates un lunar que tenía sobre el labio derecho, a manera de bigote, con siete u ocho cabellos rubios como hebras de oro, y largos de más de un palmo.

—A ese lunar —dijo don Quijote—, según la correspondencia que guardan entre sí los del rostro y los del cuerpo, le debe corresponder otro en la parte del muslo del mismo lado; pero muy largos, para lunares, son pelos de la grandeza que has dicho.

—Pues le aseguro —respondió Sancho— que a usted le parecían allí como nacidos.

—Yo lo creo, amigo —replicó don Quijote—, porque nada puso la naturaleza en Dulcinea que no fuese perfecto y acabado; y así, si tuviera cien lunares como el que dices, en ella no serían lunares, sino lunas y estrellas resplandecientes.

Pero dime, Sancho: aquella que a mí me pareció albarda, que tú arreglaste, ¿era silla rasa o sillón?

—No era —respondió Sancho— sino silla a la jineta, con una cubierta de campo que vale la mitad de un reino, de tan rica como es.

—¡Y que yo no viera todo eso, Sancho! —dijo don Quijote—. Ahora vuelvo a decir, y lo diré mil veces, que soy el más desdichado de los hombres.

Mucho le costaba al socarrón de Sancho disimular la risa, oyendo las necedades de su amo, tan finamente engañado.

En fin, después de muchas otras razones que pasaron entre los dos, volvieron a montar, y siguieron el camino de Zaragoza, donde pensaban llegar a tiempo de hallarse en unas solemnes fiestas que en aquella insigne ciudad suelen hacerse cada año. Pero antes de llegar allá, les sucedieron cosas que, por muchas, grandes y nuevas, merecen ser escritas y leídas, como se verá adelante.

CAPÍTULO XI: DE LA EXTRAÑA AVENTURA QUE LE SUCEDIÓ AL VALEROSO DON QUIJOTE CON EL CARRO O CARRETA DE LAS CORTES DE LA MUERTE

Don Quijote iba pensativo por el camino, considerando la mala burla que le habían hecho los encantadores al volver a su señora Dulcinea en la mala figura de una aldeana, y no alcanzaba a imaginar qué remedio podría haber para devolverla a su ser primero. Estos pensamientos lo sacaban tanto de sí, que, sin darse cuenta, soltó las riendas de Rocinante; y el caballo, sintiendo la libertad, a cada paso se detenía a pacer la hierba verde de que abundaban aquellos campos.

De su embelesamiento lo sacó Sancho Panza, diciéndole:

—Señor, las tristezas no se hicieron para las bestias, sino para los hombres; pero si los hombres las sienten demasiado, se vuelven bestias. Modérese usted, vuelva en sí, tome las riendas a Rocinante, y avive y despierte, y muestre esa gallardía que conviene a los caballeros andantes. ¿Qué diablos es esto? ¿Qué decaimiento es este? ¿Estamos aquí o en Francia? ¡Que se lleve Satanás a cuantas Dulcineas hay en el mundo, pues vale más la salud de un solo caballero andante que todos los encantos y transformaciones de la tierra!

—Calla, Sancho —respondió don Quijote con voz no muy desmayada—. Calla, digo, y no digas blasfemias contra aquella señora encantada: que de su desgracia y desventura yo solo tengo la culpa; de la envidia que me tienen los malos nació su mala andanza.

—Así lo digo yo —respondió Sancho—: quien la vio y la ve ahora, ¿qué corazón no llora?

—Eso lo puedes decir bien, Sancho —replicó don Quijote—, pues tú la viste en la entera perfección de su hermosura: el encanto no se extendió a turbarte la vista ni a encubrirte su belleza; contra mí solo, y contra mis ojos, se endereza la fuerza de su veneno.

Pero, con todo esto, he caído, Sancho, en una cosa: me pintaste mal su hermosura. Porque, si no me equivoco, dijiste que tenía los ojos de perlas, y unos ojos que parecen de perlas antes son de besugo que de dama. A mi entender, los de Dulcinea deben ser de verdes esmeraldas, rasgados, con dos arcos celestiales por cejas. Esas perlas quítalas de los ojos y pásalas a los dientes, que sin duda te confundiste, Sancho, tomando los ojos por los dientes.

—Todo puede ser —respondió Sancho—, porque también a mí me turbó su hermosura como a usted lo turbó su fealdad. Pero encomendémoslo todo a Dios, que Él sabe lo que ha de suceder en este valle de lágrimas, en este mal mundo que tenemos, donde apenas se halla cosa sin mezcla de maldad, embuste y bellaquería.

De una cosa me pesa, señor mío, más que de las otras: pensar qué medio habrá cuando usted venza a algún gigante o a otro caballero, y le mande ir a presentarse ante la hermosura de la señora Dulcinea. ¿Dónde la ha de hallar ese pobre gigante, o ese pobre caballero vencido? Me parece verlos andar por el Toboso hechos unos espantajos, buscándola; y aunque la encuentren en mitad de la calle, no la conocerán más que a mi padre.

—Quizá, Sancho —respondió don Quijote—, el encantamiento no se extenderá a quitarles el conocimiento de Dulcinea a los gigantes y caballeros vencidos que yo envíe; y con uno o dos de los primeros haremos la prueba, mandándoles que vuelvan a darme relación de lo que les haya sucedido.

—Digo, señor —replicó Sancho—, que me parece muy bien lo que usted ha dicho, y que con ese artificio sabremos lo que deseamos; y si ella se encubre solo a usted, la desgracia será más de usted que de ella. Pero, con tal que la señora Dulcinea tenga salud y contento, nosotros por acá nos acomodaremos como podamos, buscando aventuras y dejando al tiempo que haga las suyas; que él es el mejor médico de estas y de otras mayores enfermedades.

Don Quijote iba a responderle a Sancho Panza, pero lo estorbó una carreta que salió atravesada en el camino, cargada de los más diversos y extraños personajes y figuras que se puedan imaginar. El que guiaba las mulas y hacía de carretero era un demonio feo. Venía la carreta al cielo abierto, sin toldo ni zarzo.

La primera figura que se ofreció a los ojos de don Quijote fue la de la misma Muerte, con rostro humano; junto a ella venía un ángel con unas alas grandes y pintadas; a un lado estaba un emperador con una corona, al parecer de oro, en la cabeza; a los pies de la Muerte estaba el dios que llaman Cupido, sin venda en los ojos, pero con su arco, carcaj y saetas.

Venía también un caballero armado de punta en blanco, salvo que no traía morrión ni celada, sino un sombrero lleno de plumas de diversos colores; y con estos venían otras personas de distintos trajes y rostros. Todo esto, visto de improviso, alborotó en alguna manera a don Quijote y metió miedo en el corazón de Sancho; pero luego se alegró don Quijote, creyendo que se le ofrecía alguna nueva y peligrosa aventura, y con este pensamiento, y con ánimo dispuesto a acometer cualquier peligro, se puso delante de la carreta y, con voz alta y amenazadora, dijo:

—Carretero, cochero, diablo, o lo que seas: no tardes en decirme quién eres, adónde vas y quién es la gente que llevas en tu carricoche, que más parece la barca de Caronte que una carreta de las que se usan.

El diablo, mansamente, detuvo la carreta y respondió:

—Señor, nosotros somos comediantes de la compañía de Angulo el Malo. Esta mañana, en un lugar que está detrás de aquella loma, que es la octava del Corpus, representamos el auto de Las Cortes de la Muerte, y hemos de representarlo esta tarde en aquel pueblo que desde aquí se ve. Y por estar tan cerca y ahorrar el trabajo de desnudarnos y volver a vestirnos, vamos puestos con los mismos trajes que representamos. Aquel muchacho va de Muerte; el otro, de Ángel; aquella mujer, que es la del autor, va de Reina; aquel, de Soldado; aquel otro, de Emperador; y yo, de Demonio; y soy una de las principales figuras del auto, porque en esta compañía hago los primeros papeles. Si usted desea saber otra cosa de nosotros, pregúntemelo, que le responderé con toda puntualidad; que, como soy demonio, todo lo alcanzo.

—Por la fe de caballero andante —respondió don Quijote—, que en cuanto vi este carro imaginé que se me ofrecía alguna gran aventura; y ahora digo que es necesario tocar las apariencias con la mano, para dar lugar al desengaño. Vayan con Dios, buena gente, y hagan su fiesta; y miren si mandan algo en que yo pueda servirles, que lo haré con buen ánimo y buen talante, porque desde muchacho fui aficionado a las máscaras, y en mi mocedad se me iban los ojos tras la farándula.

Mientras hablaban, quiso la suerte que llegara uno de la compañía, vestido de mojiganga, con muchos cascabeles; y en la punta de un palo traía tres vejigas de vaca hinchadas. Aquel moharracho, acercándose a don Quijote, empezó a esgrimir el palo, a sacudir el suelo con las vejigas y a dar grandes saltos, sonando los cascabeles. Aquella mala visión alborotó tanto a Rocinante que, sin poder don Quijote detenerlo, el caballo tomó el freno entre los dientes y se echó a correr por el campo con más ligereza de la que jamás prometieron los huesos de su anatomía.

Sancho, al ver el peligro de que su amo cayera, saltó del rucio y fue a toda prisa a socorrerlo; pero cuando llegó, ya estaba don Quijote en el suelo, y junto a él Rocinante, que con su amo dio en tierra: ordinario fin y paradero de las lozanías de Rocinante y de sus atrevimientos.

Pero apenas dejó Sancho su caballería por acudir a don Quijote, cuando el demonio bailador de las vejigas saltó sobre el rucio y, sacudiéndolo con ellas, el miedo y el ruido —más que el dolor— lo hicieron volar por la campaña hacia el pueblo donde habían de hacer la fiesta.

Sancho miraba la carrera de su rucio y la caída de su amo, y no sabía a cuál necesidad acudir primero. Pero, en fin, como buen escudero y buen criado, pudo más el amor de su señor que el cariño de su jumento; aunque cada vez que veía alzarse las vejigas en el aire y caer sobre las ancas del rucio, se le helaba el alma, y antes hubiera querido que aquellos golpes se los dieran a él en las niñas de los ojos, que en el más mínimo pelo de la cola de su asno.

Con esta tribulación llegó donde estaba don Quijote, mucho más maltrecho de lo que él quisiera; y ayudándolo a subir sobre Rocinante, le dijo:

—Señor, el demonio se llevó al rucio.

—¿Qué demonio? —preguntó don Quijote.

—El de las vejigas —respondió Sancho.

—Pues yo lo recuperaré —replicó don Quijote—, aunque se encerrara con él en los más hondos y oscuros calabozos del infierno. Sígueme, Sancho: la carreta va despacio, y con las mulas de ella compensaré la pérdida del rucio.

—No hace falta esa diligencia, señor —respondió Sancho—: contenga su cólera, que, si no me engaño, ya el demonio dejó al rucio y vuelve a la querencia.

Y así era; porque, habiéndose caído el demonio con el rucio —por imitar a don Quijote y a Rocinante—, se fue a pie al pueblo, y el jumento volvió a su amo.

—Con todo —dijo don Quijote—, será bueno castigar el atrevimiento de aquel demonio en alguno de los de la carreta, aunque sea el mismo emperador.

—Quítese eso de la cabeza —replicó Sancho—, y tome mi consejo: nunca se meta con farsantes, que es gente favorecida. Yo he visto a un comediante estar preso por dos muertes y salir libre, sin costas. Sepa usted que, como son gente alegre y de placer, todos los favorecen, los amparan, los ayudan y los estiman; y más siendo de esos de compañías reales y con título, que casi todos, por su traje y compostura, parecen príncipes.

—Pues aun así —respondió don Quijote—, no se me ha de ir el demonio farsante sin que yo le diga algo, aunque lo ampare todo el género humano.

Y diciendo esto, volvió hacia la carreta, que ya estaba cerca del pueblo, y fue dando voces:

—¡Deténganse, esperen, turba alegre y regocijada, que les quiero enseñar cómo se han de tratar los jumentos y alimañas que sirven de caballería a los escuderos de los caballeros andantes!

Tan altos eran los gritos de don Quijote, que los oyeron y entendieron los de la carreta; y por sus palabras juzgaron la intención del que las decía. En un instante saltó la Muerte de la carreta, y tras ella el Emperador, el Diablo carretero y el Ángel, sin que se quedaran la Reina ni el dios Cupido; y todos se cargaron de piedras y se pusieron en ala, esperando recibir a don Quijote con las puntas de sus guijarros.

Don Quijote, al verlos formados en tan gallardo escuadrón, con los brazos en alto y ademán de arrojar las piedras con fuerza, detuvo las riendas a Rocinante y se puso a pensar cómo acometerlos con menos peligro para su persona. Mientras se detenía, llegó Sancho y, viéndolo ya dispuesto a embestir al escuadrón, le dijo:

—Sería una locura intentar esa empresa. Considere, señor mío, que contra una lluvia de piedras no hay arma defensiva en el mundo, si no es meterse y encerrarse en una campana de bronce. Y también debe considerar que es más temeridad que valentía que un hombre solo se arroje contra un ejército donde está la Muerte, pelean emperadores en persona, y a quienes ayudan ángeles buenos y malos. Y si esto no lo mueve a quedarse quieto, muévalo saber con certeza que entre todos los que allí están —aunque parezcan reyes, príncipes y emperadores— no hay un solo caballero andante.

—Ahora sí —dijo don Quijote— has dado, Sancho, en el punto que puede y debe hacerme cambiar mi intento. Yo no puedo ni debo sacar la espada —como muchas veces te he dicho— contra quien no sea caballero armado. A ti, Sancho, te toca, si quieres, tomar venganza del agravio hecho a tu rucio; que yo desde aquí te ayudaré con voces y avisos saludables.

—No hace falta, señor —respondió Sancho—, tomar venganza de nadie, pues no es de buenos cristianos tomarla de los agravios; y menos aún cuando yo puedo arreglarlo con mi asno, poniendo su ofensa en manos de mi voluntad, que es vivir en paz los días que los cielos me den.

—Pues esa es tu determinación —replicó don Quijote—, Sancho bueno, Sancho discreto, Sancho cristiano y Sancho sincero: dejemos estas fantasías y volvamos a buscar aventuras mejores y más dignas; que veo esta tierra de tal manera, que no han de faltarnos en ella muchas y muy milagrosas.

Volvió don Quijote las riendas. Sancho fue a tomar su rucio. La Muerte, con todo su escuadrón volante, volvió a su carreta y siguieron su camino; y este feliz fin tuvo la temerosa aventura de la carreta de la Muerte, gracias al consejo saludable que Sancho Panza dio a su amo. Al día siguiente le sucedió otra con un enamorado caballero andante, no menos asombrosa que la pasada.

CAPÍTULO XII: DE LA EXTRAÑA AVENTURA QUE LE SUCEDIÓ AL VALEROSO DON QUIJOTE CON EL BRAVO CABALLERO DE LOS ESPEJOS

La noche que siguió al día del encuentro con la Muerte la pasaron don Quijote y su escudero debajo de unos árboles altos y sombríos, y, por consejo de Sancho, comió don Quijote de lo que venía en el repuesto del rucio. Y durante la cena dijo Sancho a su señor:

—Señor, ¡qué tonto hubiera sido yo si hubiera escogido por albricias los despojos de la primera aventura que usted acabara, antes que las crías de las tres yeguas! En fin, en fin: más vale pájaro en mano que buitre volando.

—Aun así —respondió don Quijote—, si tú me hubieras dejado acometer como yo quería, te habrían tocado por despojos, por lo menos, la corona de oro de la Emperatriz y las alas pintadas de Cupido; que yo se las habría quitado a la fuerza y te las habría puesto en las manos.

—Nunca los cetros y coronas de los emperadores farsantes —respondió Sancho Panza— fueron de oro puro, sino de oropel o de hoja de lata.

—Es verdad —replicó don Quijote—; porque no sería acertado que los atavíos de la comedia fueran finos, sino fingidos y aparentes, como lo es la misma comedia.

Y con esto, Sancho, quiero que te lleves bien con la comedia, teniéndola en tu gracia, y por lo mismo también a los que la representan y a los que la componen, porque todos son instrumentos de hacer un gran bien a la república, poniéndonos un espejo a cada paso delante, donde se ven al vivo las acciones de la vida humana; y no hay comparación que represente mejor lo que somos y lo que hemos de ser que la comedia y los comediantes.

Si no, dime: ¿no has visto tú representar alguna comedia donde entran reyes, emperadores y pontífices, caballeros, damas y otros personajes diversos? Uno hace de rufián, otro de embustero, este de mercader, aquel de soldado, otro de simple discreto, otro de enamorado simple; y acabada la comedia, y quitándose los trajes, quedan todos los actores iguales.

—Sí he visto —respondió Sancho.

—Pues lo mismo —dijo don Quijote— pasa en la comedia y trato de este mundo: unos hacen de emperadores, otros de pontífices, y, en fin, todas las figuras que pueden entrar en una comedia; pero al llegar el fin —que es cuando se acaba la vida—, la muerte les quita las ropas que los diferenciaban, y quedan iguales en la sepultura.

—¡Brava comparación! —dijo Sancho—, aunque no tan nueva que yo no la haya oído muchas veces, como aquella del juego del ajedrez: mientras dura el juego, cada pieza tiene su oficio; y al terminar, todas se mezclan, se juntan, se barajan y las echan en una bolsa, que es como echar la vida en la sepultura.

—Cada día, Sancho —dijo don Quijote—, vas siendo menos simple y más discreto.

—Algo se me ha de pegar de la discreción de usted —respondió Sancho—; que las tierras estériles y secas, abonándolas y cultivándolas, vienen a dar buenos frutos. Quiero decir que la conversación de usted ha sido el estiércol que cayó sobre la tierra estéril de mi ingenio seco; el cultivo, el tiempo que llevo sirviéndole y tratándolo; y con esto espero dar frutos de mí que sean de bendición, tales que no desdigan ni se salgan de los caminos de la buena crianza que usted ha puesto en mi entendimiento reseco.

Don Quijote se rio de las razones afectadas de Sancho, y le pareció que decía verdad en lo de su enmienda, porque de cuando en cuando hablaba de modo que lo admiraba. Aunque, la mayor parte de las veces, cuando Sancho quería hablar con solemnidad y cortesía, acababa despeñándose del monte de su simpleza al fondo de su ignorancia. Y donde más elegante y memorioso se mostraba era en traer refranes, vinieran o no vinieran a propósito de lo que trataban, como se habrá visto y notado en el curso de esta historia.

En estas y otras pláticas se les pasó gran parte de la noche. A Sancho le entraron ganas de dejar caer, como él decía, "las compuertas de los ojos"; y desaliñando al rucio, le dio pasto abundante y libre.

No le quitó la silla a Rocinante, por ser expreso mandamiento de don Quijote que, mientras anduvieran en campaña, o no durmieran bajo techo, no se desaliñara a Rocinante. Antigua usanza de los caballeros andantes era quitar el freno y colgarlo del arzón de la silla; pero quitar la silla al caballo, ¡eso no! Así lo hizo Sancho, y le dio a Rocinante la misma libertad que al rucio.

La amistad del rucio y de Rocinante fue tan singular y trabada, que hay fama —por tradición de padres a hijos— de que el autor de esta verdadera historia hizo capítulos particulares sobre ella; pero, por guardar la decencia y el decoro que se deben a tan heroica historia, no los puso, aunque algunas veces se descuida de ese propósito y escribe que, así como las dos bestias se juntaban, se rascaban el uno al otro; y que, después de cansados y satisfechos, Rocinante cruzaba el pescuezo sobre el cuello del rucio —que le sobraba por la otra parte más de media vara—, y mirando los dos atentamente al suelo, solían quedarse así tres días: por lo menos, todo el tiempo que los dejaban, o hasta que el hambre los obligaba a buscar sustento.

Dicen que el autor dejó escrito que los comparó en amistad con Niso y Euríalo, y con Pílades y Orestes; y si esto es así, se puede entender, para admiración de todos, cuán firme sería la amistad de estos dos pacíficos animales, y para confusión de los hombres, que tan mal saben guardarse amistad unos a otros. Por eso se dijo:

No hay amigo para amigo:
las cañas se vuelven lanzas;

y aquel otro que cantó:

De amigo a amigo, la chinche, etcétera.

Y no le parezca a nadie que el autor se salió del camino al comparar la amistad de estos animales con la de los hombres; que de las bestias han recibido los hombres muchos avisos y han aprendido cosas de importancia, como estas: de las cigüeñas, el "cristel"; de los perros, el vómito y el agradecimiento; de las grullas, la vigilancia; de las hormigas, la providencia; de los elefantes, la honestidad; y del caballo, la lealtad.

En fin, Sancho se quedó dormido al pie de un alcornoque, y don Quijote, medio dormido, al pie de una robusta encina; pero había pasado poco tiempo cuando un ruido que sintió a sus espaldas lo despertó, y alzándose sobresaltado se puso a mirar y a escuchar de dónde venía. Vio entonces que eran dos hombres a caballo, y que uno de ellos, dejándose caer de la silla, dijo al otro:

—Apéate, amigo, y quítales los frenos a los caballos, que, a mi parecer, este sitio tiene hierba de sobra para ellos, y también el silencio y la soledad que necesitan mis pensamientos amorosos.

Decir esto y tenderse en el suelo fue todo a un mismo tiempo; y al arrojarse hizo ruido la armadura que traía, señal clara con la cual don Quijote entendió que debía de ser caballero andante. Se acercó a Sancho, que dormía, lo tomó del brazo y, con no poco trabajo, lo despertó; luego, en voz baja, le dijo:

—Hermano Sancho, tenemos aventura.

—Dios nos la dé buena —respondió Sancho—. ¿Y dónde está, señor mío, esa señora aventura?

—¿Dónde, Sancho? —replicó don Quijote—. Vuelve los ojos y mira: verás allí tendido a un caballero andante, que, por lo que yo alcanzo, no debe de estar muy alegre, porque lo vi echarse del caballo y tenderse en el suelo con señales de despecho; y al caer le crujieron las armas.

—¿Y en qué encuentra usted —dijo Sancho— que esto sea aventura?

—No digo —respondió don Quijote— que esto sea aventura completa, sino el principio de una; porque por aquí suelen comenzar las aventuras. Pero escucha: a lo que parece, está templando un laúd o una vihuela, y, según escupe y se aclara el pecho, debe de prepararse para cantar algo.

—A fe que es así —respondió Sancho—, y debe de ser caballero enamorado.

—No hay caballero andante que no lo sea —dijo don Quijote—. Escuchémoslo, que por el hilo sacaremos el ovillo de sus pensamientos, si es que canta; porque de la abundancia del corazón habla la lengua.

Sancho iba a responder, pero la voz del Caballero del Bosque, ni muy mala ni muy buena, se lo impidió. Estuvieron los dos atentos, y oyeron que lo que cantó fue este soneto:

Dadme, señora, un término que siga,
Conforme a su voluntad, cortado;
Que será de la mía tan estimado,
Que jamás un punto de él desdiga.

Si quiere que, callando mi fatiga,
Muera, téngame ya por acabado;
Si quiere que la diga en modo inusitado,
Haré que el mismo Amor la diga.

A prueba de contrarios estoy hecho,
De blanda cera y de diamante duro,
Y a las leyes de amor ajusto el gusto.

Blando o fuerte, le ofrezco el pecho:
Talle o imprima lo que le dé gusto,
Que guardarlo eternamente juro.

Con un "¡ay!", que parecía arrancado de lo más hondo del corazón, dio fin a su canto el Caballero del Bosque; y poco después, con voz doliente y lastimada, dijo:

—¡Oh la más hermosa y la más ingrata mujer del mundo! ¿Cómo es posible, serenísima Casildea de Vandalia, que consientas que se consuma y se acabe en peregrinaciones continuas, y en trabajos ásperos y duros, este tu cautivo caballero? ¿No basta ya con que he logrado que te confiesen por la más hermosa del mundo todos los caballeros de Navarra, todos los leoneses, todos los tartesios, todos los castellanos y, en fin, todos los caballeros de la Mancha?

—Eso no —dijo entonces don Quijote—; que yo soy de la Mancha, y jamás tal he confesado, ni podía ni debía confesar cosa tan perjudicial a la belleza de mi señora. Y este caballero, ya lo ves, Sancho, está desvariando. Pero escuchemos: quizá se explique más.

—Sí lo hará —respondió Sancho—; que tiene trazas de quejarse un mes seguido.

Pero no fue así; porque el Caballero del Bosque, al oír que hablaban cerca de él, sin seguir adelante con su lamento, se puso en pie y dijo con voz sonora y comedida:

—¿Quién va ahí? ¿Qué gente es? ¿Es, por ventura, de la de los contentos, o de la de los afligidos?

—De los afligidos —respondió don Quijote.

—Pues acérquese —respondió el del Bosque—, y hará cuenta de que se acerca a la tristeza misma y a la aflicción misma.

Don Quijote, al verse respondido con tanta ternura y cortesía, se acercó a él; y Sancho, ni más ni menos.

El caballero lamentador tomó a don Quijote del brazo y le dijo:

—Siéntese aquí, señor caballero; que para entender que lo es, y de los que profesan la caballería andante, me basta con haberlo hallado en este lugar, donde la soledad y el sereno le hacen compañía: lechos naturales y estancias propias de los caballeros andantes.

Respondió don Quijote:

—Caballero soy, y de la profesión que dice. Y aunque en mi alma tienen asiento propio tristezas, desgracias y desventuras, no por eso se ha apartado de mí la compasión por los infortunios ajenos. Por lo que contó hace poco, entiendo que los suyos son de amor: quiero decir, del amor que tiene a esa hermosa ingrata a quien nombró en sus quejas.

Ya, para entonces, estaban sentados juntos sobre la dura tierra, en paz y compañía, como si al amanecer no hubieran de romperse las cabezas.

—Por ventura, señor caballero —preguntó el del Bosque—, ¿es usted enamorado?

—Por desventura lo soy —respondió don Quijote—; aunque los daños que nacen de pensamientos bien puestos, antes deben tenerse por gracias que por desdichas.

—Así es verdad —replicó el del Bosque—, si no nos turbaran la razón y el entendimiento los desdenes, que, siendo muchos, parecen venganzas.

—Nunca me desdeñó mi señora —respondió don Quijote.

—No, por cierto —dijo Sancho, que estaba allí—; porque mi señora es como una borrega mansa: más blanda que la manteca.

—¿Es este su escudero? —preguntó el del Bosque.

—Sí —respondió don Quijote.

—Nunca he visto yo escudero —replicó el del Bosque— que se atreva a hablar donde habla su señor. Al menos, ahí está el mío, tan grande como su padre, y no se verá que haya abierto la boca cuando yo hablo.

—Pues, a fe —dijo Sancho—, que he hablado yo, y puedo hablar delante de otro tan… Y mejor lo dejo aquí, que es peor moverlo.

El escudero del Bosque tomó a Sancho del brazo y le dijo:

—Vámonos los dos a un lugar donde podamos hablar como escuderos todo lo que queramos, y dejemos a estos señores que se den de las astas contándose sus amores; que, a buen seguro, los va a alcanzar el día, y todavía no habrán terminado.

—Sea en buena hora —dijo Sancho—; y yo le diré quién soy, para que vea si puedo entrar en docena con los escuderos más habladores.

Con esto se apartaron los dos escuderos, entre quienes pasó un coloquio tan gracioso como fue grave el de sus amos.

CAPÍTULO XIII: DONDE SE PROSIGUE LA AVENTURA DEL CABALLERO DEL BOSQUE, CON EL DISCRETO, NUEVO Y SUAVE COLOQUIO QUE PASÓ ENTRE LOS DOS ESCUDEROS

Quedaron separados caballeros y escuderos: estos contándose sus vidas, y aquellos sus amores. Pero la historia cuenta primero lo de los mozos y luego prosigue lo de los amos. Dice, pues, que, apartándose un poco de ellos, el del Bosque dijo a Sancho:

—Trabajosa es la vida que pasamos, señor mío, los que somos escuderos de caballeros andantes: en verdad comemos el pan con el sudor de la frente, que es una de las maldiciones que echó Dios a nuestros primeros padres.

—También se puede decir —añadió Sancho— que lo comemos con el hielo en el cuerpo; porque ¿quién pasa más calor y más frío que estos miserables escuderos? Y todavía sería menos malo si comiéramos; porque los duelos, con pan son menos… pero hay veces que se nos pasa un día y dos sin probar bocado, si no es del viento que sopla.

—Todo eso se puede llevar —dijo el del Bosque—, con la esperanza del premio; porque si no es demasiado desgraciado el caballero andante a quien sirve un escudero, por lo menos en pocos lances se verá premiado con un gobierno de alguna ínsula, o con un condado de buen parecer.

—Yo —replicó Sancho— ya le dije a mi amo que me contento con el gobierno de alguna ínsula; y él es tan noble y tan liberal, que me lo ha prometido muchas veces.

—Yo —dijo el del Bosque— con un canonicato quedo satisfecho de mis servicios; y ya me lo tiene prometido mi amo, y ¡qué tal!

—Debe de ser —dijo Sancho— que su amo es caballero de lo eclesiástico, y puede hacer esas mercedes a sus buenos escuderos. Pero el mío es totalmente seglar, aunque me acuerdo de que personas discretas —aunque a mi parecer mal intencionadas— le aconsejaban que procurara ser arzobispo; pero él no quiso sino ser emperador. Y yo, entonces, temblaba de que le diera por entrar en la Iglesia, porque no me veía capaz de tener beneficios; porque le digo a usted que, aunque parezco hombre, soy una bestia para cosas de Iglesia.

—Pues ahí se equivoca —dijo el del Bosque—, porque los gobiernos de ínsulas no son todos de buena ley: unos son torcidos, otros pobres, otros melancólicos; y, en fin, el más derecho y mejor dispuesto trae consigo una carga pesada de pensamientos e incomodidades, que cae sobre los hombros del desdichado a quien le toca. Mejor sería que los que servimos esta maldita esclavitud nos volviéramos a casa, y allí nos entretuviéramos en ejercicios más suaves, como cazar o pescar; porque ¿qué escudero hay tan pobre en el mundo a quien le falten un rocín, un par de galgos y una caña de pescar para entretenerse en su aldea?

—A mí no me falta nada de eso —respondió Sancho—; es verdad que no tengo rocín, pero tengo un asno que vale el doble que el caballo de mi amo. Mala pascua me dé Dios, y que sea la primera que venga, si lo cambiara por él, aunque me dieran cuatro fanegas de cebada encima. A burla tendrá usted el valor de mi rucio: rucio es el color de mi jumento. Y galgos tampoco me faltan, que en mi pueblo hay de sobra; y además, la caza es más gustosa cuando se hace a costa ajena.

—Real y verdaderamente —respondió el del Bosque—, señor escudero, yo tengo pensado dejar estas borracheras de caballeros y volverme a mi aldea, y criar a mis hijitos, que tengo tres como tres perlas orientales.

—Dos tengo yo —dijo Sancho—, que podrían presentarse al Papa en persona; sobre todo una muchacha, a quien crío para condesa, si Dios quiere, aunque a pesar de su madre.

—¿Y qué edad tiene esa señora que cría para condesa? —preguntó el del Bosque.

—Quince años, más o menos —respondió Sancho—; pero es tan alta como una lanza, tan fresca como una mañana de abril, y con fuerza de mozo de carga.

—Con esas cualidades —respondió el del Bosque— no solo puede ser condesa, sino ninfa del bosque. ¡Caramba, qué brío debe de tener la muchacha!

A lo cual respondió Sancho, algo molesto:

—Ni ella es lo que usted insinúa, ni lo fue su madre, ni lo será ninguna de las dos, si Dios quiere, mientras yo viva. Hable con más miramiento; que, para haberse criado usted entre caballeros andantes —que son la misma cortesía—, no me parecen bien puestas esas palabras.

—¡Ah, que usted no me entiende! —replicó el del Bosque—. Lo dije como alabanza. ¿No sabe que, cuando alguien hace algo muy bien, suele decir el vulgo ciertas expresiones que, aunque suenan a vituperio, en ese uso son alabanza? Y reniegue usted, señor, de los hijos o hijas que no hagan obras que merezcan elogios.

—Pues reniego —respondió Sancho—, y de ese modo y por esa razón podría usted echarme encima a mí, a mis hijos y a mi mujer cuanto quiera, porque todo lo que hacen y dicen son extremos dignos de elogio. Y para verlos otra vez, le ruego a Dios que me saque de pecado mortal; que lo mismo será si me saca de este oficio peligroso de escudero, en el que he caído por segunda vez, engañado por una bolsa con cien ducados que hallé un día en Sierra Morena. Y el diablo me pone ante los ojos, aquí y allí, un talego lleno de doblones, que me parece que a cada paso lo toco, lo abrazo, lo llevo a mi casa, echo censos, fundo rentas y vivo como un príncipe. Y mientras pienso eso, se me hacen llevaderos cuantos trabajos padezco con este mentecato de mi amo, que tiene más de loco que de caballero.

—Por eso —respondió el del Bosque— dicen que la codicia rompe el saco. Y si hablamos de codicia, no hay otra mayor que la de mi amo: porque, para que otro caballero recobre el juicio que ha perdido, se hace él loco y anda buscando lo que no sé si, al hallarlo, no le saldrá a los hocicos.

—¿Y es enamorado?

—Sí —dijo el del Bosque—: de una tal Casildea de Vandalia, la más cruel señora que puede hallarse; pero no se queda solo en la crueldad: otros embustes mayores le andan bullendo por dentro, y él mismo lo dirá antes de muchas horas.

—No hay camino tan llano —replicó Sancho— que no tenga algún tropiezo o barranco. En otras casas cuecen habas, y en la mía, a calderadas. Más acompañada tiene la locura que la discreción. Pero si es verdad lo que se dice, que tener compañero en los trabajos alivia, con usted podré consolarme, pues sirve a otro amo tan tonto como el mío.

—Tonto, pero valiente —respondió el del Bosque—, y más pícaro que tonto y que valiente.

—Eso no es el mío —respondió Sancho—: no tiene nada de pícaro; antes tiene un alma como un cántaro. No sabe hacer mal a nadie, sino bien a todos, y no tiene malicia: un niño lo convencería de que es de noche en pleno día. Por esa sencillez lo quiero como a mis entrañas, y no me las arreglo para dejarlo, por más disparates que haga.

—Con todo, hermano —dijo el del Bosque—, si el ciego guía al ciego, ambos van a caer en el hoyo. Mejor es volvernos a nuestras querencias; que los que buscan aventuras no siempre las encuentran buenas.

Sancho escupía a menudo una saliva pegajosa y algo seca; y el escudero del Bosque, al notarlo, dijo:

—Me parece que de tanto hablar se nos pega la lengua al paladar; pero traigo un despegador colgado del arzón de mi caballo, y es de los buenos.

Se levantó y volvió al poco con una gran bota de vino y una empanada de media vara —y no es exageración—, porque era de un conejo tan grande que Sancho, al tocarla, entendió que más parecía de cabrón que de cabrito.

—¿Y esto trae usted consigo? —dijo Sancho.

—¿Pues qué pensaba? —respondió el otro—. ¿Que soy escudero de agua y lana? Mejor repuesto traigo yo en las ancas de mi caballo que el que lleva un general cuando va de camino.

Comió Sancho sin hacerse rogar, y tragaba a oscuras bocados como puños. Y dijo:

—Usted sí que es escudero fiel y cabal, trabajador y servicial, magnífico y grande, como lo muestra este banquete; que, si no ha venido aquí por arte de encantamiento, al menos lo parece. No como yo, mezquino y desventurado, que apenas traigo en mis alforjas un poco de queso, tan duro que con él podrían descalabrar a un gigante; y le hacen compañía cuatro docenas de algarrobas y otras tantas avellanas y nueces, gracias a la estrechez de mi dueño y a esa opinión suya —y regla que guarda— de que los caballeros andantes no han de mantenerse sino con frutas secas y con las hierbas del campo.

—Por mi fe, hermano —replicó el del Bosque—, yo no tengo el estómago hecho a tagarninas, ni a piruétanos, ni a raíces del monte. Allá se las entiendan nuestros amos con sus opiniones y leyes caballerescas, y que coman lo que ellos manden. Yo traigo fiambrera, y esta bota colgando del arzón de la silla, por si acaso; y es tan devota mía, y la quiero tanto, que pasan pocos ratos sin que le dé mil besos y mil abrazos.

Y diciendo esto, le puso la bota en las manos a Sancho, quien, empinándola, con la boca en ella, se quedó mirando las estrellas un buen cuarto de hora; y, al terminar de beber, dejó caer la cabeza a un lado y, dando un gran suspiro, dijo:

—¡Oh hi de puta, bellaco, y cómo es católico!

—¿Ve —dijo el del Bosque en oyendo el hi de puta de Sancho—, cómo habéis alabado este vino llamándole hi de puta?

—¿Ve? —dijo el del Bosque al oírlo—. Así ha alabado usted este vino, llamándolo "cristiano".

—Digo —respondió Sancho— que confieso que ya entiendo que no es deshonra decir ciertas palabras cuando se dicen con intención de alabar. Pero dígame, señor, por lo que más quiera: ¿este vino es de Ciudad Real?

—¡Buen catador! —respondió el del Bosque—. En verdad que no es de otra parte, y además tiene sus años.

—¿A mí con eso? —dijo Sancho—. No piense que se me va a escapar el conocimiento. ¿No es cosa buena, señor escudero, que yo tenga un instinto tan grande y tan natural para esto de conocer vinos, que con solo oler cualquiera acierto la patria, el linaje, el sabor, la fuerza y las vueltas que ha de dar, con todas las circunstancias que al vino le pertenecen? Pero no hay de qué maravillarse, si en mi linaje, por parte de mi padre, tuve los dos catadores más excelentes que en largos años conoció la Mancha; y para prueba de ello les pasó lo que ahora le cuento.

Les dieron a los dos a probar vino de una cuba, pidiéndoles su parecer del estado, la calidad, la bondad o el defecto del vino. Uno lo probó con la punta de la lengua; el otro no hizo más que acercarlo a las narices. El primero dijo que aquel vino sabía a hierro; el segundo dijo que sabía más a cordobán. El dueño aseguró que la cuba estaba limpia y que el vino no tenía adobo alguno por donde hubiese tomado sabor de hierro ni de cordobán.

Con todo, los dos famosos catadores se mantuvieron firmes en lo que habían dicho. Pasó el tiempo, se vendió el vino, y al limpiar la cuba hallaron dentro una llavecita, colgada de una correa de cordobán. Para que vea usted si quien viene de esa sangre puede dar su parecer en semejantes asuntos.

—Por eso digo —dijo el del Bosque— que dejemos de andar buscando aventuras; y puesto que tenemos hogazas, no busquemos tortas, y volvamos a nuestras chozas, que allí nos encontrará Dios, si Él quiere.

—Hasta que mi amo llegue a Zaragoza, lo serviré; después, ya nos entenderemos.

En fin, tanto hablaron y tanto bebieron los dos buenos escuderos, que el sueño tuvo necesidad de atarles las lenguas y templarles la sed (que quitársela era imposible); y así, aferrados los dos a la bota ya casi vacía, con los bocados a medio mascar en la boca, se quedaron dormidos. Allí los dejaremos por ahora, para contar lo que el Caballero del Bosque pasó con el de la Triste Figura.

CAPÍTULO XIV: DONDE SE PROSIGUE LA AVENTURA DEL CABALLERO DEL BOSQUE

Entre muchas razones que pasaron don Quijote y el Caballero de la Selva, dice la historia que el del Bosque le dijo a don Quijote:

—En fin, señor caballero, quiero que sepa que mi destino —o, mejor dicho, mi elección— me llevó a enamorarme de la sin par Casildea de Vandalia. La llamo "sin par" porque no tiene igual, así en la grandeza del cuerpo como en el extremo de su linaje y de su hermosura. Esta Casildea, pues, pagó mis buenos pensamientos y mis comedidos deseos haciendo que yo me viera, como la madrina de Hércules, en muchos y diversos peligros, prometiéndome al final de cada uno que, al término del siguiente, llegaría el de mi esperanza; pero de tal manera se han ido encadenando mis trabajos, que no tienen cuento, y yo no sé cuál será el último que dé principio al cumplimiento de mis deseos.

Una vez me mandó que fuera a desafiar a aquella famosa gigante de Sevilla, llamada la Giralda, tan valiente y fuerte como si fuera de bronce, y sin moverse de un lugar, la mujer más movediza y giradora del mundo. Llegué, la vi y la vencí, y la hice estar quieta y a raya, porque en más de una semana no soplaron sino vientos del norte.

Otra vez me mandó que fuera a pesar las antiguas piedras de los valientes Toros de Guisando, empresa más para encargar a mozos de carga que a caballeros.

Otra vez me mandó que me arrojara y me hundiera en la sima de Cabra, peligro inaudito y temeroso, y que le trajera relación puntual de lo que en aquella oscuridad se encierra. Detuve el movimiento de la Giralda, pesé los Toros de Guisando, me despeñé en la sima y saqué a luz lo escondido de su abismo; y mis esperanzas, muertas que muertas, y sus mandamientos y desdenes, vivos que vivos.

En resumen, últimamente me ha mandado que recorra todas las provincias de España y haga confesar a todos los caballeros andantes que por ellas vaguen que ella sola es la más aventajada en hermosura de cuantas hoy viven, y que yo soy el más valiente y el más bien enamorado caballero del mundo. En esa demanda he andado ya la mayor parte de

España, y en ella he vencido a muchos caballeros que se han atrevido a contradecirme.

Pero de lo que más me precio es de haber vencido, en batalla singular, a aquel tan famoso caballero don Quijote de la Mancha, y haberle hecho confesar que mi Casildea es más hermosa que su Dulcinea. Y solo con este vencimiento hago cuenta de que he vencido a todos los caballeros del mundo, porque ese don Quijote que digo los ha vencido a todos; y habiéndolo vencido yo a él, su gloria, su fama y su honra se han transferido y pasado a mi persona:

> Y tanto el vencedor es más honrado,
> Cuanto más el vencido es reputado;

de modo que ya corren por mi cuenta, y son mías, las innumerables hazañas del ya referido don Quijote.

Admirado quedó don Quijote al oír al Caballero del Bosque; y estuvo mil veces a punto de decirle que mentía, y ya tenía el mentís en la punta de la lengua; pero se contuvo lo mejor que pudo, por hacerle confesar por su propia boca la mentira, y así, con calma, le dijo:

—Que usted, señor caballero, haya vencido a muchos caballeros andantes de España, y aun de todo el mundo, no lo discuto; pero que haya vencido a don Quijote de la Mancha, lo pongo en duda. Podría ser que fuera otro que se le pareciera, aunque hay pocos que se le parezcan.

—¿Cómo que no? —replicó el del Bosque—. Por el cielo que nos cubre que peleé con don Quijote, y lo vencí y rendí. Es un hombre alto, seco de rostro, estirado y de miembros largos y algo huesudos, entrecano, de nariz aguileña y algo corva, de bigotes grandes, negros y caídos. Se hace llamar el Caballero de la Triste Figura, y trae por escudero a un labrador llamado Sancho Panza; monta un famoso caballo llamado Rocinante; y, en fin, tiene por señora de su voluntad a una tal Dulcinea del Toboso, llamada en otro tiempo Aldonza Lorenzo. Como la mía, que por llamarse Casilda y ser de Andalucía, yo la llamo Casildea de Vandalia. Si todas estas señas no bastan para acreditar mi verdad, aquí está mi espada, que hará creer hasta a la incredulidad.

—Sosiéguese, señor caballero —dijo don Quijote—, y escuche lo que quiero decirle. Ha de saber que ese don Quijote que usted nombra es el mayor amigo que tengo en este mundo; tanto, que podría decir que lo tengo por mi propia persona. Y por las señas que me ha dado, tan puntuales y ciertas, no puedo pensar sino que sea el mismo que usted venció.

Pero, por otra parte, veo con los ojos y toco con las manos que no puede ser el mismo… a menos que, como él tiene muchos enemigos encantadores (en especial uno que lo persigue sin descanso), alguno de ellos haya tomado su figura para dejarse vencer y así defraudarlo de la fama que sus caballerías le han ganado por toda la tierra.

Y para confirmación de esto, quiero que sepa también que esos encantadores, sus contrarios, hace no más de dos días transformaron la figura y persona de la hermosa Dulcinea del Toboso en una aldeana basta y baja; y de esa misma manera habrán transformado a don Quijote. Y si todo esto no basta para convencerlo, aquí está el mismo don Quijote, que sostendrá esta verdad con sus armas, a pie o a caballo, o de la manera que a usted le agrade.

Y diciendo esto, se puso en pie y echó mano a la espada, esperando la resolución del Caballero del Bosque; el cual, con voz también sosegada, respondió:

—Al buen pagador no le duelen prendas: quien una vez, señor don Quijote, pudo vencerlo a usted transformado, bien podrá tener esperanza de rendirlo en su propio ser. Pero como no es bien que los caballeros hagan sus hechos de armas a oscuras, como salteadores y rufianes, esperemos el día, para que el sol vea nuestras obras.

Y sea condición de nuestra batalla que el vencido quede a voluntad del vencedor, para que haga de él lo que quiera, con tal de que lo que se le ordene sea propio de caballero.

—Estoy más que contento con esa condición y convenio —respondió don Quijote.

Dicho esto, fueron donde estaban los escuderos, y los hallaron roncando, tal como estaban cuando el sueño los asaltó. Los despertaron y les mandaron que tuvieran listos los animales, porque al salir el sol habían de hacer los dos una batalla sangrienta, singular y desigual. Con la noticia, Sancho quedó atónito y pasmado, temeroso por la salud de su amo, por las valentías que había oído del otro caballero, contadas por el escudero del Bosque; pero, sin decir palabra, los dos escuderos se fueron a buscar su ganado, que los tres caballos y el rucio ya se habían olido y estaban juntos.

En el camino, el del Bosque le dijo a Sancho:

—Debe saber, hermano, que los peleadores de Andalucía, cuando son padrinos de alguna pendencia, no se están mano sobre mano mientras sus ahijados riñen. Se lo digo para que lo tenga presente: mientras nuestros dueños peleen, nosotros también hemos de pelear y hacernos astillas.

—Esa costumbre, señor escudero —respondió Sancho—, allá podrá correr entre rufianes y pendencieros; pero entre escuderos de caballeros andantes, ni pensarlo. Al menos, yo no le oí jamás a mi amo tal cosa, y él sabe de memoria todas las ordenanzas de la caballería andante.

Y aun concediendo que fuera ordenanza, yo no quiero cumplirla, sino pagar la pena que esté puesta a los escuderos pacíficos; que yo aseguro que no pasará de dos libras de cera. Y prefiero pagarlas, porque sé que me costarán menos que las vendas y las curas que gastaría en sanarme la cabeza, que ya me la imagino partida por la mitad. Además, me lo impide el hecho de no tener espada: en mi vida me la puse.

—Para eso sé yo buen remedio —dijo el del Bosque—: traigo aquí dos talegas de lienzo, del mismo tamaño; tomará usted una y yo la otra, y pelearemos a talegazos, con armas iguales.

—Así sea, entonces —respondió Sancho—; porque más servirá esa pelea para sacudirnos el polvo que para herirnos.

—No será así —replicó el otro—; porque se han de echar dentro de las talegas, para que no se las lleve el aire, media docena de guijarros lindos y pelados, que pesen tanto los unos como los otros; y así podremos darnos talegazos sin hacernos daño de verdad.

—¡Mire, por mi padre! —respondió Sancho—. ¡Qué "algodón" y qué "plumas" quiere usted meter en las talegas, para no dejarnos molidos los cascos y hechos harina los huesos! Pues aunque las llenara de capullos de seda, sepa, señor mío, que no voy a pelear: que peleen nuestros amos y allá se las entiendan, y vivamos nosotros; que ya el tiempo se encarga de quitarnos la vida sin que andemos buscando maneras de acabarnos antes de sazón.

—Con todo —replicó el del Bosque—, hemos de pelear aunque sea media hora.

—Eso no —respondió Sancho—. No seré yo tan descortés ni tan desagradecido que con quien he comido y bebido me ponga en cuestión, por mínima que sea. Y además, estando sin cólera ni enojo, ¿quién diablos se las arregla para reñir "en seco"?

—Para eso —dijo el del Bosque— yo pondré remedio suficiente: antes de comenzar, me acercaré despacito a usted y le daré tres o cuatro bofetadas, que lo deje a mis pies; con esas bofetadas le despertaré la cólera, aunque esté con más sueño que un lirón.

—Contra ese remedio —respondió Sancho— tengo yo otro que no se queda atrás: agarraré un garrote, y antes de que usted venga a despertarme la cólera, le haré yo dormir la suya a garrotazos de manera que no despierte, si no es en el otro mundo. Porque sepa usted que no soy hombre para dejar que nadie me manosee la cara. Y cada cual mire por lo suyo.

Aunque lo más acertado sería que cada uno dejara dormir su cólera; que nadie conoce el alma de nadie, y muchas veces quien viene por lana vuelve trasquilado. Dios bendijo la paz y maldijo las riñas; porque si un gato acosado y apretado se vuelve león, yo, que soy hombre, Dios sabe en qué podría volverme. Así que desde ahora le advierto, señor escudero, que corra por su cuenta todo el mal y daño que de nuestra pendencia resulte.

—Está bien —replicó el del Bosque—. Amanecerá Dios, y veremos.

En esto, ya comenzaban a gorjear en los árboles mil suertes de pajarillos pintados, y en sus cantos alegres parecía que daban la enhorabuena y saludaban a la fresca aurora, que ya por las puertas y balcones del Oriente iba mostrando la hermosura del rostro. Sacudía de sus cabellos un número infinito de líquidas perlas; y las hierbas, bañándose en ese licor suave, parecían también brotar y llover blanco y menudo rocío. Los sauces destilaban maná sabroso; reían las fuentes; murmuraban los arroyos; se alegraban las selvas y se enriquecían los prados con su venida.

Pero apenas la claridad del día dio lugar a ver y diferenciar las cosas, cuando lo primero que se ofreció a los ojos de Sancho Panza fue la nariz del escudero del Bosque: tan grande, que casi le hacía sombra a todo el cuerpo. Cuentan, en efecto, que era desmesurada, corva en la mitad y llena de verrugas, de color amoratado, como berenjena; le bajaba dos dedos más abajo de la boca. Aquella grandeza, color, verrugas y encorvamiento le afeaban el rostro de tal modo, que, al verlo Sancho, empezó a temblar de pies y manos, como niño con ataque; y decidió en su corazón dejarse dar doscientas bofetadas antes que despertar la cólera para reñir con aquel espanto.

Don Quijote miró a su contrario y lo halló ya con la celada puesta y bien calada, de manera que no pudo verle el rostro; pero notó que era hombre robusto y no muy alto. Sobre las armas traía una sobrevesta o casaca, de tela, al parecer, de oro finísimo, sembrada de muchas lunas pequeñas de espejos resplandecientes, que lo hacían muy galán y vistoso. Le volaban sobre la celada gran cantidad de plumas verdes, amarillas y blancas. La lanza, arrimada a un árbol, era grandísima y gruesa, con un hierro acerado de más de un palmo.

Todo lo miró y todo lo notó don Quijote, y juzgó por lo visto y observado que aquel caballero debía de ser de grandes fuerzas; pero no por eso temió, como Sancho Panza. Antes, con gentil denuedo, dijo al Caballero de los Espejos:

—Si las muchas ganas de pelear, señor caballero, no le gastan la cortesía, por ella le ruego que alce un poco la visera, para que yo vea si la gallardía de su rostro responde a la de su disposición.

—Salga usted vencido o vencedor de esta empresa, señor caballero —respondió el de los Espejos—, le quedará tiempo y espacio suficientes para verme; y si ahora no satisfago su deseo, es porque me parece que cometería notable agravio contra la hermosa Casildea de Vandalia al dilatar el momento en que usted confiese lo que bien sabe que pretendo.

—Pues mientras subimos a caballo —dijo don Quijote— bien puede decirme si soy yo aquel don Quijote que usted dice haber vencido.

—A eso le respondo —dijo el de los Espejos— que se parece usted, como un huevo a otro, al mismo caballero que yo vencí; pero, según usted dice que lo persiguen encantadores, no me atrevo a afirmar si es usted el verdadero o no.

—Eso me basta —respondió don Quijote— para creer en su engaño; sin embargo, para sacarlo de él del todo, vengan nuestros caballos, que en menos tiempo del que tardaría usted en alzar la visera, si Dios, mi señora y mi brazo me ayudan, veré yo su rostro, y usted verá que no soy el don Quijote vencido que imagina.

Con esto, acortando razones, subieron a caballo, y don Quijote volvió las riendas a Rocinante para tomar lo que le convenía del campo y volver a encontrar a su contrario; y lo mismo hizo el de los Espejos. Pero no se había apartado don Quijote veinte pasos cuando oyó que lo llamaban; y, deteniéndose ambos en el camino, el de los Espejos le dijo:

—Advierta, señor caballero, que la condición de nuestra batalla es que el vencido, como ya he dicho, ha de quedar a discreción del vencedor.

—Ya lo sé —respondió don Quijote—, con tal de que lo que se imponga y mande al vencido no salga de los límites de la caballería.

—Así se entiende —respondió el de los Espejos.

En esto se ofrecieron a la vista de don Quijote las extrañas narices del escudero, y no se admiró menos de verlas que Sancho; tanto, que lo tuvo por algún monstruo o por hombre nuevo, de esos que no se usan en el mundo. Sancho, que vio partir a su amo para tomar carrera, no quiso quedarse solo con el narigudo, temiendo que con solo un golpe de aquellas narices contra las suyas se acabara su pendencia, quedando tendido en el suelo por el golpe o por el miedo; y fue tras su amo, asido a una acción de Rocinante. Cuando le pareció que ya era tiempo de volver, le dijo:

—Le suplico, señor mío, que antes de volver a encontrarse me ayude a subir a aquel alcornoque, desde donde podré ver, mejor que desde el suelo, el gallardo encuentro que va a hacer con este caballero.

—Antes creo, Sancho —dijo don Quijote— que quieres subirte a un andamio para ver los toros sin peligro.

—La verdad sea dicha —respondió Sancho—, las descomunales narices de aquel escudero me tienen atónito y lleno de espanto, y no me atrevo a estar junto a él.

—Son tales —dijo don Quijote— que, de no ser yo quien soy, también me asombrarían; así que ven, que te ayudaré a subir.

Mientras don Quijote se detenía ayudando a Sancho a subir al alcornoque, el de los Espejos tomó del campo lo que le pareció necesario; y creyendo que don Quijote habría hecho lo mismo, sin esperar sonido de trompeta ni otra señal, volvió las riendas a su caballo —que no era más ligero ni de mejor aspecto que Rocinante— y, a todo su correr, que no era sino un mediano trote, fue a encontrar a su enemigo. Pero al verlo ocupado en ayudar a Sancho, detuvo las riendas y se paró en mitad de la carrera, cosa de la que el caballo quedó muy agradecido, pues ya no podía moverse.

Don Quijote, creyendo que su enemigo ya venía volando, apretó con fuerza las espuelas contra las cansadas ijadas de Rocinante y lo hizo correr de tal manera que, según cuenta la historia, fue la única vez que se le vio correr algo; porque todas las demás siempre fueron trotes declarados. Con esta furia nunca vista llegó donde el de los Espejos estaba clavando las espuelas a su caballo sin lograr moverlo un solo paso del lugar donde había detenido su carrera.

En tan buena ocasión halló don Quijote a su contrario embarazado con el caballo y ocupado con la lanza, que nunca acertó a poner en ristre. Don Quijote, sin atender a estos inconvenientes, a salvamano y sin peligro alguno, lo embistió con tanta fuerza que, mal de su grado, lo hizo caer por las ancas del caballo, dando tal caída que, sin mover pie ni mano, dio señales de estar muerto.

Apenas lo vio caído Sancho, cuando se deslizó del alcornoque y corrió a toda prisa hasta donde estaba su señor. Don Quijote, apeándose de Rocinante, fue sobre el de los Espejos y, al quitarle las ataduras del yelmo para ver si estaba muerto o para que le entrara aire si aún vivía, vio…

¿Quién podrá decir lo que vio sin causar admiración, maravilla y espanto a quienes lo oigan?

Vio, dice la historia, el mismo rostro, la misma figura, el mismo aspecto, la misma fisonomía, la misma efigie, la misma perspectiva del bachiller Sansón Carrasco; y apenas lo vio, alzó la voz y dijo:

—¡Ven, Sancho, y mira lo que vas a ver y no vas a creer! ¡Aprende, hijo, y advierte lo que puede la magia, lo que pueden los hechiceros y los encantadores!

Llegó Sancho, y al ver el rostro del bachiller Carrasco comenzó a hacerse cruces y a santiguarse repetidas veces. El caballero caído no daba señales de vida, y Sancho dijo a don Quijote:

—Soy de parecer, señor mío, que, por si acaso, le clave la espada por la boca a este que parece el bachiller Sansón Carrasco; quizá así mate en él a alguno de sus enemigos encantadores.

—No dices mal —dijo don Quijote—, porque de los enemigos, los menos.

Y sacando la espada para poner en obra el consejo de Sancho, llegó el escudero del de los Espejos, ya sin las narices que tan feo lo habían hecho, y a grandes voces dijo:

—Mire lo que hace, señor don Quijote: el que tiene a sus pies es el bachiller Sansón Carrasco, su amigo, y yo soy su escudero.

Sancho, al verlo sin aquella fealdad primera, le preguntó:

—¿Y las narices?

—Aquí las tengo —respondió él—, en el bolsillo.

Y metiendo la mano, sacó unas narices de pasta y barniz, de máscara. Sancho, mirándolo con asombro creciente, exclamó:

—¡Santa María, ayúdame! ¿No es este Tomé Cecial, mi vecino y mi compadre?

—¡Y tanto que lo soy! —respondió el ya desnarigado—. Tomé Cecial soy, compadre y amigo Sancho Panza; luego te diré los enredos y embustes por los que he venido aquí. Mientras tanto, suplica a tu amo que no hiera ni mate al Caballero de los Espejos, porque sin duda es el atrevido y mal aconsejado bachiller Sansón Carrasco, nuestro paisano.

En esto volvió en sí el de los Espejos, y don Quijote, poniéndole la punta desnuda de la espada sobre el rostro, le dijo:

—Está usted muerto, caballero, si no confiesa que la sin par Dulcinea del Toboso aventaja en belleza a su Casildea de Vandalia; y además ha de prometer —si de esta contienda y caída sale con vida— que irá a la ciudad del Toboso y se presentará ante ella de mi parte, para que haga con usted lo que más le plazca; y si lo deja en libertad, ha de volver luego a buscarme —pues el rastro de mis hazañas le servirá de guía— y decirme lo que haya pasado con ella. Condiciones que, conforme a las que pusimos antes de nuestra batalla, no se salen de los términos de la caballería andante.

—Confieso —dijo el caballero caído— que vale más el zapato sucio y descosido de la señora Dulcinea del Toboso que las barbas mal peinadas, aunque limpias, de Casildea; y prometo ir y volver de su presencia y darle cuenta fiel de todo lo sucedido.

—También ha de confesar y creer —añadió don Quijote— que aquel caballero que usted venció no fue ni pudo ser don Quijote de la Mancha, sino otro que se le parecía; así como yo confieso y creo que usted, aunque se parece al bachiller Sansón Carrasco, no lo es, sino otro puesto en su figura por mis enemigos para templar el ímpetu de mi cólera y hacerme usar con moderación la gloria del vencimiento.

—Todo lo confieso y lo creo como usted lo dice —respondió el caballero—. Déjeme levantar, se lo ruego, si el golpe de la caída lo permite, que muy maltrecho me tiene.

Don Quijote lo ayudó a levantarse, junto con Tomé Cecial, su escudero, a quien Sancho no quitaba los ojos de encima. Aunque las respuestas confirmaban que era realmente Tomé Cecial, la idea de los encantamientos no dejaba a Sancho creer del todo lo que veía.

Finalmente, amo y escudero quedaron con su engaño, y el Caballero de los Espejos y el suyo se apartaron, mohínos y doloridos, en busca de algún lugar donde curarse. Don Quijote y Sancho continuaron su camino hacia Zaragoza, donde la historia los deja para contar quiénes eran el Caballero de los Espejos y su narigante escudero.

CAPÍTULO XV: DONDE SE CUENTA Y DA NOTICIA DE QUIÉN ERA EL CABALLERO DE LOS ESPEJOS Y SU ESCUDERO

En extremo contento, ufano y vanaglorioso iba don Quijote por haber alcanzado victoria de tan valiente caballero como él se imaginaba que era el de los Espejos; de cuya caballeresca palabra esperaba saber si el encantamiento de su señora seguía adelante, pues era forzoso que aquel caballero vencido volviera —so pena de no serlo— a darle razón de lo que con ella le hubiese sucedido. Pero una cosa pensaba don Quijote y otra el de los Espejos, puesto que por entonces su único pensamiento era buscar dónde curarse con ungüentos, como ya se ha dicho. Dice, pues, la historia que cuando el bachiller Sansón Carrasco aconsejó a don Quijote que volviera a seguir sus abandonadas caballerías, fue porque primero se había puesto en chanza con el cura y el barbero sobre qué medio se podría tomar para reducir a don Quijote a que se quedara en su casa, quieto y sosegado, sin que lo alborotaran sus mal buscadas aventuras. De aquel consejo salió, por voto común de todos y parecer particular de Carrasco, que dejaran salir a don Quijote, pues detenerlo parecía imposible; y que Sansón le saliera al camino como caballero andante y trabara batalla con él —pues no faltaría motivo—, y que lo venciera, teniéndolo por cosa fácil; y que fuera pacto y acuerdo que el vencido quedara a merced del vencedor. Y así, vencido don Quijote, el bachiller caballero le mandaría volver a su pueblo y a su casa, y no salir de allí en dos años, o hasta que él le mandara otra cosa; lo cual era claro que don Quijote, una vez vencido, cumpliría sin falta, por no contravenir las leyes de la caballería. Y podría ser que, en el tiempo de su reclusión, se le olvidaran sus vanidades o se diera lugar a buscar para su locura algún remedio conveniente.

Aceptó Carrasco, y se le ofreció por escudero Tomé Cecial, compadre y vecino de Sancho Panza, hombre alegre y de cascos ligeros. Se armó Sansón, como queda referido, y Tomé Cecial se acomodó sobre sus narices las falsas, de máscara, ya mencionadas, para que su compadre no lo reconociera cuando se vieran. Y así siguieron el mismo viaje que llevaba don Quijote, y estuvieron a punto de toparse con él en la aventura del carro de la Muerte; y, finalmente, dieron con ellos en el bosque, donde les sucedió todo lo que el prudente ha leído. Y si no fuera por los pensamientos extraordinarios de don Quijote —que se dio a entender que el bachiller no era el bachiller—, el señor bachiller quedara imposibilitado para siempre de graduarse de licenciado, por no haber hallado nidos donde pensó hallar pájaros.

Tomé Cecial, que vio cuán mal le habían salido sus deseos y el triste paradero que había tenido su camino, dijo al bachiller:

—Por cierto, señor Sansón Carrasco, tenemos bien merecido lo que nos pasa: con facilidad se imagina y se acomete una empresa; pero con dificultad, las más veces, se sale de ella. Don Quijote está loco, nosotros cuerdos; él se va sano y riendo, y usted queda molido y triste. Sepamos ahora: ¿quién es más loco, el que lo es porque no puede menos, o el que lo es por su voluntad?

A lo que respondió Sansón:

—La diferencia que hay entre esos dos locos es que el que lo es por fuerza lo será siempre; y el que lo es por gusto lo dejará de ser cuando quiera.

—Pues así es —dijo Tomé Cecial—: yo fui por mi voluntad loco cuando quise hacerme escudero de usted, y por la misma quiero dejar de serlo y volverme a mi casa.

—Eso le conviene —respondió Sansón—; porque pensar que yo he de volver a la mía antes de haber molido a palos a don Quijote es pensar en lo imposible. Y no me llevará ahora a buscarlo el deseo de que recobre el juicio, sino el de la venganza, porque el gran dolor de mis costillas no me deja hacer discursos más piadosos.

En esto fueron razonando los dos, hasta que llegaron a un pueblo donde fue suerte hallar a un algebrista, con quien se curó el desgraciado Sansón. Tomé Cecial se volvió y lo dejó, y él quedó imaginando su venganza; y la historia vuelve a hablar de él a su tiempo, por no dejar de regocijarse ahora con don Quijote.

CAPÍTULO XVI: DE LO QUE LE SUCEDIÓ A DON QUIJOTE CON UN DISCRETO CABALLERO DE LA MANCHA

Con la alegría, contento y ufanidad ya dichos, seguía don Quijote su jornada, imaginándose que, por la victoria pasada, era el caballero andante más valiente que tenía el mundo en aquella edad. Daba por acabadas y felizmente conducidas cuantas aventuras pudiesen sucederle de allí en adelante; tenía en poco a los encantos y a los encantadores; no se acordaba de los innumerables palos que en el curso de sus caballerías le habían dado, ni de la pedrada que le derribó media dentadura, ni del desagradecimiento de los galeotes, ni del atrevimiento y lluvia de estacas de los yangüeses. Finalmente, decía para sí que si hallara arte, modo o manera de desencantar a su señora Dulcinea, no envidiaría la mayor ventura que alcanzó —o pudo alcanzar— el más venturoso caballero andante de los pasados siglos.

En estas imaginaciones iba tan ocupado, cuando Sancho le dijo:

—¿No es cosa rara, señor, que todavía traigo ante los ojos las descomunales narices, y más que famosas, de mi compadre Tomé Cecial?

—¿Y crees tú, Sancho, que el Caballero de los Espejos era el bachiller Carrasco, y su escudero Tomé Cecial, tu compadre?

—No sé qué decir —respondió Sancho—; solo sé que las señas que me dio de mi casa, mi mujer y mis hijos no me las podría dar otro que él mismo; y la cara, sin las narices, era la de Tomé Cecial, como yo se la he visto muchas veces en mi pueblo, e incluso en medio de mi propia casa; y el modo de hablar era igual.

—Pensemos con juicio, Sancho —replicó don Quijote—. Ven acá: ¿en qué puede caber que el bachiller Sansón Carrasco viniera como caballero andante, armado de armas ofensivas y defensivas, a pelear conmigo? ¿He sido yo su enemigo? ¿Le he dado yo alguna ocasión para que me tenga ojeriza? ¿Soy yo su rival? ¿O es él hombre de armas, para envidiar la fama que yo he ganado por ellas?

—Pues entonces, señor —respondió Sancho—, ¿qué diremos de que aquel caballero, sea quien sea, se parezca tanto al bachiller Carrasco, y su escudero a Tomé Cecial, mi compadre? Y si esto es encantamiento, como usted ha dicho, ¿no había en el mundo otros dos a quienes se parecieran?

—Todo es artificio y traza —respondió don Quijote— de los malignos magos que me persiguen; los cuales, previendo que yo había de quedar vencedor en la contienda, se previnieron de que el caballero vencido mostrara el rostro de mi amigo el bachiller, para que la amistad que le tengo se pusiera entre los filos de mi espada y el rigor de mi brazo, y templara la justa ira de mi corazón, y así quedara con vida el que con enredos y engaños procuraba quitarme la mía. Para prueba de esto ya sabes, ¡oh Sancho!, por experiencia que no te dejará mentir ni engañar, cuán fácil les es a los encantadores mudar unos rostros en otros, haciendo de lo hermoso feo y de lo feo hermoso. Pues hace dos días viste con tus propios ojos la hermosura y gallardía de la sin par Dulcinea en toda su entereza y natural conformidad, y yo la vi en la fealdad y bajeza de una ruda labradora, con cataratas en los ojos y mal olor en la boca. Y más: el perverso encantador que se atrevió a una transformación tan ruin no tendría dificultad en hacer la de Sansón Carrasco y la de tu compadre, por quitarme de las manos la gloria del vencimiento. Pero, con todo, me consuelo: porque, en fin, en cualquiera figura que haya sido, he quedado vencedor de mi enemigo.

—Dios sabe la verdad de todo —respondió Sancho.

Y como él sabía que la transformación de Dulcinea había sido enredo y engaño suyo, no le satisfacían las quimeras de su amo; pero no quiso replicar, por no decir palabra que descubriera su embuste.

En estas razones estaban cuando los alcanzó un hombre que venía detrás de ellos por el mismo camino, montado en una hermosa yegua tordilla, vestido con un gabán de paño fino verde, guarnecido de terciopelo leonado, y una montera del mismo terciopelo. El aderezo de la yegua era de campo y de jineta, asimismo de morado y verde; traía un alfanje morisco pendiente de un ancho tahalí de verde y oro, y los borceguíes eran del mismo trabajo; las espuelas no eran doradas, sino barnizadas de verde, tan tersas y bruñidas que, por ir en concierto con el vestido, parecían mejores que si fueran de oro puro.

Cuando el caminante llegó a ellos, los saludó cortésmente, y picando a la yegua se iba de largo; pero don Quijote le dijo:

—Señor galán, si usted lleva el mismo camino que nosotros y no le importa ir sin prisa, haría una merced en ir junto con nosotros.

—En verdad —respondió el de la yegua—, no me habría pasado tan de largo si no fuera por temor de que, con la compañía de mi yegua, se alborotara ese caballo.

—Bien puede, señor —respondió Sancho—, bien puede llevar las riendas de su yegua; porque nuestro caballo es el más honesto y bien mirado del mundo. Jamás en semejantes ocasiones ha hecho vileza alguna; y una vez que se desmandó a hacerla, lo castigamos mi señor y yo con buenas correcciones. Digo otra vez que puede usted detenerse, si quiere, que aunque se la pusieran entre dos platos, a buen seguro que el caballo no se le iría encima.

Detuvo la rienda el caminante, admirándose de la apostura y rostro de don Quijote, el cual iba sin celada, porque la llevaba Sancho como maleta en el arzón delantero de la albarda del rucio. Y si mucho miraba el de lo verde a don Quijote, mucho más lo miraba don Quijote a él, pareciéndole hombre de calidad. La edad mostraba ser de cincuenta años; las canas, pocas; el rostro, aguileño; la mirada, entre alegre y grave; finalmente, en el traje y apostura daba a entender ser hombre de buenas prendas.

El de lo verde juzgó de don Quijote de la Mancha que semejante figura y manera de hombre no la había visto jamás: le admiraron la flacura de Rocinante, la grandeza del cuerpo de don Quijote, la amarillez de su rostro, sus armas, su ademán y compostura; figura y retrato no vistos por largos tiempos en aquella tierra. Don Quijote notó la atención con que lo miraba el caminante, y leyó en su suspensión el deseo; y como era tan cortés y tan amigo de dar gusto, antes de que le preguntara nada le salió al paso, diciéndole:

—Esta figura que usted ha visto en mí, por ser tan nueva y tan fuera de las que comúnmente se usan, no me extrañaría que le hubiese causado maravilla; pero dejará usted de estarlo cuando le diga —como le digo— que soy caballero,

De esos que dicen las gentes
que a sus aventuras van.

Salí de mi patria, empeñé mi hacienda, dejé mi descanso y me entregué a los brazos de la Fortuna para que me llevara adonde más le placiera. Quise resucitar la ya muerta caballería andante, y hace muchos días que, tropezando aquí, cayendo allá, despeñándome acá y levantándome más allá, he cumplido gran parte de mi deseo: he socorrido viudas, amparado doncellas y favorecido casadas, huérfanos y pupilos, propio y natural oficio de caballeros andantes. Y así, por mis valerosas, muchas y cristianas hazañas, he merecido andar ya en estampa en casi todas, o en la mayor parte, de las naciones del mundo. Treinta mil volúmenes se han impreso de mi historia, y lleva camino de imprimirse treinta mil veces por millares, si el cielo no lo remedia.

Finalmente, por decirlo todo en pocas palabras, o en una sola, digo que yo soy don Quijote de la Mancha, por otro nombre llamado el Caballero de la Triste Figura. Y aunque las propias alabanzas envilecen, me veo forzado a decir a veces las mías, y más cuando no se halla presente quien las diga. Así que, señor gentilhombre, ni este caballo, ni esta lanza, ni este escudo, ni este escudero, ni todas estas armas juntas, ni la amarillez de mi rostro, ni mi flaqueza, podrán maravillarlo de aquí en adelante, habiendo ya sabido quién soy y la profesión que hago.

Calló don Quijote, y el de lo verde, según se tardaba en responderle, parecía no acertar con las palabras; pero al cabo le dijo:

—Acertó usted, señor caballero, al conocer por mi suspensión mi deseo; pero no ha acertado en quitarme la maravilla que me causa haberlo visto. Porque aunque, como usted dice, saber quién es podría quitármela, no ha sido así: antes, ahora que lo sé, quedo más suspenso y maravillado. ¿Cómo es posible que hoy haya caballeros andantes en el mundo, y que haya historias impresas de verdaderas caballerías? No puedo persuadirme de que haya hoy en la tierra quien favorezca viudas, ampare doncellas, ni honre casadas, ni socorra huérfanos; y no lo creería si no lo hubiera visto con mis ojos. ¡Bendito sea el cielo! Porque con esa historia que usted dice que está impresa, de sus altas y verdaderas caballerías, se habrán puesto en olvido las innumerables de los fingidos caballeros andantes, de las que estaba lleno el mundo, tan en daño de las buenas costumbres y tan en perjuicio y descrédito de las buenas historias.

—Hay mucho que decir —respondió don Quijote— sobre si son fingidas o no las historias de los caballeros andantes.

—¿Pues hay quien dude —respondió el de lo verde— de que sean falsas esas historias?

—Yo lo dudo —respondió don Quijote—, y dejemos esto aquí; que si nuestra jornada dura, espero en Dios hacerle entender que ha hecho mal en ir con la corriente de los que tienen por cierto que no son verdaderas.

De esta última razón de don Quijote sacó el caminante indicios de que don Quijote debía de ser algún mentecato, y esperaba confirmarlo con otras; pero antes de entretenerse en nuevos razonamientos, don Quijote le rogó que le dijera quién era, pues él ya le había dado cuenta de su condición y de su vida. A lo que respondió el del Verde Gabán:

—Yo, señor Caballero de la Triste Figura, soy un hidalgo natural de un lugar adonde iremos hoy a comer, si Dios lo permite. Soy más que medianamente rico, y mi nombre es don Diego de Miranda. Paso la vida con mi mujer, con mis hijos y con mis amigos; mis ejercicios son la caza y la pesca; pero no mantengo ni halcón ni galgos, sino algún perdigón manso o algún hurón atrevido. Tengo hasta seis docenas de libros, unos en romance y otros en latín: algunos de historia y otros de devoción. Los de caballerías todavía no han pasado el umbral de mi puerta. Hojeo más los profanos que los devotos, con tal que sean de honesto entretenimiento, que deleiten con el lenguaje y admiren y suspendan con la invención, aunque de esos hay muy pocos en España. Algunas veces como con mis vecinos y amigos, y muchas veces los invito; mis convites son limpios y aseados, y no escasos. No me gusta murmurar, ni consiento que delante de mí se murmure; no escudriño vidas ajenas, ni soy lince de los hechos de otros. Oigo misa cada día; reparto mis bienes con los pobres sin hacer alarde de buenas obras, por no dar entrada en mi corazón a la hipocresía y la vanagloria, enemigos que suavemente se apoderan del ánimo más recatado. Procuro poner en paz a los que sé que están desavenidos; soy devoto de nuestra Señora, y confío siempre en la misericordia infinita de Dios nuestro Señor.

Atentísimo estuvo Sancho a la relación de la vida y entretenimientos del hidalgo; y como le pareció buena y santa, y que quien la decía debía de hacer milagros, se arrojó del rucio y, con gran prisa, fue a asir el estribo derecho; y con devoto corazón y casi con lágrimas le besó los pies una y muchas veces. Viéndolo el hidalgo, le preguntó:

—¿Qué hace, hermano? ¿Qué besos son esos?

—Déjeme besar —respondió Sancho—, porque me parece que usted es el primer santo a la jineta que he visto en todos los días de mi vida.

—No soy santo —respondió el hidalgo—, sino gran pecador; usted sí, hermano, que debe de ser bueno, como lo muestra su simplicidad.

Volvió Sancho a la albarda, habiendo sacado a plaza la risa de la profunda melancolía de su amo y causado nueva admiración a don Diego. Don Quijote le preguntó cuántos hijos tenía, y le dijo que una de las cosas en que ponían el sumo bien los antiguos filósofos —que carecieron del verdadero conocimiento de Dios— fue en los bienes de la naturaleza, en los de la fortuna, en tener muchos amigos y en tener muchos y buenos hijos.

—Yo, señor don Quijote —respondió el hidalgo—, tengo un hijo que, si no lo tuviera, quizá me juzgara más dichoso de lo que soy; y no porque sea malo, sino porque no es tan bueno como yo quisiera. Tendrá unos dieciocho años: seis ha estado en Salamanca aprendiendo latín y griego; y cuando quise que pasara a estudiar otras ciencias, lo hallé tan embebido en la poesía (si es que puede llamarse ciencia), que no es posible hacerle encaminarse a las leyes, que yo quisiera que estudiara, ni a la reina de todas, la teología. Yo quisiera que fuera corona de su linaje, pues vivimos en un siglo donde nuestros reyes premian altamente las virtuosas y buenas letras; porque letras sin virtud son perlas en el muladar. Todo el día se le pasa averiguando si dijo bien o mal Homero en tal verso de la Ilíada; si Marcial fue deshonesto o no en tal epigrama; si han de entenderse de una manera o de otra tales versos de Virgilio. En fin, todas sus conversaciones son con los libros de los poetas referidos, y con los de Horacio, Persio, Juvenal y Tibulo; de los modernos romancistas hace poca cuenta; y con todo el poco aprecio que muestra por la poesía en romance, ahora trae los pensamientos desvanecidos con hacer una glosa a cuatro versos que le han enviado de Salamanca, y pienso que son de justa literaria.

A todo lo cual respondió don Quijote:

—Los hijos, señor, son pedazos de las entrañas de sus padres; y así, han de quererse, sean buenos o malos, como se quieren las almas que nos dan vida. A los padres les toca encaminarlos desde pequeños por los pasos de la virtud, de la buena crianza y de las buenas y cristianas costumbres, para que cuando sean grandes sean báculo de la vejez de sus padres y gloria de su posteridad. Y en lo de forzarlos a estudiar esta o aquella ciencia, no lo tengo por acertado, aunque persuadirlos no será dañino. Y cuando no se estudia para ganar pan, siendo tan venturoso el estudiante que el cielo le dio padres que se lo permitan, yo sería de parecer que lo dejen seguir la ciencia a que más lo vean inclinado. Y aunque la poesía es menos útil que deleitable, no es de las que deshonran a quien la posee.

La poesía, señor hidalgo, a mi parecer, es como una doncella tierna y de poca edad, hermosísima en todo extremo, a quien cuidan de enriquecer, pulir y adornar otras muchas doncellas, que son todas las otras ciencias; y ella ha de servirse de todas, y todas han de autorizarse con ella. Pero esa doncella no quiere ser manoseada, ni traída por las calles, ni publicada por las esquinas de las plazas ni por los rincones de los palacios. Está hecha de una alquimia de tal virtud, que quien sabe tratarla la vuelve oro purísimo de inestimable precio. Quien la posea ha de tenerla a raya, sin dejarla correr en torpes sátiras ni en desalmados sonetos. No ha de ser vendible en manera alguna, si no es en poemas heroicos, en lamentables tragedias o en comedias alegres y artificiosas. No se ha de dejar tratar de truhanes ni del ignorante vulgo, incapaz de conocer ni estimar los tesoros que en ella se encierran.

Y no piense usted que llamo vulgo solamente a la gente plebeya y humilde: todo aquel que no sabe, aunque sea señor o príncipe, puede y debe entrar en número de vulgo. Así, quien trate y guarde a la poesía con los requisitos dichos será famoso, y su nombre será estimado en todas las naciones políticas del mundo.

Y en cuanto a lo que dice usted de que su hijo no estima mucho la poesía en romance, me doy a entender que no anda muy acertado en ello; y la razón es esta: el gran Homero no escribió en latín, porque era griego; ni Virgilio escribió en griego, porque era latino. En suma, todos los poetas antiguos escribieron en la lengua que mamaron con la leche, y no fueron a buscar extranjeras para declarar la altura de sus conceptos. Siendo esto así, razón sería que esta costumbre se extendiera por todas las naciones, y que no se desestimara al poeta alemán porque escribe en su lengua, ni al castellano, ni aun al vizcaíno que escribe en la suya.

Pero su hijo (a lo que yo imagino) no debe de estar mal con la poesía en romance, sino con los poetas que son meros romancistas, sin saber otras lenguas ni otras ciencias que adornen, despierten y ayuden a su natural impulso; y aun en esto puede haber error. Porque, según opinión verdadera, el poeta nace: quiero decir que del vientre de su madre sale poeta el poeta natural; y con aquella inclinación que le dio el cielo, sin más estudio ni artificio, compone cosas que hacen verdadero al que dijo: est Deus in nobis…, etcétera.

También digo que el poeta natural que se ayuda del arte será mucho mejor, y se aventajará al poeta que solo por saber el arte quiera serlo. La razón es que el arte no aventaja a la naturaleza, sino que la perfecciona; así que, mezcladas la naturaleza y el arte —y el arte con la naturaleza— sacarán un poeta perfectísimo.

Sea, pues, la conclusión de mi plática, señor hidalgo: deje usted caminar a su hijo por donde su estrella lo llama; que siendo él tan buen estudiante como debe de ser, y habiendo ya subido felizmente el primer escalón de las ciencias, que es el de las lenguas, con ellas por sí mismo subirá a la cumbre de las letras humanas; las cuales tan bien le sientan a un caballero de capa y espada, y así lo adornan, honran y engrandecen, como las mitras a los obispos o como las garnachas a los peritos juristas.

Riña usted a su hijo si hace sátiras que perjudiquen honras ajenas, y castíguelo, y rómpaselas; pero si hace sermones al modo de Horacio, donde reprenda los vicios en general, como tan elegantemente él lo hizo, alábelo; porque lícito es al poeta escribir contra la envidia y decir en sus versos mal de los envidiosos, y asimismo de otros vicios, con tal que no señale persona alguna. Pero hay poetas que, a trueque de decir una malicia, se pondrán en peligro de que los destierren a las islas de Ponto.

Si el poeta es casto en sus costumbres, lo será también en sus versos: la pluma es lengua del alma; cuales sean los pensamientos que en ella se engendren, tales serán sus escritos. Y cuando reyes y príncipes ven la milagrosa ciencia de la poesía en sujetos prudentes, virtuosos y graves, los honran, los estiman y los enriquecen, y aun los coronan con las hojas del árbol a quien no ofende el rayo, en señal de que no han de ser ofendidos por nadie quienes ven honradas y adornadas sus sienes con tales coronas.

Admirado quedó el del Verde Gabán del razonamiento de don Quijote, y tanto, que fue perdiendo la opinión que tenía de él por mentecato. Pero a la mitad de esta plática, Sancho, a quien no le sabía muy bien tanta charla, se había desviado del camino a pedir un poco de leche a unos pastores que allí cerca estaban ordeñando ovejas; y en esto ya volvía el hidalgo a renovar la conversación, satisfecho en extremo de la discreción y buen discurso de don Quijote, cuando don Quijote alzó la cabeza y vio que por el camino que llevaban venía un carro lleno de banderas reales; y creyendo que debía de ser alguna nueva aventura, a grandes voces llamó a Sancho para que viniera a darle la celada. Sancho, al oírlo, dejó a los pastores y a toda prisa picó al rucio, y llegó donde estaba su amo, a quien le sucedió una espantosa y desatinada aventura.

CAPÍTULO XVII: DONDE SE DECLARA EL ÚLTIMO PUNTO Y EXTREMO ADONDE LLEGÓ Y PUDO LLEGAR EL INAUDITO ÁNIMO DE DON QUIJOTE, CON LA FELIZMENTE ACABADA AVENTURA DE LOS LEONES

Cuenta la historia que cuando don Quijote daba voces a Sancho para que le trajera el yelmo, Sancho estaba comprando unos requesones que los pastores le vendían; y apurado por la prisa de su amo, no supo qué hacer con ellos ni en qué llevarlos. Y por no perderlos —porque ya los tenía pagados— se le ocurrió echarlos dentro del yelmo de su señor, y con este buen recado volvió a ver qué quería.

Apenas llegó, don Quijote le dijo:

—Dame, amigo, ese yelmo; que yo sé poco de aventuras, y lo que alcanzo a ver es algo que me obliga —y me obliga de veras— a ponerme en armas.

El del Verde Gabán, que oyó esto, tendió la vista por todas partes, y no descubrió otra cosa que un carro que venía hacia ellos con dos o tres banderas pequeñas, lo cual le dio a entender que el carro debía de traer moneda de Su Majestad; y así se lo dijo a don Quijote. Pero don Quijote no le dio crédito, siempre pensando que todo lo que le sucediera habían de ser aventuras, y más aventuras; y respondió al hidalgo:

—Hombre prevenido, medio combatido. No se pierde nada con prevenirse; que sé por experiencia que tengo enemigos visibles e invisibles, y no sé cuándo, ni dónde, ni en qué tiempo, ni en qué figuras me han de acometer.

Y volviéndose a Sancho, le pidió el yelmo. Sancho, como no tuvo lugar de sacar los requesones, se vio forzado a dárselo tal cual estaba. Don Quijote lo tomó, y sin advertir lo que llevaba dentro, se lo encajó en la cabeza con toda prisa; y como los requesones se apretaron y exprimieron, comenzó a correr el suero por todo el rostro y las barbas de don Quijote. De esto recibió tal susto, que dijo a Sancho:

—¿Qué es esto, Sancho? Parece que se me ablandan los cascos, o se me derriten los sesos, o que sudo de pies a cabeza. Y si sudo, en verdad que no es de miedo; sin duda debe de ser terrible la aventura que ahora quiere sucederme. Dame, si tienes, con qué me limpie, que este sudor copioso me ciega los ojos.

Calló Sancho y le dio un paño, y dio con él gracias a Dios de que su señor no hubiera caído en cuenta del enredo. Don Quijote se limpió, y se quitó el yelmo por ver qué cosa era la que, según él, le enfriaba la cabeza; y viendo aquellas gachas blancas dentro, las acercó a las narices, y al olerlas dijo:

—Por vida de mi señora Dulcinea del Toboso, que son requesones los que aquí me has puesto, traidor, bellaco y mal mirado escudero.

A lo cual, con gran flema y disimulo, respondió Sancho:

—Si son requesones, démelo usted, que yo me los comeré… Pero que se los coma el diablo, que debió de ser quien los puso ahí. ¿Iba yo a atreverme a ensuciar el yelmo de usted? ¡Ya encontró al culpable! En verdad, señor, por lo que Dios me da a entender, yo también debo de tener encantadores que me persiguen, por ser parte y miembro de usted, y habrán puesto ahí esa inmundicia para probar su paciencia y hacer que me muela, como suele, las costillas. Pero esta vez les salió mal la cuenta, porque yo confío en el buen juicio de mi señor, que habrá considerado que ni yo tengo requesones, ni leche, ni cosa parecida, y que si la tuviera, antes la pondría en mi estómago que en el yelmo.

—Todo puede ser —dijo don Quijote.

Y todo lo miraba el hidalgo, y de todo se admiraba, especialmente cuando, después de haberse limpiado don Quijote cabeza, rostro y barbas, y también el yelmo, se lo encajó de nuevo; y afirmándose bien en los estribos, revisando la espada y asiendo la lanza, dijo:

—Ahora, venga lo que venga; que aquí estoy con ánimo de medirme con el mismo Satanás en persona.

Llegó en esto el carro de las banderas, en el cual no venía otra gente que el carretero con las mulas, y un hombre sentado en la delantera. Se puso don Quijote delante y dijo:

—¿Adónde van, hermanos? ¿Qué carro es este? ¿Qué llevan en él, y qué banderas son esas?

A lo que respondió el carretero:

—El carro es mío; lo que va en él son dos bravos leones enjaulados, que el general de Orán envía a la Corte, presentados a Su Majestad; las banderas son del rey nuestro señor, en señal de que aquí va cosa suya.

—¿Y son grandes los leones? —preguntó don Quijote.

—Tan grandes —respondió entonces el hombre que iba a la puerta del carro—, que no han pasado mayores, ni tan grandes, de África a España jamás; y yo soy el leonero, y he pasado otros, pero como estos, ninguno. Son hembra y macho: el macho va en esta jaula primera, y la hembra en la de atrás; y ahora van hambrientos, porque no han comido hoy; así que usted se aparte, que hace falta llegar pronto adonde les demos de comer.

A lo que dijo don Quijote, sonriéndose un poco:

—¿Leoncitos a mí? ¿A mí leoncitos, y a estas horas? Pues, por Dios, esos señores que los envían van a ver si soy hombre que se espanta de leones. Bájese, buen hombre, y ya que usted es el leonero, abra esas jaulas y écheme esas bestias fuera; que en mitad de este campo les daré a conocer quién es don Quijote de la Mancha, a despecho y pesar de los encantadores que me los envían.

—¡Ta! ¡ta! —dijo entonces entre sí el hidalgo—. Ya dio señal de quién es nuestro buen caballero: los requesones, sin duda, le han ablandado los cascos y le han madurado los sesos.

Se acercó en esto Sancho y le dijo:

—Señor, por el amor de Dios, haga usted de modo que mi señor don Quijote no se meta con estos leones; que si se mete, aquí nos van a hacer pedazos a todos.

—¿Pues tan loco es su amo —respondió el hidalgo— que teme y cree que se va a medir con animales tan fieros?

—No es loco —respondió Sancho—; es atrevido.

—Yo haré que no lo sea —replicó el hidalgo.

Y llegándose a don Quijote, que estaba apurando al leonero para que abriera las jaulas, le dijo:

—Señor caballero, los caballeros andantes han de acometer aventuras que prometan esperanza de salir bien de ellas, y no aquellas que la quitan del todo; porque la valentía que entra en la jurisdicción de la temeridad tiene más de locura que de fortaleza. Y además, estos leones no vienen contra usted, ni lo sueñan: van presentados a Su Majestad, y no será bien detenerlos ni impedirles el viaje.

—Váyase usted, señor hidalgo —respondió don Quijote—, a entenderse con su perdigón manso y con su hurón atrevido, y deje que cada cual haga su oficio. Este es el mío, y yo sé si vienen a mí, o no, estos señores leones.

Y volviéndose al leonero, le dijo:

—¡Voto a tal, don bellaco, que si no abre ahora mismo las jaulas, con esta lanza lo coso junto al carro!

El carretero, que vio la determinación de aquella armada fantasía, le dijo:

—Señor mío, por caridad, sea servido de dejarme desuncir las mulas y ponerme a salvo con ellas antes que se suelten los leones; porque si me las matan, quedo arruinado para toda mi vida: no tengo otra hacienda sino este carro y estas mulas.

—¡Oh hombre de poca fe! —respondió don Quijote—. Bájate y desunce, y haz lo que quieras; que pronto verás que trabajaste en vano y que podías haberte ahorrado esta diligencia.

Bajó el carretero y desunció a gran prisa, y el leonero dijo a grandes voces:

—Que me sean testigos cuantos aquí están de que, contra mi voluntad y forzado, abro las jaulas y suelto los leones; y protesto contra este señor que todo el mal y daño que estas bestias hicieren corra por su cuenta, y además mis salarios y derechos. Ustedes, señores, pónganse a salvo antes que yo abra, que yo estoy seguro de que no me han de hacer daño.

Otra vez le rogó el hidalgo que no hiciera semejante locura, que era tentar a Dios acometer tal disparate. A lo que respondió don Quijote que él sabía bien lo que hacía. Replicó el hidalgo que lo mirara con cuidado, porque él entendía que se engañaba.

—Ahora, señor —replicó don Quijote—, si usted no quiere ser testigo de lo que a su parecer ha de ser tragedia, pique la tordilla y póngase a salvo.

Al oír esto, Sancho, con lágrimas en los ojos, le suplicó que desistiera de tal empresa; y decía que, en comparación, habían sido tortas y pan pintado la de los molinos de viento y la de los batanes, y, finalmente, todas las hazañas que había acometido en el curso de su vida.

—Mire, señor —decía Sancho—, que aquí no hay encantamiento ni cosa que lo valga; que yo he visto por entre las rejas y resquicios de la jaula una uña de león verdadero, y saco por ella que el león dueño de esa uña es mayor que una montaña.

—El miedo, por lo menos —respondió don Quijote—, te lo hace parecer mayor que la mitad del mundo. Retírate, Sancho, y déjame; y si aquí muero, ya sabes nuestro antiguo concierto: acudirás a Dulcinea, y no te digo más.

A estas palabras añadió otras razones con las que le quitó a Sancho la esperanza de que no seguiría en su desvariado intento. Quiso el del Verde Gabán oponérsele, pero se vio desigual en las armas y no le pareció cuerdo medirse con un loco, pues ya don Quijote se lo había parecido del todo. Don Quijote volvió a apurar al leonero y a repetir amenazas; y dio ocasión a que el hidalgo picara la yegua, y Sancho al rucio, y el carretero a sus mulas, procurando todos apartarse del carro cuanto pudieran, antes de que los leones salieran de sus jaulas.

Lloraba Sancho la muerte de su señor, que esa vez sin duda creía cercana en las garras de los leones; maldecía su fortuna y llamaba desdichada la hora en que se le ocurrió volver a servirle; pero entre lloros y lamentos no dejaba de aporrear al rucio para alejarse del carro. Viendo el leonero que los que huían ya estaban bien apartados, volvió a requerir e intimar a don Quijote lo que ya le había requerido e intimado; y don Quijote respondió que lo oía, y que no se preocupara con más requerimientos, que todo sería de poco provecho, y que se diera prisa.

En el espacio que tardó el leonero en abrir la primera jaula, estuvo considerando don Quijote si sería mejor hacer la batalla a pie que a caballo; y al fin se decidió por hacerla a pie, temiendo que Rocinante se espantara con la vista de los leones. Por eso saltó del caballo, arrojó la lanza y embrazó el escudo; y desenvainando la espada, paso a paso, con maravilloso denuedo y corazón valiente, se fue a poner delante del carro, encomendándose a Dios de todo corazón, y luego a su señora Dulcinea.

Y es de saber que, llegado a este punto, el autor de esta verdadera historia exclama y dice:

«¡Oh fuerte, y sobre todo encarecimiento, animoso don Quijote de la Mancha, espejo en que pueden mirarse todos los valientes del mundo, segundo y nuevo don Manuel de León, gloria y honra de los caballeros españoles! ¿Con qué palabras contaré tan espantosa hazaña, o con qué razones la haré creíble a los siglos venideros, o qué alabanzas habrá que no te convengan y te cuadren, aunque sean hipérboles sobre todas las hipérboles? Tú, a pie; tú, solo; tú, intrépido; tú, magnánimo, con sola una espada —y no de esas del perrillo, cortadoras—, y con un escudo no muy luciente ni limpio, estás aguardando a los dos más fieros leones que jamás criaron las selvas africanas. Que sean tus obras las que te alaben, valeroso manchego; que yo las dejo aquí en su punto por faltarme palabras con que encarecerlas».

Aquí cesó la referida exclamación del autor, y siguió adelante, anudando el hilo de la historia, diciendo que, visto el leonero ya puesto en postura a don Quijote, y que no podía dejar de soltar al león macho sin riesgo de caer en desgracia del indignado y atrevido caballero, abrió de par en par la primera jaula, donde estaba, como se ha dicho, el león; el cual pareció de grandeza extraordinaria y de espantable y fea catadura.

Lo primero que hizo fue revolverse en la jaula donde venía echado, tender la garra y desperezarse todo. Luego abrió la boca y bostezó muy despacio; y con casi dos palmos de lengua que sacó fuera, se limpió el polvo de los ojos y se lavó el rostro. Hecho esto, sacó la cabeza fuera de la jaula y miró a todas partes con los ojos hechos brasas, con vista y ademán para poner espanto a la misma temeridad.

Solo don Quijote lo miraba atentamente, deseando que saltara del carro y viniera con él a las manos, entre las cuales pensaba hacerlo pedazos.

Hasta ahí llegó el extremo de su locura, jamás vista. Pero el generoso león, más comedido que arrogante, no haciendo caso de niñerías ni de bravatas, después de haber mirado a una y otra parte, volvió las espaldas y enseñó sus traseras a don Quijote, y con gran flema y remanso se volvió a echar en la jaula.

Viendo esto don Quijote, mandó al leonero que le diera de palos y lo irritara para echarlo fuera.

—Eso no lo haré yo —respondió el leonero—; porque si lo instigo, al primero que hará pedazos será a mí. Usted, señor caballero, conténtese con lo hecho, que es todo lo que puede decirse en género de valentía, y no quiera tentar segunda fortuna. El león tiene la puerta abierta: en su mano está salir, o no salir; pero como no ha salido hasta ahora, no saldrá en todo el día. La grandeza del corazón de usted ya está bien declarada: ningún bravo peleante —según a mí me parece— está obligado a más que a desafiar a su enemigo y esperarlo en el campo; y si el contrario no acude, en él queda la infamia, y quien espera gana la corona del vencimiento.

—Así es verdad —respondió don Quijote—. Cierra, amigo, la puerta, y dame testimonio, en la mejor forma que puedas, de lo que aquí me viste hacer; a saber: cómo tú abriste al león, yo lo esperé, él no salió; volví a esperarlo, volvió a no salir, y volvió a echarse. No debo más; ¡encantos, fuera! Y Dios ayude a la razón y a la verdad, y a la verdadera caballería. Cierra, como dije, mientras hago señas a los huidos, para que sepan de tu boca esta hazaña.

Así lo hizo el leonero, y don Quijote, poniendo en la punta de la lanza el lienzo con que se había limpiado el rostro de la lluvia de los requesones, comenzó a llamar a los que no dejaban de huir ni de volver la cabeza a cada paso; todos iban en tropa, con el hidalgo delante, sobrecogidos todavía.

Pero Sancho alcanzó a ver la señal del paño blanco, y dijo:

—Que me maten si mi señor no ha vencido a las fieras bestias, pues nos llama.

Se detuvieron todos, y conocieron que quien hacía las señas era don Quijote; y perdiendo parte del miedo, poco a poco se fueron acercando hasta que oyeron claramente las voces con que don Quijote los llamaba. Por fin volvieron al carro, y al llegar dijo don Quijote al carretero:

—Vuelve, hermano, a uncir tus mulas y a seguir tu viaje; y tú, Sancho, dale dos escudos de oro, para él y para el leonero, en recompensa de lo que por mí se han detenido.

—Esos los daré yo de muy buena gana —respondió Sancho—; pero ¿qué se hizo de los leones? ¿Están muertos, o vivos?

Entonces el leonero, con todo detalle y sin prisa, contó el fin de la contienda, exagerando como mejor pudo el valor de don Quijote: que el león, acobardado con su vista, no quiso ni osó salir de la jaula, aunque había tenido buen rato la puerta abierta; y que, como él le dijo a don Quijote que era tentar a Dios irritarlo para sacarlo a la fuerza, y don Quijote insistía en que lo irritara, mal de su grado y contra toda su voluntad permitió que la puerta se cerrara.

—¿Qué te parece esto, Sancho? —dijo don Quijote—. ¿Hay encantos que valgan contra la verdadera valentía? Bien podrán los encantadores quitarme la ventura; pero el esfuerzo y el ánimo, eso les será imposible.

Dio Sancho los escudos; unció el carretero; besó el leonero las manos a don Quijote por la merced recibida, y prometió contar aquella hazaña al mismo rey cuando se viera en la corte.

—Y si acaso Su Majestad pregunta quién la hizo —dijo don Quijote—, dile que el Caballero de los Leones; que desde hoy quiero que se trueque, cambie y mude el nombre que hasta aquí tuve de Caballero de la Triste Figura; y en esto sigo la antigua costumbre de los caballeros andantes, que mudaban nombres cuando querían, o cuando les convenía.

Siguió su camino el carro, y don Quijote, Sancho y el del Verde Gabán prosiguieron el suyo.

En todo este tiempo no había dicho palabra don Diego de Miranda: todo atento a mirar y a notar hechos y palabras de don Quijote, pareciéndole que era un cuerdo loco, y un loco que tiraba a cuerdo. Aún no le había llegado noticia de la primera parte de su historia; que si la hubiera leído, cesara la admiración que le causaban sus hechos y palabras, porque ya supiera el género de su locura. Pero como no lo sabía, ya lo tenía por cuerdo y ya por loco: lo que hablaba era concertado, elegante y bien dicho; y lo que hacía, disparatado, temerario y necio. Y decía entre sí:

«¿Qué mayor locura que ponerse el yelmo lleno de requesones y creer que los encantadores le ablandaban los cascos? ¿Y qué mayor temeridad y disparate que querer pelear por fuerza con leones?»

De estas imaginaciones y de este soliloquio lo sacó don Quijote, diciéndole:

—¿Quién duda, señor don Diego de Miranda, que usted no me tenga por un hombre disparatado y loco? Y no sería mucho que así fuera, porque mis obras no parecen dar testimonio de otra cosa. Pero con todo esto quiero que advierta que no soy tan loco ni tan menguado como debo de haberle parecido. Bien luce un gallardo caballero ante los ojos de su rey en mitad de una plaza grande, dando con feliz suceso una lanzada a un bravo toro; bien luce un caballero, armado de resplandecientes armas, pasar la barrera en alegres justas delante de las damas; y bien lucen todos aquellos caballeros que en ejercicios militares, o parecidos a ellos, entretienen y alegran, y si se puede decir, honran las cortes de sus príncipes. Pero mejor que todos esos luce un caballero andante, que por desiertos, soledades, encrucijadas, selvas y montes anda buscando peligrosas aventuras con intención de darles dichosa y bien afortunada cima, solo por alcanzar gloria duradera.

Mejor luce, digo, un caballero andante socorriendo a una viuda en algún despoblado, que un caballero cortesano requebrando a una doncella en las ciudades. Todos los caballeros tienen sus particulares ejercicios: sirva a las damas el cortesano; autorice la corte de su rey con libreas; sustente a caballeros pobres con el espléndido plato de su mesa; concierte justas, mantenga torneos, y muéstrese grande, liberal, magnífico y buen cristiano sobre todo; y así cumplirá con sus obligaciones. Pero el caballero andante busque los rincones del mundo; entre en los más intrincados laberintos; acometa a cada paso lo imposible; resista en los páramos despoblados los ardientes rayos del sol en mitad del verano, y en el invierno la dura inclemencia de vientos y hielos; que no lo asombren leones, ni lo espanten monstruos, ni lo atemoricen endriagos: buscarlos, acometerlos y vencerlos es su principal y verdadero ejercicio.

Yo, como me cupo en suerte ser uno del número de la andante caballería, no puedo dejar de acometer todo aquello que me parezca caer dentro de la jurisdicción de mis ejercicios; y así, acometer los leones que ahora acometí era cosa que me tocaba, aunque bien conocí que era temeridad extraordinaria, porque sé lo que es la valentía: una virtud puesta entre dos extremos viciosos, que son la cobardía y la temeridad. Pero menos mal será que quien es valiente toque y suba al punto de temerario, que no que baje y toque el punto de cobarde; porque así como es más fácil que el pródigo llegue a ser liberal que el avaro, así es más fácil que el temerario dé en verdadero valiente, que no que el cobarde suba a la verdadera valentía.

Y en esto de acometer aventuras, créame, señor don Diego: antes se ha de perder por carta de más que de menos; porque suena mejor a los oídos de quien lo oye decir: «tal caballero es temerario y atrevido», que no: «tal caballero es tímido y cobarde».

—Digo, señor don Quijote —respondió don Diego—, que todo lo que usted ha dicho y hecho va nivelado con la balanza de la razón; y entiendo que, si se perdieran las ordenanzas y leyes de la caballería andante, se hallarían en su pecho como en depósito y archivo. Démosnos prisa, que se hace tarde, y lleguemos a mi aldea y casa, donde usted descansará del trabajo pasado, que si no lo ha sido del cuerpo, lo ha sido del espíritu, que a veces acaba cansando también al cuerpo.

—Tomo su ofrecimiento por gran favor y merced, señor don Diego —respondió don Quijote.

Y picando más de lo que había picado hasta entonces, serían como las dos de la tarde cuando llegaron a la aldea y a la casa de don Diego, a quien don Quijote llamaba el Caballero del Verde Gabán.

CAPÍTULO XVIII: DE LO QUE SUCEDIÓ A DON QUIJOTE EN EL CASTILLO O CASA DEL CABALLERO DEL VERDE GABÁN, CON OTRAS COSAS EXTRAVAGANTES

Halló don Quijote que la casa de don Diego de Miranda era ancha, como de aldea; las armas, sin embargo, aunque de piedra tosca, estaban encima de la puerta de la calle; la bodega, en el patio; la cueva, en el portal; y muchas tinajas alrededor, que, por ser del Toboso, le renovaron los recuerdos de su Dulcinea encantada y transformada; y suspirando, y sin mirar lo que decía ni delante de quién estaba, dijo:

—¡Oh dulces prendas, por mi mal halladas,
dulces y alegres cuando Dios quería!
¡Oh tinajas tobosescas, que me han traído
a la memoria la dulce prenda de mi mayor amargura!

Lo oyó decir el estudiante poeta, hijo de don Diego, que con su madre había salido a recibirlo; y madre e hijo quedaron suspensos al ver la extraña figura de don Quijote. Él, apeándose de Rocinante, fue con mucha cortesía a pedirle las manos para besárselas; y don Diego dijo:

—Reciba, señora, con su acostumbrado agrado al señor don Quijote de la Mancha, que es el que tiene delante: caballero andante, el más valiente y el más discreto que tiene el mundo.

La señora, que se llamaba doña Cristina, lo recibió con muestras de mucho afecto y mucha cortesía; y don Quijote se le ofreció con muchas razones discretas y comedidas. Casi los mismos miramientos tuvo con el estudiante, que, apenas lo oyó hablar, don Quijote lo tuvo por discreto y agudo.

Aquí pinta el autor todas las circunstancias de la casa de don Diego, y nos muestra en ellas lo que contiene una casa de un caballero labrador y rico; pero al traductor de esta historia le pareció dejar estas y otras semejantes menudencias en silencio, porque no venían bien con el propósito principal de la historia, la cual tiene más fuerza en la verdad que en las frías digresiones.

Llevaron a don Quijote a una sala. Lo desarmó Sancho, y quedó en calzas y en jubón de gamuza, todo embadurnado con la mugre de las armas. El cuello era valona a lo estudiantil, sin almidón y sin encajes; los borceguíes eran acanalados y los zapatos, encerados. Se ciñó su buena espada, que pendía de un tahalí de lobos marinos —y es opinión que muchos años estuvo enfermo de los riñones—; se cubrió con un herreruelo de buen paño pardo; pero antes de todo, con cinco o seis calderos de agua —que en el número de los calderos hay alguna diferencia—, se lavó la cabeza y el rostro, y aun así el agua quedó color de suero, gracias a la golosina de Sancho y a la compra de sus negros requesones, que tan blanco habían puesto a su amo.

Con los referidos atavíos, y con gentil donaire y gallardía, salió don Quijote a otra sala, donde el estudiante lo estaba esperando para entretenerlo en tanto que ponían las mesas; que, por la venida de tan noble huésped, quería la señora doña Cristina mostrar que sabía y podía agasajar a quienes llegaban a su casa.

Mientras don Quijote se desarmaba, tuvo lugar don Lorenzo —que así se llamaba el hijo de don Diego— de decirle a su padre:

—¿Quién diremos, señor, que es este caballero que usted nos ha traído a casa? Porque el nombre, la figura y eso de que dice ser caballero andante, a mí y a mi madre nos tienen suspensos.

—No sé qué decirte, hijo —respondió don Diego—; solo sé que le he visto hacer cosas del mayor loco del mundo, y decir razones tan discretas que borran y deshacen sus hechos. Háblale tú y tómale el pulso a lo que sabe; y ya que eres discreto, juzga de su discreción o de su tontería lo que mejor te parezca. Aunque, para decir verdad, antes lo tengo por loco que por cuerdo.

Con esto, se fue don Lorenzo a entretener a don Quijote, como queda dicho; y entre otras pláticas que pasaron, dijo don Quijote a don Lorenzo:

—El señor don Diego de Miranda, padre de usted, me ha dado noticia de la rara habilidad y sutil ingenio que usted tiene; y, sobre todo, de que es un gran poeta.

—Poeta, bien puedo ser —respondió don Lorenzo—; pero grande, ni pensarlo. Es verdad que soy algo aficionado a la poesía y a leer a los buenos poetas; pero no de manera que merezca el nombre de grande que mi padre dice.

—No me parece mal esa humildad —respondió don Quijote—; porque no hay poeta que no sea arrogante y no piense de sí que es el mayor poeta del mundo.

—No hay regla sin excepción —respondió don Lorenzo—, y alguno habrá que lo sea y no lo piense.

—Pocos —respondió don Quijote—. Pero dígame: ¿qué versos son los que ahora trae entre manos, que el señor su padre me ha dicho que lo traen inquieto y pensativo? Y si es alguna glosa, yo entiendo algo de ese asunto, y me daría gusto conocerla; y si son versos de justa literaria, procure usted llevarse el segundo premio, que el primero casi siempre se lo lleva el favor o la gran calidad de la persona; el segundo se lo lleva la mera justicia; y el tercero viene a ser segundo, y el primero, a esta cuenta, será el tercero, al modo de las licencias que se dan en las universidades. Pero, con todo eso, gran personaje es el nombre de primero.

—Hasta ahora —dijo entre sí don Lorenzo— no podré juzgarlo por loco: vamos adelante. Y le dijo:

—Me parece que usted cursó escuelas: ¿qué ciencias ha estudiado?

—La de la caballería andante —respondió don Quijote—, que es tan buena como la de la poesía, y aún dos deditos más.

—No sé qué ciencia es esa —replicó don Lorenzo—, y hasta ahora no me había llegado noticia de ella.

—Es una ciencia —replicó don Quijote— que encierra en sí todas o casi todas las ciencias del mundo, porque quien la profesa ha de ser jurisperito y saber las leyes de la justicia distributiva y conmutativa, para dar a cada uno lo que es suyo y lo que le conviene; ha de ser teólogo, para saber dar razón de la ley cristiana que profesa, clara y distintamente, dondequiera que se lo pidan; ha de ser médico y, sobre todo, herbolario, para conocer en mitad de los despoblados y desiertos las hierbas que tienen virtud de sanar heridas, que el caballero andante no ha de andar a cada paso buscando quién se las cure; ha de ser astrólogo, para conocer por las estrellas cuántas horas han pasado de la noche, y en qué parte y en qué clima del mundo se halla; ha de saber matemáticas, porque a cada paso se le ofrecerá necesitarlas.

Y dejando aparte que ha de estar adornado de todas las virtudes teologales y cardinales, bajando a otras menudencias digo que ha de saber nadar, como dicen que nadaba el pez Nicolás; ha de saber herrar un caballo y aderezar la silla y el freno; y volviendo a lo de arriba, ha de guardar la fe a Dios y a su dama; ha de ser casto en los pensamientos, honesto en las palabras, liberal en las obras, valiente en los hechos, sufrido en los trabajos, caritativo con los menesterosos y, finalmente, mantenedor de la verdad, aunque le cueste la vida defenderla.

De todas estas grandes y pequeñas partes se compone un buen caballero andante; así que, para que vea, señor don Lorenzo, si es ciencia mocosa lo que aprende el caballero que la estudia y la profesa, y si puede igualarse a las más altas que en los gimnasios y escuelas se enseñan.

—Si eso es así —replicó don Lorenzo—, yo digo que esa ciencia se aventaja a todas.

—¿Cómo "si es así"? —respondió don Quijote.

—Lo que quiero decir —dijo don Lorenzo— es que dudo que haya habido, o que haya ahora, caballeros andantes adornados de tantas virtudes.

—Muchas veces he dicho lo que vuelvo a decir ahora —respondió don Quijote—: que la mayor parte de la gente del mundo está convencida de que no han existido caballeros andantes. Y como me parece que, si el cielo no les da a entender milagrosamente la verdad de que los hubo y de que los hay, cualquier trabajo que uno se tome será en vano —como muchas veces me lo ha mostrado la experiencia—, no quiero detenerme ahora en sacarlo a usted del error en que están tantos. Lo que sí pienso es rogar al cielo que lo saque de él y le haga entender cuán provechosos y cuán necesarios fueron para el mundo los caballeros andantes en siglos pasados, y cuán útiles serían hoy si se usaran; pero triunfan ahora, por pecados de las gentes, la pereza, la ociosidad, la gula y el regalo.

—Se nos escapó nuestro huésped —dijo entonces entre sí don Lorenzo—; pero, con todo eso, es un loco gallardo, y yo sería un necio si no lo creyera.

Aquí dieron fin a su plática, porque los llamaron a comer. Preguntó don Diego a su hijo qué había sacado en limpio del ingenio del huésped. Y él respondió:

—No lo sacarán del borrador de su locura cuantos médicos y buenos escribanos hay en el mundo: es un loco entreverado, lleno de lúcidos intervalos.

Se fueron a comer, y la comida fue tal como don Diego había dicho en el camino que solía dar a sus convidados: limpia, abundante y sabrosa; pero de lo que más se contentó don Quijote fue del maravilloso silencio que en toda la casa había, que parecía un monasterio de cartujos.

Levantados, pues, los manteles, y dadas gracias a Dios y agua a las manos, don Quijote le pidió con insistencia a don Lorenzo que dijera los versos de la justa literaria. Y él respondió:

—Por no parecerme a esos poetas que, cuando les ruegan que digan sus versos, los niegan, y cuando no se los piden los vomitan, diré mi glosa, de la cual no espero premio alguno; que solo por ejercitar el ingenio la he hecho.

—Un amigo, y discreto —respondió don Quijote—, era de parecer que nadie debía cansarse en glosar versos; y decía que la glosa jamás podía llegar al texto, y que muchas o casi siempre se salía de la intención y propósito de lo que se glosaba. Y añadía que las leyes de la glosa eran demasiado estrechas: que no sufrían interrogantes, ni "dijo", ni "diré", ni hacer nombres de verbos, ni mudar el sentido, con otras ataduras con que van sujetos los que glosan, como usted debe de saber.

—Verdaderamente, señor don Quijote —dijo don Lorenzo—, deseo cogerlo a usted en un mal latín seguido, y no puedo, porque se me escapa de entre las manos como anguila.

—No entiendo —respondió don Quijote— lo que usted dice, ni qué quiere decir con eso de escapárseme.

—Ya me haré entender —respondió don Lorenzo—; y por ahora esté atento a los versos glosados y a la glosa, que dicen así:

¡Si mi fue tornase a es,
sin esperar más será,
o viniese el tiempo ya
de lo que será después…!

Al fin, como todo pasa,
se pasó el bien que me dio
Fortuna, un tiempo no escasa,
y nunca me lo volvió,
ni abundante ni por tasa.
Siglos hace ya que me ves,
Fortuna, puesto a tus pies;
vuélveme a ser venturoso:
que será mi ser dichoso
si mi fue tornase a es.

No quiero otro gusto o gloria,
otra palma o vencimiento,
otro triunfo, otra victoria,
sino volver al contento
que hoy es pesar en mi memoria.
Si tú me vuelves allá,
Fortuna, templado está
todo el rigor de mi fuego;
y más si este bien es luego,
sin esperar más será.

Cosas imposibles pido,
pues volver el tiempo a ser,
después que una vez ha sido,
no hay en la tierra poder
que a tanto se haya extendido.
Corre el tiempo, vuela y va
ligero, y no volverá;
y erraría el que pidiese
que el tiempo ya se fuese
o viniese el tiempo ya.

Vivir en perpleja vida,
ya esperando, ya temiendo,
es muerte muy conocida;
y es mucho mejor, muriendo,
buscar al dolor salida.
A mí me fuera interés
acabar; mas no lo es,
pues, con mejor discurso,
me da la vida el temor
de lo que será después.

Cuando terminó su glosa, don Lorenzo, se levantó don Quijote y, en voz alta —casi a gritos—, asiendo con su mano derecha la de don Lorenzo, dijo:

—¡Viven los cielos, mancebo generoso, que usted es el mejor poeta del orbe, y que merece estar laureado, no por Chipre ni por Gaeta, como dijo un poeta —que Dios perdone—, sino por las Academias de Atenas, si hoy vivieran, y por las que hoy viven de París, Bolonia y Salamanca! Plazca al cielo que a los jueces que le quiten el primer premio, Febo los asaetee, y que las Musas jamás atraviesen los umbrales de sus casas. Dígame, señor, si gusta, algunos versos mayores, que quiero tomarle del todo el pulso a su admirable ingenio.

¿No es bueno que dicen que don Lorenzo se alegró de verse alabado por don Quijote, aunque lo tenía por loco? ¡Oh fuerza de la adulación, hasta dónde te extiendes, y qué dilatados son los límites de tu agradable jurisdicción! Esta verdad acreditó don Lorenzo, pues concedió al deseo de don Quijote, diciéndole este soneto a la fábula o historia de Píramo y Tisbe:

SONETO

El muro rompe la doncella hermosa
que de Píramo abrió el gallardo pecho;
parte el Amor de Chipre, y va derecho
a ver la quiebra estrecha y prodigiosa.

Habla el silencio allí, porque no osa
la voz entrar por tan estrecho estrecho;
las almas sí, que amor suele, de hecho,
facilitar la más difícil cosa.

Salió el deseo de compás, y el paso
de la imprudente virgen solicita,
por su gusto, su muerte: ved qué historia,

que a entrambos en un punto —¡oh extraño caso!—
los mata, los encubre y resucita
una espada, un sepulcro, una memoria.

—¡Bendito sea Dios! —dijo don Quijote, después de haber oído el soneto de don Lorenzo—, que entre los infinitos poetas consumidos que hay, he visto un poeta consumado, como lo es usted, señor mío; que así me lo da a entender el artificio de este soneto.

Cuatro días estuvo don Quijote regaladísimo en la casa de don Diego; y al cabo de ellos le pidió licencia para irse, diciéndole que le agradecía la merced y el buen tratamiento que en su casa había recibido, pero que, por no parecer bien que los caballeros andantes se den muchas horas al ocio y al regalo, quería irse a cumplir con su oficio, buscando aventuras, de las cuales tenía noticia de que aquella tierra abundaba, donde esperaba entretener el tiempo hasta que llegara el día de las justas de Zaragoza, que era el de su derecha derrota; y que primero había de entrar en la cueva de Montesinos, de la cual tantas y tan admirables cosas se contaban en aquellos contornos, procurando saber e inquirir asimismo el nacimiento y los verdaderos manantiales de las siete lagunas llamadas comúnmente de Ruidera.

Don Diego y su hijo alabaron su honrosa determinación, y le dijeron que tomara de su casa y de su hacienda todo lo que le viniera en gusto, que lo servirían con toda la voluntad posible; porque a ello los obligaba el valor de su persona y la honrosa profesión que ejercía.

Llegó, en fin, el día de su partida: tan alegre para don Quijote como triste y aciago para Sancho Panza, que se hallaba muy bien con la abundancia de la casa de don Diego y rehusaba volver al hambre que se usa en las florestas y despoblados, y a la estrechez de sus mal provistas alforjas. Con todo, las llenó y colmó de lo más necesario que le pareció; y al despedirse dijo don Quijote a don Lorenzo:

—No sé si le he dicho a usted otra vez —y si se lo dije, se lo repito— que cuando usted quiera ahorrar caminos y trabajos para llegar a la inaccesible cumbre del templo de la Fama, no tiene que hacer otra cosa sino dejar a un lado la senda de la Poesía, algo estrecha, y tomar la estrechísima de la andante caballería, bastante para hacerlo emperador en "daca las pajas".

Con estas razones acabó don Quijote de cerrar el proceso de su locura, y aún más con las que añadió, diciendo:

—Dios sabe si quisiera llevar conmigo al señor don Lorenzo, para enseñarle cómo se han de perdonar los agravios, y cómo se han de sujetar y acocear los soberbios: virtudes anejas a la profesión que yo profeso. Pero como su poca edad no lo pide, ni lo consentirán sus loables ejercicios, me contento con advertirle que, siendo poeta, podrá ser famoso si se guía más por el parecer ajeno que por el propio; porque no hay padre ni madre a quienes sus hijos les parezcan feos, y en los que lo son del entendimiento corre más este engaño.

De nuevo se admiraron padre e hijo de las entremetidas razones de don Quijote, unas veces discretas y otras disparatadas, y del tema y tesón que llevaba de ir, de todo en todo, a la busca de sus desventuradas aventuras, que tenía por fin y blanco de sus deseos. Se repitieron ofrecimientos y comedimientos; y con la buena licencia de la señora del castillo, don Quijote y Sancho, sobre Rocinante y el rucio, se partieron.

CAPÍTULO XIX: DONDE SE CUENTA LA AVENTURA DEL PASTOR ENAMORADO, CON OTROS EN VERDAD GRACIOSOS SUCESOS

Poco trecho se había alejado don Quijote del lugar de don Diego, cuando encontró con dos que parecían clérigos o estudiantes, y con dos labradores que, sobre cuatro bestias asnales, venían caballeros. Uno de los estudiantes traía, como en portamanteo, envueltos en un lienzo de bocací verde, al parecer, un poco de grana blanca y dos pares de medias de cordellate; el otro no traía otra cosa que dos espadas negras de esgrima, nuevas, con sus zapatillas.

Los labradores llevaban otras cosas, que daban indicio de que venían de alguna villa grande donde las habían comprado, y las llevaban a su aldea; y así estudiantes como labradores cayeron en la misma admiración en que caían todos aquellos que, por primera vez, veían a don Quijote, y morían por saber qué hombre era aquel tan fuera del uso de los otros hombres.

Los saludó don Quijote, y después de saber el camino que llevaban —que era el mismo que él hacía— les ofreció su compañía, y les pidió que detuvieran el paso, porque caminaban más sus pollinas que su caballo. Y para obligarlos, en breves razones les dijo quién era, y su oficio y profesión: caballero andante que iba a buscar aventuras por todas las partes del mundo. Les dijo que se llamaba, de nombre propio, don Quijote de la Mancha, y por el apelativo, el Caballero de los Leones.

Todo esto, para los labradores, era hablarles en griego o en jerigonza; pero no para los estudiantes, que luego entendieron la flaqueza del cerebro de don Quijote. Con todo, lo miraban con admiración y respeto, y uno de ellos le dijo:

—Si usted, señor caballero, no lleva camino determinado —como no suelen llevarlo los que buscan aventuras—, véngase con nosotros: verá una de las mejores bodas y más ricas que hasta hoy se habrán celebrado en la Mancha, ni en otras muchas leguas a la redonda.

Preguntó don Quijote si eran de algún príncipe, pues así las ponderaba.

—No son —respondió el estudiante— sino de un labrador y una labradora: él, el más rico de toda esta tierra; y ella, la más hermosa que han visto los hombres. El aparato con que se han de hacer es extraordinario y nuevo, porque se han de celebrar en un prado que está junto al pueblo de la novia, a quien por excelencia llaman Quiteria la Hermosa; y el desposado se llama Camacho el Rico. Ella es de edad de dieciocho años, y él de veintidós: ambos para en uno, aunque algunos curiosos que tienen de memoria los linajes de todo el mundo quieren decir que el de la hermosa Quiteria se aventaja al de Camacho; pero ya no se mira en esto, porque las riquezas son poderosas de soldar muchas quiebras.

En efecto, el tal Camacho es liberal, y se le ha antojado enramar y cubrir todo el prado por arriba, de tal suerte que el sol se verá en trabajo si quiere entrar a visitar las yerbas verdes de que está cubierto el suelo. Tiene asimismo ensayadas danzas, así de espadas como de cascabel menudo, que hay en su pueblo quien los repique y los sacuda por extremo; de zapateadores no digo nada, que es un juicio los que tiene dispuestos; pero ninguna de las cosas referidas, ni otras muchas que dejo de referir, harán más memorables estas bodas sino las que imagino que hará en ellas el despechado Basilio.

Es este Basilio un zagal vecino del mismo lugar de Quiteria, y tenía su casa pared y medio con la de los padres de ella, de donde tomó ocasión el amor de renovar al mundo los ya olvidados amores de Píramo y Tisbe; porque Basilio se enamoró de Quiteria desde sus tiernos y primeros años, y ella fue correspondiendo a su deseo con mil honestos favores, tanto que en el pueblo se contaban por entretenimiento los amores de los dos niños Basilio y Quiteria.

Fue creciendo la edad, y el padre de Quiteria acordó estorbarle a Basilio la ordinaria entrada que en su casa tenía; y por quitarse de andar receloso y lleno de sospechas, resolvió casar a su hija con el rico Camacho, no pareciéndole bien casarla con Basilio, que no tenía tantos bienes de fortuna como de naturaleza. Pues, si se han de decir las verdades sin envidia, él es el más ágil mancebo que conocemos: gran tirador de barra, luchador extremado y gran jugador de pelota; corre como un gamo, salta más que una cabra y birla a los bolos como por encantamiento; canta como una calandria y toca una guitarra que la hace hablar; y, sobre todo, juega una espada como el más pintado.

—Por esa sola gracia —dijo don Quijote— merecía ese mancebo no solo casarse con la hermosa Quiteria, sino con la misma reina Ginebra, si hoy viviera, a pesar de Lanzarote y de todos los que quisieran estorbarlo.

—¡A mi mujer con eso! —dijo Sancho Panza, que hasta entonces había ido callando y escuchando—, que no quiere sino que cada uno se case con su igual, ateniéndose al refrán que dice: "cada oveja con su pareja". Lo que yo quisiera es que ese buen Basilio —que ya me le voy aficionando— se casara con esa señora Quiteria; que buen siglo hayan y buen poso (iba a decir al revés) los que estorban que se casen los que bien se quieren.

—Si todos los que bien se quieren se hubieran de casar —dijo don Quijote—, se quitaría a los padres la elección y jurisdicción de casar a sus hijos con quien y cuando deben. Y si quedara en la voluntad de las hijas escoger marido, habría quien escogiera al criado de su padre, y habría quien escogiera al que vio pasar por la calle, a su parecer bizarro y entonado, aunque fuera un desbaratado espadachín; porque el amor y la afición con facilidad ciegan los ojos del entendimiento, tan necesarios para escoger estado. Y el del matrimonio está muy a peligro de errarse, y hace falta gran tiento y particular favor del cielo para acertarlo.

Quiere hacer uno un viaje largo, y, si es prudente, antes de ponerse en camino busca alguna compañía segura y apacible con quien acompañarse. Pues ¿por qué no hará lo mismo quien ha de caminar toda la vida hasta el paradero de la muerte, y más si la compañía ha de acompañarlo en la cama, en la mesa y en todas partes, como es la de la mujer con su marido?

La propia mujer no es mercancía que, una vez comprada, se vuelve, se trueca o se cambia; porque es accidente inseparable, que dura lo que dura la vida: es un lazo que, si una vez se lo echan a uno al cuello, se vuelve en nudo gordiano que, si no lo corta la guadaña de la muerte, no hay cómo desatarlo.

Muchas más cosas podría decir en esta materia, si no lo estorbara el deseo que tengo de saber si le queda algo más que decir al señor licenciado acerca de la historia de Basilio.

A lo que respondió el estudiante —bachiller o licenciado, como lo llamó don Quijote—:

—De todo no me queda más que decir sino que, desde el punto que Basilio supo que la hermosa Quiteria se casaba con Camacho el Rico, nunca más lo han visto reír ni hablar razón concertada, y siempre anda pensativo y triste, hablando entre sí, con lo cual da señales claras de que ha perdido el juicio. Come poco y duerme poco; lo que come son frutas, y lo que duerme —si es que duerme— es en el campo, sobre la dura tierra, como animal bruto. Mira, de cuando en cuando, al cielo, y otras veces clava los ojos en la tierra con tal embelesamiento que no parece sino una estatua vestida a la que el aire mueve la ropa. En fin, da tales muestras de tener el corazón apasionado, que tememos todos los que lo conocemos que el dar el sí mañana la hermosa Quiteria sea la sentencia de su muerte.

—Dios lo hará mejor —dijo Sancho—; que Dios, que da la llaga, da la medicina. Nadie sabe lo que está por venir: de aquí a mañana muchas horas hay, y en una —y aun en un momento— se cae una casa. Yo he visto llover y hacer sol, todo a un mismo tiempo; tal se acuesta sano por la noche, que no se puede mover al otro día. Y díganme: ¿habrá quien se alabe de tener echado un clavo a la rodaja de la fortuna? No, por cierto; y entre el sí y el no de una mujer no me atrevería yo a poner una punta de alfiler, porque no cabría.

Denme a mí que Quiteria quiera de buen corazón y de buena voluntad a Basilio, que yo le daré a él un saco de buena ventura; porque el amor, según he oído decir, mira con unos antojos que hacen parecer oro al cobre, a la pobreza riqueza y a las lagañas perlas.

—¿A dónde vas a parar, Sancho, maldito seas? —dijo don Quijote—. Porque cuando comienzas a ensartar refranes y cuentos, no te puede esperar sino el mismo Judas, para que te lleve. Dime, animal: ¿qué sabes tú de clavos, ni de rodajas, ni de otra cosa ninguna?

—¡Ah! Pues si no me entienden —respondió Sancho—, no es maravilla que mis sentencias se tengan por disparates. Pero no importa: yo me entiendo, y sé que no he dicho muchas necedades en lo que he dicho; sino que usted, señor mío, siempre es fiscal de mis dichos, y aun de mis hechos.

—Fiscal has de decir —dijo don Quijote—, y no "friscal", prevaricador del buen lenguaje, ¡que Dios te confunda!

—No se enoje conmigo —respondió Sancho—, que ya sabe que no me crié en la Corte ni estudié en Salamanca para saber si añado o quito alguna letra a mis vocablos. ¡Válgame Dios! No hay para qué obligar al sayagués a hablar como el toledano; y toledanos puede haber que no las corten en el aire en eso de hablar pulido.

—Así es —dijo el licenciado—; porque no pueden hablar tan bien los que se crían en las Tenerías y en Zocodover como los que se pasean casi todo el día por el claustro de la Iglesia Mayor, y todos son toledanos. El lenguaje puro, propio, elegante y claro está en los discretos cortesanos, aunque hayan nacido en Majalahonda. Dije discretos, porque hay muchos que no lo son; y la discreción es la gramática del buen lenguaje, que se acompaña con el uso. Yo, señores, por mis pecados, he estudiado Cánones en Salamanca, y me precio algo de decir mi razón con palabras claras, llanas y significantes.

—Si no se preciara más de saber menear las negras que lleva que la lengua —dijo el otro estudiante—, se habría llevado el primero en licencias, como se llevó cola.

—Mire, bachiller —respondió el licenciado—: usted está en la más errada opinión del mundo acerca de la destreza de la espada, teniéndola por vana.

—Para mí no es opinión, sino verdad asentada —replicó Corchuelo—; y si quiere que se lo muestre con la experiencia, espadas trae, comodidad hay, yo pulso y fuerzas tengo, que, acompañadas de mi ánimo —que no es poco—, le harán confesar que no me engaño. Apeémonos, y use usted de su compás de pies, de sus círculos y ángulos y ciencia; que yo espero hacerle ver estrellas a mediodía con mi destreza moderna y zafia. Y en ella espero —después de Dios— que está por nacer hombre que me haga volver las espaldas, y que no hay en el mundo a quien yo no le haga perder tierra.

—En eso de volver o no las espaldas no me meto —replicó el diestro—; aunque podría ser que en el lugar donde usted clavara el pie la primera vez, allí mismo le abrieran la sepultura: quiero decir, que allí quedaría muerto por la despreciada destreza.

—Ahora se verá —respondió Corchuelo.

Y apeándose con gran presteza de su jumento, tiró con furia de una de las espadas que llevaba el licenciado en el suyo.

—No ha de ser así —dijo entonces don Quijote—; que yo quiero ser el maestro de esta esgrima y el juez de esta muchas veces no averiguada cuestión.

Y apeándose de Rocinante y asiendo su lanza, se puso en mitad del camino, cuando ya el licenciado, con gentil donaire de cuerpo y compás de pies, iba contra Corchuelo; y Corchuelo se vino contra él, lanzando —como se dice— fuego por los ojos. Los otros dos labradores del acompañamiento, sin apearse de sus pollinas, sirvieron de espectadores en la mortal tragedia.

Las cuchilladas, estocadas, altibajos, reveses y mandobles que tiraba Corchuelo eran sin número, más espesas que hígado y más menudas que granizo. Arremetía como un león irritado; pero le salía al encuentro un tapaboca de la zapatilla de la espada del licenciado, que en mitad de su furia lo detenía y le hacía besar el hierro como si fuera reliquia, aunque no con tanta devoción como las reliquias deben y suelen besarse.

Finalmente, el licenciado le contó a estocadas todos los botones de una media sotanilla que traía vestida, y le hizo tiras los faldamentos, como colas de pulpo; le derribó el sombrero dos veces, y lo cansó de manera que, de despecho, cólera y rabia, asió la espada por la empuñadura y la arrojó por el aire con tanta fuerza, que uno de los labradores asistentes, que era escribano, fue por ella y dio después testimonio de que la alejó de sí casi tres cuartos de legua; testimonio que sirve y ha servido para que se conozca y se vea con toda verdad cómo la fuerza es vencida del arte.

Se sentó, cansado, Corchuelo, y llegando Sancho a él, le dijo:

—A fe mía, señor bachiller: si usted toma mi consejo, de aquí en adelante no ha de desafiar a nadie a esgrimir, sino a luchar o a tirar la barra, pues tiene edad y fuerzas para ello; que de estos a quienes llaman diestros he oído decir que meten la punta de una espada por el ojo de una aguja.

—Yo me contento —respondió Corchuelo— con haber caído de mi burra, y con que la experiencia me haya mostrado la verdad, de la cual estaba tan lejos.

Y levantándose, abrazó al licenciado, y quedaron más amigos que antes; y no queriendo esperar al escribano —que había ido por la espada—, por parecerles que tardaría mucho, determinaron seguir, para llegar temprano a la aldea de Quiteria, de donde todos eran.

En lo que faltaba del camino, el licenciado les fue contando las excelencias de la espada, con tantas razones demostrativas y con tantas figuras y demostraciones matemáticas, que todos quedaron enterados de la bondad de aquella ciencia, y Corchuelo quedó reducido de su pertinacia.

Ya era de noche; pero antes de llegar les pareció a todos que delante del pueblo había un cielo lleno de innumerables y resplandecientes estrellas. Oyeron también, confusos y suaves, sonidos de diversos instrumentos, como flautas, tamborinos, salterios, albogues, panderos y sonajas; y cuando se acercaron vieron que los árboles de una enramada que habían puesto a mano a la entrada del pueblo estaban todos llenos de luminarias, a las cuales no ofendía el viento, porque entonces no soplaba sino tan manso que no tenía fuerza para mover las hojas.

Los músicos eran los regocijadores de la boda, que en diversas cuadrillas andaban por aquel sitio agradable: unos bailando, otros cantando, otros tocando la variedad de los instrumentos referidos. En efecto, no parecía sino que por todo aquel prado corría la alegría y saltaba el contento.

Otros muchos andaban ocupados en levantar andamios, desde donde con comodidad pudieran ver al día siguiente las representaciones y danzas que se habían de hacer en aquel lugar, dedicado para solemnizar las bodas del rico Camacho y las exequias de Basilio.

No quiso entrar en el pueblo don Quijote, aunque se lo pidieron el labrador y el bachiller; pero dio por disculpa —bastantísima a su parecer— que era costumbre de los caballeros andantes dormir por los campos y florestas antes que en los poblados, aunque fuera debajo de dorados techos. Y con esto se desvió un poco del camino, muy contra la voluntad de Sancho, a quien se le vino a la memoria el buen alojamiento que había tenido en el castillo —o casa— de don Diego.

CAPÍTULO XX: DONDE SE CUENTAN LAS BODAS DE CAMACHO EL RICO, CON EL SUCESO DE BASILIO EL POBRE

Apenas la blanca aurora había dado lugar a que el luciente Febo, con el ardor de sus calientes rayos, enjugara las líquidas perlas de sus cabellos de oro, cuando don Quijote, sacudiendo la pereza de sus miembros, se puso en pie y llamó a su escudero Sancho, que todavía roncaba. Y al verlo así, antes de despertarlo, le dijo:

—¡Oh tú, bienaventurado sobre cuantos viven sobre la faz de la tierra, pues, sin tener envidia ni ser envidiado, duermes con espíritu sosegado! No te persiguen encantadores ni te sobresaltan encantamientos. Duerme —lo repito— y lo diré otras cien veces, sin que te tengan en continua vigilia los celos de tu dama, ni te desvelen pensamientos de pagar deudas, ni de lo que has de hacer para comer al día siguiente tú y tu pequeña y angustiada familia.

Ni la ambición te inquieta ni la pompa vana del mundo te fatiga, pues los límites de tus deseos no se extienden a más que a pensar en tu jumento; que el cuidado de tu persona lo tienes puesto sobre mis hombros: contrapeso y carga que pusieron la naturaleza y la costumbre a los señores.

Duerme el criado y vela el señor, pensando cómo ha de sustentar, mejorar y hacer mercedes al que le sirve. La congoja de ver que el cielo se hace de bronce sin acudir a la tierra con el conveniente rocío no aflige al criado, sino al señor, que ha de sustentar en la esterilidad y el hambre al que le sirvió en la fertilidad y la abundancia.

A todo esto no respondió Sancho, porque dormía, y no despertara tan pronto si don Quijote, con el cuento de la lanza, no lo hiciera volver en sí. Despertó, en fin, soñoliento y perezoso, y volviendo el rostro a todas partes, dijo:

—De este lado de la enramada, si no me engaño, sale un tufo y un olor mucho más de torreznos asados que de juncos y tomillos. Bodas que por tales olores comienzan, por mi fe santiguada que deben de ser abundantes y generosas.

—Basta, glotón —dijo don Quijote—. Ven: iremos a ver esos desposorios, por ver qué hace el desdeñado Basilio.

—Que haga lo que quiera —respondió Sancho—. No sería él pobre y se casaría con Quiteria. ¿No es más que tener un cuarto y querer casarse por las nubes? A fe, señor, yo soy de parecer que el pobre debe contentarse con lo que halle y no pedir "cotufas en el golfo". Yo apostaría un brazo a que Camacho puede envolver en reales a Basilio; y si eso es así, como debe de ser, bien boba sería Quiteria en desechar las galas y las joyas que le debe de haber dado —y le puede dar— Camacho, por escoger el tirar la barra y el jugar de la negra de Basilio.

Sobre un buen tiro de barra o sobre una gentil treta de espada no dan un cuartillo de vino en la taberna. Habilidades y gracias que no son vendibles, aunque las tenga el conde Dirlos; pero cuando esas gracias caen sobre quien tiene buen dinero, tal sea mi vida como ellas parecen. Sobre un buen cimiento se puede levantar un buen edificio, y el mejor cimiento y zanja del mundo es el dinero.

—Por Dios, Sancho —dijo don Quijote—, que concluyas con tu arenga; porque tengo para mí que, si te dejaran seguir en las que a cada paso comienzas, no te quedaría tiempo para comer ni para dormir: todo lo gastarías en hablar.

—Si usted tuviera buena memoria —replicó Sancho—, debería acordarse de los capítulos de nuestro concierto antes de que esta última vez saliéramos de casa. Uno de ellos fue que me había de dejar hablar todo lo que yo quisiera, con tal que no fuera contra el prójimo ni contra la autoridad de usted; y hasta ahora me parece que no he contravenido ese capítulo.

—Yo no me acuerdo, Sancho —respondió don Quijote—, de ese capítulo; y aunque así sea, quiero que calles y vengas. Ya los instrumentos que anoche oímos vuelven a alegrar los valles, y sin duda los desposorios se celebrarán en el frescor de la mañana y no en el calor de la tarde.

Hizo Sancho lo que su señor le mandaba; y puesta la silla a Rocinante y la albarda al rucio, subieron los dos y, paso a paso, se fueron entrando por la enramada.

Lo primero que se ofreció a la vista de Sancho fue, espetado en un asador hecho de un olmo entero, un novillo entero; y en el fuego donde se había de asar ardía un mediano monte de leña. Y las seis ollas que alrededor de la hoguera estaban no eran de la común loza de las demás, porque eran seis medias tinajas, de las que en cada una cabía un rastro de carne: así embebían y encerraban en sí carneros enteros, sin que se notara, como si fueran palominos.

Las liebres, ya sin pellejo, y las gallinas, sin pluma, que estaban colgadas por los árboles para sepultarlas en las ollas, no tenían número; los pájaros y la caza de diversos géneros eran infinitos, colgados de las ramas para que el aire los enfriara.

Contó Sancho más de sesenta zaques de más de dos arrobas cada uno, y todos llenos —según después pareció— de generosos vinos; así había rimeros de pan blanquísimo, como suele haber montones de trigo en las eras. Los quesos, puestos como ladrillos enrejados, formaban una muralla; y dos calderas de aceite, mayores que las de un tinte, servían para freír cosas de masa, que con dos valientes palas sacaban ya fritas y las zambullían en otra caldera de miel preparada que allí junto estaba.

Los cocineros y cocineras pasaban de cincuenta: todos limpios, todos diligentes y todos contentos. En el dilatado vientre del novillo estaban doce tiernos lechones, cosidos por encima, que servían para darle sabor y enternecerlo. Las especias de diversas suertes no parecían compradas por libras, sino por arrobas, y todas estaban de manifiesto en una gran arca.

Finalmente, el aparato de la boda era rústico, pero tan abundante, que podía sustentar a un ejército.

Todo lo miraba Sancho Panza, todo lo contemplaba y de todo se aficionaba. Primero le cautivaron el deseo las ollas, de las cuales él se hubiera tomado de muy buena gana un mediano puchero; luego le ganaron la voluntad los zaques; y, por último, las frutas de sartén —si es que podían llamarse sartenes aquellas calderas tan orondas—. Y así, sin poderlo sufrir ni estarle en la mano hacer otra cosa, se llegó a uno de los solícitos cocineros y, con corteses y hambrientas razones, le rogó que lo dejara mojar un mendrugo de pan en una de aquellas ollas.

A lo que el cocinero respondió:

—Hermano, este día no es de aquellos sobre los cuales tiene jurisdicción el hambre, merced al rico Camacho. Bájese y mire si hay por ahí un cucharón, y espume una gallina o dos; y buen provecho le hagan.

—No veo ninguno —respondió Sancho.

—Espere —dijo el cocinero—. ¡Pecador de mí, y qué melindroso y para poco debe de ser!

Y diciendo esto, asió un caldero y, encajándolo en una de las medias tinajas, sacó en él tres gallinas y dos gansos, y le dijo a Sancho:

—Coma, amigo, y desayune con esta espuma, en tanto que llega la hora del almuerzo.

—No tengo en qué echarla —respondió Sancho.

—Pues llévese —dijo el cocinero— la cuchara y todo, que la riqueza y el contento de Camacho todo lo suplen.

Mientras esto pasaba con Sancho, estaba don Quijote mirando cómo, por una parte de la enramada, entraban hasta doce labradores sobre doce hermosísimas yeguas, con ricos y vistosos jaeces de campo y muchos cascabeles en los petrales, todos vestidos de regocijo y fiesta. En tropel concertado corrieron no una, sino muchas carreras por el prado, con regocijada algazara y grita, diciendo:

—¡Vivan Camacho y Quiteria: él tan rico como ella hermosa, y ella la más hermosa del mundo!

Al oírlo, don Quijote dijo entre sí:

—Bien se ve que estos no han visto a mi Dulcinea del Toboso; porque si la hubieran visto, se habrían ido con más tiento en las alabanzas de su Quiteria.

De allí a poco comenzaron a entrar, por diversas partes de la enramada, muchas y diferentes danzas. Entre ellas venía una de espadas, de hasta veinticuatro zagales de gallardo parecer y brío, todos vestidos de delgado y blanquísimo lienzo, con sus paños de tocar labrados de varios colores de fina seda. Y al que los guiaba —un mancebo ligero— le preguntó uno de los de las yeguas si se había herido alguno.

—Por ahora, bendito sea Dios, no se ha herido nadie: todos vamos sanos.

Y luego comenzó a enredarse con los demás compañeros con tantas vueltas y con tanta destreza, que, aunque don Quijote estaba hecho a ver semejantes danzas, ninguna le había parecido tan bien como aquella.

También le pareció bien otra danza que entró de doncellas hermosísimas, tan mozas que, al parecer, ninguna bajaba de catorce ni llegaba a dieciocho años; vestidas todas de palmilla verde, los cabellos parte trenzados y parte sueltos, pero todos tan rubios, que con los del sol podían competir. Sobre ellos traían guirnaldas de jazmines, rosas, amaranto y madreselva.

Las guiaban un venerable viejo y una anciana matrona, pero más ligeros y sueltos de lo que sus años prometían. Les hacía el son una gaita zamorana, y ellas, llevando en los rostros y en los ojos la honestidad y en los pies la ligereza, se mostraban las mejores bailadoras del mundo.

Tras esta entró otra danza de artificio, de las que llaman habladas. Era de ocho ninfas, repartidas en dos hileras: en una guiaba el dios Cupido, y en la otra, el Interés. Aquel iba adornado de alas, arco, aljaba y saetas; este, vestido de ricas y diversas colores de oro y seda.

Las ninfas que seguían al Amor traían en la espalda, en pergamino blanco y con letras grandes, escritos sus nombres: Poesía era el título de la primera; el de la segunda, Discreción; el de la tercera, Buen Linaje; el de la cuarta, Valentía. Del mismo modo venían señaladas las que seguían al Interés: Liberalidad era el título de la primera; Dádiva el de la segunda; Tesoro el de la tercera; y el de la cuarta, Posesión Pacífica.

Delante de todos venía un castillo de madera, que tiraban cuatro salvajes, vestidos de hiedra y de cáñamo teñido de verde, tan al natural, que por poco espantaran a Sancho. En la frente del castillo y en las cuatro partes de sus cuadros traía escrito: Castillo del Buen Recato.

Les hacían el son cuatro diestros tañedores de tamboril y flauta. Comenzaba la danza Cupido y, habiendo hecho dos mudanzas, alzaba los ojos y flechaba el arco contra una doncella que se ponía entre las almenas del castillo; y a la cual, de esta suerte, dijo:

Yo soy el Dios poderoso
En el aire y en la tierra
Y en el ancho mar undoso,
Y en cuanto el abismo encierra
En su báratro espantoso.
Nunca conocí qué es miedo;
Todo cuanto quiero, puedo,
Aunque quiera lo imposible;
Y en todo lo que es posible
Mando, quito, pongo y vedo.

Acabó la copla, disparó una flecha por lo alto del castillo y se retiró a su puesto.

Salió luego el Interés, hizo otras dos mudanzas; callaron los tamborinos, y él dijo:

Soy quien puede más que Amor,
Y es Amor el que me guía;
Soy de la estirpe mejor
Que el cielo en la tierra cría,

Más conocida y mayor.
Soy el Interés, en quien
Pocos suelen obrar bien,
Y obrar sin mí es gran milagro;
Y cual soy, me consagro
Por siempre jamás, amén.

Se retiró el Interés, y se adelantó la Poesía, que, después de hacer sus mudanzas como los demás, puestos los ojos en la doncella del castillo, dijo:

En dulcísimos conceptos,
La dulcísima Poesía,
Altos, graves y discretos,
Señora, el alma te envía
Envuelta entre mil sonetos.
Si acaso no te importuna
Mi porfía, tu fortuna,
De otras muchas envidiada,
Será por mí levantada
Sobre el cerco de la luna.

Se apartó la Poesía, y del lado del Interés salió la Liberalidad, y después de hechas sus mudanzas, dijo:

—Llaman liberalidad
al dar que huye del extremo
de la prodigalidad,
y del contrario, que arguye
tibia y floja voluntad.
Mas yo, por engrandecerte,
desde hoy más pródiga he de ser;
que, aunque es vicio, es vicio honrado
y de pecho enamorado,
que en el dar se echa de ver.

De este modo salieron y se retiraron todas las figuras de las dos escuadras; y cada cual hizo sus mudanzas y dijo sus versos, unos elegantes y otros ridículos. Don Quijote —que tenía gran memoria—

solo retuvo los ya referidos; y luego se mezclaron todos, haciendo y deshaciendo lazos con gentil donaire y desenvoltura. Y cuando pasaba el Amor delante del castillo, disparaba por lo alto sus flechas; pero el Interés quebraba en él alcancías doradas.

Finalmente, después de haber bailado un buen espacio, el Interés sacó un bolsón, que formaba el pellejo de un gran gato romano, y parecía estar lleno de dineros; y arrojándolo al castillo, con el golpe se desencajaron las tablas y se cayeron, dejando a la doncella descubierta y sin defensa.

Llegó el Interés con las figuras de su valía y, echándole una gran cadena de oro al cuello, dieron a entender que la prendían, la rendían y la cautivaban. Visto esto por el Amor y sus valedores, hicieron además de quitársela; y todas las demostraciones que hacían eran al son de los tamborinos, bailando y danzando concertadamente.

Los salvajes los pusieron en paz, y con mucha presteza volvieron a armar y encajar las tablas del castillo. La doncella se encerró en él como de nuevo, y con esto se acabó la danza, con gran contento de los que la miraban.

Preguntó don Quijote a una de las ninfas quién la había compuesto y ordenado. Ella le respondió que un beneficiado de aquel pueblo, que tenía gentil caletre para semejantes invenciones.

—Yo apostaría —dijo don Quijote— que ese beneficiado debe de ser más amigo de Camacho que de Basilio, y que tiene más de satírico que de vísperas. ¡Bien ha encajado en la danza las habilidades de Basilio y las riquezas de Camacho!

Sancho Panza, que lo escuchaba todo, dijo:

—El rey es mi gallo; a Camacho me atengo.

—En fin —dijo don Quijote—, bien se ve, Sancho, que eres villano, y de los que dicen: «¡Viva quien vence!»

—No sé de los que soy —respondió Sancho—; pero bien sé que nunca sacaré yo de las ollas de Basilio una espuma tan elegante como esta que he sacado de las de Camacho.

Y le enseñó el caldero lleno de gansos y gallinas; y asiendo una, comenzó a comer con muy buen aire y mucha gana, y dijo:

—¡A la barba de las habilidades de Basilio! Porque tanto vales cuanto tienes, y tanto tienes cuanto vales. Dos linajes solos hay en el mundo —como decía una abuela mía—: el tener y el no tener; aunque ella se inclinaba por el tener. Y hoy, señor don Quijote, antes se le toma el pulso al haber que al saber: un asno cubierto de oro parece mejor que un caballo enalbardado. Así que vuelvo a decir que a Camacho me atengo, de cuyas ollas salen espumas abundantes: gansos y gallinas, liebres y conejos; y de las de Basilio, si llega el caso —y aunque no llegue, sino al pie—, aguachirle.

—¿Terminaste tu arenga, Sancho? —dijo don Quijote.

—La habría terminado —respondió Sancho—, porque veo que a usted le da pesadumbre; que si esto no se metiera por medio, había asunto cortado para tres días.

—Quiera Dios, Sancho —replicó don Quijote—, que yo te vea mudo antes de morirme.

—Al paso que vamos —respondió Sancho—, antes de que usted se muera estaré yo mascando barro; y entonces quizá quede tan mudo que no hable palabra hasta el fin del mundo, o por lo menos hasta el día del Juicio.

—Aunque eso suceda, Sancho —respondió don Quijote—, nunca llegará tu silencio a donde ha llegado lo que has hablado, hablas y te falta por hablar en tu vida. Y además, es muy natural que antes llegue el día de mi muerte que el de la tuya; así que jamás pienso verte mudo, ni aun cuando estés bebiendo o durmiendo, que es lo más que puedo imaginar.

—A fe, señor —respondió Sancho—, que no hay que fiarse de la descarnada… digo, de la muerte, la cual también come cordero como carnero. Y a nuestro cura le he oído decir que con igual pie pisaba las altas torres de los reyes como las humildes chozas de los pobres. Esta señora tiene más de poder que de melindre: no es nada asquerosa; de todo come y de todo hace, y de toda suerte de gentes, edades y preeminencias hinche sus alforjas.

No es segador que duerme la siesta: a todas horas siega, y corta lo seco como lo verde; y no parece que mastica, sino que engulle y traga cuanto se le pone delante, porque tiene hambre canina, que nunca se harta. Y aunque no tiene barriga, da a entender que está hidrópica y sedienta de beberse, ella sola, las vidas de cuantos viven, como quien se bebe un jarro de agua fría.

—No más, Sancho —dijo don Quijote—. Detente y no te dejes caer; que en verdad lo que has dicho de la muerte, con tus términos rústicos, es lo mismo que pudiera decir un buen predicador. Te digo, Sancho, que si así como tienes buen natural y discreción, pudieras tomar un púlpito en la mano e irte por el mundo, predicarías lindezas.

—Bien predica quien bien vive —respondió Sancho—, y yo no sé otras teologías.

—Ni las necesitas —dijo don Quijote—; pero yo no acabo de entender cómo, siendo el principio de la sabiduría el temor de Dios, tú, que temes más a un lagarto que a Él, sabes tanto.

—Juzgue usted, señor, de sus caballerías —respondió Sancho—, y no se meta a juzgar temores o valentías ajenas, que tan buen temeroso soy yo de Dios como cualquier hijo de vecino. Y déjeme despachar esta espuma; que lo demás son palabras ociosas, de las que nos han de pedir cuenta en la otra vida.

Y diciendo esto, volvió a dar asalto a su caldero con tan buenos alientos, que despertó los de don Quijote; y sin duda lo ayudara, si no lo impidiera lo que es fuerza decir adelante.

CAPÍTULO XXI: DONDE SE PROSIGUEN LAS BODAS DE CAMACHO, CON OTROS GUSTOSOS SUCESOS

Cuando estaban don Quijote y Sancho en las razones referidas en el capítulo antecedente, se oyeron grandes voces y gran ruido. Los daban y los causaban los de las yeguas, que con larga carrera y grita iban a recibir a los novios, que, rodeados de mil géneros de instrumentos e invenciones, venían acompañados del cura, de la parentela de ambos y de la gente más lucida de los lugares circunvecinos, todos vestidos de fiesta.

Y como Sancho vio a la novia, dijo:

—A fe que no viene vestida de labradora, sino de gallarda palaciega. ¡Por vida mía, que según alcanzo a ver, las patenas que había de traer son ricos corales, y la palmilla verde de Cuenca es terciopelo de treinta pelos! ¡Y mira que la guarnición no es de tiras de lienzo blanco! ¡Voto a mí que es de raso! Pues, ¡mire usted esas manos, adornadas con sortijas de azabache! No medre yo si no son anillos de oro —y muy de oro—, y engastados con perlas blancas como una cuajada, que cada una debe de valer un ojo de la cara.

¡Oh, hija de… y qué cabellos! Que si no son postizos, no los he visto más largos ni más rubios en toda mi vida. ¡Y no le pongan tacha al brío y al talle, ni la comparen con una palma que se mueve cargada de racimos de dátiles; que lo mismo parecen los dijes que trae pendientes del cabello y de la garganta! Juro en mi alma que es una moza hecha y derecha, y que puede pasar por los bancos de Flandes.

Rio don Quijote de las rústicas alabanzas de Sancho Panza; y le pareció que, fuera de su señora Dulcinea del Toboso, no había visto mujer más hermosa jamás. Venía la hermosa Quiteria algo descolorida, y debía de ser por la mala noche que suelen pasar las novias en componerse para el día venidero de sus bodas.

Se iban acercando a un teatro que a un lado del prado estaba, adornado de alfombras y ramos, adonde se habían de hacer los desposorios, y desde donde habían de mirar las danzas e invenciones. Y cuando llegaban al puesto, oyeron a sus espaldas grandes voces, y una que decía:

—Espérense un poco, gente tan inconsiderada como presurosa.

A aquellas voces y palabras todos volvieron la cabeza, y vieron que las daba un hombre vestido, al parecer, de un sayo negro jironado de carmesí a llamas. Venía coronado —como se vio luego— con una corona de funesto ciprés; en las manos traía un bastón grande. Al llegar más cerca fue conocido de todos por el gallardo Basilio, y todos quedaron suspensos, esperando en qué habían de parar sus voces y palabras, temiendo algún mal suceso de su venida a sazón semejante.

Llegó, en fin, cansado y sin aliento; y puesto delante de los desposados, hincando el bastón en el suelo —que tenía el remate de una punta de acero—, mudada la color, puestos los ojos en Quiteria, con voz temblorosa y ronca, dijo estas razones:

—Bien sabes, desconocida Quiteria, que conforme a la santa ley que profesamos, viviendo yo, tú no puedes tomar esposo. Y también sabes que, por esperar que el tiempo y mi diligencia mejoraran los bienes de mi fortuna, no he querido dejar de guardar el decoro que a tu honra convenía.

Pero tú, echando a las espaldas todas las obligaciones que debes a mi buen deseo, quieres hacer señor de lo que es mío a otro, cuyas riquezas le sirven no solo de buena fortuna, sino de bonísima ventura. Y para que la tenga colmada —no como yo pienso que la merece, sino como se la quieren dar los cielos—, yo, por mis manos, desharé lo imposible o lo inconveniente que puede estorbársela, quitándome a mí de por medio.

¡Viva, viva el rico Camacho con la ingrata Quiteria, largos y felices siglos; y muera, muera el pobre Basilio, cuya pobreza cortó las alas de su dicha y lo puso en la sepultura!

Y diciendo esto, asió el bastón que tenía hincado en el suelo, y quedándose la mitad en la tierra, mostró que servía de vaina a un mediano estoque que en él se ocultaba. Y, puesta la que se podía llamar empuñadura en el suelo, con ligero desenfado y propósito determinado, se arrojó sobre él; y en un punto mostró la punta sangrienta a las espaldas, con la mitad de la hoja acerada, quedando el triste bañado en su sangre y tendido en el suelo, traspasado por sus mismas armas.

Acudieron luego sus amigos a socorrerlo, condolidos de su miseria y lastimosa desgracia. Don Quijote dejó a Rocinante, corrió a ayudarlo y lo tomó en sus brazos, y halló que aún no había expirado. Quisieron sacarle el estoque; pero el cura, que estaba presente, fue de parecer que no se lo sacaran antes de confesarlo, porque sacárselo y expirar sería todo a un mismo tiempo.

Pero Basilio, volviendo un poco en sí, con voz doliente y desmayada, dijo:

—Si quisieras, cruel Quiteria, darme en este último y forzoso trance la mano de esposa, aún pensaría que mi temeridad tiene disculpa, pues en ella alcancé el bien de ser tuyo.

El cura, al oírlo, le dijo que atendiera a la salud del alma antes que a los gustos del cuerpo, y que pidiera muy de veras a Dios perdón de sus pecados y de su desesperada determinación. A lo cual replicó Basilio que de ninguna manera se confesaría si primero Quiteria no le daba la mano de esposa; que aquel contento le adobaría la voluntad y le daría aliento para confesarse.

Al oír don Quijote la petición del herido, alzó la voz y dijo que Basilio pedía cosa muy justa y muy puesta en razón, y además muy hacedera; y que el señor Camacho quedaría tan honrado recibiendo a la señora Quiteria viuda del valeroso Basilio como si la recibiera de manos de su padre:

—Aquí no ha de haber más de un sí, que no tenga otro efecto que el de pronunciarlo; pues el tálamo de estas bodas ha de ser la sepultura.

Todo lo oía Camacho, y todo lo tenía suspenso y confuso, sin saber qué hacer ni qué decir; pero las voces de los amigos de Basilio fueron tantas —pidiéndole que consintiera en que Quiteria le diera la mano de esposa, para que su alma no se perdiera, partiendo desesperado de esta vida—, que lo movieron, y aun lo forzaron, a decir que si Quiteria quería dársela, él se contentaba, pues todo era dilatar por un momento el cumplimiento de sus deseos.

Luego acudieron todos a Quiteria; y unos con ruegos, otros con lágrimas, y otros con razones eficaces, la persuadían a que diera la mano al pobre Basilio. Y ella, más dura que un mármol y más tiesa que una estatua, daba a entender que ni sabía ni podía, ni quería responder palabra; ni la respondiera si el cura no le dijera que se determinara presto, porque Basilio tenía ya el alma en los dientes y no daba lugar a esperar irresolutas determinaciones.

Entonces la hermosa Quiteria, sin decir palabra, turbada —y al parecer triste y pesarosa—, llegó donde Basilio estaba ya con los ojos vueltos, el aliento corto y apresurado, murmurando entre dientes el nombre de Quiteria, y dando señales de morir como enamorado, y no como cristiano.

Llegó, en fin, Quiteria, y puesta de rodillas, le pidió la mano por señas, y no por palabras. Basilio abrió los ojos y, mirándola atentamente, le dijo:

—¡Oh Quiteria, que has venido a ser piadosa cuando tu piedad ha de servirme de cuchillo que me acabe de quitar la vida! Porque ya no tengo fuerzas para llevar la gloria que me das al escogerme por tuyo, ni para resistir el dolor que tan aprisa me va cubriendo los ojos con la espantosa sombra de la muerte.

Lo que te suplico, oh fatal estrella mía, es que la mano que me pides y quieres darme no sea por cumplimiento ni para engañarme de nuevo, sino que confieses y digas que, sin hacer fuerza a tu voluntad, me la entregas y me la das como a tu legítimo esposo; pues no es razón que en un trance como este me engañes, ni que uses fingimientos con quien tantas verdades ha tratado contigo.

Entre estas razones se desmayaba, de modo que todos los presentes pensaban que cada desmayo se había de llevar el alma consigo. Quiteria, toda honesta y toda vergonzosa, asiendo con su mano derecha la de Basilio, le dijo:

—Ninguna fuerza sería bastante para torcer mi voluntad; y así, con la más libre que tengo, te doy la mano de legítima esposa y recibo la tuya, si es que me la das libremente, sin que la turbe ni la contradiga la calamidad en que tu apresurado juicio te ha puesto.

—Sí doy —respondió Basilio—, no turbado ni confuso, sino con el claro entendimiento que el cielo quiso darme; y así me doy y me entrego por tu esposo.

—Y yo por tu esposa —respondió Quiteria—: ahora vivas largos años, ahora te lleven de mis brazos a la sepultura.

—Para estar tan herido este muchacho —dijo entonces Sancho Panza—, habla demasiado. Háganle que deje los requiebros y atienda a su alma, que, a mi parecer, más la tiene en la lengua que en los dientes.

Estando, pues, asidos de las manos Basilio y Quiteria, el cura, tierno y lloroso, les echó la bendición y pidió al cielo que diera buen reposo al alma del nuevo desposado. Y apenas recibió la bendición, Basilio, con rápida ligereza, se puso en pie, y con desenvoltura nunca vista se sacó el estoque, de cuya vaina le había servido su mismo cuerpo.

Quedaron todos los presentes admirados, y algunos, más simples que curiosos, comenzaron a decir a grandes voces:

—¡Milagro, milagro!

Pero Basilio replicó:

—¡No "milagro, milagro", sino industria, industria!

El cura, desconcertado y atónito, acudió con ambas manos a tentar la herida, y halló que la cuchilla no había pasado por carne ni costillas de Basilio, sino por un cañón hueco de hierro que, lleno de sangre, tenía allí bien acomodado; sangre preparada —según después se supo— de manera que no se helara.

Finalmente, el cura y Camacho, con todos los demás, se tuvieron por burlados y escarnecidos. La esposa no dio muestras de pesarle la burla; antes bien, oyendo decir que aquel casamiento, por haber sido engañoso, no había de valer, dijo que ella lo confirmaba de nuevo. Con esto entendieron todos que, con consentimiento y sabiduría de ambos, se había trazado el caso.

De esto quedaron Camacho y sus valedores tan corridos, que remitieron la venganza a las manos; y desenvainando muchas espadas, arremetieron contra Basilio. En su favor, en un instante se desenvainaron casi otras tantas.

Don Quijote, tomando la delantera a caballo, con la lanza sobre el brazo y bien cubierto con su escudo, se abría paso, haciéndose dar lugar de todos. Sancho, a quien nunca le agradaron ni lo divirtieron semejantes faenas, se acogió a las tinajas de donde había sacado su agradable espuma, pareciéndole aquel sitio como lugar sagrado, que debía ser respetado.

Don Quijote gritaba a grandes voces:

—¡Deténganse, señores, deténganse! No es razón tomar venganza de los agravios que el amor hace. Y adviertan que el amor y la guerra son una misma cosa: así como en la guerra es lícito y acostumbrado usar ardides y estratagemas para vencer al enemigo, así en contiendas y competencias amorosas se tienen por buenos los embustes y marañas con que se procura alcanzar lo que se desea, con tal que no sea en menoscabo ni deshonra de la cosa amada.

Quiteria era de Basilio, y Basilio de Quiteria, por justa y favorable disposición del cielo. Camacho es rico, y podrá comprar su gusto cuando, donde y como quiera. Basilio no tiene más de esta oveja, y no se la ha de quitar nadie, por poderoso que sea; porque a los dos que Dios junta no los podrá separar el hombre. Y el que lo intentare, primero ha de pasar por la punta de esta lanza.

Y al decirlo, la blandió tan fuerte y tan diestramente, que puso temor en todos los que no lo conocían. Y tan de golpe se le fijó a Camacho en la imaginación el desdén de Quiteria, que se le borró de la memoria en un instante. Así tuvieron lugar las persuasiones del cura, varón prudente y bien intencionado; y con ellas quedaron Camacho y los de su parcialidad pacíficos y sosegados. En señal de esto, volvieron las espadas a sus vainas, culpando más la facilidad de Quiteria que la industria de Basilio.

Camacho discurría que, si Quiteria quería a Basilio cuando era doncella, también lo habría querido casada; y que debía dar gracias al cielo, más por habérsela quitado que por habérsela dado.

Consolado y pacífico Camacho, también los de Basilio se sosegaron. Y el rico Camacho, por mostrar que no sentía la burla ni la estimaba en nada, quiso que las fiestas continuaran como si en verdad fuera él el desposado. Pero Basilio, su esposa y sus amigos no quisieron asistir; y así se fueron al lugar de Basilio, porque también los pobres virtuosos y discretos tienen quien los siga, honre y ampare, como los ricos tienen quien los adule y acompañe.

Se llevaron con ellos a don Quijote, estimándolo por hombre de valor y de pecho. Solo a Sancho se le oscureció el alma, por verse imposibilitado de esperar la espléndida comida y las fiestas de Camacho, que duraron hasta la noche. Así, triste y desganado, siguió a su señor con la cuadrilla de Basilio, y dejó atrás las ollas de Egipto, aunque las llevaba en el alma.

La espuma ya casi consumida que llevaba en el caldero le representaba la gloria y abundancia del bien que perdía; y así, congojado y pensativo —aunque sin hambre—, sin apearse del rucio, siguió las huellas de Rocinante.

CAPÍTULO XXII: DONDE SE DA CUENTA DE LA GRAN AVENTURA DE LA CUEVA DE MONTESINOS

Grandes y muchos fueron los regalos que los desposados hicieron a don Quijote, obligados por las muestras que había dado defendiendo su causa. Y al par de la valentía le graduaron la discreción, teniéndolo por un Cid en las armas y por un Cicerón en la elocuencia.

El buen Sancho se refociló tres días a costa de los novios. Y se supo que no fue traza compartida con la hermosa Quiteria el herirse fingidamente, sino industria de Basilio, esperando de ella el mismo suceso que se vio. Bien es verdad que confesó haber dado parte de su pensamiento a algunos amigos, para que a su tiempo favorecieran su intención y sostuvieran el engaño.

—No se pueden ni se deben llamar engaños —dijo don Quijote— los que ponen la mira en fines virtuosos.

Y añadió que el casarse los enamorados era fin de gran excelencia, advirtiendo que el mayor enemigo del amor es el hambre y la continua necesidad. Porque el amor es alegría, regocijo y contento, y más cuando el amante está en posesión de lo amado; contra lo cual son enemigos declarados la pobreza y la necesidad.

Todo esto lo decía con intención de que Basilio dejara de ejercitar las habilidades que sabía, que, aunque le daban fama, no le daban dineros; y que atendiera a granjear hacienda por medios lícitos e industriosos, que nunca faltan al prudente y aplicado.

El pobre honrado —si es que puede ser honrado el pobre— tiene prenda en tener mujer hermosa: cuando se la quitan, le quitan la honra y se la matan. Y la mujer hermosa y honrada cuyo marido es pobre merece ser coronada con laureles y palmas de triunfo. La hermosura, por sí sola, atrae voluntades de cuantos la miran; y como a señuelo gustoso se le abaten águilas y pájaros altaneros; pero si a esa hermosura se le junta la necesidad, también la embisten cuervos y milanos y otras aves de rapiña. La que está firme ante tantos encuentros bien merece llamarse corona de su marido.

—Mire, discreto Basilio —añadió don Quijote—: opinión fue de no sé qué sabio que no había en el mundo sino una sola mujer buena, y aconsejaba que cada cual pensara que esa sola buena era la suya, y así viviría contento.

Yo no soy casado, ni hasta hoy se me ha pasado por la cabeza serlo; y con todo me atrevería a dar consejo a quien me lo pidiera sobre cómo buscar mujer con quien casarse. Lo primero, le aconsejaría que mirara más a la fama que a la hacienda; porque la buena mujer no alcanza buena fama solo con ser buena, sino con parecerlo. Mucho más dañan a la honra las desenvolturas públicas que las maldades secretas.

Si traes buena mujer a tu casa, cosa fácil será conservarla, y aun mejorarla en esa bondad; pero si la traes mala, en trabajo te pondrá el enmendarla, porque no es muy hacedero pasar de un extremo a otro. No digo que sea imposible, pero lo tengo por dificultoso.

Sancho lo oía todo y decía entre sí:

—Este mi amo, cuando yo digo cosas de sustancia, suele decir que yo podría tomar un púlpito e irme por el mundo predicando lindezas; y yo digo de él que, cuando empieza a ensartar sentencias y a dar consejos, no solo puede tomar púlpito, sino dos en cada dedo, y andar por plazas dando gusto a cualquiera. ¡Válgame el diablo con caballero andante, que tantas cosas sabe! Yo pensaba que solo sabía lo de sus caballerías; pero no hay cosa donde no pique y no meta su cucharada.

Murmuraba esto Sancho, y su señor lo oyó a medias y le preguntó:

—¿Qué murmuras, Sancho?

—No digo nada —respondió Sancho—; solo pensaba que me habría gustado oír lo que usted ha dicho antes de casarme, porque quizá ahora diría: «El buey suelto bien se lame».

—¿Tan mala es tu Teresa, Sancho? —dijo don Quijote.

—No es muy mala —respondió Sancho—, pero no es muy buena; al menos, no es tan buena como yo quisiera.

—Mal haces, Sancho —dijo don Quijote— en hablar mal de tu mujer, que al fin es madre de tus hijos.

—No nos debemos nada —respondió Sancho—; que ella también habla mal de mí cuando se le antoja, especialmente cuando está celosa: entonces, que la aguante el mismo Satanás.

Finalmente, tres días estuvieron con los novios, regalados y servidos como reyes. Don Quijote pidió al diestro licenciado que le diera una guía para encaminarlo a la cueva de Montesinos, porque tenía gran deseo de entrar en ella y ver con sus propios ojos si eran verdaderas las maravillas que de ella se decían.

El licenciado le dijo que le daría un primo suyo, famoso estudiante y muy aficionado a leer libros de caballerías, el cual con mucha voluntad lo pondría a la boca de la cueva, y le mostraría las lagunas de Ruidera, famosas también en toda la Mancha y aun en toda España. Y añadió que, con él, tendría gusto y entretenimiento, porque era mozo que sabía hacer libros para imprimir y dedicarlos a príncipes.

Llegó el primo con una pollina preñada, cuya albarda cubría un vistoso tapete de arpillera. Sancho ensilló a Rocinante y aderezó al rucio, proveyó las alforjas, a las cuales se sumaron las del primo, también bien provistas. Y, encomendándose a Dios y despidiéndose de todos, se pusieron en camino, tomando la ruta de la famosa cueva de Montesinos.

En el camino preguntó don Quijote al primo de qué género y calidad eran sus ejercicios, su profesión y sus estudios. Él respondió que su profesión era ser humanista; y sus ejercicios y estudios, componer libros para dar a la imprenta, todos de gran provecho y no menor entretenimiento para la república.

Dijo que uno se titulaba Libro de las libreas, donde pintaba setecientas tres libreas, con sus colores, motes y cifras, de donde podían tomar las que quisieran en fiestas y regocijos los caballeros cortesanos, sin andarlas mendigando ni "destilándose el cerebro", como suelen decir, para sacarlas conformes a sus deseos.

—Porque yo le doy al celoso, al desdeñado, al olvidado y al ausente las que les convienen, y les vendrán más ajustadas que pecadoras. Otro libro tengo también, al que pienso llamar Metamorfosis, u Ovidio español, de invención nueva y rara; porque en él, imitando a Ovidio en burla, pinto quién fue la Giralda de Sevilla, y el Ángel de la Magdalena; quién el Caño de Vecinguerra de Córdoba; quiénes los Toros de Guisando; la Sierra Morena; las fuentes de Leganitos y Lavapiés, en Madrid; sin olvidarme de la del Piojo, la del Caño Dorado y la de la Priora. Y esto con alegorías, metáforas y traslaciones, de modo que alegran, suspenden y enseñan al mismo tiempo.

Otro libro tengo, que llamo Suplemento a Virgilio Polidoro, y trata de la invención de las cosas: obra de grande erudición y estudio, porque lo que se le dejó de decir a Polidoro, yo lo averiguo y lo declaro con gentil estilo. Se le olvidó declarar quién fue el primero que tuvo catarro en el mundo, y el primero que tomó unciones para curarse del morbo gálico; y yo lo declaro al pie de la letra, y lo respaldo con más de veinticinco autores, para que vea usted si he trabajado bien, y si el libro ha de ser útil a todo el mundo.

Sancho, que había estado muy atento a la relación del primo, le dijo:

—Dígame, señor —y así Dios le dé buena suerte con la impresión de sus libros—: ¿sabrá decirme, que seguro que sabrá, pues todo lo sabe, quién fue el primero que se rascó la cabeza? Porque yo creo que debió de ser nuestro padre Adán.

—Sí sería —respondió el primo—; porque de Adán no hay duda de que tuvo cabeza y cabellos; y siendo el primer hombre del mundo, alguna vez se rascaría.

—Así lo creo yo —dijo Sancho—. Pero dígame ahora: ¿quién fue el primer volteador del mundo?

—En verdad, hermano —respondió el primo—, que no sabré determinarlo por ahora, hasta que lo estudie. Lo estudiaré cuando vuelva adonde tengo mis libros, y les responderé cuando otra vez nos veamos; que no ha de ser esta la última.

—Pues mire, señor —replicó Sancho—, no se tome ese trabajo; que ahora caigo en la cuenta de lo que le pregunté. Sepa que el primer volteador del mundo fue Lucifer, cuando lo echaron del cielo: vino volteando hasta los abismos.

—Tienes razón, amigo —dijo el primo.

Y don Quijote dijo:

—Esa pregunta y esa respuesta no son tuyas, Sancho: a alguien se las has oído.

—Calle, señor —respondió Sancho—; que, a fe, si me pongo a preguntar y responder, no acabo de aquí a mañana. Para preguntar necedades y responder disparates no necesito yo pedir ayuda a nadie.

—Más has dicho, Sancho, de lo que sabes —dijo don Quijote—; que hay algunos que se cansan en saber y averiguar cosas que, después de sabidas, no importan un ardite al entendimiento ni a la memoria.

En estas y otras pláticas gustosas se les pasó aquel día. A la noche se albergaron en una pequeña aldea, donde el primo dijo a don Quijote que desde allí a la cueva de Montesinos no había más de dos leguas; y que si tenía determinado entrar, era menester proveerse de sogas para atarse y descolgarse en su profundidad.

Don Quijote dijo que, aunque llegara al abismo, había de ver dónde paraba. Así compraron casi cien brazas de soga, y al día siguiente, como a las dos de la tarde, llegaron a la cueva, cuya boca es espaciosa y ancha, pero está llena de cambroneras y cabrahígos, de zarzas y malezas tan espesas e intrincadas que casi la ciegan y la encubren del todo.

Al verla, se apearon el primo, Sancho y don Quijote. Y los dos ataron a don Quijote muy firmemente con las sogas. Mientras lo fajaban y ceñían, Sancho le dijo:

—Mire, señor mío, lo que hace: no se quiera sepultar en vida, ni se meta donde parezca frasco que ponen a enfriar en un pozo. A usted no le toca ser escudriñador de esto, que debe de ser peor que mazmorra.

—Ata y calla —respondió don Quijote—; que empresa como esta, Sancho amigo, estaba guardada para mí.

Entonces dijo el guía:

—Le suplico, señor don Quijote, que mire bien y examine con cien ojos lo que hay allá dentro: quizá haya cosas que yo ponga en mi libro de Transformaciones.

—En la mano está el pandero, que él sabrá bien tañer —respondió Sancho Panza.

Dicho esto, y acabada la ligadura de don Quijote —que no fue sobre el arnés, sino sobre el jubón de armar—, don Quijote dijo:

—Hemos andado descuidados en no habernos provisto de un esquilón pequeño, que fuera atado junto a mí en esta misma soga; con su sonido se entendería que todavía bajaba y estaba vivo. Pero como ya no es posible, sea lo que Dios quiera, y que Él me guíe.

Luego se hincó de rodillas e hizo una oración en voz baja, pidiendo a Dios que le ayudara y le diera buen suceso en aquella, al parecer, peligrosa y nueva aventura; y en voz alta dijo después:

—¡Oh señora de mis acciones y movimientos, clarísima y sin par Dulcinea del Toboso! Si es posible que lleguen a tus oídos las plegarias y ruegos de este tu venturoso amante, por tu inaudita belleza te suplico que los escuches; que no son otros sino pedirte que no me niegues tu favor y amparo ahora que tanto lo necesito.

Yo voy a despeñarme, a hundirme y a sumergirme en el abismo que aquí se me representa, solo para que el mundo conozca que, si tú me favoreces, no habrá imposible al que yo no me atreva y no lleve a término.

Y al decir esto, se acercó a la sima, y vio que no era posible descolgarse ni abrir entrada si no era a fuerza de brazos o a cuchilladas. Así que, poniendo mano a la espada, comenzó a derribar y cortar aquellas malezas que estaban a la boca de la cueva.

Con el ruido y estruendo salieron de ella una infinidad de cuervos y grajos grandísimos, tan espesos y con tanta prisa, que derribaron a don Quijote en el suelo. Y si él fuera tan agorero como buen cristiano, lo habría tomado por mala señal y se habría excusado de encerrarse en lugar semejante.

Finalmente se levantó; y, viendo que no salían más cuervos ni otras aves nocturnas —como murciélagos, que también salieron entre los cuervos—, dándole soga el primo y Sancho, se dejó calar al fondo de la caverna espantosa. Y al entrar, Sancho, echándole su bendición y haciendo sobre él mil cruces, dijo:

—¡Dios te guíe, y la Peña de Francia, junto con la Trinidad de Gaeta, flor, nata y espuma de los caballeros andantes! ¡Allá vas, valiente del mundo, corazón de acero, brazos de bronce! ¡Dios te guíe otra vez, y te devuelva libre, sano y sin daño a la luz de esta vida, que dejas por enterrarte en esta oscuridad que buscas!

Casi las mismas plegarias y deprecaciones hizo el primo.

Iba don Quijote dando voces que le dieran soga y más soga, y se la daban poco a poco; y cuando las voces —que, acanaladas por la cueva, salían— dejaron de oírse, ya ellos tenían descolgadas las cien brazas de soga. Entonces fueron de parecer de volver a subir a don Quijote, pues no podían darle más cuerda.

Con todo eso, se detuvieron como media hora. Al cabo, volvieron a recoger la soga con mucha facilidad y sin peso alguno, señal que les hizo imaginar que don Quijote se quedaba dentro. Sancho, creyéndolo así, lloraba amargamente y tiraba con mucha prisa por desengañarse. Pero, cuando a su parecer habían recogido poco más de ochenta brazas, sintieron peso, y se alegraron en extremo.

Finalmente, a las diez vieron distintamente a don Quijote, y Sancho le dio voces, diciéndole:

—Sea usted muy bien vuelto, señor mío; que ya pensábamos que se quedaba allá para siempre.

Pero don Quijote no respondía palabra. Y al sacarlo del todo, vieron que traía los ojos cerrados, con señales de estar dormido. Lo tendieron en el suelo y lo desliaron, y con todo eso no despertaba. Tanto lo volvieron y revolvieron, sacudieron y menearon, que al cabo de buen rato volvió en sí, desperezándose como quien despierta de sueño grave y profundo. Y mirando a una y otra parte, como espantado, dijo:

—Dios se los perdone, amigos: me han quitado de la más sabrosa y agradable vida y vista que ningún humano ha visto ni pasado. En efecto, ahora acabo de conocer que todos los contentos de esta vida pasan como sombra y sueño, o se marchitan como la flor del campo. ¡Oh desdichado Montesinos! ¡Oh mal herido Durandarte! ¡Oh sin ventura Belerma! ¡Oh lloroso Guadiana, y ustedes, sin dicha hijas de Ruidera, que muestran en sus aguas lo que lloraron sus hermosos ojos!

Con gran atención escuchaban el primo y Sancho las palabras de don Quijote, que las decía como si con dolor inmenso las sacara de las entrañas. Le rogaron que les diera a entender lo que decía, y que les contara lo que en aquel infierno había visto.

—¿Infierno lo llaman? —dijo don Quijote—. Pues no lo llamen así, porque no lo merece, como luego verán.

Pidió que le dieran algo de comer, que traía grandísima hambre. Tendieron la arpillera del primo sobre la verde hierba, acudieron a la despensa de las alforjas, y sentados los tres en buen amor y compañía, merendaron y cenaron, todo junto.

Levantada la arpillera, dijo don Quijote de la Mancha:

—No se levante nadie; y estén, hijos, todos atentos.

CAPÍTULO XXIII: DE LAS ADMIRABLES COSAS QUE DON QUIJOTE CONTÓ HABER VISTO EN LA CUEVA DE MONTESINOS

Serían las cuatro de la tarde cuando el sol, cubierto entre nubes, con luz escasa y rayos templados, dio lugar a don Quijote para que sin calor ni pesadumbre contara a sus dos clarísimos oyentes lo que en la cueva de Montesinos había visto. Y comenzó del modo siguiente:

—A cosa de doce o catorce estados de la profundidad de esta mazmorra, a la mano derecha, se hace una concavidad, espacio capaz de que quepa en él un gran carro con sus mulas. Entra una pequeña luz por unos resquicios o agujeros, que, a lo lejos, dan a la superficie de la tierra.

Esta concavidad vi yo cuando ya iba cansado y mohíno de verme pendiente y colgado de la soga, caminando por aquella región oscura hacia abajo, sin llevar cierto ni determinado camino. Así que determiné meterme en ella y descansar un poco. Di voces pidiéndoles que no descolgaran más soga hasta que yo se lo dijera; pero no debieron oírme.

Fui recogiendo la soga que ustedes me enviaban, y haciendo de ella una rosca o rimero, me senté sobre él, pensativo, considerando qué debía hacer para llegar al fondo, no teniendo quién me sustentara. Y en ese pensamiento y confusión, de repente y sin procurarlo, me asaltó un sueño profundísimo. Y cuando menos lo pensaba, sin saber cómo ni de qué manera, desperté y me hallé en la mitad del más bello, ameno y deleitoso prado que puede criar la naturaleza, ni imaginar la más discreta imaginación humana.

Me despejé los ojos, me los limpié, y vi que no dormía, sino que estaba despierto; con todo eso me palpé la cabeza y el pecho, por asegurarme de si era yo mismo el que allí estaba, o alguna fantasma vana y fingida. Pero el tacto, el sentimiento y los discursos concertados que hacía dentro de mí me certificaron que yo era entonces allí el mismo que soy aquí ahora.

Se me ofreció luego a la vista un real y suntuoso palacio o alcázar, cuyos muros y paredes parecían fabricados de transparente y claro cristal. Y abriéndose dos grandes puertas, vi que por ellas salía, y hacia mí venía, un venerable anciano, vestido con un capuz de bayeta morada, que le arrastraba por el suelo. Le ceñía los hombros y el pecho una beca de colegial de raso verde; le cubría la cabeza una gorra milanesa negra; y la barba, canísima, le pasaba de la cintura.

No traía arma ninguna, sino un rosario en la mano, con cuentas mayores que medianas nueces, y los dieces como huevos medianos de avestruz. El porte, el paso, la gravedad y la anchísima presencia —cada cosa por sí y todas juntas— me suspendieron y admiraron.

Llegó a mí, y lo primero que hizo fue abrazarme estrechamente, y luego decirme:

«Mucho tiempo ha, valeroso caballero don Quijote de la Mancha, que los que estamos encantados en estas soledades esperamos verte, para que des noticia al mundo de lo que encierra y cubre la profunda cueva por donde has entrado, llamada la cueva de Montesinos: hazaña solo guardada para ser acometida por tu invencible corazón y tu ánimo estupendo. Ven conmigo, señor clarísimo; que quiero mostrarte las maravillas que este transparente alcázar encubre, del cual yo soy alcaide y guarda mayor perpetuo, porque soy el mismo Montesinos, de quien la cueva toma nombre».

Apenas me dijo que era Montesinos, cuando le pregunté si era verdad lo que allá arriba se contaba: que él había sacado de la mitad del pecho, con una pequeña daga, el corazón de su gran amigo Durandarte, y lo había llevado a la señora Belerma, como él se lo mandó al punto de su muerte. Me respondió que en todo decían verdad, salvo en la daga: que no fue daga ni pequeña, sino un puñal bruñido, más agudo que una lezna.

—Debía de ser —dijo entonces Sancho— el puñal de Ramón de Hoces, el sevillano.

—No sé —prosiguió don Quijote—; pero no sería de ese puñalero, porque Ramón de Hoces fue ayer, y lo de Roncesvalles, donde ocurrió esta desgracia, fue hace muchos años. Y esta averiguación no importa, ni turba ni altera la verdad y el curso de la historia.

—Así es —respondió el primo—; prosiga, señor don Quijote, que lo escucho con el mayor gusto del mundo.

—No con menor gusto lo cuento yo —respondió don Quijote—. Y así digo que el venerable Montesinos me metió en el palacio de cristal, donde, en una sala baja, fresquísima en extremo y toda de alabastro, estaba un sepulcro de mármol, fabricado con gran maestría. Sobre él vi a un caballero tendido de largo a largo, no de bronce, ni de mármol, ni de jaspe, como suele haber en otros sepulcros, sino de pura carne y de puros huesos.

Tenía la mano derecha —que a mi parecer es algo peluda y nerviosa, señal de tener muchas fuerzas su dueño— puesta sobre el lado del corazón. Y antes de que yo preguntara nada a Montesinos, viéndome suspenso mirándolo, me dijo:

«Este es mi amigo Durandarte, flor y espejo de los caballeros enamorados y valientes de su tiempo. Lo tiene aquí encantado, como me tiene a mí y a otros muchos y muchas, Merlín, aquel encantador francés que dicen que fue hijo del diablo. Y lo que yo creo es que no fue hijo del diablo, sino que supo, como dicen, un punto más que el diablo.

Cómo o para qué nos encantó, nadie lo sabe; y ya lo dirán los tiempos, que no están muy lejos, según imagino. Lo que a mí me admira es que sé, tan cierto como ahora es de día, que Durandarte acabó su vida en mis brazos, y que después de muerto le saqué el corazón con mis propias manos. Y en verdad que debía de pesar dos libras, porque según los naturales, quien tiene el corazón más grande suele ser más valiente que quien lo tiene pequeño.

Pues siendo esto así, y siendo cierto que murió, ¿cómo ahora se queja y suspira de cuando en cuando, como si estuviera vivo?»

Dicho esto, el mísero Durandarte, dando una gran voz, dijo:

«¡Oh, mi primo Montesinos!
Lo último que te rogaba
era que, cuando yo muriera
y mi alma arrancada,
llevaras mi corazón
adonde Belerma estaba,
sacándomelo del pecho,
ya con puñal, ya con daga».

Oyendo esto el venerable Montesinos, se puso de rodillas ante el lastimado caballero y, con lágrimas en los ojos, le dijo:

«Ya, señor Durandarte, queridísimo primo mío, ya hice lo que me mandaste en el aciago día de nuestra pérdida. Yo te saqué el corazón lo mejor que pude, sin dejarte la mínima parte en el pecho. Lo limpié con un pañizuelo de puntas. Partí con él a toda prisa para Francia, habiéndote puesto antes en el seno de la tierra, con tantas lágrimas que bastaron para lavarme las manos y limpiarme con ellas la sangre, después de haber andado en tus entrañas.

Y por más señas, primo de mi alma: en el primer lugar que hallé al salir de Roncesvalles eché un poco de sal en tu corazón, para que no oliera mal y llegara, si no fresco, al menos curado, a presencia de la señora Belerma.

A ella, contigo y conmigo, y con Guadiana tu escudero, y con la dueña Ruidera y sus siete hijas y dos sobrinas, y con otros muchos conocidos y amigos tuyos, nos tiene aquí encantados el sabio Merlín hace muchos años. Y aunque pasan de quinientos, ninguno de nosotros ha muerto.

Solo faltan Ruidera y sus hijas y sobrinas, las cuales, llorando, por compasión que debió de tenerles Merlín, las convirtió en otras tantas lagunas, que ahora, en el mundo de los vivos y en la provincia de la Mancha, llaman las lagunas de Ruidera: las siete son de los reyes de España, y las dos sobrinas, de los caballeros de una orden santísima que llaman de San Juan.

Guadiana, tu escudero, llorando también tu desgracia, fue convertido en un río llamado de su mismo nombre; el cual, cuando llegó a la superficie de la tierra y vio el sol del otro cielo, sintió tanto pesar de dejarte, que se sumergió en las entrañas de la tierra. Pero como no puede dejar de seguir su natural corriente, de cuando en cuando sale y se muestra donde el sol y la gente lo vean.

Le van dando de sus aguas las referidas lagunas; y con ellas, y con otras muchas que se le juntan, entra pomposo y grande en Portugal. Pero, por dondequiera que va, muestra su tristeza y melancolía, y no se precia de criar peces regalados y estimados, sino burdos y desabridos, bien diferentes de los del Tajo dorado.

Y esto que ahora te digo, ¡oh primo mío!, ya te lo he dicho muchas veces; y como no me respondes, imagino que no me crees o no me oyes, de lo cual recibo pena, cual Dios lo sabe.

Unas nuevas quiero darte ahora, que, aunque no alivien tu dolor, tampoco lo aumentarán. Sabe que tienes aquí en tu presencia —abre los ojos y lo verás— a aquel gran caballero de quien tantas cosas tiene profetizadas el sabio Merlín: a don Quijote de la Mancha, digo, que de nuevo y con mayores ventajas que en siglos pasados ha resucitado en estos tiempos la ya olvidada caballería andante; por cuyo medio podría ser que nosotros fuésemos desencantados, porque las grandes hazañas para los grandes hombres están guardadas».

—Y cuando no sea así —respondió el lastimado Durandarte con voz desmayada y baja—, cuando no sea así, primo mío, paciencia… y barajar.

Y volviéndose de lado, volvió a su acostumbrado silencio, sin decir otra palabra.

Se oyeron entonces grandes alaridos y llantos, acompañados de profundos gemidos y angustiados sollozos. Volví la cabeza y vi, por las paredes de cristal, que por otra sala pasaba una procesión en dos hileras de hermosísimas doncellas, todas de luto, con turbantes blancos sobre la cabeza, al modo turquesco.

Al fin de las hileras venía una señora que, por la gravedad, lo parecía, también vestida de negro, con tocas blancas tan tendidas y largas que besaban la tierra. El turbante era dos veces mayor que el de las otras; era cejijunta y de nariz algo chata; la boca grande, pero los labios colorados. Los dientes, que a veces descubría, se mostraban ralos y mal puestos, aunque blancos como almendras peladas.

Traía en las manos un lienzo delgado, y entre él, a lo que pude distinguir, un corazón de carne, momificado, según venía seco y curado.

Me dijo Montesinos que toda aquella gente eran sirvientes de Durandarte y de Belerma, encantados allí con sus señores; y que la última, la del corazón en el lienzo, era la señora Belerma. Dijo que ella y sus doncellas, cuatro días de la semana, hacían aquella procesión y cantaban —o por mejor decir, lloraban— endechas sobre el cuerpo y el lastimado corazón de su primo.

Y añadió que si me había parecido algo fea, o no tan hermosa como la fama decía, era por las malas noches y peores días que en aquel encantamiento pasaba, como se veía en sus grandes ojeras y en su color quebradizo.

«Y no viene esa amarillez ni esas ojeras —dijo— de mal de mujeres, porque hace muchos meses, y aun años, que no lo tiene ni asoma por sus puertas; sino del dolor que siente su corazón por el que trae siempre en las manos, que le renueva y pone delante la desgracia de su mal logrado amante. Que si esto no fuera, apenas la igualaría en hermosura, donaire y brío la gran Dulcinea del Toboso, tan celebrada en estos contornos, y aun en todo el mundo».

—Quieto ahí —dije yo entonces—, señor Montesinos: cuente su historia como debe; ya sabe que toda comparación es odiosa, y no hay para qué comparar a nadie con nadie. La sin par Dulcinea del Toboso es quien es, y la señora doña Belerma es quien es, y quien ha sido; y aquí se queda.

A lo que él me respondió:

«Señor don Quijote, perdóneme: confieso que anduve mal y no dije bien en decir que apenas igualaría la señora Dulcinea a la señora Belerma, pues me bastaba haber entendido, por no sé qué indicios, que usted es su caballero, para haberme mordido la lengua antes de compararla con nada que no fuera el mismo cielo».

Con esta satisfacción que me dio el gran Montesinos, se me aquietó el corazón del sobresalto que me causó oír que a mi señora la comparaban con Belerma.

—Y todavía me asombra —dijo Sancho— que usted no se le subiera encima al viejo, y le moliera a coces todos los huesos, y le arrancara las barbas sin dejarle un pelo.

—No, Sancho amigo —respondió don Quijote—; no me quedaba bien hacer eso, porque todos estamos obligados a respetar a los ancianos, aunque no sean caballeros; y principalmente a los que lo son y están encantados. Yo sé bien que no quedamos debiéndonos nada en otras muchas preguntas y respuestas que entre los dos pasamos.

En ese momento dijo el primo:

—Yo no sé, señor don Quijote, cómo usted, en tan poco espacio de tiempo como el que ha estado allá abajo, ha visto tantas cosas y ha hablado y respondido tanto.

—¿Cuánto hace que bajé? —preguntó don Quijote.

—Poco más de una hora —respondió Sancho.

—Eso no puede ser —replicó don Quijote—; porque allá me anocheció y amaneció, y volvió a anochecer y amanecer tres veces; de modo que, a mi cuenta, tres días he estado en aquellas partes remotas y escondidas a nuestra vista.

—Verdad debe de decir mi señor —dijo Sancho—; que como todo lo que le sucede es por encantamiento, quizá lo que a nosotros nos parece una hora, allá parece tres días con sus noches.

—Así será —respondió don Quijote.

—¿Y ha comido usted en todo este tiempo, señor mío? —preguntó el primo.

—No he probado bocado —respondió don Quijote—, ni siquiera he tenido hambre, ni por asomo.

—¿Y los encantados comen? —dijo el primo.

—No comen —respondió don Quijote—, ni tienen excrementos; aunque es opinión que les crecen las uñas, las barbas y los cabellos.

—¿Y duermen acaso los encantados, señor? —preguntó Sancho.

—No, por cierto —respondió don Quijote—; al menos, en estos tres días que yo he estado con ellos, ninguno ha pegado el ojo, ni yo tampoco.

—Aquí encaja bien el refrán —dijo Sancho— de "dime con quién andas y te diré quién eres": anda usted con encantados ayunos y desvelados; miren si es mucho que ni coma ni duerma mientras anda con ellos. Pero perdóneme, señor mío, si se lo digo: de todo cuanto ha dicho aquí, que me lleve Dios… (iba a decir el diablo) si le creo una sola cosa.

—¿Cómo no? —dijo el primo—. ¿Había de mentir el señor don Quijote, que, aunque quisiera, no ha tenido lugar para componer e imaginar tantos millones de mentiras?

—Yo no creo que mi señor mienta —respondió Sancho.

—Entonces, ¿qué crees? —le preguntó don Quijote.

—Creo —respondió Sancho— que ese Merlín, o esos encantadores que encantaron a toda la chusma que usted dice que ha visto y tratado allá abajo, le metieron en la cabeza y en la memoria toda esa máquina que nos ha contado, y todo lo que le falta por contar.

—Todo eso pudiera ser, Sancho —replicó don Quijote—, pero no es así; porque lo que he contado lo vi con mis propios ojos y lo toqué con mis mismas manos. Pero ¿qué dirás cuando te diga yo ahora cómo, entre otras infinitas cosas y maravillas que me mostró Montesinos —las cuales, despacio y a su tiempo, te iré contando en el curso del viaje, por no ser todas de este lugar—, me mostró tres labradoras que por aquellos amenísimos campos iban saltando y brincando como cabras?

Apenas las vi, cuando conocí que una era la sin par Dulcinea del Toboso, y las otras dos aquellas mismas labradoras que venían con ella, con las que hablamos a la salida del Toboso. Pregunté a Montesinos si las conocía; me respondió que no, pero que imaginaba que debían de ser algunas señoras principales encantadas, que pocos días antes habían aparecido por aquellos prados. Y me dijo que no me asombrara, porque allí estaban otras muchas señoras de los siglos pasados y presentes, encantadas en diferentes y extrañas figuras; entre las cuales conocía él a la reina Ginebra y a su dueña Quintañona, escanciando el vino a Lanzarote:

Cuando de Bretaña vino.

Cuando Sancho oyó esto de su amo, pensó perder el juicio o morirse de risa; porque, como sabía la verdad del fingido encanto de Dulcinea —del cual él había sido el inventor y el que levantó tal testimonio—, acabó de conocer, sin duda alguna, que su señor estaba fuera de juicio y loco del todo. Y así le dijo:

—En mala ocasión y peor sazón y en aciago día bajó usted, caro patrón mío, al otro mundo, y en mal punto se encontró con el señor Montesinos, que así nos lo ha devuelto. Bien estaba usted acá arriba con su juicio entero, tal cual Dios se lo dio, hablando sentencias y dando consejos a cada paso; y no ahora, contando los mayores disparates que pueden imaginarse.

—Como te conozco, Sancho —respondió don Quijote—, no hago caso de tus palabras.

—Ni yo de las de usted —replicó Sancho—, aunque me hiera o me mate por las que le he dicho, o por las que le pienso decir si no se corrige y enmienda de las suyas. Pero dígame ahora, ya que estamos en paz: ¿cómo, o en qué, reconoció a la señora, nuestra ama? Y si le habló, ¿qué dijo y qué le respondió?

—La reconocí —respondió don Quijote— en que llevaba los mismos vestidos que traía cuando tú me la mostraste. Le hablé, pero no me respondió palabra; al contrario, me dio la espalda y se fue huyendo con tanta prisa, que no la alcanzaría una jara.

Quise seguirla, y lo habría hecho, si no me aconsejara Montesinos que no me cansara en ello, porque sería en vano; y más, porque se acercaba la hora en que me convenía volver a salir de la sima. También me dijo que andando el tiempo se me daría aviso de cómo habían de ser desencantados él, Belerma y Durandarte, con todos los que allí estaban.

Pero lo que más pena me dio de cuanto vi y noté fue que, mientras Montesinos me decía estas cosas, se me arrimó por un lado, sin que yo la viera venir, una de las dos compañeras de la desventurada Dulcinea; y con los ojos llenos de lágrimas, y voz turbada y baja, me dijo:

«Mi señora Dulcinea del Toboso le besa a usted las manos, y le suplica se sirva de hacerle saber cómo está. Y porque se halla en gran necesidad, también le suplica, tan encarecidamente como puede, que tenga a bien prestarle, sobre este faldellín que aquí traigo, de cotonía nueva, media docena de reales, o los que usted tenga; que ella da su palabra de devolvérselos con mucha brevedad».

Me quedé suspenso y admirado con tal recado, y volviéndome a Montesinos le pregunté:

«¿Es posible, señor Montesinos, que los encantados principales padezcan necesidad?»

Y él me respondió:

«Créame, señor don Quijote de la Mancha: eso que llaman necesidad se usa en todas partes, por todo se extiende, y a todos alcanza; y ni aun a los encantados perdona. Y pues la señora Dulcinea del Toboso manda pedir esos seis reales, y la prenda es buena, según parece, no hay sino dárselos; que sin duda debe de estar en algún gran aprieto».

«Prenda no la tomaré yo —le respondí—, ni le daré lo que pide, porque no tengo sino cuatro reales».

Y se los di —que eran los mismos que tú, querido Sancho, me diste el otro día para dar limosna a los pobres que encontráramos por los caminos—, y le dije:

«Dile, amiga mía, a mi señora que me pesa en el alma de sus trabajos, y que quisiera ser un Fúcar para remediarlos; y que le hago saber que yo no puedo, ni debo, tener salud careciendo de su agradable vista y discreta conversación; y que le suplico, cuanto puedo, se sirva de dejarse ver y tratar de este su cautivo servidor y andante caballero.

Dile también que, cuando menos lo piense, oirá decir cómo he hecho un juramento y voto, a modo de aquel que hizo el marqués de Mantua de vengar a su sobrino Baldovinos, cuando lo halló para expirar en mitad de la montaña —que fue no comer pan a manteles, con otras zarandajas que allí añadió—; así haré yo: no sosegar, y andar las siete partidas del mundo, con más puntualidad que las anduvo el infante don Pedro de Portugal, hasta desencantarla».

—Todo eso, y más, le debe usted a mi señora —me respondió la doncella.

Y tomando los cuatro reales, en lugar de hacerme una reverencia, dio una cabriola y se levantó dos varas en el aire.

—¡Oh santo Dios! —dijo entonces Sancho, dando una gran voz—. ¿Es posible que exista tal cosa en el mundo, y que tengan tanta fuerza los encantadores y los encantamientos, que hayan trocado el buen juicio de mi señor en una locura tan disparatada? ¡Señor, por quien Dios es, mírese usted, vuelva por su honra, y no le dé crédito a esas vaciedades que lo tienen menguado y descabalado el entendimiento!

—Como me quieres bien, Sancho, hablas de esa manera —dijo don Quijote—; y como no estás experimentado en las cosas del mundo, todo lo que tiene alguna dificultad te parece imposible. Pero pasará el tiempo, como ya he dicho, y yo te contaré algunas de las cosas que allá abajo vi, que te harán creer las que aquí he contado, cuya verdad no admite réplica ni disputa.

CAPÍTULO XXIV: DONDE SE CUENTAN MIL ZARANDAJAS TAN IMPERTINENTES COMO NECESARIAS AL VERDADERO ENTENDIMIENTO DE ESTA GRANDE HISTORIA

Dice el que tradujo esta grande historia del original —la que escribió su primer autor Cide Hamete Benengeli— que, llegando al capítulo de la aventura de la cueva de Montesinos, en el margen estaban escritas de mano del mismo Hamete estas razones:

«No puedo entender, ni puedo persuadirme, que al valeroso don Quijote le pasara puntualmente todo lo que en el capítulo antecedente queda escrito. La razón es que todas las aventuras sucedidas hasta aquí han sido posibles y verosímiles; pero a esta de la cueva no le hallo entrada para tenerla por verdadera, por ir tan fuera de los términos razonables.

Pensar que don Quijote mintiera —siendo el más verdadero hidalgo y el más noble caballero de su tiempo— no es posible; porque no dijera una mentira aunque lo acribillaran. Por otra parte, considero que lo contó con todas las circunstancias dichas, y que no pudo fabricar en tan breve espacio tan gran máquina de disparates.

Y si esta aventura parece apócrifa, yo no tengo la culpa; y así, sin afirmarla por falsa o verdadera, la escribo. Tú, lector, pues eres prudente, juzga lo que te parezca, que yo no debo ni puedo más; aunque se tiene por cierto que, al tiempo de su fin y muerte, dicen que se retractó de ella y dijo que la había inventado, porque le pareció que convenía y cuadraba bien con las aventuras que había leído en sus historias».

Y luego prosigue, diciendo:

Se espantó el primo, así del atrevimiento de Sancho Panza como de la paciencia de su amo, y juzgó que del gusto de haber visto a su señora Dulcinea del Toboso, aunque encantada, le nacía aquella condición blanda que entonces mostraba; porque si no fuera así, Sancho le dijo palabras que merecían que le molieran a palos. En verdad le pareció que había andado algo atrevido con su señor.

Y el primo le dijo:

—Yo, señor don Quijote de la Mancha, doy por bien empleadísima la jornada que con usted he hecho, porque en ella he granjeado cuatro cosas. La primera, haberle conocido, que lo tengo por gran felicidad. La segunda, haber sabido lo que encierra esta cueva de Montesinos, con las mudanzas del Guadiana y de las lagunas de Ruidera, que me servirán para el Ovidio español que traigo entre manos. La tercera, entender la antigüedad de los naipes, que, por lo menos, ya se usaban en tiempo del emperador Carlomagno, según puede colegirse de las palabras que usted dice que dijo Durandarte: "Paciencia y barajar".

Y esa razón y modo de hablar no pudo aprenderlo encantado, sino cuando no lo estaba, en Francia y en tiempo del dicho emperador Carlomagno. Esta averiguación me viene como anillo al dedo para el otro libro que voy componiendo, que es Suplemento de Virgilio Polidoro, en la invención de las antigüedades; y creo que en el suyo no se acordó de poner la de los naipes, como la pondré yo ahora, que será de mucha importancia, y más alegando autor tan grave y tan verdadero como el señor Durandarte.

La cuarta es haber sabido con certeza el nacimiento del río Guadiana, hasta ahora ignorado de la gente.

—Usted tiene razón —dijo don Quijote—; pero quisiera yo saber, ya que Dios le haga merced de que se le dé licencia para imprimir esos libros suyos (que lo dudo), a quién piensa dedicarlos.

—Hay señores y grandes en España a quienes pueden dedicarse —dijo el primo.

—No muchos —respondió don Quijote—; y no porque no lo merezcan, sino porque no quieren admitirlos, por no obligarse a la satisfacción que parece se debe al trabajo y cortesía de sus autores.

Un príncipe conozco yo que puede suplir la falta de los demás con tantas ventajas que, si me atreviera a decirlas, quizá despertara envidia en más de cuatro pechos generosos; pero dejemos eso para otro tiempo más cómodo, y vamos a buscar dónde recogernos esta noche.

—No lejos de aquí —respondió el primo— hay una ermita, donde vive un ermitaño, que dicen fue soldado, y está en opinión de ser buen cristiano, muy discreto y caritativo. Junto a la ermita tiene una casa pequeña que ha hecho a su costa; y aunque chica, es capaz de recibir huéspedes.

—¿Tiene por acaso gallinas ese ermitaño? —preguntó Sancho.

—Pocos ermitaños están sin ellas —respondió don Quijote—; porque no son los que hoy se usan como aquellos del desierto de Egipto, que se vestían de hojas de palma y comían raíces. Y no se entienda que por decir bien de aquellos digo mal de estos; solo quiero decir que al rigor de entonces no llegan las penitencias de ahora. Pero no por eso dejan de ser buenos: al menos, yo los juzgo por tales. Y cuando todo corra turbio, menos mal hace el hipócrita que se finge bueno que el pecador público.

En esto vieron que hacia ellos venía un hombre a pie, caminando aprisa y dando varazos a un macho que venía cargado de lanzas y alabardas. Cuando llegó, los saludó y pasó de largo.

Don Quijote le dijo:

—Buen hombre, deténgase; que parece que va con más diligencia de la que ese macho necesita.

—No puedo detenerme, señor —respondió el hombre—, porque las armas que ve aquí han de servir mañana, y me es forzoso no pararme. Quede con Dios. Pero si quieren saber para qué las llevo, en la venta que está más arriba de la ermita pienso alojarme esta noche; y si hacen este mismo camino, allí me hallarán, y les contaré maravillas. Queden con Dios otra vez.

Y de tal manera apuró al macho, que no tuvo lugar don Quijote de preguntarle qué maravillas eran esas. Y como don Quijote era curioso y siempre lo fatigan deseos de saber cosas nuevas, ordenó que al momento se pusieran en camino y fueran a pasar la noche en la venta, sin tocar la ermita, aunque el primo quería que se quedaran allí.

Hicieron así: montaron a caballo, siguieron el camino derecho de la venta, y llegaron un poco antes de anochecer. El primo dijo a don Quijote que se acercaran a la ermita a beber un trago. Apenas oyó esto Sancho, cuando encaminó el rucio hacia allá, y lo mismo hicieron don Quijote y el primo.

Pero la mala suerte de Sancho quiso que el ermitaño no estuviera en casa: así se lo dijo un ayudante del ermitaño que hallaron. Le pidieron vino; respondió que su señor no lo tenía, pero que si querían agua, se la daría de muy buena gana.

—Si yo tuviera necesidad de agua —respondió Sancho—, pozos hay en el camino donde me la habría quitado.

¡Ay, bodas de Camacho y abundancia de la casa de don Diego, cuántas veces las he de extrañar!

Con esto dejaron la ermita y apretaron hacia la venta; y a poco trecho alcanzaron a un muchacho que iba delante, caminando no con mucha prisa. Le llevaba la espada al hombro y sobre ella un bulto o envoltorio, al parecer de sus vestidos, que debían de ser calzones o gregüescos, herreruelo y alguna camisa; porque él traía puesta una ropilla de terciopelo con algunas vislumbres de raso, y la camisa por fuera.

Las medias eran de seda, los zapatos cuadrados, a uso de Corte. La edad sería de dieciocho o diecinueve años; rostro alegre y, al parecer, persona ágil. Iba cantando seguidillas, para entretener el trabajo del camino. Cuando llegaron a él acababa de cantar una, que el primo tomó de memoria, y decía:

A la guerra me lleva mi necesidad;
si tuviera dinero, no fuera, en verdad.

El primero que le habló fue don Quijote, diciéndole:

—Muy a la ligera camina usted, señor galán. ¿Y adónde va? Dígalo, si gusta.

A lo que el mozo respondió:

—Camino así por el calor y por la pobreza; y voy a la guerra.

—¿Cómo por la pobreza? —preguntó don Quijote—. Lo del calor bien puede ser.

—Señor —replicó el mozo—, yo llevo en este envoltorio unos gregüescos de terciopelo, compañeros de esta ropilla: si los gasto en el camino, no podré presentarme con ellos en la ciudad, y no tengo con qué comprar otros. Así, por eso y por refrescarme, voy de esta manera, hasta alcanzar unas compañías de infantería que no están a doce leguas de aquí, donde asentaré mi plaza; y no faltarán bagajes en que caminar de allí adelante hasta el embarcadero, que dicen ha de ser en Cartagena. Y más quiero tener por amo y señor al Rey, y servirle en la guerra, que a un pelón en la Corte.

—¿Y lleva usted alguna ventaja, por ventura? —preguntó el primo.

—Si yo hubiera servido a algún grande de España, o a algún personaje principal —respondió el mozo—, a buen seguro que la llevaría; que eso tiene el servir a los buenos: que del tinelo suelen salir a ser alférez o capitanes, o con algún buen entretenimiento. Pero yo, desventurado, serví siempre a catarriberas y a gente advenediza, con ración y quitación tan mísera y menguada, que en pagar el almidón de un cuello se consumía la mitad de ella; y sería un milagro que un paje aventurero alcanzara alguna ventura siquiera razonable.

—Y dígame, por su vida, amigo —preguntó don Quijote—: ¿es posible que en los años que sirvió no haya podido alcanzar alguna librea?

—Dos me dieron —respondió el paje—; pero así como al que se sale de una religión antes de profesar le quitan el hábito y le devuelven sus vestidos, así me devolvían a mí los míos mis amos; que, acabados los negocios a que venían a la Corte, se volvían a sus casas y recogían las libreas que, solo por ostentación, habían dado.

—Notable mezquindad, como dice el italiano —dijo don Quijote—; pero, con todo eso, tenga por feliz ventura haber salido de la Corte con tan buena intención como lleva, porque no hay otra cosa en la tierra más honrada ni de más provecho que servir a Dios, primero, y luego a su rey y señor natural, especialmente en el ejercicio de las armas, por las cuales se alcanzan, si no más riquezas, al menos más honra que por las letras, como yo he dicho muchas veces. Y aunque han fundado más mayorazgos las letras que las armas, todavía llevan los de las armas un no sé qué sobre los de las letras, con un sí sé qué de esplendor que se halla en ellos, que los aventaja a todos.

Y esto que ahora le quiero decir, llévelo en la memoria, que le será de mucho provecho y alivio en sus trabajos: aparte la imaginación de los sucesos adversos que le pueden venir, que el peor de todos es la muerte; y como esta sea buena, el mejor de todos es morir. Preguntaron a Julio César, aquel valeroso emperador romano, cuál era la mejor muerte; respondió que la impensada, la repentina y no prevista. Y aunque respondió como gentil y ajeno del conocimiento del verdadero Dios, con todo eso, dijo bien, por ahorrarse el sentimiento humano.

Porque, aunque lo maten a uno en la primera acción y refriega, o ya de un tiro de artillería, o volado por una mina, ¿qué importa? Todo es morir, y se acabó la obra. Y según Terencio, más parece soldado el que muere en batalla que el que vive salvo en la huida. Y tanta fama alcanza el buen soldado cuanta obediencia tiene a sus capitanes y a quienes pueden mandarle.

Y advierta, hijo, que al soldado le está mejor oler a pólvora que a algalia; y si la vejez lo alcanza en este honroso ejercicio, aunque sea lleno de heridas y estropeado, o cojo, al menos no lo alcanzará sin honra, y tal que no se la podrá menoscabar la pobreza. Y más, que ya se va dando orden para que se sostenga y remedie a los soldados viejos y estropeados; porque no es bien que se haga con ellos lo que suelen hacer los que ahorran y dan libertad a sus negros cuando ya son viejos y no pueden servir: que, echándolos de casa con título de libres, los hacen esclavos del hambre, de la cual no piensan librarse sino con la muerte.

Y por ahora no le digo más, sino que suba a las ancas de mi caballo hasta la venta, y allí cenará conmigo; y por la mañana seguirá su camino, y se lo dé Dios tan bueno como sus deseos merecen.

El paje no aceptó lo de las ancas, aunque sí lo de cenar con él en la venta. Y a esta sazón, dicen que Sancho dijo entre sí: «¡Válgame Dios por señor! ¿Y es posible que un hombre que sabe decir tantas y tan buenas cosas como estas, diga que vio los disparates imposibles que cuenta de la cueva de Montesinos? En fin, el tiempo lo dirá».

En esto llegaron a la venta, a tiempo que anochecía, y no sin gusto de Sancho, por ver que su señor la juzgó por verdadera venta, y no por castillo, como solía. No bien entraron, cuando don Quijote preguntó al ventero por el hombre de las lanzas y alabardas; el cual le respondió que estaba en la caballeriza acomodando el macho. Lo mismo hicieron con sus animales el primo y Sancho, dando a Rocinante el mejor pesebre y el mejor lugar de la caballeriza.

CAPÍTULO XXV: DONDE SE APUNTA LA AVENTURA DEL REBUZNO Y LA GRACIOSA DEL TITIRITERO, CON LAS MEMORABLES ADIVINANZAS DEL MONO ADIVINO

No se le cocía el pan a don Quijote, como suele decirse, hasta oír y saber las maravillas prometidas por el hombre conductor de las armas. Fue a buscarlo donde el ventero le había dicho, y lo halló; y le pidió que, sin falta, le dijera luego lo que le iba a decir después, acerca de lo que le había contado en el camino.

El hombre respondió:

—Más despacio, y no de pie, se ha de tomar el cuento de mis maravillas: déjeme, señor bueno, acabar de atender a mi bestia, y le diré cosas que lo admiren.

—No se detenga por eso —respondió don Quijote—; que yo le ayudaré en todo.

Y así lo hizo, echándole la cebada y limpiando el pesebre; humildad que obligó al hombre a contar con buena voluntad lo que le pedían. Y sentándose en un poyo, y don Quijote junto a él, teniendo por senado y auditorio al primo, al paje, a Sancho Panza y al ventero, comenzó a decir de esta manera:

—Sepan ustedes que, en un lugar que está a cuatro leguas y media de esta venta, sucedió que a un regidor de allí —por industria y engaño de una muchacha criada suya; y esto es largo de contar— se le perdió un asno. Y aunque el regidor hizo las diligencias posibles por hallarlo, no fue posible. Quince días habían pasado, según voz pública y fama, cuando, estando el regidor en la plaza, otro regidor del mismo pueblo le dijo:

«Compadre, ¡buenas nuevas!: su jumento ha aparecido».

«Yo se las acepto, y buenas, compadre —respondió el otro—; pero dígame dónde apareció».

«En el monte —respondió el que lo halló— lo vi esta mañana, sin albarda ni aparejo alguno, y tan flaco que daba compasión mirarlo. Quise traerlo delante de mí para entregárselo; pero está tan montaraz y huraño que, cuando me acerqué, huyó y se metió en lo más escondido del monte. Si quiere, volvamos los dos a buscarlo; deje que ponga esta borrica en mi casa, y regreso en seguida».

«Mucho gusto me hará —dijo el dueño del jumento—, y yo procuraré pagárselo en la misma moneda».

Con estas circunstancias, y de la misma manera que yo lo cuento, lo cuentan todos los que saben la verdad del caso. En conclusión, los dos regidores se fueron al monte, a pie y mano a mano; y llegando al sitio donde pensaron hallar el asno, no lo hallaron, ni apareció por aquellos contornos, aunque lo buscaron cuanto pudieron.

Viendo, pues, que no aparecía, dijo el regidor que lo había visto al otro:

«Mire, compadre: se me ha ocurrido una traza, con la cual, sin duda alguna, podremos descubrir este animal, aunque esté metido en las entrañas de la tierra… no digo del monte. Y es que yo sé rebuznar maravillosamente; y si usted sabe algo, dé el asunto por concluido».

«¿Algo dice, compadre? —dijo el otro—. Por Dios, que no le doy ventaja a nadie, ni aun a los mismos asnos».

«Ahora lo veremos —respondió el segundo regidor—; porque tengo determinado que usted se vaya por una parte del monte y yo por la otra, de modo que lo rodeemos todo; y de trecho en trecho rebuznará usted y rebuznaré yo, y no podrá ser menos sino que el asno nos oiga y nos responda, si es que está en el monte».

A esto respondió el dueño del jumento:

«Digo, compadre, que la traza es excelente y digna de su gran ingenio».

Y dividiéndose según el acuerdo, sucedió que casi al mismo tiempo rebuznaron; y cada uno, engañado por el rebuzno del otro, acudió a buscarlo, pensando que ya el jumento había aparecido. Y cuando se vieron, dijo el que lo había perdido:

«¿Es posible, compadre, que no fue mi asno el que rebuznó?»

«No fue, sino yo», respondió el otro.

«Ahora digo —dijo el dueño— que de usted a un asno, compadre, no hay diferencia en esto del rebuznar; porque en mi vida vi ni oí cosa más propia».

«Esas alabanzas —respondió el de la traza— mejor le vienen a usted que a mí, compadre; que, por el Dios que me crió, puede usted dar dos rebuznos de ventaja al mayor y más perito rebuznador del mundo. Porque el sonido que tiene es alto; lo sostenido de la voz, a su tiempo y compás; los dejos, muchos y apresurados; y, en fin, yo me doy por vencido, le rindo la palma y le entrego la bandera de esta rara habilidad».

«Ahora digo —respondió el dueño— que me estimaré más desde hoy, y pensaré que sé algo, pues tengo alguna gracia; porque, aunque yo creía rebuznar bien, nunca pensé que llegaba al extremo que usted dice».

«También diré yo —respondió el segundo— que hay raras habilidades perdidas en el mundo, y que están mal empleadas en quien no sabe aprovecharlas».

«Las nuestras —respondió el dueño—, si no es en casos como este, no sirven para otra cosa; y aun en este, ojalá nos sean de provecho».

Dicho esto, volvieron a dividirse, y a volver a sus rebuznos; y a cada paso se engañaban y se volvían a juntar, hasta que se pusieron por seña que, para entender que eran ellos y no el asno, rebuznaran dos veces seguidas.

Con esto, doblando a cada paso los rebuznos, rodearon todo el monte sin que el jumento respondiera, ni aun por señas. Pero ¿cómo había de responder el pobre y mal logrado, si lo hallaron en lo más escondido del bosque, comido de lobos? Y al verlo dijo su dueño:

«Ya me extrañaba a mí que no respondiera; porque, de no estar muerto, rebuznara al oírnos, o no fuera asno. Pero, a trueque de haberlo oído a usted rebuznar con tanta gracia, compadre, doy por bien empleado el trabajo de buscarlo, aunque lo haya hallado muerto».

«En buena mano está, compadre —respondió el otro—; pues si bien canta el abad, no se queda atrás el monaguillo».

Con esto, desconsolados y roncos, volvieron a su aldea, y contaron a amigos, vecinos y conocidos cuanto les había pasado en la busca del asno, exagerando cada uno la gracia del otro al rebuznar.

Todo esto se supo y se extendió por los lugares vecinos; y el diablo, que no duerme —como es amigo de sembrar rencillas y discordias por dondequiera, levantando caramillos en el viento y grandes quimeras de nada—, dispuso que las gentes de los otros pueblos, al ver a alguno de nuestra aldea, rebuznaran como echándonos en cara el rebuzno de nuestros regidores.

Empezaron los muchachos, y eso fue poner el asunto en manos y bocas de todos los demonios del infierno; y fue cundiendo el rebuzno de un pueblo a otro, de manera que los naturales del "pueblo del rebuzno" quedaron conocidos y señalados, así como se distinguen los negros de los blancos. Y ha llegado a tanto la desgracia de esta burla, que muchas veces han salido con armas y en escuadrón los burlados contra los burladores, a darse batalla, sin poder remediarlo rey ni roque, ni temor ni vergüenza.

Yo creo que mañana, o pasado mañana, han de salir en campaña los de mi pueblo —los del rebuzno— contra otro lugar que está a dos leguas del nuestro, que es de los que más nos persiguen; y por ir bien apercibidos llevo compradas estas lanzas y alabardas que han visto.

Estas son las maravillas que dije que les contaría; y si no les han parecido, no sé otras.

Con esto dio fin a su plática el buen hombre. Y en ese momento entró por la puerta de la venta un hombre todo vestido de gamuza —medias, gregüescos y jubón— y, con voz levantada, dijo:

—Señor huésped, ¿hay posada? Que viene aquí el mono adivino y el retablo de la libertad de Melisendra.

—¡Caramba! —dijo el ventero—. ¡Aquí está el señor maese Pedro! Buena noche se nos prepara.

Se me olvidaba decir que maese Pedro traía cubierto el ojo izquierdo y casi medio carrillo con un parche de tafetán verde, señal de que todo ese lado debía de estar enfermo. Y el ventero siguió diciendo:

—Sea usted muy bienvenido, señor maese Pedro. ¿Dónde están el mono y el retablo, que no los veo?

—Ya vienen cerca —respondió el del parche—; solo que yo me adelanté para saber si hay posada.

—Al mismo duque de Alba se la quitaría para dársela a maese Pedro —respondió el ventero—. Que llegue el mono y el retablo, que hay gente esta noche en la venta que pagará por verlos, y por las habilidades del mono.

—Sea en buena hora —respondió el del parche—; que yo moderaré el precio, y con solo la costa me daré por bien pagado. Voy a hacer que avance la carreta donde vienen el mono y el retablo.

Y luego se salió de la venta.

Don Quijote preguntó al ventero quién era ese maese Pedro y qué retablo y qué mono traía. El ventero respondió:

—Este es un famoso titiritero, que hace muchos días anda por esta Mancha de Aragón mostrando un retablo de Melisendra, libertada por el famoso don Gaiferos, que es de las historias mejor representadas que se han visto en este reino en muchos años.

Trae también un mono de la más rara habilidad que se ha visto entre monos, ni se ha imaginado entre hombres: porque si le preguntan algo, está atento; y luego salta a los hombros de su amo y, arrimándosele al oído, le dice la respuesta, y maese Pedro la declara. De las cosas pasadas dice mucho más que de las por venir; y aunque no acierta siempre en todo, en la mayor parte no yerra. Así que nos hace creer que tiene el diablo en el cuerpo.

Dos reales cobra por cada pregunta, si es que el mono responde; quiero decir, si responde el amo por él, después de haberle hablado al oído. Y por eso se cree que maese Pedro está riquísimo. Y es hombre galante, y buen compañero; se da la mejor vida del mundo: habla más que seis y bebe más que doce, todo a costa de su lengua, de su mono y de su retablo.

En esto volvió maese Pedro; y en una carreta venía el retablo, y el mono, grande y sin cola, con las posaderas de fieltro, pero no de mala cara. Apenas lo vio don Quijote, cuando preguntó:

—Dígame usted, señor adivino: ¿qué pez pescamos? ¿Qué ha de ser de nosotros? Y aquí están mis dos reales.

Y mandó a Sancho que se los diera a maese Pedro. Maese Pedro respondió por el mono y dijo:

—Señor, este animal no responde ni da noticia de las cosas que están por venir; de las pasadas sabe algo, y de las presentes, algún tanto.

—¡Voto a Rus! —dijo Sancho—. ¡No doy yo ni un ardite porque me digan lo que por mí ha pasado! ¿Quién lo puede saber mejor que yo mismo? Pagar yo porque me digan lo que sé sería una gran necedad. Pero ya que sabe cosas presentes, aquí están mis dos reales: dígame el señor monísimo qué hace ahora mi mujer Teresa Panza y en qué se entretiene.

Maese Pedro no quiso tomar el dinero, diciendo:

—No quiero recibir premios adelantados, sin que primero vengan los servicios.

Y dando con la mano derecha dos golpes sobre el hombro izquierdo, de un brinco se le puso el mono encima; y, acercándole la boca al oído, castañeaba los dientes con mucha prisa. Y, tras hacer aquello por el espacio de un credo, de otro brinco se puso en el suelo.

Entonces, con grandísima prisa, maese Pedro fue a ponerse de rodillas ante don Quijote, y abrazándole las piernas, dijo:

—¡Estas piernas abrazo, como si abrazara las dos columnas de Hércules! ¡Oh resucitador insigne de la ya olvidada caballería andante! ¡Oh caballero don Quijote de la Mancha, nunca alabado como se debe, ánimo de los desmayados, apoyo de los que van a caer, brazo de los caídos, báculo y consuelo de los desdichados!

Quedó pasmado don Quijote, absorto Sancho, suspenso el primo, atónito el paje, embobado el del rebuzno, confuso el ventero, y, en fin, espantados todos los que oyeron las razones del titiritero, que prosiguió:

—Y tú, buen Sancho Panza, el mejor escudero del mejor caballero del mundo, alégrate: tu buena mujer Teresa está buena; y esta es la hora en que ella está rastrillando una libra de lino. Y, por más señas, tiene a su lado izquierdo un jarro desbocado, que cabe un buen porqué de vino, con que se entretiene en su trabajo.

—Eso lo creo yo muy bien —respondió Sancho—; porque es ella una bienaventurada, y si no fuera celosa, no la cambiaba yo ni por la gigante Andandona, que, según mi señor, fue mujer muy cabal y muy de provecho. Mi Teresa es de las que no se dejan pasar por encima, aunque sea a costa de sus herederos.

—Ahora digo —dijo entonces don Quijote— que quien lee mucho y anda mucho, ve mucho y sabe mucho. Lo digo porque, ¿qué razón habría sido bastante para convencerme de que hay monos en el mundo que adivinan, como lo he visto ahora con mis propios ojos? Porque yo soy el mismo don Quijote de la Mancha que este buen animal ha dicho, aunque se ha extendido algo en mis alabanzas; pero, sea como sea, doy gracias al cielo, que me dotó de un ánimo blando y compasivo, inclinado siempre a hacer bien a todos y mal a ninguno.

—Si yo tuviera dinero —dijo el paje—, le preguntaría al señor mono qué me ha de suceder en la peregrinación que llevo.

A esto respondió maese Pedro, que ya se había levantado de las piernas de don Quijote:

—Ya dije que esta bestezilla no responde sobre lo que está por venir; y si respondiera, no importaría no tener dinero, porque por servir al señor don Quijote, que está presente, dejaría yo todos los intereses del mundo. Y ahora, porque se lo debo y por darle gusto, quiero armar mi retablo y dar placer a cuantos están en la venta, sin cobrar nada.

Al oírlo, el ventero, muy alegre, señaló el lugar donde podía ponerse el retablo, que en un instante quedó dispuesto.

Don Quijote no estaba muy contento con las adivinanzas del mono, porque le parecía que no era cosa apropiada que un mono adivinase ni lo por venir ni aun lo pasado; y así, mientras maese Pedro acomodaba el retablo, don Quijote se retiró con Sancho a un rincón de la caballeriza, donde, sin que nadie los oyera, le dijo:

—Mira, Sancho: he considerado bien la extraña habilidad de este mono, y, según lo que entiendo, sin duda maese Pedro, su amo, debe de tener hecho pacto, tácito o expreso, con el demonio.

—Si el pacto es con el demonio —dijo Sancho—, sin duda debe de ser un pacto muy sucio; pero ¿de qué provecho le es a maese Pedro tener esos pactos?

—No me entiendes, Sancho. Quiero decir que debe de tener algún concierto con el demonio para que le infunda esa habilidad al mono, con que gane de comer, y luego, cuando esté rico, le entregue su alma, que es lo que pretende ese enemigo universal. Y me confirma en esto el ver que el mono no responde sino a cosas pasadas o presentes, porque la sabiduría del diablo no se puede extender más: las cosas por venir no las sabe sino por conjeturas, y no siempre; que solo a Dios le está reservado conocer los tiempos y los momentos, y para Él no hay pasado ni porvenir: todo es presente.

Y siendo esto así, como lo es, está claro que este mono habla al estilo del diablo; y me maravilla cómo no lo han denunciado al Santo Oficio, y examinado, y arrancado de raíz en virtud de qué adivina. Porque es cosa cierta que este mono no es astrólogo, ni su amo ni él levantan, ni saben levantar, esas figuras que llaman judiciarias, que tanto ahora se usan en España, que no hay mujerzuela, ni paje, ni zapatero viejo que no presuma de levantar una figura, como si levantara una sota del suelo, echando a perder con sus mentiras e ignorancias la verdad maravillosa de esa ciencia.

De una señora sé yo que preguntó a uno de esos figureros si una perrita faldera que tenía se preñaría y pariría, y cuántos y de qué color serían los perros. A lo que el señor judiciario, después de levantar la figura, respondió que la perrita se preñaría y pariría tres perritos: uno verde, otro encarnado y otro de mezcla, con tal condición que la perra se cubriera entre las once y doce del día, o de la noche, y que fuera en lunes o en sábado. Y lo que sucedió fue que, a los dos días, la perra se moría de ahíta, y el levantador quedó acreditado en el lugar por acertadísimo, como quedan casi todos esos levantadores.

—Con todo eso —dijo Sancho—, me gustaría que usted le dijera a maese Pedro que le pregunte a su mono si es verdad lo que a usted le pasó en la cueva de Montesinos; porque yo, con perdón, creo que todo fue embuste y mentira, o por lo menos cosas soñadas.

—Todo podría ser —respondió don Quijote—; pero haré lo que me aconsejas, aunque me quede un no sé qué de escrúpulo.

Mientras hablaban, llegó maese Pedro a buscar a don Quijote y a decirle que ya estaba el retablo en orden; que fuera a verlo, porque lo merecía. Don Quijote le comunicó su pensamiento y le rogó que preguntara al mono si ciertas cosas que él había vivido en la cueva de Montesinos habían sido soñadas o verdaderas; porque a él le parecía que tenían de todo.

Maese Pedro, sin responder palabra, volvió a traer el mono, y, puesto delante de don Quijote y de Sancho, dijo:

—Mira, señor mono: este caballero quiere saber si ciertas cosas que le pasaron en una cueva llamada de Montesinos fueron falsas o verdaderas.

Y, haciéndole la señal acostumbrada, el mono se le subió al hombro izquierdo y, hablándole, al parecer, al oído, dijo luego maese Pedro:

—El mono dice que parte de lo que usted vio o le pasó en esa cueva es falso, y parte verosímil; y que eso es lo que sabe, y no otra cosa, sobre esta pregunta. Y que si usted quiere saber más, el viernes que viene responderá a todo lo que se le pregunte; que por ahora se le acabó la virtud, y no le vendrá hasta el viernes, como ya dijo.

—¿No lo decía yo? —dijo Sancho—. Que no se me podía asentar que todo lo que usted, señor mío, contó de la cueva fuera verdad, ni aun la mitad.

—Los sucesos lo dirán, Sancho —respondió don Quijote—; que el tiempo, descubridor de todas las cosas, no deja ninguna sin sacarla a la luz del sol, aunque esté escondida en el seno de la tierra. Y por ahora baste esto: vamos a ver el retablo del buen maese Pedro, que para mí que trae alguna novedad.

—¿Cómo "alguna"? —respondió maese Pedro—. ¡Sesenta mil encierra este mi retablo! Le digo, señor don Quijote, que es de las cosas más dignas de ver que hoy tiene el mundo: operibus credite et non verbis. Y manos a la obra, que se hace tarde y tenemos mucho que hacer, que decir y que mostrar.

Obedecieron don Quijote y Sancho, y fueron adonde ya estaba el retablo puesto y descubierto, lleno por todas partes de candelillas de cera encendidas, que lo hacían vistoso y resplandeciente. Al llegar, maese Pedro se metió dentro, que era quien había de manejar las figuras del artificio; y afuera se puso un muchacho, criado suyo, para servir de intérprete y declarar los misterios del retablo: tenía una varilla en la mano con la que señalaba las figuras que iban saliendo.

Puestos, pues, todos los de la venta —y algunos de pie, frente al retablo—, y acomodados don Quijote, Sancho, el paje y el primo en los mejores lugares, el trujamán comenzó a decir lo que oirá y verá quien oiga o vea el capítulo siguiente.

CAPÍTULO XXVI: DONDE SE PROSIGUE LA GRACIOSA AVENTURA DEL TITIRITERO, CON OTRAS COSAS, EN VERDAD, HARTO BUENAS

Callaron todos, tirios y troyanos; quiero decir, estaban todos pendientes, los que miraban el retablo, de la boca del declarador, cuando se oyó sonar dentro cantidad de atabales y trompetas, y dispararse mucha artillería; cuyo rumor pasó en breve tiempo, y luego alzó la voz el muchacho y dijo:

—Esta verdadera historia que aquí se les representa está sacada al pie de la letra de las crónicas francesas y de los romances españoles que andan en boca de la gente y de los muchachos por esas calles. Trata de la libertad que dio don Gaiferos a su esposa Melisendra, que estaba cautiva en España, en poder de moros, en la ciudad de Sansueña, que así se llamaba entonces la que hoy se llama Zaragoza. Y vean ahí cómo está jugando a las tablas don Gaiferos, según aquello que se canta:

Jugando está a las tablas don Gaiferos,
Que ya de Melisendra está olvidado.

Y ese personaje que asoma con corona en la cabeza y cetro en las manos es el emperador Carlomagno, padre putativo de Melisendra, el cual, mohíno de ver el ocio y descuido de su yerno, sale a reñirle. Y fíjense en la vehemencia con que lo reprende, que no parece sino que le quiere dar con el cetro media docena de coscorrones; y aun hay autores que dicen que se los dio, y bien dados. Y después de decirle muchas cosas del peligro que corría su honra por no procurar la libertad de su esposa, cuentan que le dijo:

—«Ya te he dicho bastante; entiéndelo».

Miren también cómo el emperador le vuelve la espalda y deja despechado a don Gaiferos, que ya ven cómo arroja, impaciente de la cólera, lejos de sí el tablero y las tablas, y pide aprisa las armas; y le pide a su primo don Roldán prestada su espada Durindana. Y vean cómo don Roldán no se la quiere prestar, ofreciéndole su compañía en la difícil empresa; pero el valeroso, enojado, no lo acepta: antes dice que él solo basta para sacar a su esposa, aunque estuviese metida en el centro más hondo de la tierra. Y con esto se entra a armarse, para ponerse luego en camino.

Vuelvan los ojos a aquella torre que allí parece, que se entiende que es una de las torres del alcázar de Zaragoza, que ahora llaman la Aljafería. Y aquella dama que en aquel balcón se ve, vestida a lo moro, es la sin par Melisendra, que desde allí muchas veces miraba el camino de Francia; y, con la imaginación puesta en París y en su esposo, se consolaba en su cautiverio.

Miren ahora un caso nuevo, quizá no visto jamás. ¿No ven a aquel moro, que calladito y paso a paso, con el dedo en la boca, se acerca por detrás de Melisendra? Pues vean cómo le da un beso en mitad de los labios; y la prisa que se da ella a escupir y a limpiárselos con la blanca manga de su camisa; y cómo se lamenta y se arranca de pesar los hermosos cabellos, como si ellos tuvieran la culpa del agravio.

Miren también cómo aquel moro grave que está en esos corredores es el rey Marsilio de Sansueña; y que, por haber visto la insolencia del moro —aunque era pariente y gran privado suyo—, mandó al punto que lo prendieran y que le dieran doscientos azotes, llevándolo por las calles acostumbradas de la ciudad:

Con chilladores delante
Y envaramiento detrás;

y aquí salen ya a ejecutar la sentencia, casi antes de acabarse de cometer la culpa; porque entre moros no hay "traslado a la parte", ni "a prueba y estése", como entre nosotros.

—Niño, niño —dijo don Quijote en voz alta—: siga su historia en línea recta, y no se meta en curvas ni transversales; que para sacar una verdad limpia hacen falta muchas pruebas y repruebas.

También dijo maese Pedro desde dentro:

—Muchacho, no te metas en dibujos, sino haz lo que ese señor te manda, que será lo más acertado. Sigue tu canto llano y no te metas en contrapuntos, que suelen quebrarse de sutiles.

—Así lo haré —respondió el muchacho, y prosiguió—: Esa figura que aquí aparece a caballo, cubierta con una capa gascona, es la misma de don Gaiferos. Y aquí está su esposa, ya vengada del atrevimiento del moro enamorado, con mejor y más sosegado semblante; se ha puesto a los miradores de la torre y habla con su esposo, creyendo que es algún pasajero, con quien tuvo aquellos coloquios del romance que dice:

Caballero, si a Francia ides,
Por Gaiferos preguntad;

los cuales no repito ahora, porque de la prolijidad suele nacer el fastidio. Basta ver cómo don Gaiferos se descubre, y cómo, por los ademanes alegres de Melisendra, se entiende que lo ha conocido. Y más ahora, que vemos cómo se descuelga del balcón para ponerse en las ancas del caballo de su buen esposo.

Pero, ¡ay, sin ventura!, se le ha enganchado una punta del faldellín en uno de los hierros del balcón, y queda colgando en el aire, sin poder llegar al suelo. Mas vean cómo el piadoso cielo socorre en las mayores necesidades: llega don Gaiferos, y sin mirar si se rasgará o no el rico faldellín, la asió y, quiera o no, la hizo bajar al suelo; y luego, de un brinco, la pone sobre las ancas de su caballo, a horcajadas como hombre, y le manda que se agarre con fuerza y le eche los brazos por la espalda, cruzándolos sobre el pecho, para no caer; porque la señora Melisendra no estaba acostumbrada a semejantes cabalgadas.

Vean también cómo los relinchos del caballo dan señales de que va contento con la valiente y hermosa carga que lleva: su señor y su señora. Vean cómo vuelven las espaldas y salen de la ciudad, y alegres toman camino de París. ¡Vayan en paz, par sin par de verdaderos amantes! ¡Lleguen a salvamento a su deseada patria, sin que la fortuna ponga estorbo en su feliz viaje! ¡Que los ojos de amigos y parientes los vean gozar, en paz tranquila, los días —que sean los de Néstor— que les queden de vida!

Aquí alzó otra vez la voz maese Pedro y dijo:

—Llaneza, muchacho: no te subas de tono; que toda afectación es mala.

El intérprete no respondió; antes prosiguió:

—No faltaron algunos ojos ociosos, que lo ven todo, que no vieran la bajada y la subida de Melisendra; y dieron noticia al rey Marsilio, que mandó tocar al arma. Miren con qué prisa: ya la ciudad se hunde con el son de las campanas que suenan en todas las torres de las mezquitas.

—¡Eso no! —dijo don Quijote—. En esto de las campanas anda muy fuera de lugar maese Pedro, porque entre moros no se usan campanas, sino atabales y un género de dulzainas que parecen nuestras chirimías; y eso de sonar campanas en Sansueña, sin duda, es un gran disparate.

Al oírlo, maese Pedro cesó el tocar y dijo:

—No se fije en minucias, señor don Quijote, ni quiera llevar las cosas tan al cabo, que no les deje salida. ¿No se representan por ahí, casi a diario, mil comedias llenas de impropiedades y disparates, y, con todo, corren felizmente su carrera y se escuchan, no solo con aplauso, sino con admiración? Prosigue, muchacho, y deja decir; que con tal de que yo llene mi talego, aunque represente más impropiedades que átomos tiene el sol…

—Así es la verdad —replicó don Quijote. Y el muchacho dijo:

—Miren cuánta y cuán lucida caballería sale de la ciudad en seguimiento de los dos católicos amantes; cuántas trompetas que suenan, cuántas dulzainas que tocan y cuántos atabales y tambores que retumban. Me temo que los han de alcanzar, y los han de volver atados a la cola de su mismo caballo, lo que sería un horrendo espectáculo.

Viendo y oyendo, pues, tanta morisma y tanto estruendo don Quijote, le pareció bien dar ayuda a los que huían, y levantándose en pie, dijo en voz alta:

—No consentiré yo, en mis días y en mi presencia, que se le haga una infamia a tan famoso caballero y a tan atrevido enamorado como don Gaiferos. ¡Deténganse, mal nacida canalla! No lo sigan ni lo persigan; si no, conmigo están en batalla.

Y diciendo y haciendo, desenvainó la espada; y de un salto se puso junto al retablo, y con acelerada y nunca vista furia comenzó a llover cuchilladas sobre la titiritera morisma: derribaba a unos, descabezaba a otros, estropeaba a este, destrozaba a aquel; y, entre otros muchos, tiró un tajo tan descomunal, que, si maese Pedro no se agacha, se encoge y se ampara, le hubiera cercenado la cabeza con más facilidad que si fuera de masa de mazapán. Daba voces maese Pedro, diciendo:

—¡Deténgase, señor don Quijote! Y advierta que esos que derriba, destroza y mata no son moros verdaderos, sino figurillas de pasta. Mire, por caridad: me destruye y me echa a perder toda la hacienda.

Pero no por eso dejaba don Quijote de menudear cuchilladas, mandobles, tajos y reveses, como si llovieran. En fin, en menos de dos credos dio con todo el retablo en el suelo, hecho pedazos, y desmenuzadas todas sus jarcias y figuras: el rey Marsilio, mal herido; y el emperador Carlomagno, partida la corona y la cabeza en dos.

Se alborotó el auditorio, huyó el mono por los tejados de la venta, tembló el primo, se acobardó el paje, y hasta el mismo Sancho Panza tuvo un pavor grandísimo; porque, como juró después, pasada la borrasca, jamás había visto a su señor con tan desatinada cólera.

Hecho, pues, el destrozo general del retablo, se sosegó un poco don Quijote y dijo:

—Quisiera yo tener aquí delante, en este punto, a todos aquellos que no creen ni quieren creer cuánto provecho hacen en el mundo los caballeros andantes. Miren: si yo no hubiera estado aquí presente, ¿qué habría sido del buen don Gaiferos y de la hermosa Melisendra? A buen seguro que esta ya fuera la hora en que los hubieran alcanzado esos canes y les hubieran hecho algún desaguisado. En fin: ¡viva la andante caballería sobre cuantas cosas hoy viven en la tierra!

—¡Viva, en buena hora! —dijo entonces maese Pedro, con voz enferma—, y muera yo, pues soy tan desdichado, que puedo decir con el rey don Rodrigo:

Ayer fui señor de España...,
Y hoy no tengo una almena
Que pueda decir que es mía.

No hace media hora —ni aun un mediano momento— que me vi señor de reyes y emperadores, llenas mis caballerizas y mis cofres y sacos de infinitos caballos y de innumerables galas, y ahora me veo desolado y abatido, pobre y mendigo; y sobre todo, sin mi mono, que, a fe, antes de que vuelva a mi poder me han de sudar los dientes. Y todo por la furia mal considerada de este señor caballero, de quien dicen que ampara pupilos, endereza tuertos y hace otras obras caritativas, y solo conmigo vino a faltar su intención generosa. ¡Sean benditos y alabados los cielos, allá donde tienen más altos sus asientos! En fin: el Caballero de la Triste Figura había de ser el que desfigurara las mías.

Se enterneció Sancho Panza con las razones de maese Pedro, y le dijo:

—No llore, maese Pedro, ni se lamente, que me parte el corazón. Sepa que mi señor don Quijote es tan católico y tan escrupuloso cristiano, que, si cae en la cuenta de que le hizo algún agravio, se lo sabrá —y se lo querrá— pagar y satisfacer con muchas ventajas.

—Con que me pagara el señor don Quijote alguna parte de las hechuras que me deshizo, yo quedaría contento, y él aseguraría su conciencia; porque no se salva quien tiene lo ajeno contra la voluntad de su dueño y no lo restituye.

—Así es —dijo don Quijote—; pero hasta ahora yo no sé que tenga nada suyo, maese Pedro.

—¿Cómo que no? —respondió maese Pedro—. ¿Y estas reliquias que están por este duro y estéril suelo, quién las esparció y aniquiló sino la fuerza invencible de ese brazo? ¿Y de quién eran esos cuerpos sino míos? ¿Y con qué me sustentaba yo sino con ellos?

—Ahora acabo de creer —dijo entonces don Quijote— lo que muchas veces he creído: que esos encantadores que me persiguen no hacen sino ponerme delante de los ojos las figuras como son, y luego me las mudan y truecan en las que ellos quieren. De verdad se los digo, señores que me oyen: a mí me pareció que todo lo que aquí pasó pasaba al pie de la letra; que Melisendra era Melisendra, don Gaiferos, don Gaiferos; Marsilio, Marsilio; y Carlomagno, Carlomagno. Por eso se me alborotó la cólera, y por cumplir con mi oficio de caballero andante quise dar ayuda y favor a los que huían; y con ese buen propósito hice lo que vieron. Si me salió al revés, no es culpa mía, sino de los malos que me persiguen. Y con todo eso, de este error mío —aunque no nace de malicia— quiero yo mismo condenarme en costas: diga maese Pedro lo que quiere por las figuras deshechas; que yo me ofrezco a pagárselo ahora mismo, en buena y corriente moneda castellana.

Se inclinó maese Pedro y le dijo:

—No esperaba yo menos de la inaudita cristiandad del valeroso don Quijote de la Mancha, verdadero socorro y amparo de todos los necesitados y menesterosos vagamundos. Y aquí el señor ventero y el gran Sancho serán medianeros y tasadores entre usted y yo de lo que valen —o podían valer— las figuras ya deshechas.

El ventero y Sancho dijeron que así lo harían. Y luego maese Pedro alzó del suelo al rey Marsilio de Zaragoza, con la cabeza menos, y dijo:

—Ya se ve cuán imposible es volver a este rey a su ser primero; y así, me parece —salvo mejor juicio— que se me den por su muerte, fin y acabamiento cuatro reales y medio.

—¡Adelante! —dijo don Quijote.

—Pues por esta abertura de arriba abajo —prosiguió maese Pedro, tomando en las manos al emperador Carlomagno, partido—, no sería mucho que yo pidiera cinco reales y un cuartillo.

—No es poco —dijo Sancho.

—Ni mucho —replicó el ventero—: mídase la partida y señálenle cinco reales.

—Dénle todos cinco y el cuartillo —dijo don Quijote—; que no está la cuenta en un cuartillo más o menos, tratándose de tan notable desgracia. Y acabe pronto maese Pedro, que se hace hora de cenar, y yo tengo ciertos barruntos de hambre.

—Por esta figura —dijo maese Pedro—, que está sin narices y con un ojo menos, que es de la hermosa Melisendra, quiero —y me pongo en lo justo— dos reales y doce maravedís.

—Ahí sí sería el diablo —dijo don Quijote—, si ya no estuviera Melisendra con su esposo, por lo menos, en la raya de Francia; porque el caballo en que iban, a mí me pareció que antes volaba que corría. Así que no hay para qué venderme gato por liebre, mostrándome aquí una Melisendra desnarigada, estando la otra, si viene a mano, ahora holgándose en Francia con su esposo a pierna tendida. Ayude Dios a cada quien con lo suyo, maese Pedro; y caminemos todos con pie llano y con intención sana. Prosiga.

Maese Pedro, que vio que don Quijote se iba torciendo y volvía a su tema, no quiso arriesgarse y le dijo:

—Esta no debe de ser Melisendra, sino alguna de las doncellas que la servían; así que, con sesenta maravedís que me den por ella, quedo contento y bien pagado.

De este modo fue poniendo precio a otras muchas figuras destrozadas, que luego moderaron los dos árbitros, con satisfacción de todos; y llegaron a cuarenta reales y tres cuartillos. Y además de eso —que al punto desembolsó Sancho—, pidió maese Pedro dos reales por el trabajo de recobrar el mono.

—Dáselos, Sancho —dijo don Quijote—; no por recobrar el mono, sino la mona. Y doscientos diera yo ahora de albricias a quien me dijera con certeza que la señora doña Melisendra y don Gaiferos estaban ya en Francia y entre los suyos.

—Nadie podrá decirlo mejor que mi mono —dijo maese Pedro—; pero no habrá diablo que ahora lo tome. Aunque imagino que el cariño y el hambre lo han de forzar a buscarme esta noche; y amanezca Dios y nos veremos.

En fin, la borrasca del retablo se acabó, y todos cenaron en paz y en buena compañía, a costa de don Quijote, que era liberal en extremo.

Antes de amanecer se fue el que llevaba las lanzas y alabardas. Ya de día, vinieron a despedirse de don Quijote el primo y el paje: el uno, para volver a su tierra; el otro, para proseguir su camino; para ayudarle, don Quijote le dio una docena de reales.

Maese Pedro no quiso entrar en más dimes ni diretes con don Quijote, a quien conocía muy bien; así que madrugó, antes que saliera el sol, y recogiendo las reliquias de su retablo y a su mono, se fue también a buscar sus aventuras.

El ventero, que no conocía a don Quijote, estaba tan admirado de sus locuras como de su liberalidad. En fin, Sancho pagó muy bien, por orden de su señor; y despidiéndose de él, cerca de las ocho del día dejaron la venta y se pusieron en camino, donde los dejaremos ir, porque así conviene para dar lugar a contar otras cosas tocantes a la declaración de esta famosa historia.

CAPÍTULO XXVII: DONDE SE CUENTA QUIÉNES ERAN MAESE PEDRO Y SU MONO Y EL MAL SUCESO DE DON QUIJOTE TUVO EN LA AVENTURA DEL REBUZNO

Entra Cide Hamete, cronista de esta gran historia, con estas palabras: «Juro como católico cristiano…». Y el traductor dice que el jurar Cide Hamete como católico cristiano, siendo moro —como sin duda lo era—, no quiso decir otra cosa sino que, así como el católico cristiano cuando jura, jura —o debe jurar— verdad, y decirla en lo que diga, así él la decía, como si jurara como cristiano católico, en lo que iba a escribir de don Quijote; especialmente al decir quién era maese Pedro y quién el mono adivino que traía maravillados a aquellos pueblos con sus respuestas.

Dice, pues, que bien se acordará quien haya leído la primera parte de esta historia de aquel Ginés de Pasamonte, a quien, entre otros galeotes, don Quijote dio libertad en Sierra Morena, beneficio que después le fue mal agradecido y peor pagado por aquella gente maligna y mal acostumbrada. Este Ginés de Pasamonte, a quien don Quijote llamaba Ginesillo de Parapilla, fue el que le robó a Sancho Panza el rucio; y por no haberse puesto el cómo ni el cuándo en la primera parte —por culpa de los impresores— ha dado en qué pensar a muchos, que atribuían al autor poca memoria. Pero, en fin, Ginés se lo robó mientras Sancho dormía sobre él, usando del mismo modo que usó Brunelo cuando, estando Sacripante sobre Albraca, le sacó el caballo de entre las piernas; y después lo recobró Sancho, como ya se contó.

Este Ginés, temeroso de que lo hallara la justicia —que lo buscaba para castigarle sus infinitas bellaquerías y delitos, tantos y tales, que él mismo compuso un gran volumen contándolos—, determinó pasarse al reino de Aragón y cubrirse el ojo izquierdo, acomodándose al oficio de titiritero; porque eso y el juego de manos lo sabía hacer como nadie.

Sucedió, pues, que de unos cristianos ya libres, que venían de Berbería, compró aquel mono, a quien enseñó que, cuando él le hiciera cierta señal, se le subiera al hombro y le murmurara —o lo pareciera— al oído. Hecho esto, antes de entrar en el lugar adonde iba con su retablo y su mono, se informaba en el pueblo más cercano —o de quien mejor podía— de las cosas particulares que hubieran sucedido en el lugar al que se dirigía, y de a quiénes; y llevándolas bien en la memoria, lo primero que hacía era mostrar el retablo, que unas veces era de una historia y otras de otra, pero todas alegres, regocijadas y conocidas.

Acabada la muestra, pregonaba las habilidades del mono, diciendo que adivinaba todo lo pasado y lo presente; pero que en lo por venir no se daba maña. Por cada pregunta pedía dos reales, y a veces hacía rebaja, según les tomaba el pulso a los preguntantes. Y como tal vez llegaba a casas donde él ya sabía los sucesos de quienes vivían allí, aunque no le preguntaran nada por no pagarle, él hacía la señal al mono y luego decía que le había dicho tal y tal cosa, clavada con lo sucedido. Con eso cobraba un crédito increíble, y la gente andaba detrás de él.

Otras veces, como era tan discreto, respondía de modo que las respuestas cuadraban con las preguntas; y como nadie lo apuraba ni le exigía que dijera cómo adivinaba su mono, a todos les hacía monerías y llenaba sus bolsas.

Así como entró en la venta conoció a don Quijote y a Sancho, y por ese conocimiento le fue fácil ponerlos en admiración a ellos y a cuantos estaban allí; pero le habría costado caro si don Quijote bajaba un poco más la mano cuando cortó la cabeza al rey Marsilio y destruyó toda su caballería, como queda dicho en el capítulo anterior.

Esto es lo que hay que decir de maese Pedro y de su mono. Y volviendo a don Quijote de la Mancha, digo que, después de salir de la venta, determinó ver primero las riberas del río Ebro y todos aquellos contornos, antes de entrar en Zaragoza, pues le daba tiempo para todo lo mucho que faltaba hasta las justas.

Con esa intención siguió su camino, por el cual anduvo dos días sin que le sucediera cosa digna de ponerse por escrito, hasta que al tercero, al subir una loma, oyó un gran rumor de tambores, trompetas y arcabuces. Al principio pensó que algún tercio de soldados pasaba por allí, y por verlos picó a Rocinante y subió la loma. Y cuando estuvo en la cumbre, vio al pie de ella, a su parecer, más de doscientos hombres armados de diversas suertes de armas, como lanzones, ballestas, partesanas, alabardas y picas, y algunos arcabuces, y muchas rodelas.

Bajó la cuesta y se acercó al escuadrón, tanto, que vio con claridad las banderas, juzgó los colores y notó las divisas que traían; especialmente una que venía en un estandarte —o jirón— de raso blanco, en el cual estaba pintado muy al vivo un asno como pequeño sardo, la cabeza levantada, la boca abierta y la lengua fuera, en postura como si estuviera rebuznando. Alrededor de él estaban escritos, con letras grandes, estos dos versos:

No rebuznaron en balde
El uno y el otro alcalde.

Por aquella insignia dedujo don Quijote que esa gente debía de ser del pueblo del rebuzno, y así se lo dijo a Sancho, explicándole lo que venía escrito en el estandarte. También le dijo que quien les había contado el caso se había equivocado al decir que habían rebuznado dos regidores; porque, según los versos del estandarte, no habían sido sino alcaldes. A lo que respondió Sancho Panza:

—Señor, en eso no hay por qué fijarse; bien puede ser que los regidores que entonces rebuznaron, con el tiempo, hayan llegado a ser alcaldes de su pueblo, y así pueden llamarse con ambos títulos. Además, no afecta a la verdad de la historia que los rebuznadores fueran alcaldes o regidores, con tal de que hayan rebuznado uno y otro; porque tan dispuesto está un alcalde a rebuznar como un regidor.

En fin, supieron y entendieron que el pueblo ofendido salía a pelear con otro que lo perseguía y se burlaba más de lo justo, y más de lo que se debía a la buena vecindad.

Don Quijote se fue acercando a ellos, no sin pesadumbre de Sancho, que nunca fue amigo de verse metido en jornadas semejantes. Los del escuadrón lo recogieron en medio, creyendo que era alguno de su parcialidad. Don Quijote, alzando la visera, con buen brío y continente, llegó hasta el estandarte del asno, y allí se le pusieron alrededor los principales del ejército, por verlo, admirados con esa admiración acostumbrada en que caían todos los que lo miraban por primera vez.

Don Quijote, al verlos tan atentos, sin que ninguno le hablara ni le preguntara nada, quiso aprovechar aquel silencio; y rompiendo el suyo, alzó la voz y dijo:

—Buenos señores: con el mayor encarecimiento que puedo les suplico que no interrumpan un razonamiento que quiero hacerles, hasta que vean que les disgusta o les enfada; que, si eso pasa, con la más mínima señal que me hagan me sellaré la boca y me pondré una mordaza en la lengua.

Todos le dijeron que dijera lo que quisiera, que con gusto lo escucharían. Don Quijote, con esa licencia, prosiguió:

—Yo, señores míos, soy caballero andante: mi ejercicio es el de las armas, y mi oficio el de favorecer a quienes necesitan favor y acudir a los menesterosos. Hace días supe de su desgracia y de la causa que los mueve a tomar las armas tan a menudo para vengarse de sus enemigos; y habiendo pensado una y muchas veces en su negocio, hallo —según las leyes del duelo— que están equivocados al tenerse por afrentados. Porque ningún particular puede afrentar a un pueblo entero, a menos que lo rete de traidor en conjunto, pues no sabe en particular quién cometió la traición por la que lo reta.

Ejemplo de esto tenemos en don Diego Ordóñez de Lara, que retó a todo el pueblo zamorano, porque ignoraba que solo Vellido Dolfos había cometido la traición de matar a su rey; y así retó a todos, y a todos tocaba la venganza y la respuesta. Bien es verdad que don Diego anduvo algo demasiado, y aun pasó más allá de los límites del reto, porque no tenía para qué retar a los muertos, ni a las aguas, ni a los panes, ni a los que estaban por nacer, ni a otras menudencias que allí se declaran; pero, en fin, cuando la cólera se desborda, la lengua no tiene padre, ni ayo, ni freno que la corrija.

Siendo, pues, esto así —que uno solo no puede afrentar a un reino, provincia, ciudad, república ni pueblo entero—, queda claro que no hay por qué salir a vengar el reto de tal afrenta, pues no lo es. Porque, ¡bueno sería que se mataran a cada paso los del pueblo de la Reloja, o los cazoleros, berenjeneros, ballenatos, jaboneros, ni los de otros nombres y apellidos que andan por ahí en boca de muchachos y de gente de poco juicio! ¡Bueno sería, por cierto, que todos esos pueblos se sintieran obligados a "lavar" su nombre y andar siempre con la espada afuera por cualquier pendencia, por pequeña que fuera! No, no, y Dios no lo permita.

Los varones prudentes, y las repúblicas bien concertadas, por cuatro cosas han de tomar las armas, desenvainar las espadas y poner en riesgo personas, vidas y haciendas: la primera, por defender la fe católica; la segunda, por defender la vida, que es de ley natural y divina; la tercera, en defensa de la honra, de la familia y de los bienes; la cuarta, en servicio del rey, en la guerra justa. Y si le quieren añadir una quinta —que también puede contarse como segunda—, es en defensa de la patria.

A esas cinco causas, como capitales, se pueden agregar otras que sean justas y razonables y que obliguen a tomar las armas; pero tomarlas por niñerías y por cosas que más son de risa y pasatiempo que de afrenta, parece que quien las toma carece de razonable discurso. Y más todavía:

tomar venganza injusta —porque justa no puede haber ninguna que lo sea— va directamente contra la santa ley que profesamos, en la cual se nos manda hacer bien a los enemigos y amar a quienes nos aborrecen. Mandamiento que, aunque parece difícil de cumplir, no lo es sino para quienes tienen menos de Dios que del mundo, y más de carne que de espíritu. Porque Jesucristo, Dios y hombre verdadero, que nunca mintió ni puede mentir, siendo nuestro legislador, dijo que su yugo era suave y su carga liviana; así que no nos mandaría cosa imposible. De modo que, señores míos, ustedes están obligados por leyes divinas y humanas a sosegarse.

—Que el diablo me lleve —dijo entonces Sancho entre sí— si este amo mío no es teólogo; y si no lo es, lo parece como un huevo a otro.

Tomó un poco de aliento don Quijote, y viendo que todavía le guardaban silencio, quiso seguir adelante con su plática; y la habría seguido, si no se hubiera metido en medio la agudeza de Sancho, que, viendo que su amo se detenía, tomó la palabra por él, diciendo:

—Mi señor don Quijote de la Mancha, que un tiempo se llamó el Caballero de la Triste Figura y ahora se llama el Caballero de los Leones, es un hidalgo muy juicioso, que sabe latín y romance como un bachiller; y en todo cuanto trata y aconseja procede como buen soldado, y tiene todas las leyes y ordenanzas de lo que llaman el duelo en la uña. Así que no hay más que hacer sino dejarse llevar por lo que él diga; y si se equivoca, échenmelo a mí. Además, ya se sabe que es necedad correrse solo por oír un rebuzno; que yo me acuerdo que, cuando era muchacho, rebuznaba cuando se me antojaba, sin que nadie me lo impidiera, y con tanta gracia y propiedad que, en rebuznando yo, rebuznaban todos los asnos del pueblo; y no por eso dejaba de ser hijo de mis padres, que eran honradísimos. Y aunque por esa habilidad me envidiaban más de cuatro de los estirados de mi pueblo, a mí me importaba poco. Y para que se vea que digo verdad, esperen y escuchen; que esta ciencia es como la de nadar: una vez aprendida, nunca se olvida.

Y luego, puesta la mano en las narices, comenzó a rebuznar tan recio, que retumbaron los valles cercanos. Pero uno de los que estaban junto a él, creyendo que se burlaba de ellos, alzó un varapalo que traía en la mano y le dio tal golpe, que Sancho Panza, sin poder hacer otra cosa, dio con su cuerpo en el suelo.

Don Quijote, al ver a Sancho tan mal parado, arremetió contra el que le había pegado, con la lanza en ristre; pero fueron tantos los que se metieron en medio, que no pudo vengarlo. Antes bien, viendo que le caía encima una lluvia de piedras, y que le amenazaban mil ballestas encaradas y no menos arcabuces, dio la vuelta a Rocinante y, a todo lo que pudo su galope, se salió de entre ellos, encomendándose de todo corazón a Dios para que lo librara de aquel peligro. Y temía a cada paso que le entrara una bala por las espaldas y le saliera por el pecho; y a cada instante tomaba el aliento, por ver si le faltaba.

Pero los del escuadrón se contentaron con verlo huir, sin dispararle. A Sancho lo pusieron sobre su jumento, apenas volvió en sí, y lo dejaron ir tras su amo; no porque él tuviera cabeza para guiarlo, sino porque el rucio siguió las huellas de Rocinante, sin apartarse un punto de él.

Ya alejado don Quijote un buen trecho, volvió la cabeza y vio que Sancho venía; se detuvo a esperarlo, viendo que nadie lo perseguía.

Los del escuadrón se quedaron allí hasta la noche; y como no salieron a batalla sus contrarios, se volvieron a su pueblo, regocijados y alegres. Y si hubieran conocido la antigua costumbre de los griegos, habrían levantado en aquel lugar un trofeo.

CAPÍTULO XXVIII: DE COSAS QUE DICE BENENGELI QUE LAS SABRÁ QUIEN LE LEYERE, SI LAS LEE CON ATENCIÓN

Cuando el valiente se retira, la superchería queda al descubierto; y es de hombres prudentes guardarse para mejor ocasión. Esta verdad se cumplió en don Quijote, quien, dando lugar a la furia del pueblo y a las malas intenciones de aquel escuadrón indignado, puso pies en polvorosa y, sin acordarse de Sancho ni del peligro en que lo dejaba, se alejó cuanto le pareció bastante para estar seguro. Sancho lo seguía, atravesado sobre su jumento, como queda dicho.

Llegó, al fin, ya vuelto en sí, y al llegar se dejó caer del rucio a los pies de Rocinante, todo jadeante, molido y apaleado. Don Quijote desmontó para revisarle las heridas; pero, al verlo sano de pies a cabeza, con bastante cólera le dijo:

—¡En mala hora supiste rebuznar, Sancho! ¿Y dónde viste que fuera buena idea nombrar la soga en casa del ahorcado? Con música de rebuznos, ¿qué contrapunto podía venir sino de palos? Y dale gracias a Dios, Sancho, porque, ya que te santiguaron con un palo, no te hicieron el per signum crucis con un alfanje.

—No estoy para responder —respondió Sancho—, porque me parece que hablo por la espalda. Subamos y alejémonos de aquí: yo guardaré silencio en mis rebuznos; pero no dejaré de decir que los caballeros andantes se retiran y dejan a sus buenos escuderos molidos como alheña, o como cáscara, en poder de los enemigos.

—No huye el que se retira —respondió don Quijote—; porque debes saber, Sancho, que la valentía que no se funda sobre la base de la prudencia se llama temeridad, y las hazañas del temerario más se atribuyen a la buena fortuna que a su ánimo. Así que confieso que me retiré, pero no huí; y en esto he imitado a muchos valientes que se guardaron para tiempos mejores, y de eso están llenas las historias; historias que, como ahora no han de servirte a ti ni han de gustarme a mí, no te refiero.

En esto, Sancho ya estaba a caballo, ayudado por don Quijote; y don Quijote subió a Rocinante. Poco a poco se fueron a guarecer en una alameda que se veía hasta a un cuarto de legua de allí. De cuando en cuando Sancho soltaba unos ayes profundos y unos gemidos dolorosos; y preguntándole don Quijote la causa de tan amargo sentimiento, respondió que desde la punta del espinazo hasta la nuca del cerebro le dolía de tal manera, que lo sacaba de juicio.

—La causa de ese dolor debe de ser, sin duda —dijo don Quijote—, que como el palo con que te dieron era largo y bien plantado, te agarró toda la espalda, donde se juntan esas partes que te duelen; y si te hubiera agarrado más, más te dolería.

—¡Por Dios! —dijo Sancho—, que usted me ha sacado de una gran duda y me la ha explicado con lindos términos. ¡Cuerpo de mí! ¿Tan escondida estaba la causa de mi dolor, que ha sido necesario decirme que me duele todo aquello que alcanzó el palo? Si me dolieran los tobillos, todavía podría adivinarse por qué; pero dolerme lo que me molieron, eso no pide mucha ciencia.

En verdad, señor mío: el mal ajeno cuelga de un pelo, y cada día voy descubriendo lo poco que puedo esperar de la compañía que llevo con usted; porque si esta vez me dejó apalear, otra y otras cien volveremos a los manteos de antes y a otras muchachadas, que si ahora me han salido en la espalda, después me saldrán en los ojos.

Mucho mejor haría yo —si no fuera un bárbaro, que nunca haré nada bueno en toda mi vida—, mucho mejor haría, vuelvo a decir, en volverme a mi casa, a mi mujer y a mis hijos, y mantenerla y criarlos con lo que Dios quiso darme, y no andar tras usted por caminos sin camino y por sendas y carreras que ni sendas ni carreras son, bebiendo mal y comiendo peor.

¡Y para colmo, el dormir! Cuente, hermano escudero, siete pies de tierra, y si quiere más, tome otros tantos; que en su mano está cavar y tenderse a su gusto. ¡Ojalá vea yo quemado y hecho polvo al primero que dio puntada en la andante caballería, o al menos al primero que quiso ser escudero de tales tontos, como debieron de ser todos los caballeros andantes de antes! De los de ahora no digo nada, por respeto, porque usted es uno, y porque sé que sabe un punto más que el diablo en lo que habla y en lo que piensa.

—Haría yo una buena apuesta contigo, Sancho —dijo don Quijote—: ahora que vas hablando sin que nadie te pare, no te duele nada en todo el cuerpo. Habla, hijo mío, todo lo que se te venga a la cabeza y a la boca; que a trueque de que a ti no te duela nada, yo tendré por gusto el fastidio que me dan tus impertinencias.

Y si tanto deseas volverte a tu casa con tu mujer y tus hijos, no quiera Dios que yo te lo impida: dinero mío tienes; mira cuánto hace que esta tercera vez salimos de nuestro pueblo, y mira lo que puedes y debes ganar cada mes, y págate tú mismo.

—Cuando yo servía —respondió Sancho— a Tomé Carrasco, padre del bachiller Sansón Carrasco, que usted bien conoce, ganaba dos ducados cada mes, además de la comida. Con usted no sé lo que puedo ganar, aunque sé que tiene más trabajo el escudero de un caballero andante que el que sirve a un labrador.

Porque, en resumen, los que servimos a labradores, por mucho que trabajemos de día, pase lo que pase, de noche cenamos olla y dormimos en cama; y en cama no he dormido desde que lo sirvo a usted, salvo el poco tiempo que estuvimos en casa de don Diego de Miranda, y la fiesta que me di con la espuma que saqué de las ollas de Camacho, y lo que comí, bebí y dormí en casa de Basilio. Todo lo demás lo he dormido sobre la dura tierra, al cielo abierto, a merced de las inclemencias, manteniéndome con rajas de queso y mendrugos de pan, y bebiendo agua, ya de arroyos, ya de fuentes, de las que encontramos por esos andurriales.

—Confieso —dijo don Quijote— que todo eso que dices es verdad. ¿Cuánto te parece que debo darte de más de lo que te daba Tomé Carrasco?

—A mi parecer —dijo Sancho—, con dos reales más que usted me añadiera cada mes me daría por bien pagado. Eso en cuanto al salario de mi trabajo; pero en cuanto a pagarme la palabra y promesa de darme el gobierno de una ínsula, sería justo que se me añadieran otros seis reales; que por todos serían treinta.

—Está muy bien —respondió don Quijote—; y según el salario que tú mismo te has señalado, hace veinticinco días que salimos de nuestro pueblo: cuenta, Sancho, rata por cantidad, mira lo que te debo y págate, como te he dicho, de tu mano.

—¡Cuerpo de mí! —dijo Sancho—, usted va muy errado en esa cuenta; porque lo de la promesa de la ínsula se ha de contar desde el día que usted me la prometió hasta esta hora.

—Pues ¿cuánto hace, Sancho, que te la prometí? —dijo don Quijote.

—Si no me falla la memoria —respondió Sancho—, debe de hacer más de veinte años, tres días más o menos.

Don Quijote se dio una gran palmada en la frente y comenzó a reír con ganas, y dijo:

—Pues yo no anduve en Sierra Morena ni en todas nuestras salidas sino dos meses apenas, ¿y dices tú, Sancho, que hace veinte años que te prometí la ínsula? Ahora digo que quieres que el dinero mío que traes se consuma en tus salarios; y si es así, y te gusta, desde aquí te lo doy, y que te aproveche. Que, a trueque de verme sin tan mal escudero, me alegraré de quedarme pobre y sin blanca.

Pero dime, quebrantador de las ordenanzas escuderiles de la andante caballería: ¿dónde has visto tú, o leído, que ningún escudero de caballero andante se haya puesto con su señor en "cuánto más, cuánto me ha de dar cada mes por servirle"? Métete, bribón, bellaco y fantasma —que todo lo pareces—, métete, digo, en el mare mágnum de esas historias; y si hallas que algún escudero haya dicho, o siquiera pensado, lo que tú has dicho, quiero que me lo claves en la frente, y encima me des cuatro mamonas bien selladas en la cara.

Vuelve las riendas —o el cabestro— al rucio y vuélvete a tu casa, porque un paso más no darás conmigo desde aquí. ¡Oh pan mal conocido! ¡Oh promesas mal puestas! ¡Oh hombre que tiene más de bestia que de persona! ¿Ahora, cuando yo pensaba ponerte en tal estado que, a pesar de tu mujer, te llamaran señoría, te despides? ¿Ahora te vas, cuando yo venía con intención firme de hacerte señor de la mejor ínsula del mundo?

En fin, como tú has dicho otras veces, no es la miel… etcétera. Asno eres, asno serás, y en asno acabarás cuando se te acabe la vida; porque tengo para mí que antes llegará ella a su término que tú llegues a entender que eres bestia.

Sancho miraba a don Quijote sin pestañear mientras le decía aquellos improperios; y se le apretó el pecho de tal modo que se le llenaron los ojos de lágrimas, y con voz dolorida y enferma le dijo:

—Señor mío: yo confieso que, para ser asno completo, no me falta más que la cola; si usted quiere ponérmela, la daré por bien puesta, y le serviré como jumento todos los días que me queden de vida. Perdóneme, y compadézcase de mi juventud; advierta que sé poco, y que si hablo mucho, más nace de enfermedad que de malicia. Y quien yerra y se enmienda, a Dios se encomienda.

—Me habría asombrado, Sancho, si no hubieras metido algún refrán en tu plática. En fin, te perdono, con tal de que te enmiendes y no te muestres de aquí en adelante tan amigo del interés, sino que ensanches el corazón y te animes a esperar el cumplimiento de mis promesas, que, aunque se tarde, no se vuelve imposible.

Sancho respondió que así lo haría, aunque tuviera que sacar fuerza de la flaqueza.

Con esto se metieron en la alameda, y don Quijote se acomodó al pie de un olmo, y Sancho al de una haya; que esos árboles, y otros semejantes, siempre tienen pies, y no manos. Sancho pasó la noche penosamente, porque el golpe se le hacía más sensible con el sereno. Don Quijote la pasó en sus memorias; pero, con todo, el sueño acabó por cerrarle los ojos. Y al salir el alba siguieron el camino, buscando las riberas del famoso Ebro, donde les sucedió lo que se contará en el capítulo siguiente.

CAPÍTULO XXIX: DE LA FAMOSA AVENTURA DEL BARCO ENCANTADO

Paso a paso, dos días después de salir de la alameda llegaron don Quijote y Sancho al río Ebro; y verlo le dio gran gusto a don Quijote, porque contempló la amenidad de sus riberas, la claridad de sus aguas, el sosiego de su curso y la abundancia de sus cristales líquidos. Aquella vista alegre le renovó en la memoria mil pensamientos amorosos.

En especial volvió una y otra vez a lo que había visto en la cueva de Montesinos; porque, aunque el mono de maese Pedro le había dicho que parte de aquello era verdad y parte mentira, él se inclinaba más por lo verdadero que por lo falso, muy al contrario de Sancho, que lo tenía todo por la misma mentira.

Yendo así, se le ofreció a la vista un barquito sin remos ni otras jarcias, atado en la orilla a un tronco de árbol de la ribera. Miró don Quijote a todas partes y no vio persona alguna; y luego, sin más, se apeó de Rocinante y mandó a Sancho que hiciera lo mismo del rucio, y que atara muy bien a las dos bestias, juntas, al tronco de un álamo o sauce que allí estaba.

Sancho le preguntó la causa de aquel apearse tan de golpe y de aquella atadura. Don Quijote respondió:

—Debes saber, Sancho, que este barco que aquí está, derechamente —y no puede ser de otra manera— me está llamando y convidando a que entre en él y vaya a socorrer a algún caballero, o a alguna persona principal necesitada, que debe de estar en gran apuro. Porque este es el modo de los libros de caballerías y de los encantadores que se entrometen en ellos: cuando algún caballero se halla en un trabajo del que no puede salir sino por mano de otro, aunque estén el uno del otro a dos o tres mil leguas, o más, o lo arrebatan en una nube, o le preparan un barco para que se suba, y en menos de un abrir y cerrar de ojos lo llevan, por los aires o por el mar, adonde conviene.

Así que, ¡oh Sancho!, este barco está aquí para ese mismo efecto; y esto es tan cierto como que ahora es de día. Ata al rucio y a Rocinante, y a la mano de Dios, que nos guíe; que no dejaré de embarcarme, aunque me lo pidan frailes descalzos.

—Pues si es así —respondió Sancho—, y usted quiere meterse a cada paso en estos… no sé si llamarlos disparates, no hay sino obedecer y bajar la cabeza, acordándome del refrán: "Haz lo que tu amo manda y siéntate con él a la mesa". Pero, para descargar mi conciencia, quiero advertirle que a mí me parece que este barco no es encantado, sino de pescadores de este río; porque en él se pescan las mejores sabogas del mundo.

Esto decía Sancho mientras ataba las bestias, dejándolas al amparo de los encantadores, con harta tristeza en el alma. Don Quijote le dijo que no se afligiera por el desamparo de aquellos animales, que quien los había llevado por tan apartados caminos y regiones sabría también sustentarlos.

—No entiendo eso de "longincuos" —dijo Sancho—, ni he oído esa palabra en todos los días de mi vida.

—Longincuos —respondió don Quijote— quiere decir apartados; y no es raro que no lo entiendas, porque tú no estás obligado a saber latín, como algunos que presumen de saberlo y no lo saben.

—Ya están atados —dijo Sancho—. ¿Y ahora qué hacemos?

—¿Qué? —respondió don Quijote—. Persignarnos y levar anclas; quiero decir: embarcarnos y cortar la amarra con que este barco está atado.

Y dando un salto entró en él; Sancho lo siguió. Don Quijote cortó el cordel, y el barco se fue apartando poco a poco de la ribera. Y cuando Sancho se vio dos varas adentro del río, comenzó a temblar, temiendo su perdición; pero nada le dio más pena que oír rebuznar al rucio y ver a Rocinante forcejando por soltarse, y le dijo a su señor:

—El rucio rebuzna, dolido por nuestra ausencia, y Rocinante procura soltarse para arrojarse tras nosotros. ¡Oh carísimos amigos, quédense en paz, y ojalá la locura que nos aparta de ustedes, convertida en desengaño, nos devuelva a su compañía!

Y en esto comenzó a llorar tan amargamente, que don Quijote, mohíno y colérico, le dijo:

—¿De qué temes, criatura cobarde? ¿De qué lloras, corazón de mantequilla? ¿Quién te persigue o te acosa, ánimo de ratón casero? ¿Qué te falta, menesteroso en mitad de la abundancia? ¿Acaso vas a pie y descalzo por las montañas rifeñas, sino sentado en una tabla, como un archiduque, por el suave curso de este agradable río, de donde en breve saldremos al mar ancho?

Pero ya debemos haber navegado, y caminado, por lo menos setecientas u ochocientas leguas; y si yo tuviera aquí un astrolabio para tomar la altura del polo, te diría las que hemos andado, aunque —o yo sé poco— ya hemos pasado, o pasaremos pronto, por la línea ecuatorial, que divide a igual distancia los dos polos contrarios.

—Y cuando lleguemos a esa "leña" que usted dice —preguntó Sancho—, ¿cuánto habremos caminado?

—Mucho —respondió don Quijote—; porque de los trescientos sesenta grados que contiene el globo, de agua y de tierra, según el cómputo de Ptolomeo, que fue el mayor cosmógrafo que se conoce, habremos caminado la mitad cuando lleguemos a la línea que te he dicho.

—Por Dios —dijo Sancho—, que usted me trae por testigo de lo que dice a una gentil persona: "Puto y gafo", y encima meón, o meo, o no sé cómo.

Don Quijote se rio de la interpretación que Sancho había hecho del nombre y del cómputo del cosmógrafo Ptolomeo, y le dijo:

—Debes saber, Sancho, que los españoles y quienes se embarcan en Cádiz para ir a las Indias Orientales tienen una señal para entender que han pasado la línea ecuatorial que te he dicho: se les mueren a todos los piojos del navío, sin que les quede ninguno; y en todo el bajel no hallarán uno, aunque lo paguen a peso de oro. Así que puedes, Sancho, pasarte la mano por un muslo; y si encuentras algo vivo, saldremos de la duda; y si no, ya la habremos pasado.

—Yo no creo nada de eso —respondió Sancho—; pero haré lo que usted manda, aunque no sé para qué hacen falta esas pruebas, pues yo veo con mis propios ojos que no nos hemos apartado de la ribera ni cinco varas, ni nos hemos alejado de donde están los animales ni dos; porque allí están Rocinante y el rucio en el mismo lugar donde los dejamos. Y si yo tomo la mira, como la tomo ahora, voto a tal que no nos movemos ni al paso de una hormiga.

—Haz, Sancho, la averiguación que te he dicho y no te ocupes de lo demás; que tú no sabes qué son coluros, líneas, paralelos, zodíacos, eclípticas, polos, solsticios, equinoccios, planetas, signos, puntos y medidas, de que se compone la esfera celeste y la terrestre. Porque si supieras todas esas cosas, o parte de ellas, verías claramente cuántos paralelos hemos cortado, cuántos signos hemos visto y cuántas imágenes hemos dejado atrás, y vamos dejando ahora. Y vuelvo a decirte: tócate y "pesca", que yo creo que estás más limpio que un pliego de papel liso y blanco.

Sancho se palpó, y llevando la mano con cuidado hacia la corva izquierda, alzó la cabeza, miró a su amo y dijo:

—O la experiencia es falsa, o no hemos llegado adonde usted dice, ni aunque fueran muchas leguas.

—¿Qué? —preguntó don Quijote—. ¿Encontraste algo?

—¡Y vaya si encontré! —respondió Sancho.

Y, sacudiéndose los dedos, se lavó toda la mano en el río; mientras el barco se deslizaba sosegadamente por la mitad de la corriente, sin que lo moviese ninguna inteligencia secreta ni encantador escondido, sino el mismo curso del agua, entonces blando y suave.

En esto descubrieron unas grandes aceñas que estaban en mitad del río; y apenas las vio don Quijote, cuando, en voz alta, dijo a Sancho:

—¿Ves? Allí, amigo, se descubre la ciudad, castillo o fortaleza donde debe de estar algún caballero oprimido, o alguna reina, infanta o princesa en apuros, para cuyo socorro me han traído.

—¿Qué diablos de ciudad, fortaleza o castillo dice usted, señor? —dijo Sancho—. ¿No ve que esas son aceñas del río, donde se muele el trigo?

—Calla, Sancho —dijo don Quijote—: aunque parezcan aceñas, no lo son. Ya te he dicho que los encantamientos trastocan y mudan a las cosas de su ser natural. No digo que las muden realmente de una cosa en otra, sino que lo hacen parecer, como lo mostró la experiencia en la transformación de Dulcinea, único refugio de mis esperanzas.

En esto, el barco, ya metido en mitad de la corriente, comenzó a correr con más prisa que hasta allí. Los molineros de las aceñas, que vieron venir aquel barco y que se iba a encaminar hacia el raudal de las ruedas, salieron con gran presteza muchos de ellos con varas largas para detenerlo; y como venían enharinados, y con los rostros y vestidos cubiertos del polvo de la harina, daban una vista extraña. Gritaban con fuerza, diciendo:

—¡Demonios de hombres! ¿Adónde van? ¿Vienen desesperados? ¿Qué pretenden? ¿Ahogarse y hacerse pedazos en estas ruedas?

—¿No te lo dije yo, Sancho? —dijo don Quijote—. Hemos llegado donde he de mostrar hasta dónde alcanza el valor de mi brazo. Mira qué de bellacos me salen al encuentro; mira cuántos monstruos se me oponen; mira qué caras nos hacen muecas… ¡Ahora lo verán!

Y, puesto en pie en el barco, comenzó a amenazar a los molineros, diciendo a grandes voces:

—Canalla malvada y peor aconsejada: dejen en libertad a la persona que en esa fortaleza o prisión tienen oprimida, sea alta o baja, de la condición que sea; porque yo soy don Quijote de la Mancha, llamado por otro nombre el Caballero de los Leones, y por orden de los altos cielos me está reservada la dicha de dar feliz fin a esta aventura.

Y, diciendo esto, echó mano a la espada y comenzó a esgrimirla en el aire contra los molineros; los cuales, oyendo —y sin entender aquellas disparatadas razones—, se plantaron con las varas para detener el barco, que ya se iba metiendo en el raudal y canal de las ruedas.

Sancho se puso de rodillas, pidiendo devotamente al cielo que lo librara de tan manifiesto peligro; y así sucedió, por la destreza y presteza de los molineros, que, oponiendo los palos, detuvieron el barco. Pero no lo detuvieron de modo que no lo volcaran y no dieran con don Quijote y Sancho atravesados en el agua.

A don Quijote le vino bien que sabía nadar como ganso; aunque el peso de las armas lo llevó al fondo dos veces. Y si no fuera por los molineros, que se arrojaron al agua y los sacaron a ambos como en peso, allí hubiera sido Troya para los dos.

Ya en tierra, más mojados que muertos de sed, Sancho, de rodillas, con las manos juntas y los ojos al cielo, pidió a Dios con una larga y devota plegaria que lo librara de allí adelante de los atrevidos deseos y acometimientos de su señor.

Llegaron entonces los pescadores, dueños del barco, al que las ruedas de las aceñas habían hecho pedazos; y viéndolo roto, se fueron contra Sancho para despojarlo, y le pidieron a don Quijote que pagara el daño. Don Quijote, con gran sosiego, como si nada hubiera pasado, dijo a molineros y pescadores que pagaría el barco con mucho gusto, con tal de que le entregaran libre y sin cautela a la persona o personas que en aquel castillo estuvieran oprimidas.

—¿Qué personas o qué castillo dices —respondió uno de los molineros—, hombre sin juicio? ¿Quieres llevarte, por ventura, a los que vienen a moler trigo a estas aceñas?

—¡Basta! —dijo don Quijote para sí—. Aquí será predicar en el desierto querer reducir a esta gente a que, por ruegos, haga virtud alguna. En esta aventura se deben de haber encontrado dos encantadores valientes: el uno estorba lo que el otro intenta. El uno me preparó el barco, y el otro me dio con ambos al agua. Dios lo remedie; que todo este mundo es máquinas y trazas contrarias unas a otras. Yo no puedo más.

Y, alzando la voz, prosiguió diciendo, mirando a las aceñas:

—Amigos, quienesquiera que sean los que en esa prisión quedan encerrados: perdónenme, porque por mi desgracia y por la de ustedes no puedo sacarlos de su aflicción. Para otro caballero debe de estar guardada esta aventura.

Dicho esto, se avino con los pescadores y pagó por el barco cincuenta reales, que soltó Sancho de muy mala gana, diciendo:

—A dos viajes como este, daremos con todo el dinero al fondo.

Los pescadores y los molineros se quedaron admirados mirando aquellas dos figuras tan fuera del uso común, y no acababan de entender adónde iban a parar las preguntas y razones que don Quijote soltaba; y tomándolos por locos, los dejaron: los unos se volvieron a sus aceñas, y los otros a sus ranchos.

Volvieron don Quijote y Sancho a sus bestias —y a ser bestias—, y así terminó la aventura del barco encantado.

CAPÍTULO XXX: DE LO QUE LE SUCEDIÓ A DON QUIJOTE CON UNA BELLA CAZADORA

Bastante melancólicos y de mal talante llegaron caballero y escudero a sus animales; en especial Sancho, a quien le dolía en el alma el dinero que se iba, pareciéndole que todo lo que se gastaba era quitárselo a él de las niñas de los ojos. En fin, sin hablarse palabra, montaron y se apartaron del famoso río: don Quijote, sepultado en pensamientos de amor; y Sancho, en los de su provecho, que por entonces le parecía muy lejos, porque, aunque era simple, alcanzaba a ver que las acciones de su amo, todas o casi todas, eran disparates, y buscaba ocasión para que, sin cuentas ni despedidas, un día se descolgara y se fuera a su casa. Pero la fortuna lo dispuso muy al contrario de lo que él temía.

Sucedió, pues, que al día siguiente, al ponerse el sol y al salir de una selva, tendió don Quijote la vista por un verde prado, y al cabo vio gente; acercándose, conoció que eran cazadores de altanería. Se acercó más y, entre ellos, vio a una señora gallarda sobre un palafrén o hacanea blanquísima, adornada con guarniciones verdes y con un sillón de plata. La señora iba también vestida de verde, con tal gallardía y riqueza, que parecía que la misma elegancia se había transformado en ella. En la mano izquierda llevaba un azor, señal que dio a entender a don Quijote que era una gran señora, y que lo era de todos aquellos cazadores, como en efecto lo era. Entonces le dijo a Sancho:

—Corre, Sancho, y dile a esa señora del palafrén y del azor que yo, el Caballero de los Leones, beso las manos a su gran hermosura; y que si su grandeza me lo permite, iré a besárselas y a servirla en cuanto mis fuerzas alcancen y ella me mande. Y mira cómo hablas, Sancho, y ten cuidado de no meter alguno de tus refranes en la embajada.

—¡Ya me encontró el metedor! —respondió Sancho—. ¡A mí con eso! No es la primera vez que llevo embajadas a señoras altas y principales.

—Si no fue la que llevaste a Dulcinea —replicó don Quijote—, no sé qué otra habrás llevado, al menos en mi compañía.

—Así es —respondió Sancho—; pero al buen pagador no le duelen prendas, y en casa llena pronto se guisa la cena; quiero decir que no hace falta advertirme nada, que para todo tengo, y de todo se me alcanza un poco.

—Yo te creo, Sancho —dijo don Quijote—: ve en buena hora, y Dios te guíe.

Sancho salió al trote, apretando el paso del rucio, y llegó donde estaba la bella cazadora; y apeándose, y poniéndose de rodillas ante ella, le dijo:

—Hermosa señora: aquel caballero que allí se ve, llamado el Caballero de los Leones, es mi amo, y yo soy su escudero, al que en su casa llaman Sancho Panza. Ese Caballero de los Leones, que no hace mucho se llamaba el Caballero de la Triste Figura, me envía a decirle a su grandeza que tenga a bien darle licencia para que, con su gusto y consentimiento, él venga a cumplir su deseo, que no es otro —según él dice y yo entiendo— que servir a su alta grandeza y hermosura; y en dársela, su señoría hará cosa que le será de provecho, y él recibirá una merced y contento señaladísimos.

—Por cierto, buen escudero —respondió la señora—: ustedes han dado la embajada con todas las circunstancias que se requieren. Levántense del suelo, que un escudero de tan gran caballero como es el de la Triste Figura, de quien ya tenemos por acá mucha noticia, no es justo que esté de rodillas. Levántense, amigo, y díganle a su señor que venga muy en buena hora a servirse de mí y del Duque mi marido, en una casa de placer que tenemos aquí.

Sancho se levantó, admirado de la hermosura de la señora, de su crianza y cortesía, y más aún de que le hubiera dicho que tenían noticia de su amo, el Caballero de la Triste Figura; y que si no lo había llamado el de los Leones era porque aquel nombre era muy reciente.

Le preguntó la Duquesa (cuyo título aún no se sabe):

—Díganme, hermano escudero: ¿este señor de ustedes no es aquel de quien anda impresa una historia que se llama El ingenioso hidalgo don Quijote de la Mancha, que tiene por señora de su alma a una tal Dulcinea del Toboso?

—El mismo es, señora —respondió Sancho—; y aquel escudero suyo que anda, o debe de andar, en esa historia, a quien llaman Sancho Panza, soy yo; si no es que me cambiaron en la cuna… quiero decir: si no es que me cambiaron en la estampa.

—De todo eso me alegro mucho —dijo la Duquesa—. Vayan, hermano Panza, y díganle a su señor que sea muy bien llegado a mis estados, y que nada pudiera venirme que más gusto me diera.

Sancho, con tan agradable respuesta, volvió muy contento a su amo y le contó cuanto le había dicho la gran señora, levantando con sus rústicas palabras hasta el cielo su hermosura, su donaire y su cortesía.

Don Quijote se irguió en la silla, se afirmó en los estribos, se acomodó la visera, apretó a Rocinante y, con gentil denuedo, fue a besar las manos a la Duquesa. Ella mandó llamar al Duque, su marido, y mientras don Quijote llegaba le refirió toda la embajada.

Y ellos dos, por haber leído la primera parte de esta historia y haber entendido el disparatado humor de don Quijote, lo esperaban con grandísimo gusto y deseo de conocerlo, con intención de seguirle la corriente y concederle cuanto dijera, tratándolo como caballero andante los días que se quedara con ellos, con todas las ceremonias acostumbradas en los libros de caballerías, que habían leído y de los que eran muy aficionados.

En esto llegó don Quijote con la visera alzada; y, dando muestras de apearse, acudió Sancho a tenerle el estribo; pero fue tan desgraciado que, al desmontar del rucio, se le enredó un pie en una soga del albardón, y no pudo soltarse; quedó colgado, con la boca y el pecho en el suelo. Don Quijote, que no solía apearse sin estribo, pensando que Sancho ya se lo tenía, descargó el cuerpo de golpe y se llevó tras sí la silla de Rocinante, que debía de estar mal cinchada; y él y la silla fueron al suelo, no sin vergüenza, y no sin las maldiciones que, entre dientes, echó al desdichado Sancho, que todavía tenía el pie preso.

El Duque mandó a sus cazadores que acudieran al caballero y al escudero. Levantaron a don Quijote, maltrecho de la caída, y él, renqueando como pudo, fue a hincar las rodillas ante los dos señores; pero el Duque no lo consintió de ninguna manera. Antes, bajándose de su caballo, abrazó a don Quijote, y le dijo:

—Me pesa, señor Caballero de la Triste Figura, que la primera aventura que ha tenido en mi tierra haya sido tan mala; pero los descuidos de escuderos suelen ser causa de otros sucesos peores.

—El gusto que he tenido en verlos, valeroso príncipe —respondió don Quijote—, no puede ser malo, aunque mi caída hubiera ido hasta el fondo de los abismos, que de allí me levantara y me sacara la gloria de haberlos visto. Mi escudero —¡Dios lo perdone!— suelta mejor la lengua para decir malicias que aprieta y asegura una silla para que quede firme. Pero, comoquiera que yo esté, caído o levantado, a pie o a caballo, siempre estaré al servicio de ustedes y de mi señora la Duquesa, digna consorte de su excelencia, digna señora de la hermosura y universal princesa de la cortesía.

—Despacio, señor don Quijote de la Mancha —dijo el Duque—: donde está mi señora doña Dulcinea del Toboso, no es razón que se alaben otras hermosuras.

Ya Sancho estaba libre del lazo, y como se hallaba cerca, antes que su amo respondiera, dijo:

—No se puede negar, sino afirmar, que mi señora Dulcinea del Toboso es muy hermosa; pero donde menos se piensa salta la liebre. Yo he oído decir que eso que llaman naturaleza es como un alfarero que hace vasos: el que hace uno hermoso también puede hacer dos, tres y ciento. Lo digo porque mi señora la Duquesa, a fe mía, no queda atrás de mi ama, la señora Dulcinea del Toboso.

Don Quijote se volvió a la Duquesa y dijo:

—Su grandeza tenga por cierto que no hubo caballero andante en el mundo con escudero más hablador ni más gracioso que el mío; y él me sacará verdadero si algunos días su alteza se digna servirse de mí.

A lo que respondió la Duquesa:

—Que Sancho el bueno sea gracioso lo estimo mucho, porque es señal de que es discreto; que las gracias y donaires, señor don Quijote, como usted bien sabe, no asientan sobre ingenios torpes. Y pues el buen Sancho es gracioso y donairoso, desde aquí lo confirmo por discreto.

—Y por hablador —añadió don Quijote.

—Tanto mejor —dijo el Duque—, porque muchas gracias no se pueden decir con pocas palabras. Y para que no se nos vaya el tiempo en ellas, venga el gran Caballero de la Triste Figura…

—Del de los Leones ha de decir su excelencia —saltó Sancho—; que ya no hay Triste Figura: el "figuro" es el de los Leones.

—Digo que venga el señor Caballero de los Leones a un castillo mío que está aquí cerca, donde se le hará el recibimiento que a tan alta persona se debe, y el que la Duquesa y yo solemos hacer a todos los caballeros andantes que llegan a nuestra casa.

Ya, en esto, Sancho había arreglado y cinchado bien la silla de Rocinante; y subiendo en él don Quijote, y el Duque en un hermoso caballo, pusieron a la Duquesa en medio y se encaminaron al castillo. La Duquesa mandó a Sancho que fuera junto a ella, porque le gustaba muchísimo oír sus ocurrencias. Sancho no se hizo de rogar: se metió entre los tres, hizo de cuarto en la conversación, y dio gran gusto a la

Duquesa y al Duque, que tuvieron por dicha acoger en su castillo a tal caballero andante y a tal escudero ya andado.

CAPÍTULO XXXI: QUE TRATA DE MUCHAS Y GRANDES COSAS

Grande era la alegría que llevaba Sancho, viéndose —según le parecía— en privanza con la Duquesa; porque se imaginaba que hallaría en el castillo lo que había hallado en casa de don Diego y en la de Basilio, pues siempre fue amigo de la buena vida. Así, tomaba la ocasión por la melena cada vez que se le ofrecía la oportunidad de regalarse.

Cuenta la historia que, antes de llegar a la casa de placer o castillo, el Duque se adelantó y dio orden a todos sus criados sobre cómo habían de tratar a don Quijote. Y así, cuando don Quijote llegó con la Duquesa a las puertas del castillo, al instante salieron dos lacayos o palafreneros, vestidos de pies a cabeza con aquellas ropas que llaman "de levantar", de finísimo raso carmesí; y, tomando a don Quijote en brazos, le dijeron, sin más miramientos:

—Que su grandeza se sirva de bajar a mi señora la Duquesa.

Don Quijote lo hizo, y hubo muchos comedimientos entre ambos; pero al fin venció la porfía de la Duquesa, que no quiso bajar del palafrén sino en brazos del Duque, diciendo que no se tenía por digna de dar a tan gran caballero carga tan inútil. En fin, el Duque salió a bajarla; y al entrar en un gran patio, llegaron dos hermosas doncellas y echaron sobre los hombros de don Quijote un gran manto de finísima escarlata. Y, en un instante, se llenaron los corredores del patio de criados y criadas de aquellos señores, que a grandes voces decían:

—¡Bienvenido sea la flor y la nata de los caballeros andantes!

Y todos, o casi todos, derramaban pomos de aguas olorosas sobre don Quijote y sobre los Duques. De todo aquello se admiraba don Quijote; y aquel fue el primer día en que, por completo, conoció y creyó ser caballero andante verdadero y no fantástico, viéndose tratado del mismo modo que había leído que se trataba a los tales caballeros en los siglos pasados.

Sancho, dejando al rucio, se pegó a la Duquesa y entró en el castillo; pero le remordió la conciencia por dejar al jumento solo. Se acercó a una dueña venerable, que había salido con otras a recibir a la Duquesa, y en voz baja le dijo:

—Señora González, o como se llame usted…

—Doña Rodríguez de Grijalba me llamo —respondió la dueña—. ¿Qué se te ofrece, hermano?

Y respondió Sancho:

—Quisiera que usted tuviera a bien salir a la puerta del castillo, donde hallará un asno rucio mío. Tenga la bondad de mandar que lo pongan —o ponerlo usted misma— en la caballeriza; porque el pobrecito es algo temeroso y no se acostumbra a estar solo, de ninguna manera.

—Si tan discreto es el amo como el mozo —respondió la dueña—, ¡bien servidas estamos! Váyase usted mucho a mala hora, usted y quien lo trajo; y cuide de su jumento, que las dueñas de esta casa no estamos para esas faenas.

—Pues, en verdad —respondió Sancho—, yo he oído decir a mi señor, que es gran conocedor de historias, contando aquella de Lanzarote,

Cuando de Bretaña vino,
que damas cuidaron de él,
y dueñas, de su rocín;

y que, en lo de mi asno, no lo cambiaría yo por el rocín del señor Lanzarote.

—Hermano, si usted es juglar —replicó la dueña—, guarde sus gracias para donde las celebren y se las paguen; que de mí no sacará sino una higa.

—¡Pues mejor! —respondió Sancho—, que bien madura será; porque usted no perderá la quínola de sus años por un punto menos.

—¡Hijo de mala madre! —dijo la dueña, encendida ya en cólera—. Si soy vieja o no, a Dios daré la cuenta, y no a usted, bellaco, harto de ajos.

Y lo dijo tan alto, que lo oyó la Duquesa; y volviéndose, al ver a la dueña tan alborotada y con los ojos tan encendidos, le preguntó con quién reñía.

—Aquí riño —respondió la dueña— con este buen hombre, que me ha pedido con muchas veras que vaya a poner en la caballeriza a un asno suyo que está a la puerta; y me trae por ejemplo que así lo hicieron no sé dónde: que unas damas cuidaron a un tal Lanzarote y unas dueñas a su rocín; y, encima de todo, me ha llamado vieja.

—Eso lo tuviera yo por afrenta —respondió la Duquesa—, más que cualquier otra cosa que me dijeran. Y, hablando con Sancho, le dijo:

—Mire, Sancho amigo: doña Rodríguez es muy moza, y esas tocas las trae más por autoridad y costumbre que por los años.

—Malos sean los que me quedan por vivir —respondió Sancho— si lo dije con esa intención. Solo lo dije porque es tan grande el cariño que le tengo a mi jumento, que me pareció que no podía encomendarlo a persona más caritativa que a doña Rodríguez.

Don Quijote, que lo oía todo, le dijo:

—¿Son esas conversaciones, Sancho, para este lugar?

—Señor —respondió Sancho—, cada uno habla de su necesidad donde esté. Aquí me acordé del rucio y aquí hablé de él; y si me hubiera acordado en la caballeriza, allí lo habría dicho.

A esto dijo el Duque:

—Sancho tiene razón, y no hay que culparlo. Al rucio se le dará buen cuidado, y que no se preocupe Sancho: se le tratará como a su propia persona.

Con estas razones —agradables a todos, menos a don Quijote— subieron arriba, y llevaron a don Quijote a una sala adornada con riquísimas telas de oro y brocado. Seis doncellas lo desarmaron y le sirvieron como pajes, todas instruidas por el Duque y la Duquesa en lo que habían de hacer y en cómo habían de tratar a don Quijote, para que él imaginara y viera que lo trataban como caballero andante.

Quedó don Quijote, ya desarmado, en sus estrechos gregüescos y en su jubón de gamuza: seco, alto, tieso, con las quijadas tan apretadas que por dentro casi se besaban. Y, a no haber tenido las doncellas orden de disimular la risa —que fue una de las órdenes más expresas de sus señores—, se habrían reventado de reír.

Le pidieron que se dejara desnudar para ponerle una camisa; pero él nunca lo consintió, diciendo que la honestidad les quedaba tan bien a los caballeros andantes como la valentía. Con todo, mandó que le dieran la camisa a Sancho; y encerrándose con él en una habitación donde había un rico lecho, se desnudó, se puso la camisa, y viéndose solo con Sancho, le dijo:

—Dime, truhán moderno y majadero antiguo: ¿te parece bien deshonrar y afrentar a una dueña tan venerable y digna de respeto como aquella? ¿Eran horas esas para acordarte del rucio? ¿O son señores estos para dejar a las bestias pasar mal, cuando tratan tan elegantemente a sus dueños? Por Dios, Sancho, contrólate, y no descubras la hilaza de modo que caigan en la cuenta de que estás tejido de tela villana y grosera. Mira, pecador: cuanto más vale un señor, más honrados y bien nacidos han de ser sus criados; y una de las mayores ventajas que llevan los príncipes a los demás hombres es que se sirven de criados tan buenos como ellos. ¿No adviertes, desdichado, y desgraciado de mí, que si ven que tú eres un villano grosero o un necio gracioso, pensarán que yo soy algún farsante o algún caballero de engaño? No, Sancho amigo: huye de esos inconvenientes, que quien tropieza en hablador y gracioso, al primer puntapié cae y da en truhán desgraciado. Frena la lengua, considera y mastica las palabras antes de soltarlas, y advierte que hemos llegado a parte donde, con el favor de Dios y el valor de mi brazo, hemos de salir mejorados en fama y en hacienda, por tercio y por quinto.

Sancho se lo prometió con muchas veras: que antes se cosería la boca o se mordería la lengua que decir palabra que no fuera muy a propósito y bien pensada, como se lo mandaba; y que no se preocupara, que por él nunca se descubriría quiénes eran.

Se vistió don Quijote, se ciñó el tahalí con la espada, se echó el manto de escarlata a cuestas, se puso una montera de raso verde que le dieron las doncellas, y con ese adorno salió a la gran sala. Allí halló a las doncellas en dos filas, preparadas para darle aguamanos; se lo dieron con muchas reverencias y ceremonias. Luego llegaron doce pajes con el maestresala para llevarlo a comer, pues ya los señores lo aguardaban. Lo tomaron en medio y, con gran pompa, lo llevaron a otra sala, donde había una mesa riquísima con solo cuatro servicios.

La Duquesa y el Duque salieron a la puerta a recibirlo, y con ellos un grave eclesiástico, de esos que gobiernan las casas de los príncipes; de esos que, como no nacieron príncipes, no aciertan a enseñar cómo han de serlo quienes sí lo son; de esos que quieren medir la grandeza de los grandes con la estrechez de su ánimo; de esos que, queriendo enseñar a ser moderados, los vuelven miserables. De esos, digo, debía de ser el grave religioso que salió con los Duques a recibir a don Quijote.

Hicieron mil cortesías, y, al fin, tomaron a don Quijote en medio y se sentaron a la mesa. El Duque lo convidó a la cabecera; y aunque don Quijote lo rehusó, tanto insistió el Duque que tuvo que aceptarla. El eclesiástico se sentó enfrente, y el Duque y la Duquesa a los lados.

En todo estaba presente Sancho, boquiabierto y atónito de ver la honra que aquellos señores le hacían a su amo; y viendo tantas ceremonias y ruegos entre el Duque y don Quijote para que se sentara en la cabecera, dijo:

—Si sus excelencias me dan licencia, les contaré un cuento que pasó en mi pueblo sobre esto de los asientos.

Apenas dijo esto Sancho, cuando don Quijote tembló, creyendo sin duda que iba a soltar alguna necedad. Sancho lo miró, lo entendió, y dijo:

—No tema, señor mío, que yo me desmande ni diga cosa fuera de lugar; no se me han olvidado los consejos que usted me dio hace poco sobre hablar mucho o poco, y bien o mal.

—Yo no me acuerdo de nada, Sancho —respondió don Quijote—: di lo que quieras, pero dilo pronto.

—Lo que quiero decir —dijo Sancho— es tan verdad, que mi señor don Quijote, que está presente, no me dejará mentir.

—Por mí —replicó don Quijote—, miente tú cuanto quieras, que yo no te cortaré; pero mira lo que vas a decir.

—Tan mirado y remirado lo tengo, que a buen resguardo está el que repica, como se verá por la obra.

—Sería bueno —dijo don Quijote— que sus grandezas mandaran sacar de aquí a este tonto, que dirá mil disparates.

—Por vida del Duque —dijo la Duquesa—, Sancho no se apartará de mí ni un punto: yo lo quiero mucho, porque sé que es muy discreto.

—Discretos días —dijo Sancho— viva su santidad, por el buen crédito que me tiene, aunque en mí no lo merezca. Y el cuento que quiero decir es este: un hidalgo de mi pueblo, muy rico y principal —porque venía de los Álamos de Medina del Campo—, se casó con doña Mencía de Quiñones, hija de don Alonso de Marañón, caballero de Santiago, que se ahogó en la Herradura, por quien hubo aquella pendencia años atrás en nuestro lugar; y, según entiendo, mi señor don Quijote estuvo en ella, de donde salió herido Tomasillo el Travieso, hijo de Balbastro el herrero… ¿No es verdad todo esto, señor nuestro amo? Dígalo, por su vida, para que estos señores no me tengan por un hablador mentiroso.

—Hasta ahora —dijo el eclesiástico— más lo tengo por hablador que por mentiroso; pero de aquí en adelante no sé qué pensaré.

—Tú das tantos testigos, Sancho, y tantas señas, que no puedo dejar de decir que debes de decir verdad. Sigue y acorta el cuento, porque llevas camino de no acabarlo en dos días.

—No ha de acortarlo —dijo la Duquesa— por darme gusto a mí; antes lo ha de contar como lo sabe, aunque no lo acabe en seis días: que, si tantos fueran, para mí serían los mejores que habría vivido.

—Digo, pues, señores —prosiguió Sancho—, que este hidalgo, al que conozco como a mis manos —porque de mi casa a la suya no hay más que un tiro de ballesta—, convidó a un labrador pobre, pero honrado.

—Siga, hermano —dijo el religioso—; que por el camino que lleva, no va a parar con su cuento hasta el otro mundo.

—A menos de la mitad pararé, si Dios quiere —fue la respuesta de Sancho—. Y así digo que, llegando el labrador a casa del hidalgo que lo convidó —que buena paz tenga, que ya murió; y dicen, por más señas, que murió como un ángel; yo no estuve presente, porque por ese tiempo había ido a segar a Tembleque...—.

—Por tu vida, hijo, vuelve pronto de Tembleque; y, sin enterrar al hidalgo ni hacer más exequias, acaba el cuento.

—Pues el caso —replicó Sancho— es que, estando los dos para sentarse a la mesa, que ahora los veo más claro que nunca...

Gran gusto recibían los Duques del disgusto que mostraba el buen religioso ante la dilación y las pausas con que Sancho contaba su cuento; y don Quijote se estaba consumiendo en cólera y en rabia.

—Digo, pues —dijo Sancho—, que estando, como he dicho, los dos a punto de sentarse a la mesa, el labrador insistía en que el hidalgo tomara la cabecera, y el hidalgo insistía también en que la tomara el labrador, porque en su casa se había de hacer lo que él mandara. Pero el labrador, que presumía de cortés y bien criado, jamás quiso, hasta que el hidalgo, mohíno, poniéndole ambas manos sobre los hombros, lo hizo sentar por fuerza, diciéndole: "Siéntate, grandísimo majadero; que dondequiera que yo me siente, esa será tu cabecera". Y este es el cuento; y en verdad creo que no lo he traído fuera de propósito.

Don Quijote se puso de mil colores, que sobre lo moreno le jaspeaban y se notaban; los señores disimularon la risa, para que don Quijote no acabara de avergonzarse, pues habían entendido la malicia de Sancho. Y por mudar de conversación y evitar que Sancho siguiera con otros disparates, la Duquesa preguntó a don Quijote qué noticias tenía de la señora Dulcinea, y si en aquellos días le había enviado algunos presentes de gigantes o malandrines, pues no podía ser que no hubiera vencido a muchos.

A lo cual don Quijote respondió:

—Señora mía, mis desgracias, aunque tuvieron principio, nunca tendrán fin. Gigantes he vencido, y villanos y malandrines le he enviado;

pero ¿dónde la han de hallar, si está encantada y vuelta en la más fea labradora que imaginarse puede?

—No sé —dijo Sancho Panza—: a mí me parece la criatura más hermosa del mundo; por lo menos, en la ligereza y en el brincar, bien sé yo que no le da ventaja ni el mejor volteador. A fe, señora Duquesa, así salta desde el suelo sobre una borrica como si fuera un gato.

—¿La han visto ustedes encantada, Sancho? —preguntó el Duque.

—¡Y cómo si la he visto! —respondió Sancho—. Pues ¿quién demonios, si no yo, fue el primero que cayó en el asunto del encantamiento? ¡Tan encantada está como mi padre!

El eclesiástico, que oyó hablar de gigantes, villanos y encantos, cayó en la cuenta de que aquel debía de ser don Quijote de la Mancha, cuya historia leía el Duque con frecuencia, y que él se la había reprendido muchas veces, diciendo que era un disparate leer semejantes disparates. Y, al confirmar que era verdad lo que sospechaba, con mucha cólera, hablando con el Duque, le dijo:

—Su Excelencia, señor mío, tiene que dar cuenta a nuestro Señor de lo que hace con este buen hombre. Este don Quijote —o don Tonto, o como se llame— imagino que no es tan mentecato como Su Excelencia quiere que sea, al darle tantas ocasiones para que siga adelante con sus tonterías y vaciedades.

Y volviéndose hacia don Quijote, le dijo:

—Y a usted, alma de cántaro, ¿quién le metió en la cabeza que es caballero andante, que vence gigantes y prende malandrines? Váyase en paz, y ojalá le vaya bien; vuelva a su casa, críe a sus hijos, si los tiene, cuide su hacienda, y deje de andar vagando por el mundo, tragando aire y dando risa a cuantos lo conocen y a los que no lo conocen. ¿Dónde, por vida de…!, ha hallado usted que haya habido o que haya ahora caballeros andantes? ¿Dónde hay gigantes en España, o malandrines en la Mancha, ni Dulcineas encantadas, ni toda esa tropa de simplezas que de usted se cuentan?

Don Quijote estuvo atento a las razones de aquel venerable varón; y cuando lo vio callar, sin guardar miramientos a los Duques, con semblante airado y el rostro encendido, se puso en pie y dijo…

Pero esa respuesta merece capítulo aparte.

CAPÍTULO XXXII: DE LA RESPUESTA QUE DIO DON QUIJOTE A SU REPRENSOR, CON OTROS GRAVES Y GRACIOSOS SUCESOS

Levantado, pues, don Quijote, temblando de pies a cabeza como si fuera de azogue, y con lengua presurosa y turbada, dijo:

—El lugar donde estoy, la presencia ante quien me hallo y el respeto que siempre tuve y tengo al estado que usted profesa me sujetan las manos de mi justo enojo; y así, tanto por esto como por saber —y lo sabe todo el mundo— que las armas de los letrados son las mismas que las de la mujer, es decir, la lengua, entraré con la mía en batalla pareja con usted, de quien debía esperarse antes buenos consejos que infames insultos. Las reprensiones santas y bien intencionadas requieren otras circunstancias y piden otros modos. Por lo menos, reprenderme en público y con tanta aspereza ha pasado todos los límites de la buena reprensión: las primeras se sostienen mejor sobre la blandura que sobre la dureza; y no está bien, sin tener verdadero conocimiento del pecado que se reprende, llamar al pecador, de golpe, mentecato y tonto.

—Si no, dígame: ¿por cuál de las locuras que ha visto en mí me condena y me insulta, y me manda volver a mi casa a ocuparme en gobernarla, y en mi mujer y mis hijos, sin saber si los tengo o no? ¿Así, a tontas y a locas, se ha de entrar en casa ajena a gobernar a sus dueños? ¿Y porque algunos se criaron en lo estrecho de cierto pupilaje, sin haber visto más mundo que el que cabe en veinte o treinta leguas de distrito, han de meterse de golpe a dar leyes sobre la caballería y a juzgar a los caballeros andantes?

—¿Es asunto vano o tiempo mal gastado el que se invierte en andar por el mundo, no buscando los regalos de él, sino las asperezas por donde los buenos suben al asiento de la inmortalidad? Si me tuvieran por tonto los caballeros, los magnánimos, los generosos, los de alto linaje, lo tendría por afrenta irreparable; pero que me tengan por necio los estudiantes, que nunca entraron ni pisaron las sendas de la caballería, no me importa un comino.

—Caballero soy, y caballero he de morir, si al Altísimo le place. Unos van por el ancho campo de la ambición soberbia; otros, por el de la adulación servil y baja; otros, por el de la hipocresía engañosa; y algunos, por el de la verdadera religión. Pero yo, inclinado por mi estrella, voy por la angosta senda de la caballería andante, por cuyo ejercicio desprecio la hacienda, pero no la honra.

—Yo he satisfecho agravios, enderezado entuertos, castigado insolencias, vencido gigantes y atropellado monstruos. Yo soy enamorado; no por más, sino porque es forzoso que los caballeros andantes lo sean. Y si lo soy, no soy de los enamorados viciosos, sino de los platónicos y continentes. Mis intenciones siempre las encamino a buenos fines: hacer bien a todos y mal a ninguno. Si quien esto entiende, quien esto obra, quien de esto trata, merece ser llamado bobo, que lo digan Sus Excelencias, Duque y Duquesa.

—¡Bien, por Dios! —dijo Sancho—. No diga más, señor y amo mío, en su defensa; porque no hay más que decir, ni más que pensar, ni más que seguir en el mundo. Y además: negando este señor, como ha negado, que haya habido caballeros andantes ni que los haya, ¿qué mucho que no sepa nada de lo que ha dicho?

—¿Por ventura —dijo el eclesiástico— eres tú, hermano, aquel Sancho Panza de quien se habla, a quien tu amo tiene prometida una ínsula?

—Sí soy —respondió Sancho—; y soy quien la merece tan bien como otro cualquiera. Soy quien "júntate con los buenos y serás uno de ellos"; y soy de esos de "no con quien naces, sino con quien tratas"; y de "quien a buen árbol se arrima, buena sombra lo cobija". Yo me he arrimado a buen señor, y muchos meses llevo en su compañía, y he de salir otro como él, si Dios quiere. Y viva él y viva yo: que a él no le faltarán imperios que mandar, ni a mí ínsulas que gobernar.

—No, por cierto, Sancho amigo —dijo el Duque—; que yo, en nombre del señor don Quijote, le entrego el gobierno de una ínsula que tengo, y no es de poca calidad.

—Ponte de rodillas, Sancho —dijo don Quijote—, y besa los pies de Su Excelencia por la merced que te hace.

Sancho lo hizo; y el eclesiástico, al verlo, se levantó de la mesa, mohíno en extremo, diciendo:

—¡Por el hábito que visto, que estoy por decir que Su Excelencia es tan necio como estos pecadores! ¡Miren si no han de ser locos ellos, cuando los cuerdos les canonizan las locuras! Quédese Su Excelencia con ellos: mientras estén en su casa, yo me estaré en la mía, y me ahorraré reprender lo que no puedo remediar.

Y sin decir más, ni comer más, se fue; y no bastaron los ruegos de los Duques para detenerlo. El Duque, más que por enfado, quedó impedido por la risa que le causó la cólera impertinente del eclesiástico. Acabó de reír y dijo a don Quijote:

—Señor Caballero de los Leones, usted ha respondido tan altamente por sí, que ya no le queda nada por satisfacer de esto que, aunque parece agravio, no lo es de ninguna manera; porque así como no agravian las mujeres, tampoco agravian los eclesiásticos, como usted mejor sabe.

—Así es —respondió don Quijote—; y la causa es que quien no puede ser afrentado no puede afrentar a nadie. Las mujeres, los niños y los eclesiásticos, como no pueden defenderse aunque sean ofendidos, no pueden ser afrentados. Porque entre agravio y afrenta hay esta diferencia —como Su Excelencia mejor sabe—: la afrenta viene de parte de quien la puede hacer, la hace y la sostiene; el agravio puede venir de cualquier parte, sin que haya afrenta.

—Sea ejemplo: está uno en la calle, descuidado; llegan diez con armas y a palos le dan. Él echa mano a la espada y hace lo que puede; pero la muchedumbre se le opone y no le deja salir con su intención de vengarse. Ese queda agraviado, pero no afrentado. Y confírmelo otro ejemplo: está uno de espaldas; llega otro, le da de palos, y en dárselos huye sin esperar. El apaleado lo sigue y no lo alcanza. Ahí hubo agravio, pero no afrenta; porque la afrenta ha de sostenerse. Si el que dio los palos, aunque los dio a traición, se hubiera quedado, espada en mano, haciendo frente, quedaría el apaleado agraviado y afrentado: agraviado, porque lo hirieron a traición; afrentado, porque el otro sostuvo lo hecho.

—Y así, según las leyes del maldito duelo, yo podría estar agraviado, pero no afrentado; porque los niños no sienten, las mujeres no pueden ni tienen por qué esperar, y lo mismo los constituidos en religión, pues esos tres géneros carecen de armas ofensivas y defensivas. Y aunque naturalmente estén obligados a defenderse, no lo están a ofender.

—Y aunque hace poco dije que podía estar agraviado, ahora digo que no, de ninguna manera; porque quien no puede recibir afrenta, menos la puede dar. Por estas razones, yo no debo sentir —y no siento— lo que aquel buen hombre me ha dicho. Solo hubiera querido que esperara un poco, para hacerle ver el error en que está al pensar y decir que no ha habido, ni hay, caballeros andantes en el mundo. Que si eso lo oyera Amadís, o cualquiera de los infinitos de su linaje, yo sé que no le iría bien.

—Eso lo juro yo —dijo Sancho—: le habrían dado una cuchillada que lo abriera de arriba abajo como una granada, o como un melón bien maduro. ¡Bonitos eran ellos para aguantar semejantes cosquillas! Estoy seguro de que si Reinaldos de Montalbán hubiera oído esas palabras, le habría dado un tapaboca que no hablaba en tres años. ¡No, si habría querido ponerse con ellos… y a ver cómo salía de sus manos!

La Duquesa se moría de risa oyendo a Sancho, y lo tenía por más gracioso y por más loco que a su amo; y muchos en aquel tiempo pensaron lo mismo. En fin, don Quijote se sosegó, y la comida se acabó; y apenas retiraron los manteles, llegaron cuatro doncellas: la una con una fuente de plata; la otra con un aguamanil, también de plata; la tercera con dos toallas blanquísimas y riquísimas al hombro; y la cuarta, con los brazos descubiertos hasta la mitad, traía en las manos —que, sin duda, eran blancas— una redonda pastilla de jabón napolitano.

Llegó la de la fuente y, con gentil donaire, la encajó debajo de la barba de don Quijote. Él, sin hablar palabra, admirado de ceremonia tan extraña, creyó que en aquella tierra era costumbre lavar las barbas en lugar de las manos; y así, estiró la suya cuanto pudo. Y al instante comenzó a caer el agua del aguamanil, y la doncella del jabón le manoseó las barbas con tanta prisa, que levantó copos de nieve: no eran menos blancas las jabonaduras en las barbas que en todo el rostro, y hasta en los ojos del obediente caballero, de modo que se los hicieron cerrar por fuerza.

El Duque y la Duquesa, que nada sabían de esa burla, aguardaban en qué acabaría tan extraordinario lavatorio. La doncella barbera, cuando lo tuvo con un palmo de jabonadura, fingió que se había acabado el agua y mandó que fueran por más; y don Quijote quedaba esperando, con la figura más extraña y más a propósito para hacer reír que imaginarse puede.

Lo miraban todos los presentes, que eran muchos; y al verlo con media vara de cuello, no poco moreno, los ojos cerrados y las barbas llenas de jabón, fue cosa admirable que pudieran disimular la risa. Las doncellas de la burla tenían los ojos bajos, sin atreverse a mirar a sus señores; a estos les retozaban en el cuerpo la risa y la ira, y no sabían a qué acudir: si a castigar el atrevimiento de las muchachas o a premiarlas por el gusto de ver a don Quijote en aquel estado.

Al fin volvió la del aguamanil, acabaron de lavarlo, y luego la de las toallas lo secó y lo enjugó con toda calma. Y haciéndole las cuatro a la vez una gran reverencia, se disponían a irse; pero el Duque, para que don

Quijote no cayera en la cuenta de la burla, llamó a la de la fuente y le dijo:

—Vengan y lávenme a mí, y miren que no se les acabe el agua.

La muchacha, lista y diligente, llegó, puso la fuente al Duque como a don Quijote, y con prisa lo lavaron y jabonaron muy bien; y dejándolo limpio y seco, se fueron con reverencias. Después se supo que el Duque había jurado que, si a él no lo lavaban como a don Quijote, castigaría su descaro; y así, enmendaron el atrevimiento con haberle dado a él el mismo jabón.

Sancho estaba atento a las ceremonias del lavatorio, y dijo entre sí:

—¡Válgame Dios! ¿Será también costumbre en esta tierra lavar las barbas a los escuderos como a los caballeros? Porque, por Dios y por mi alma, bien lo necesito; y si me las afeitaran con navaja, lo tendría por gran favor.

—¿Qué dice entre dientes, Sancho? —preguntó la Duquesa.

—Digo, señora —respondió él—, que en las cortes de otros señores siempre he oído que, cuando quitan los manteles, dan agua a las manos, pero no lejía a las barbas; y por eso es bueno vivir mucho, para ver mucho. Aunque también dicen que quien larga vida vive, mucho mal ha de pasar; pero pasar por un lavatorio de estos, más que trabajo es gusto.

—No tenga pena, Sancho amigo —dijo la Duquesa—; que yo haré que mis doncellas lo laven, y hasta lo metan en colada, si hace falta.

—Con las barbas me conformo —respondió Sancho—, por ahora al menos; que con el tiempo, Dios dirá.

—Mire, maestresala —dijo la Duquesa— lo que pide el buen Sancho, y cúmplale la voluntad al pie de la letra.

El maestresala respondió que en todo se serviría al señor Sancho, y con eso se fue a comer, y se llevó consigo a Sancho; quedándose a la mesa los Duques y don Quijote, hablando de muchas y diversas cosas, pero todas tocantes al ejercicio de las armas y de la caballería andante.

La Duquesa rogó a don Quijote que delineara y describiera, pues parecía tener feliz memoria, la hermosura y las facciones de la señora Dulcinea del Toboso, que, según lo que la fama pregonaba de su belleza, tenía por cierto que debía de ser la criatura más hermosa del orbe, y aun de toda la Mancha. Suspiró don Quijote al oír lo que la Duquesa le pedía, y dijo:

—Si yo pudiera sacar mi corazón y ponerlo ante los ojos de Su Excelencia, aquí, sobre esta mesa y en un plato, le ahorraría el trabajo a mi lengua de decir lo que apenas se puede pensar, porque Su Excelencia la vería en él, toda retratada. Pero ¿para qué ponerme ahora a delinear y describir, punto por punto y parte por parte, la hermosura de la sin par Dulcinea, siendo carga digna de otros hombros, y no de los míos? Es empresa en que deberían ocuparse los pinceles de Parrasio, de Timantes y de Apeles, y los buriles de Lisipo, para pintarla y grabarla en tablas, en mármoles y en bronces; y la retórica ciceroniana y demosténica, para alabarla.

—¿Qué quiere decir "demosténica", señor don Quijote? —preguntó la Duquesa—. Es palabra que no le he oído en todos los días de mi vida.

—"Retórica demosténica" —respondió don Quijote— es lo mismo que decir "retórica de Demóstenes", como "ciceroniana", de Cicerón, que fueron los mayores retóricos del mundo.

—Así es —dijo el Duque—, y se ha dejado deslumbrar con esa pregunta. Pero, con todo eso, nos daría gran gusto el señor don Quijote si nos la pintara; que, a buen seguro, aunque fuera en simple trazo y bosquejo, ella saldría tal, que las más hermosas la envidiarían.

—Lo haría, por cierto —respondió don Quijote—, si no me la hubiera borrado de la idea la desgracia que le sucedió hace poco; que es tal, que más estoy para llorarla que para describirla. Porque deben saber Sus Excelencias que, yendo días pasados a besarle las manos y a recibir su bendición, beneplácito y licencia para esta tercera salida, hallé otra de la que buscaba: la hallé encantada y convertida de princesa en labradora, de hermosa en fea, de ángel en diablo, de olorosa en pestífera, de bien hablada en rústica, de reposada en brincadora, de luz en tinieblas y, finalmente, de Dulcinea del Toboso en una villana de Sayago.

—¡Válgame Dios! —dando una gran voz, dijo al instante el Duque—. ¿Quién ha sido el que tanto mal ha hecho al mundo? ¿Quién le ha quitado la belleza que lo alegraba, el donaire que lo entretenía y la honestidad que lo acreditaba?

—¿Quién? —respondió don Quijote—. ¿Quién puede ser sino algún maligno encantador de los muchos envidiosos que me persiguen? Esa raza maldita nació en el mundo para oscurecer y aniquilar las hazañas de los buenos, y para dar luz y levantar los hechos de los malos. Me han perseguido encantadores, me persiguen encantadores y me perseguirán encantadores hasta dar conmigo y con mis altas caballerías en el profundo abismo del olvido; y en esa parte me dañan y me hieren donde ven que más lo siento. Porque quitarle a un caballero andante su dama es quitarle los ojos con que mira, y el sol con que se alumbra, y el sustento con que se mantiene. Otras muchas veces lo he dicho, y ahora lo vuelvo a decir: el caballero andante sin dama es como el árbol sin hojas, el edificio sin cimiento, y la sombra sin cuerpo que la cause.

—No hay más que decir —dijo la Duquesa—; pero si, con todo eso, tenemos que dar crédito a la historia del señor don Quijote que de pocos días a esta parte ha salido a la luz del mundo, con general aplauso de las gentes, de ella se colige, si mal no recuerdo, que usted nunca ha visto a la señora Dulcinea, y que esa señora no existe, sino que es dama fantástica: usted la engendró en su entendimiento, y la pintó con todas aquellas gracias y perfecciones que quiso.

—En eso hay mucho que decir —respondió don Quijote—. Dios sabe si hay Dulcinea o no en el mundo, o si es fantástica o no lo es; y estas no son cosas cuya averiguación se deba llevar hasta el cabo. Ni yo engendré ni parí a mi señora, aunque la contemplo como conviene que sea una dama que contenga en sí las partes que puedan hacerla famosa entre todas las del mundo, como son: hermosa sin tacha, grave sin soberbia, amorosa con honestidad, agradecida por cortés, cortés por bien criada y, finalmente, alta por linaje, porque sobre la buena sangre resplandece y campea la hermosura con más grados de perfección que en las hermosas humildemente nacidas.

—Así es —dijo el Duque—; pero debe dar licencia el señor don Quijote para que diga lo que me obliga a decir la historia que he leído de sus hazañas. De ella se infiere que, aunque se conceda que hay Dulcinea en el Toboso, o fuera de él, y que sea hermosa en el sumo grado que usted nos la pinta, en lo de la alteza del linaje no corre parejas con las Orianas, con las Alastrajareas, con las Madásimas, ni con otras de ese jaez, de quien están llenas las historias que usted bien sabe.

—A eso puedo decir —respondió don Quijote— que Dulcinea es hija de sus obras, y que las virtudes adoban la sangre, y que más se debe estimar y tener un humilde virtuoso que un vicioso levantado. Y aun más: Dulcinea tiene un jirón que la puede llevar a ser reina de corona y cetro; porque el merecimiento de una mujer hermosa y virtuosa se extiende a hacer mayores milagros y, aunque no formalmente, sí virtualmente, encierra en sí grandes venturas.

—Digo, señor don Quijote —dijo la Duquesa—, que en todo cuanto usted dice va con pie de plomo y, como suele decirse, con la sonda en la mano. Y desde aquí en adelante creeré, y haré creer a todos los de mi casa, y aun al Duque mi señor, si hace falta, que hay Dulcinea en el Toboso, que vive hoy día, que es hermosa, bien nacida, y merecedora de que un caballero como el señor don Quijote la sirva. Eso es lo más que puedo encarecer. Pero no puedo dejar de formarme un escrúpulo, y tener cierto no sé qué de ojeriza contra Sancho Panza: el escrúpulo es que dice la historia que Sancho halló a esa Dulcinea cuando, de parte de usted, le llevó una carta, ahechando un costal de trigo; y, por más señas, dice que era rubión. Eso me hace dudar de la alteza de su linaje.

A lo que respondió don Quijote:

—Señora mía, debe saber Su Excelencia que todas o las más cosas que a mí me suceden van fuera de los términos ordinarios de las que a otros caballeros andantes les acontecen, ya sean guiadas por el querer inescrutable de los hados, ya vengan trazadas por la malicia de algún encantador envidioso. Y como ya es cosa averiguada que todos o los más caballeros andantes y famosos tienen alguna gracia particular —uno, la de no poder ser encantado; otro, la de ser de carnes tan impenetrables que no puedan herirlo, como lo fue el famoso Roldán, uno de los doce Pares de Francia, de quien se cuenta que no podía ser herido sino por la planta del pie izquierdo, y eso con la punta de un alfiler grueso, y no con otra suerte de arma—, así, cuando Bernardo del Carpio lo mató en Roncesvalles, al ver que no podía dañarlo con hierro, lo levantó del suelo entre los brazos y lo ahogó, acordándose entonces de la muerte que Hércules dio a Anteo, aquel feroz gigante que decían ser hijo de la Tierra.

—Quiero inferir de lo dicho que podría ser que yo tuviera alguna gracia de estas; no la de no poder ser herido, porque muchas veces la experiencia me ha mostrado que soy de carnes blandas y nada impenetrables; ni la de no poder ser encantado, porque ya me vi metido en una jaula, donde nadie habría podido encerrarme si no hubiera sido a fuerza de encantamientos. Pero, pues de aquella me libré, quiero creer que no habrá otro que me estorbe. Y así, viendo esos encantadores que con mi persona no pueden usar de sus malas mañas, se vengan en las cosas que más quiero: quieren quitarme la vida maltratando la de Dulcinea, por quien yo vivo.

—Y así, creo que cuando mi escudero le llevó mi embajada, la convirtieron en villana y ocupada en tan bajo ejercicio como es el de ahechar trigo. Pero ya tengo dicho que aquel trigo ni era rubión ni trigo, sino granos de perlas orientales. Y para prueba de esta verdad quiero decir a Sus Excelencias cómo, viniendo hace poco por el Toboso, jamás pude hallar los palacios de Dulcinea; y que otro día, habiéndola visto Sancho en su misma figura —que es la más bella del orbe—, a mí me pareció una labradora tosca y fea, y nada bien hablada, siendo ella la discreción del mundo. Y pues yo no estoy encantado, ni lo puedo estar, según buen discurso, ella es la encantada, la ofendida, la mudada, cambiada, trocada y trastocada. En ella se han vengado de mí mis enemigos, y por ella viviré yo en perpetuas lágrimas, hasta verla en su antiguo estado.

—Todo esto lo digo para que nadie repare en lo que Sancho dijo del cernido ni del ahecho de Dulcinea: si a mí me la mudaron, no es maravilla que a él se la cambiaran. Dulcinea es principal y bien nacida, y de los linajes hidalgos que hay en el Toboso —que son muchos, antiguos y muy buenos—, a buen seguro que no le toca poca parte a la sin par Dulcinea; por ella su lugar será famoso y nombrado en los siglos venideros, como lo fue Troya por Elena, y España por la Cava, aunque con mejor título y fama.

—Por otra parte, quiero que entiendan Sus Señorías que Sancho Panza es uno de los escuderos más graciosos que jamás sirvió a caballero andante. Tiene a veces unas simplezas tan agudas, que pensar si es simple o agudo da no pequeño contento. Tiene malicias que lo condenan por bellaco, y descuidos que lo confirman por bobo. Duda de todo y lo cree todo. Cuando pienso que se va a despeñar de tonto, sale con unas discreciones que lo levantan al cielo. Finalmente, yo no lo cambiaría por otro escudero, aunque me dieran de añadidura una ciudad.

—Y así, estoy en duda si será bien enviarlo al gobierno con que Su Excelencia le ha hecho merced; aunque le veo cierta aptitud para gobernar, que, afinándole un poco el entendimiento, saldría bien de cualquier gobierno, como el rey con sus alcabalas. Y más, que por muchas experiencias sabemos que no se necesita ni mucha habilidad ni muchas letras para ser gobernador, pues hay por ahí cien que apenas saben leer y gobiernan como unos gerifaltes. El toque está en que tengan buena intención y deseen acertar: nunca les faltará quien los aconseje y encamine, como a los gobernadores caballeros y no letrados, que sentencian con asesor.

—Yo le aconsejaría que no tome cohecho ni pierda derecho, y otras cosillas que me quedan en el estómago, y saldrán a su tiempo, para utilidad de Sancho y provecho de la ínsula que gobierne.

A este punto llegaban en su conversación el Duque, la Duquesa y don Quijote, cuando oyeron muchas voces y gran rumor de gente en el palacio; y de pronto entró Sancho en la sala, todo asustado, con un cernadero a modo de babero, y tras él muchos mozos —o, mejor dicho, pícaros de cocina— y otra gente menuda. Uno traía un artesón de agua que, por el color y la poca limpieza, mostraba ser de fregar; lo seguía quien llevaba la artesa, y procuraba con gran prisa ponérsela y encajársela debajo de las barbas; y otro pícaro daba señales de querer lavárselas.

—¿Qué es esto, hermanos? —preguntó la Duquesa—. ¿Qué quieren de ese buen hombre? ¿Cómo no consideran que está electo gobernador?

A lo que respondió el pícaro barbero:

—Este señor no quiere dejarse lavar, como es costumbre, y como se lavaron el Duque mi señor y su amo.

—Sí quiero —respondió Sancho con mucha cólera—; pero quisiera que fuera con toallas más limpias, con lejía más clara y con manos no tan sucias. No hay tanta diferencia entre mi amo y yo como para que a él lo laven con agua de ángeles y a mí con lejía de diablos. Las costumbres de las tierras y de los palacios de los príncipes son buenas mientras no dan pesadumbre; pero esta costumbre del lavatorio que se usa aquí es peor que la de disciplinantes. Yo estoy limpio de barbas y no necesito semejantes refrigerios; y a quien se acerque a lavarme o a tocarme un pelo de la cabeza —quiero decir, de la barba—, hablando con el debido respeto, le daré tal puñetazo que le deje el puño engastado en los cascos. Estas ceremonias y jabonaduras parecen más burlas que agasajos de huéspedes.

La Duquesa se moría de risa al ver la cólera y oír las razones de Sancho; pero a don Quijote no le dio gusto verlo tan mal aliñado con la jaspeada toalla y tan rodeado de entretenidos de cocina. Y así, haciendo una profunda reverencia a los Duques, como pidiéndoles licencia para hablar, con voz reposada dijo a la canalla:

—Hola, señores: dejen al muchacho, y vuelvan por donde vinieron, o por otra parte, si se les antoja. Mi escudero está tan limpio como cualquiera, y esas artesillas son para él búcaros estrechos y penosos. Tomen mi consejo y déjenlo; porque ni él ni yo estamos para burlas.

Sancho le tomó la palabra y prosiguió:

—¡No, si ahora van a venir a burlarse del más bobo, que así lo aguantaré, como ahora es de noche! Traigan aquí un peine, o lo que quieran, y arréglenme estas barbas; y si sacan de ellas algo que ofenda la limpieza, que me trasquilen en cruz.

A esa sazón, sin dejar la risa, dijo la Duquesa:

—Sancho Panza tiene razón en todo cuanto ha dicho, y la tendrá en todo cuanto diga. Él es limpio y, como dice, no necesita lavarse; y si nuestra costumbre no le contenta, allá él. Y, además, ustedes, ministros de la limpieza, han sido demasiado remisos y descuidados; y no sé si decir atrevidos, al traer para tal personaje y tales barbas, en lugar de fuentes y aguamaniles de oro puro y toallas alemanas, artesillas y dornajos de palo y rodillas de aparador. Pero, en fin, son malos y mal nacidos, y no pueden dejar, como malandrines que son, de mostrar la ojeriza que tienen contra los escuderos de los caballeros andantes.

Creyeron los pícaros ministros —y aun el maestresala que venía con ellos— que la Duquesa hablaba de veras; y así, le quitaron el cernadero del pecho a Sancho, y, todos confundidos y casi corridos, se fueron y lo dejaron.

Sancho, viéndose fuera de aquel, a su parecer, sumo peligro, fue a arrodillarse ante la Duquesa, y dijo:

—De grandes señoras se esperan grandes mercedes; la que usted me ha hecho hoy no puede pagarse sino deseando verme armado caballero andante para ocuparme todos los días de mi vida en servir a tan alta señora. Labrador soy, Sancho Panza me llamo; casado soy, hijos tengo, y de escudero sirvo. Si con alguna de estas cosas puedo servirla, menos tardaré yo en obedecer que usted en mandar.

—Bien se ve, Sancho —respondió la Duquesa—, que ha aprendido cortesía en la escuela de la misma cortesía. Bien se ve, quiero decir, que se crio a los pechos del señor don Quijote, que debe de ser la nata de los buenos modos y la flor de las ceremonias, o "cirimonias", como usted dice. Dichoso tal señor y tal criado: el uno, por norte de la caballería andante; y el otro, por estrella de la fidelidad escuderil. Levántese, Sancho amigo; que yo pagaré sus cortesías haciendo que el Duque, mi señor, lo más pronto que pueda, cumpla la merced prometida del gobierno.

Con esto cesó la plática; don Quijote se fue a reposar la siesta, y la Duquesa pidió a Sancho que, si no tenía muchas ganas de dormir, fuera a pasar la tarde con ella y con sus doncellas en una sala muy fresca. Sancho respondió que, aunque era verdad que tenía por costumbre dormir cuatro o cinco horas las siestas del verano, por servirla procuraría con todas sus fuerzas no dormir aquel día, y que iría obediente a su mandado; y se fue.

El Duque dio nuevas órdenes para que trataran a don Quijote como a caballero andante, sin apartarse un punto del estilo con que cuentan que trataban a los antiguos caballeros.

CAPÍTULO XXXIII: DE LA SABROSA PLÁTICA QUE LA DUQUESA Y SUS DONCELLAS PASARON CON SANCHO PANZA, DIGNA DE QUE SE LEA Y DE QUE SE NOTE

Cuenta, pues, la historia que Sancho no durmió aquella siesta, sino que, por cumplir su palabra, después de comer fue a ver a la Duquesa. Ella, con el gusto que tenía de oírlo, le hizo sentar junto a sí en una silla baja, aunque Sancho, por puro bien criado, no quería sentarse. Pero la Duquesa le dijo que se sentara como gobernador y hablara como escudero, pues por una y otra cosa merecía el mismo escaño del Cid Ruy Díaz Campeador. Encogió Sancho los hombros, obedeció y se sentó, y todas las doncellas y dueñas de la Duquesa lo rodearon atentas, en grandísimo silencio, para escuchar lo que diría. Pero la Duquesa fue la que habló primero, diciendo:

—Ahora que estamos solos, y que aquí no nos oye nadie, quisiera yo que el señor gobernador me despejara ciertas dudas que tengo, nacidas de la historia del gran don Quijote que anda ya impresa. Una de esas dudas es esta: pues el buen Sancho nunca vio a Dulcinea —quiero decir, a la señora Dulcinea del Toboso— ni le llevó la carta de don Quijote, porque se quedó en el libro de memoria en Sierra Morena, ¿cómo se atrevió a fingir la respuesta, y aquello de que la halló ahechando trigo, siendo todo burla y mentira, y tan en daño de la buena opinión de la sin par Dulcinea, y cosas todas que no vienen bien con la calidad y fidelidad de los buenos escuderos?

A estas razones, sin responder palabra, Sancho se levantó de la silla y, con pasos quedos, el cuerpo agobiado y el dedo sobre los labios, anduvo por toda la sala levantando los doseles; y luego, hecho esto, volvió a sentarse y dijo:

—Ahora, señora mía, que he visto que no nos escucha nadie a escondidas, fuera de los que están aquí presentes, sin temor ni sobresalto responderé a lo que se me ha preguntado y a todo lo que se me pregunte. Y lo primero que digo es que yo tengo a don Quijote por loco rematado, aunque algunas veces dice cosas que, a mi parecer —y aun al de todos los que lo escuchan—, son tan discretas y por tan buen camino encaminadas, que el mismo Satanás no las podría decir mejores. Pero, con todo eso, verdaderamente y sin escrúpulo, a mí se me ha metido en la cabeza que es un mentecato. Pues como yo tengo esto en el magín, me atrevo a hacerle creer lo que no tiene pies ni cabeza, como fue lo de la respuesta de la carta y lo de hace seis o ocho días, que todavía no está en la historia: quiero decir, lo del encanto de mi señora Dulcinea, que le he dado a entender que está encantada, no siendo más verdad que por los cerros de Úbeda.

La Duquesa le rogó que le contara aquel encantamiento o burla, y Sancho se lo contó todo del mismo modo que había pasado; de lo cual no poco gusto recibieron los oyentes. Y, prosiguiendo en su plática, dijo la Duquesa:

—De lo que el buen Sancho me ha contado, me anda brincando un escrúpulo en el alma, y un cierto susurro llega a mis oídos que me dice: "Pues don Quijote de la Mancha es loco, menguado y mentecato, y Sancho Panza, su escudero, lo conoce, y con todo eso le sirve, lo sigue y se aferra a sus vanas promesas, sin duda Sancho debe de ser más loco y tonto que su amo; y siendo esto así, como lo es, mal contado te será, señora Duquesa, si le das ínsula que gobierne, porque el que no sabe gobernarse a sí, ¿cómo sabrá gobernar a otros?"

—Por Dios, señora —dijo Sancho—, ese escrúpulo viene con parto derecho. Pero dígale usted que hable claro, o como quiera, que yo conozco que dice verdad: si yo fuera discreto, hace días que habría dejado a mi amo. Pero esta fue mi suerte y esta mi desventura. No puedo más: tengo que seguirlo. Somos del mismo lugar; he comido su pan; le tengo cariño; es agradecido; me dio sus pollinos; y, sobre todo, yo soy fiel. Así que es imposible que nos aparte otro suceso que el de la pala y el azadón.

—Y si Su Excelencia no quiere que se me dé el gobierno prometido, menos me hizo Dios, y podría ser que el no dármelo redundara en bien de mi conciencia; porque, aunque soy tonto, entiendo aquel refrán de "por su mal le nacieron alas a la hormiga". Y aun podría ser que Sancho escudero se fuera más pronto al cielo que Sancho gobernador. Tan buen pan se hace aquí como en Francia; y de noche todos los gatos son pardos; y bien desdichada es la persona que a las dos de la tarde no se ha desayunado; y no hay estómago que sea un palmo mayor que otro: todos se pueden llenar, como suele decirse, de paja o de heno.

—Y las avecitas del campo tienen a Dios por su proveedor y despensero; y más calientan cuatro varas de paño de Cuenca que otras cuatro de "límiste" de Segovia; y al dejar este mundo y meternos tierra adentro, por tan estrecha senda va el príncipe como el jornalero; y no ocupa más pies de tierra el cuerpo del Papa que el del sacristán, aunque sea más alto el uno que el otro. Porque al entrar en el hoyo todos nos ajustamos y encogemos, o nos hacen ajustar y encoger, aunque no queramos.

—Y vuelvo a decir: si Su Señoría no quiere darme la ínsula por tonto, yo sabré no darme nada por discreto. Y he oído decir que detrás de la cruz está el diablo, y que no es oro todo lo que reluce; y que de entre los bueyes, arados y coyundas sacaron al labrador Wamba para hacerlo rey de España, y de entre los brocados, pasatiempos y riquezas sacaron a Rodrigo para que se lo comieran las culebras, si es que las coplas de los romances antiguos no mienten.

—¡Y claro que no mienten! —dijo en esto doña Rodríguez, la dueña, que era una de las que escuchaban—. Que hay un romance que dice que metieron al rey Rodrigo, vivo, vivo, en una tumba llena de sapos, culebras y lagartos, y que a los dos días dijo el Rey desde dentro de la tumba, con voz doliente y baja:

Ya me comen, ya me comen
por donde más pecado había.

Y según eso, mucha razón tiene este señor en decir que prefiere ser labrador antes que rey, si lo han de comer sabandijas.

La Duquesa no pudo contener la risa al oír la simpleza de su dueña, ni dejó de admirarse al oír las razones y refranes de Sancho. Y le dijo:

—Ya sabe el buen Sancho que lo que una vez promete un caballero, procura cumplirlo, aunque le cueste la vida. El Duque, mi señor y marido, aunque no es de los andantes, no por eso deja de ser caballero; así que cumplirá su palabra de la ínsula prometida, a pesar de la envidia y de la malicia del mundo. Esté Sancho de buen ánimo: cuando menos lo piense se verá sentado en la silla de su ínsula y en la de su estado, y empuñará su gobierno, que con otro de brocado de tres altos lo deseche.

—Lo que le encargo es que mire cómo gobierna a sus vasallos, advirtiendo que todos son leales y bien nacidos.

—Eso de gobernarlos bien —respondió Sancho— no hace falta encargármelo, porque yo soy caritativo por naturaleza y tengo compasión de los pobres. Y a quien cuece y amasa, no le hurte la hogaza. Y, por mi palabra, no me van a echar dado falso: soy perro viejo, entiendo el "tus, tus", sé avivarme a su tiempo, y no consiento que me hagan pasar musarañas delante de los ojos, porque sé dónde me aprieta el zapato. Lo digo porque los buenos tendrán conmigo mano y acogida, y los malos, ni pie ni entrada.

—Y me parece a mí que en esto de los gobiernos todo es empezar; y podría ser que a los quince días de gobernador me comiera las manos tras el oficio y supiera más de él que de la labor del campo, en que me crie.

—Usted tiene razón, Sancho —dijo la Duquesa—; que nadie nace enseñado, y de los hombres se hacen los obispos, no de las piedras. Pero, volviendo a lo que tratábamos del encanto de Dulcinea, tengo por cosa cierta y más que averiguada que aquella ocurrencia que Sancho tuvo de burlar a su señor y hacerle creer que la labradora era Dulcinea, y que, si él no la conocía, sería por estar encantada, todo fue invención de alguno de los encantadores que persiguen a don Quijote.

—Porque real y verdaderamente yo sé, de buena parte, que la villana que dio el brinco sobre la pollina era y es Dulcinea del Toboso; y que el buen Sancho, pensando ser el engañador, es el engañado. No hay que poner más duda en esta verdad que en las cosas que nunca vimos. Y sepa Sancho Panza que también tenemos aquí encantadores que nos aprecian, y nos dicen lo que pasa por el mundo pura y sencillamente, sin enredos ni trampas. Créame: la villana brincadora era y es Dulcinea del Toboso, que está encantada como la madre que la parió; y cuando menos lo pensemos la veremos en su propia figura, y entonces Sancho saldrá del engaño en que vive.

—Bien puede ser todo eso —dijo Sancho Panza—. Y ahora quiero creer lo que mi amo cuenta de lo que vio en la cueva de Montesinos, donde dice que vio a Dulcinea del Toboso con el mismo traje y hábito que yo dije que la vi cuando la "encanté", por puro capricho mío. Y todo debió de ser al revés, como usted dice, señora mía, porque de mi ruin ingenio no se puede ni debe presumir que fabricara en un instante un embuste tan agudo; ni creo yo que mi amo sea tan loco como para creer, con una persuasión tan flaca y magra como la mía, cosa tan fuera de toda medida.

—Pero, señora, no por eso será bien que su bondad me tenga por malintencionado: un pobre hombre como yo no está obligado a perforar los pensamientos y malicias de los peores encantadores. Yo fingí aquello por escaparme de las riñas de don Quijote, y no con intención de ofenderlo; y si salió al revés, Dios está en el cielo, que juzga los corazones.

—Así es la verdad —dijo la Duquesa—; pero dígame ahora, Sancho, qué es eso que dice de la cueva de Montesinos, que me gustaría saberlo.

Entonces Sancho Panza le contó punto por punto lo que queda dicho acerca de aquella aventura. Oyéndolo, la Duquesa dijo:

—De ese suceso se puede inferir que, pues don Quijote dice que vio allí a la misma labradora que Sancho vio a la salida del Toboso, sin duda es Dulcinea, y que los encantadores andan muy listos y demasiado curiosos.

—Eso digo yo —dijo Sancho Panza—: que si Dulcinea del Toboso está encantada, es para su daño; que yo no voy a pelearme con los enemigos de mi amo, que deben de ser muchos y malos. Lo cierto es que la que yo vi era una labradora, por labradora la tuve y por tal la juzgué; y si aquella era Dulcinea, no me toca a mí cargar con eso, ni me lo van a echar a cuestas.

—No faltaba más que anden a cada rato conmigo de "Sancho lo dijo, Sancho lo hizo, Sancho volvió y Sancho regresó", como si Sancho fuera alguien importante, y no fuera el mismo Sancho Panza que ya anda en libros por ese mundo, según me dijo Sansón Carrasco, que, por lo menos, es bachiller por Salamanca; y los tales no pueden mentir… si no es cuando se les antoja o les conviene.

—Así que nadie se tome conmigo. Y pues tengo buena fama, y según oí decir a mi amo, más vale el buen nombre que muchas riquezas, encájenme ese gobierno y verán maravillas: que quien ha sido buen escudero será buen gobernador.

—Todo cuanto ha dicho aquí el buen Sancho —dijo la Duquesa— son sentencias catonianas, o, por lo menos, sacadas de las entrañas del mismo Micael Verino: florentibus occidit annis. En fin, en fin, hablando a su modo, debajo de mala capa suele haber buen bebedor.

—En verdad, señora —respondió Sancho—, que en mi vida he bebido de malicia; con sed, bien podría ser, porque no tengo nada de hipócrita. Bebo cuando tengo ganas, y cuando no las tengo, y cuando me lo dan, por no parecer melindroso ni mal criado; que ante un brindis de un amigo, ¿qué corazón ha de haber tan de mármol que no cumpla? Pero aunque las calzo, no las ensucio. Y además, los escuderos de los caballeros andantes casi siempre beben agua, porque andan por bosques, selvas y prados, montañas y riscos, sin hallar una gota de vino, aunque dieran por ella un ojo.

—Yo lo creo —respondió la Duquesa—. Y por ahora, váyase Sancho a reposar, que después hablaremos más largo y daremos orden para que vaya pronto a encajarse —como usted dice— ese gobierno.

Sancho le besó de nuevo las manos a la Duquesa, y le suplicó que mandara cuidar bien de su rucio, porque era la luz de sus ojos.

—¿Qué rucio es este? —preguntó la Duquesa.

—Mi asno —respondió Sancho—, que por no nombrarlo con ese nombre, lo llamo "el rucio". Y a esta señora dueña le rogué, cuando entré en este castillo, que se ocupara de él; y se alteró como si yo le hubiera dicho que era fea o vieja, siendo más propio y natural de las dueñas cuidar jumentos que andar autorizando salas. ¡Ay, Dios, y cuán mal se llevaba con estas señoras un hidalgo de mi lugar!

—Sería algún villano —dijo doña Rodríguez, la dueña—; que si hubiera sido hidalgo y bien nacido, las habría puesto sobre el cuerno de la luna.

—Ahora bien —dijo la Duquesa—, no haya más. Calle doña Rodríguez, y sosiéguese el señor Panza. El regalo del rucio queda a mi cargo; que por ser alhaja de Sancho, yo lo pondré sobre las niñas de mis ojos.

—En la caballeriza basta que esté —respondió Sancho—; que sobre las niñas de los ojos de Su Excelencia, ni él ni yo somos dignos de estar un momento, y así lo consentiría yo como dejarme dar puñaladas. Porque aunque dice mi amo que en las cortesías es mejor pasarse que quedarse corto, en lo de jumentos y niñas hay que ir con el compás en la mano y con medida.

—Llévelo —dijo la Duquesa— al gobierno, y allá lo podrá regalar como quiera, y hasta jubilarlo del trabajo.

—No crea Su Excelencia que ha dicho mucho —dijo Sancho—; que yo he visto ir más de dos asnos a los gobiernos, y que lleve yo el mío no sería cosa nueva.

Las razones de Sancho renovaron en la Duquesa la risa y el contento; y enviándolo a reposar, ella fue a contar al Duque lo que había pasado. Entre los dos trazaron y ordenaron hacerle a don Quijote una burla que fuera famosa y que cuadrara con el estilo caballeresco; y en eso le

hicieron muchas tan propias y discretas, que son de las mejores aventuras
que en esta gran historia se contienen.

CAPÍTULO XXXIV: QUE CUENTA DE LA NOTICIA QUE SE TUVO DE CÓMO SE HABÍA DE DESENCANTAR LA SIN PAR DULCINEA DEL TOBOSO, QUE ES UNA DE LAS AVENTURAS MÁS FAMOSAS DESTE LIBRO

Grande era el gusto que recibían el Duque y la Duquesa con la conversación de don Quijote y la de Sancho Panza; y, afirmándose en la intención que tenían de hacerles algunas burlas que llevaran visos y apariencias de aventuras, tomaron motivo de la que don Quijote ya les había contado sobre la cueva de Montesinos para armarle otra que fuera famosa. Pero de lo que más se admiraba la Duquesa era que la simpleza de Sancho fuera tanta, que hubiera llegado a creer como verdad infalible que Dulcinea del Toboso estaba encantada, siendo él mismo el encantador y el embustero de aquel negocio.

Y así, habiendo dado orden a sus criados de todo lo que habían de hacer, a los seis días lo llevaron a una caza de montería, con tanto aparato de monteros y cazadores como pudiera llevar un rey coronado. Le dieron a don Quijote un vestido de monte y a Sancho otro verde, de finísimo paño; pero don Quijote no quiso ponérselo, diciendo que al día siguiente había de volver al duro ejercicio de las armas y que no podía llevar consigo guardarropas ni reposterías. Sancho sí aceptó el que le dieron, con intención de venderlo en la primera ocasión que pudiera.

Llegado, pues, el día esperado, don Quijote se armó, Sancho se vistió y, encima de su rucio —que no quiso dejar, aunque le ofrecían un caballo—, se metió entre la tropa de los monteros. La Duquesa salió gallardamente ataviada, y don Quijote, por puro cortés y comedido, tomó la rienda de su palafrén, aunque el Duque no quería consentirlo. Y finalmente llegaron a un bosque que estaba entre dos altísimas montañas, donde, tomados los puestos, las paradas y las veredas, y repartida la gente por distintos lugares, se comenzó la caza con gran estruendo, grita y vocería, de manera que unos a otros no podían oírse, tanto por el ladrido de los perros como por el sonido de las bocinas.

La Duquesa se apeó y, con un agudo venablo en las manos, se puso en un puesto por donde sabía que solían venir algunos jabalíes. También se apearon el Duque y don Quijote, y se pusieron a sus lados. Sancho se quedó detrás de todos, sin apearse del rucio, a quien no se atrevía a dejar solo, por miedo de que le sucediera algún desmán. Y apenas habían puesto el pie en tierra y se habían formado en fila con otros muchos criados, cuando, acosado de los perros y seguido de los cazadores, vieron que hacia ellos venía un desmesurado jabalí, crujiendo dientes y colmillos y arrojando espuma por la boca.

Al verlo, don Quijote embrazó el escudo, puso mano a la espada y se adelantó a recibirlo. Lo mismo hizo el Duque con su venablo. Y la Duquesa se habría adelantado a todos, si el Duque no se lo hubiera impedido. Solo Sancho, en cuanto vio al fiero animal, abandonó al rucio y echó a correr cuanto pudo; y, procurando subirse a una alta encina, no le fue posible: estando ya a la mitad, agarrado de una rama, intentando subir a la cima, fue tan corto de ventura y tan desgraciado, que la rama se desgajó, y al caer quedó suspendido en el aire, enganchado en una punta de la encina, sin poder llegar al suelo. Y viéndose así, y viendo que el sayo verde se le rasgaba, y pareciéndole que si el animal llegaba allí podía alcanzarlo, empezó a dar tantos gritos y a pedir socorro con tanta fuerza, que todos los que lo oían y no lo veían creyeron que estaba entre los dientes de alguna fiera.

Finalmente, el jabalí quedó atravesado por las cuchillas de muchos venablos que se le pusieron delante. Y volviendo don Quijote la cabeza hacia los gritos de Sancho —que ya por ellos lo había reconocido— lo vio colgando de la encina, cabeza abajo, y al rucio junto a él, que no lo había abandonado en su calamidad. Y dice Cide Hamete que pocas veces vio a Sancho Panza sin ver al rucio, ni al rucio sin ver a Sancho: tal era la amistad y buena fe que entre los dos se guardaban.

Llegó don Quijote y descolgó a Sancho; y él, viéndose libre y en el suelo, miró lo desgarrado del sayo de monte y le pesó en el alma, porque pensó que en aquel vestido tenía un mayorazgo. En esto, atravesaron al jabalí poderoso sobre una acémila y, cubriéndolo con matas de romero y ramas de mirto, lo llevaron, como señal de victoriosos despojos, a unas grandes tiendas de campaña puestas en mitad del bosque, donde hallaron las mesas en orden y la comida preparada, tan suntuosa y abundante, que se veía claramente la grandeza y magnificencia de quien la daba.

Sancho, mostrando a la Duquesa las "llagas" de su vestido roto, dijo:

—Si esta caza fuera de liebres o de pajarillos, seguro estaría mi sayo de verse en este extremo. Yo no sé qué gusto se saca de esperar a un animal que, si los alcanza con un colmillo, les puede quitar la vida. Yo me acuerdo de haber oído cantar un romance antiguo que dice:

"De los osos seas comido,
como Favila el nombrado."

—Ese fue un rey godo —dijo don Quijote—, que yendo a caza de montería, se lo comió un oso.

—Eso es lo que yo digo —respondió Sancho—: que no quisiera yo que príncipes y reyes se pusieran en semejantes peligros, a cambio de un gusto que no parece que lo sea, pues consiste en matar a un animal que no ha cometido delito alguno.

—Antes se engaña, Sancho —respondió el Duque—; porque el ejercicio de la caza de monte es el más conveniente y necesario para reyes y príncipes, más que ningún otro. La caza es imagen de la guerra: hay en ella estratagemas, astucias e insidias para vencer sin riesgo al enemigo. Se padecen fríos grandísimos y calores intolerables; se disminuye el ocio y el sueño; se fortalecen las fuerzas, se agilizan los miembros de quien la practica; y, en conclusión, es ejercicio que puede hacerse sin perjuicio de nadie y con gusto de muchos. Y lo mejor que tiene es que no es para todos, como lo son otros géneros de caza, excepto la volatería, que también es solo para reyes y grandes señores. Así que, Sancho, cambie de opinión: cuando sea gobernador, ocúpese en la caza y verá cómo le vale un pan por ciento.

—Eso no —respondió Sancho—: el buen gobernador, la pierna quebrada y en casa. ¡Bueno sería que vinieran los negociantes a buscarlo cansados y él estuviera en el monte, entreteniéndose! Así, en mala hora andaría el gobierno. A fe mía, señor, la caza y los pasatiempos han de ser más para los holgazanes que para los gobernadores. En lo que yo pienso entretenerme es en jugar al triunfo con envite en Pascuas, y a los bolos los domingos y fiestas; que esas cazas ni "cazos" no van con mi condición, ni cuadran con mi conciencia.

—Plegue a Dios, Sancho, que así sea —dijo el Duque—; porque del dicho al hecho hay gran trecho.

—Pase lo que pase —replicó Sancho—; que al buen pagador no le duelen prendas, y más vale a quien Dios ayuda que a quien mucho madruga, y tripas llevan pies, que no pies a tripas. Quiero decir que si Dios me ayuda, y yo hago lo que debo con buena intención, sin duda gobernaré mejor que un gerifalte. ¡No, si pónganme el dedo en la boca y verán si aprieto o no!

—¡Maldito seas de Dios y de todos sus santos, Sancho maldito! —dijo don Quijote—. ¿Cuándo será el día, como otras muchas veces he dicho, en que te vea hablar una razón seguida y concertada, sin refranes? Dejen a este tonto, señores míos, que les molerá el alma, no solo con dos, sino con dos mil refranes, traídos tan a tiempo como Dios le dé a él salud, o a mí paciencia para escucharlos.

—Los refranes de Sancho Panza —dijo la Duquesa—, aunque son más que los del Comendador Griego, no por eso valen menos, por lo breve de sus sentencias. Por mi parte sé decir que me dan más gusto que otros, aunque vengan mejor traídos y con más sazón acomodados.

Con estos y otros entretenidos razonamientos salieron de la tienda al bosque, y en recorrer algunas paradas y puestos se les pasó el día y se les vino la noche, no tan clara ni tan serena como la estación pedía, pues era mitad del verano. Pero un cierto claroscuro que traía consigo ayudó mucho a la intención de los Duques. Y así, apenas empezó a anochecer —un poco más allá del crepúsculo—, de repente pareció que todo el bosque ardía por las cuatro partes, y luego se oyeron por aquí y por allí, por acá y por allá, infinitas cornetas y otros instrumentos de guerra, como de muchas tropas de caballería que atravesaban el bosque.

La luz del fuego y el son de los instrumentos bélicos casi cegaron y ensordecieron los ojos y los oídos de los presentes, y aun de todos los que estaban en el bosque. Luego se oyeron infinitos "lelilíes", al modo de los moros cuando entran en batalla; sonaron trompetas y clarines, retumbaron tambores, resonaron pífanos, casi todos a un tiempo, tan seguido y tan de prisa, que no habría sentido que no quedara sin él ante el son confuso de tantos instrumentos. El Duque quedó pasmado, la Duquesa suspensa, don Quijote admirado, Sancho Panza temblando; y, finalmente, hasta los mismos que sabían la causa se asustaron.

Con el temor les cayó el silencio. Y un postillón, vestido como demonio, pasó delante de ellos tocando a modo de corneta un hueco y desmesurado cuerno, que despedía un sonido ronco y espantoso.

—¡Hola, hermano correo! —dijo el Duque—. ¿Quién es usted, adónde va, y qué gente de guerra es la que parece que atraviesa este bosque?

A lo que respondió el correo con voz horrísona y desenfadada:

—Yo soy el Diablo. Voy a buscar a don Quijote de la Mancha. La gente que viene por aquí son seis tropas de encantadores, que en un carro triunfante traen a la sin par Dulcinea del Toboso. Viene encantada con el gallardo francés Montesinos, a dar orden a don Quijote de cómo ha de ser desencantada.

—Si usted fuera diablo, como dice y como su figura muestra —dijo el Duque—, ya habría conocido a don Quijote de la Mancha, pues lo tiene delante.

—Por Dios y por mi conciencia —respondió el Diablo—, que no miraba en eso; traigo los pensamientos tan distraídos en tantas cosas, que se me olvidaba lo principal a lo que venía.

—Sin duda —dijo Sancho—, este demonio debe de ser hombre de bien y buen cristiano; porque si no lo fuera, no juraría "por Dios y por mi conciencia". Yo tengo para mí que aun en el mismo infierno debe de haber buena gente.

Luego el Demonio, sin apearse, fijando la vista en don Quijote, dijo:

—A usted, Caballero de los Leones —¡y entre sus garras lo vea yo!— me envía el desdichado pero valiente caballero Montesinos, mandándome que de su parte le diga que lo espere en el mismo lugar donde lo encuentre, porque trae consigo a la que llaman Dulcinea del Toboso, con orden de darle lo que es necesario para desencantarla. Y por no ser para más mi venida, tampoco será para más mi estancia: los demonios como yo queden con usted, y los ángeles buenos con estos señores.

Y diciendo esto, tocó el desaforado cuerno, volvió las espaldas y se fue, sin esperar respuesta de nadie.

De nuevo creció la admiración en todos, especialmente en Sancho y don Quijote: en Sancho, por ver que, a pesar de la verdad, querían hacerle creer que Dulcinea estaba encantada; y en don Quijote, por no poder asegurarse si era verdad o no lo que le había pasado en la cueva de Montesinos. Y estando absorto en esos pensamientos, el Duque le dijo:

—¿Piensa usted esperar, don Quijote?

—¿Pues no? —respondió él—. Aquí esperaré intrépido y fuerte, aunque me embistiera todo el infierno.

—Pues si yo veo otro diablo y oigo otro cuerno como el de antes, esperaré aquí lo mismo que en Flandes —dijo Sancho.

En esto, la noche se cerró más, y comenzaron a correr muchas luces por el bosque, como corren por el cielo esas exhalaciones secas de la tierra que parecen estrellas que van huyendo. Se oyó también un espantoso ruido, como el que hacen las ruedas macizas de los carros de bueyes: ese chirrido áspero y continuo del que se dice que huyen los lobos y los osos, si los hay por donde pasan.

Y a toda esta tempestad se añadió otra que la aumentó: parecía verdaderamente que en las cuatro partes del bosque se daban al mismo tiempo cuatro encuentros o batallas, porque en un lado sonaba el duro estruendo de espantosa artillería; en otro se disparaban infinitas escopetas; cerca se oían las voces de los combatientes; lejos se repetían los lililíes agarenos. Finalmente, cornetas, cuernos, bocinas, clarines, trompetas, tambores, artillería, arcabuces, y, sobre todo, el temeroso ruido de los carros, formaban juntos un son tan confuso y tan horrendo, que don Quijote tuvo que echar mano de todo su ánimo para sufrirlo; pero el de Sancho vino a tierra, y cayó desmayado en las faldas de la Duquesa. Ella lo recibió, y con gran prisa mandó que le echaran agua en el rostro. Así lo hicieron, y Sancho volvió en sí, justo a tiempo de que un carro de ruedas rechinantes llegara al puesto.

Lo tiraban cuatro bueyes perezosos, todos cubiertos de paramentos negros; en cada cuerno llevaban atada y encendida una gran hacha de cera. Encima del carro venía un asiento alto, sobre el cual iba sentado un venerable viejo con barba más blanca que la nieve y tan larga que le pasaba de la cintura. Vestía una ropa larga de negro bocací; y como el carro venía lleno de luces, se podía distinguir claramente todo lo que traía.

Lo guiaban dos feos demonios vestidos del mismo bocací, con rostros tan horribles, que Sancho, después de verlos una vez, cerró los ojos para no verlos otra. Llegando el carro a emparejar con el puesto, el viejo se levantó de su alto asiento y, puesto en pie, dando un gran vozarrón, dijo:

—Yo soy el sabio Lirgandeo.

Y el carro pasó adelante, sin decir más palabra.

Tras él pasó otro carro de la misma manera, con otro viejo entronizado. Hizo detener el carro y, con voz no menos grave que la del primero, dijo:

—Yo soy el sabio Alquife, el gran amigo de Urganda la Desconocida.

Y pasó adelante.

Luego, del mismo modo, llegó otro carro; pero el que venía sentado en el trono no era viejo como los demás, sino un hombrón robusto y de mala catadura. Al llegar, se levantó como los otros y dijo, con voz más ronca y más endiablada:

—Yo soy Arcaláus el encantador, enemigo mortal de Amadís de Gaula y de toda su parentela.

Y pasó adelante.

Poco desviados de allí se detuvieron estos tres carros, y cesó el enfadoso ruido de sus ruedas. Y luego se oyó otro… no ruido, sino un son de música suave y concertada; con lo cual Sancho se alegró y lo tuvo por buena señal, y así le dijo a la Duquesa, de quien ni un punto ni un paso se apartaba:

—Señora, donde hay música no puede haber cosa mala.

—Tampoco donde hay luces y claridad —respondió la Duquesa.

A lo que replicó Sancho:

—Luz da el fuego, y claridad las hogueras, como vemos en las que nos cercan, y bien podría ser que nos abrasaran. Pero la música siempre es indicio de regocijos y de fiestas.

—Ya se verá —dijo don Quijote, que lo escuchaba todo.

Y dijo bien, como se muestra en el capítulo siguiente.

CAPÍTULO XXXV: DONDE SE PROSIGUE LA NOTICIA QUE TUVO DON QUIJOTE DEL DESENCANTO DE DULCINEA, CON OTROS ADMIRABLES SUCESOS

Al compás de la agradable música vieron que hacia ellos venía un carro de los que llaman triunfales, tirado de seis mulas pardas, cubiertas, sin embargo, con lienzo blanco. Sobre cada una iba un penitente de luz, también vestido de blanco, con una gran hacha de cera encendida en la mano.

El carro era dos y aun tres veces mayor que los anteriores; y en los lados y encima de él iban doce penitentes, blancos como la nieve, todos con sus hachas encendidas: un espectáculo que admiraba y espantaba a la vez. En un trono levantado venía sentada una ninfa vestida con mil velos de tela de plata, y por todos ellos brillaban infinitas hojuelas de plata y oro, que la hacían, si no rica, al menos vistosamente vestida.

Llevaba el rostro cubierto con un cendal transparente y delicado, de modo que, sin impedirlo el tejido, se dejaba ver por entre él un hermosísimo rostro de doncella. Y las muchas luces daban lugar para distinguir la belleza y los años, que, al parecer, no llegaban a veinte ni bajaban de diecisiete.

Junto a ella venía una figura vestida con una ropa de las que llaman rozagantes, hasta los pies, y con la cabeza cubierta por un velo negro. Pero en cuanto el carro llegó a quedar frente al Duque, la Duquesa y don Quijote, cesó la música de las chirimías, y luego la de las arpas y laúdes que sonaban en el carro.

Entonces la figura se puso en pie, apartó los velos a ambos lados y, quitándose el velo del rostro, dejó ver con toda claridad que era la misma figura de la muerte: descarnada y fea. Don Quijote recibió con ello un gran disgusto, Sancho sintió miedo, y los Duques tuvieron un sobresalto.

Y esta muerte viva, ya en pie, con voz algo adormecida y con la lengua no muy despierta, comenzó a decir de esta manera:

—Yo soy Merlín, aquel que las historias
dicen que tuvo por padre al diablo
(mentira autorizada por los tiempos),
príncipe de lo mágico y monarca
y archivo de la ciencia zoroástrica,
rival de las edades y los siglos
que pretenden tapar las hazañas
de los bravos caballeros andantes,
a quienes tuve y tengo gran cariño.
Y aunque la condición de los encantadores,
de los magos, de los mágicos, suele ser
dura, áspera y severa,
la mía es tierna, blanda y amorosa,
amiga de hacer bien a toda gente.

En las cavernas lóbregas de Dite,
donde mi alma estaba entretenida
en formar ciertos rombos y caracteres,
llegó la voz doliente de la bella
y sin par Dulcinea del Toboso.
Supe su encantamiento y su desgracia,
y su transformación de gentil dama
en rústica aldeana; me dolió,
y encerrando mi espíritu en el hueco
de esta espantosa y fiera apariencia,
después de haber revuelto cien mil libros
de esta mi ciencia endemoniada y torpe,
vengo a dar el remedio que conviene
a tan gran dolor, a tan gran mal.

¡Oh tú, gloria y honor de cuantos visten
túnicas de acero y de diamante;
luz y farol, sendero, norte y guía
de quienes, dejando el torpe sueño
y las ociosas plumas, se disponen
a usar el ejercicio intolerable
de las sangrientas y pesadas armas!
A ti digo —oh varón como se debe,
jamás bastante alabado—, a ti, valiente

y discreto don Quijote,
esplendor de la Mancha, estrella de España:
para que recobre su estado primero
la sin par Dulcinea del Toboso,
hace falta que Sancho, tu escudero,
se dé tres mil azotes y trescientos
en ambas sus valientes posaderas,
al aire descubiertas, y de modo
que le escuezan, le amarguen y le enfaden.
Y en esto se resuelven cuantos han sido
autores de su desgracia.
Y a esto vengo, señores.

—¡Voto a tal! —dijo entonces Sancho—. No digo yo tres mil azotes: ¡yo no me daría ni tres, como si fueran tres puñaladas! ¡Que el diablo se lleve ese modo de desencantar! Yo no sé qué tienen que ver mis posaderas con encantos. ¡Por Dios, que si el señor Merlín no ha hallado otro camino para desencantar a la señora Dulcinea del Toboso, encantada podrá irse a la sepultura!

—Te voy a agarrar yo —dijo don Quijote—, villano, harto de ajos, y te voy a amarrar a un árbol, desnudo como tu madre te parió. Y no digo yo tres mil y trescientos: seis mil y seiscientos azotes te daré, tan bien dados, que no se te caigan a tres mil y trescientos tirones. Y no me respondas palabra, que te arrancaré el alma.

Oyendo esto, Merlín dijo:

—No ha de ser así; porque los azotes que ha de recibir el buen Sancho han de ser por su voluntad, y no por fuerza, y en el tiempo que él quiera. No se le señala plazo. Pero se le permite que, si quiere redimir su vergüenza por la mitad de este castigo, pueda dejar que se los dé mano ajena, aunque sea algo pesada.

—Ni ajena ni propia, ni pesada ni liviana —replicó Sancho—: a mí no me ha de tocar nadie. ¿Acaso parí yo a la señora Dulcinea del Toboso, para que mis posaderas paguen lo que pecaron sus ojos? Mi amo sí tiene parte en esto: la llama a cada paso su vida, su alma, su sustento y su amparo. Él puede y debe azotarse por ella y hacer todo lo necesario para su desencanto; pero ¿azotarme yo?… Renuncio.

Apenas acabó Sancho, cuando la ninfa argentada que venía junto al espíritu de Merlín se levantó, se quitó el sutil velo del rostro y lo mostró tan hermoso, que a todos les pareció más que suficiente para enternecer a cualquiera. Y con un descaro varonil y una voz no muy fina, hablando de frente a Sancho Panza, dijo:

—¡Oh desdichado escudero, alma de cántaro, corazón de alcornoque, entrañas de guijarro y de piedra! Si te mandaran, ladrón, caradesuellas, que te arrojaras desde una alta torre al suelo; si te pidieran, enemigo del género humano, que te comieras una docena de sapos, dos lagartos y tres culebras; si intentaran convencerte de que mataras a tu mujer y a tus hijos con algún feroz y agudo alfanje, no sería extraño que te pusieras delicado y esquivo. Pero hacerte el remolón por tres mil y trescientos azotes —que no hay niño de la doctrina, por ruin que sea, que no se los lleve cada mes— admira, asusta y espanta las entrañas piadosas de quienes lo oyen, y aun las de quienes lo sepan con el paso del tiempo.

Pon, miserable animal endurecido, pon, digo, esos ojos tuyos de macho espantadizo en las niñas de los míos, comparadas con estrellas encendidas, y verás cómo lloran hilo a hilo y madeja a madeja, abriendo surcos y senderos por los hermosos campos de mis mejillas. Muévete, socarrón y malintencionado monstruo: mira que mi edad tan florida — que todavía está en los diez y… de los años, pues tengo diecinueve y no llego a veinte— se consume y se marchita bajo la corteza de una rústica labradora. Y si ahora no lo parezco, es merced particular que me ha hecho el señor Merlín, que está presente, solo para que mi belleza te enternezca; porque las lágrimas de una hermosura afligida vuelven algodón las peñas, y convierten tigres en ovejas.

Date, date en esas carnazas, bestión indómito; saca del rincón ese brío que solo te lleva a comer y a comer, y pon en libertad la lisura de mis carnes, la mansedumbre de mi condición y la belleza de mi rostro. Y si por mí no quieres ablandarte ni reducirte a un término razonable, hazlo por ese pobre caballero que tienes al lado: por tu amo, digo, de quien estoy viendo el alma atravesada en la garganta, a no diez dedos de los labios, esperando tu respuesta dura o blanda, para salir por la boca o volverse al estómago.

Don Quijote, oyendo esto, se tocó la garganta y dijo, volviéndose al Duque:

—Por Dios, señor, Dulcinea ha dicho la verdad: aquí tengo el alma atravesada en la garganta, como una nuez de ballesta.

—¿Qué dice usted a esto, Sancho? —preguntó la Duquesa.

—Digo, señora —respondió Sancho—, lo que ya dije: de los azotes, renuncio.

—Ha de decir "renuncio", Sancho, y no como lo dice —le corrigió el Duque.

—Déjeme, señora grandeza —respondió Sancho—; que no estoy ahora para fijarme en delicadezas ni en letras de más o de menos. Estos azotes me traen tan turbado, que no sé lo que digo ni lo que hago. Pero yo quisiera saber de la señora… mi señora Dulcinea del Toboso, dónde aprendió ese modo de rogar: viene a pedirme que me abra las carnes a azotes, y me llama alma de cántaro y bestión indómito, y me suelta una tiradera de malos nombres, que el diablo los aguante.

¿Acaso mis carnes son de bronce, o me toca a mí algo en que se desencante o no? ¿Qué cesta de ropa blanca, camisas, tocadores y escarpines —aunque no los uso— trae delante para ablandarme, sino un insulto y otro, sabiendo aquel refrán que dice que un asno cargado de oro sube ligero una montaña, y que las dádivas rompen peñas, y que a Dios rogando y con el mazo dando, y que más vale un "toma" que dos "te daré"?

Y mi amo, que debería llevarme con cariño y halagarme para que yo me volviera lana y algodón cardado, dice que si me agarra, me amarrará desnudo a un árbol y me doblará la tanda de azotes. Y deberían considerar estos compasivos señores que no solo piden que azoten a un escudero, sino a un gobernador; como quien dice: "bebe con guindas".

Aprendan, aprendan de una vez a saber rogar, a saber pedir y a tener crianza; que no todos los tiempos son iguales, ni los hombres están siempre de buen humor. Yo ahora reviento de pena por ver roto mi sayo verde, y vienen a pedirme que me azote por mi propia voluntad, estando ella tan lejos de eso como de volverme cacique.

—Pues, en verdad, amigo Sancho —dijo el Duque—, que si no se ablanda más que una breva madura, no va a empuñar el gobierno. ¡Bueno sería que yo enviara a mis insulanos un gobernador cruel, de entrañas de piedra, que no se doblega ante las lágrimas de doncellas afligidas ni ante los ruegos de encantadores y sabios, discretos, imperiosos y antiguos! En conclusión, Sancho: o usted se azota, o lo azotan, o no será gobernador.

—Señor —respondió Sancho—, ¿no se me darían dos días para pensar qué me conviene?

—No, de ninguna manera —dijo Merlín—. Aquí, en este instante y en este lugar, ha de quedar decidido lo de este negocio: o Dulcinea volverá a la cueva de Montesinos y a su antiguo estado de labradora, o, tal como está, será llevada a los Campos Elíseos, donde esperará que se cumpla el número del castigo.

—Vamos, buen Sancho —dijo la Duquesa—: buen ánimo y buena correspondencia al pan que ha comido del señor don Quijote, a quien todos debemos servir y agradar por su buena condición y sus altas caballerías. Diga que sí, hijo, a esta azotaina, y que el diablo se quede para diablo y el temor para mezquino; que un buen corazón rompe mala ventura, como usted bien sabe.

A estas razones Sancho respondió con otras no menos disparatadas; y, hablando con Merlín, le preguntó:

—Dígame, señor Merlín: cuando llegó aquí el diablo correo y le dio a mi amo un recado del señor Montesinos, mandándole que lo esperara aquí porque venía a dar orden para que la señora Dulcinea del Toboso se desencantara… ¿cómo es que hasta ahora no hemos visto a Montesinos, ni su figura?

A esto respondió Merlín:

—El Diablo, amigo Sancho, es un ignorante y un grandísimo bellaco. Yo lo envié en busca de su amo, pero no con recado de Montesinos, sino mío; porque Montesinos se está en su cueva, trabajando —o, por mejor decir, esperando— su desencanto, que aún le falta la cola por despellejar. Si usted le debe algo, o tiene algo que tratar con él, yo se lo traeré y lo pondré donde a usted le convenga. Y por ahora, acabe de decir que sí a esta disciplina y créame: le será de mucho provecho, para el alma y para el cuerpo. Para el alma, por la caridad con que lo hará; para el cuerpo, porque yo sé que usted es de complexión sanguínea, y no le hará daño sacar un poco de sangre.

—Médicos sobran en el mundo: hasta los encantadores son médicos —replicó Sancho—. Pero si todos me lo dicen, aunque yo no lo vea, digo que acepto darme los tres mil y trescientos azotes, con condición de que me los daré cuando yo quiera, sin que se me ponga medida ni en días ni en tiempo. Y yo procuraré salir de la deuda lo más pronto que sea posible, para que el mundo goce de la hermosura de la señora Dulcinea del Toboso, pues, según parece, al revés de lo que yo pensaba, en efecto es hermosa.

Ha de ser también condición que no estaré obligado a sacarme sangre con la disciplina; y que si algunos azotes fueran solo de rozón, me los cuenten. Y además: si me equivoco en el número, el señor Merlín, pues lo sabe todo, ha de cuidar de contarlos y avisarme los que me falten o los que me sobren.

—De las sobras no habrá que avisar —respondió Merlín—, porque al llegar al número exacto, en el mismo instante quedará desencantada la señora Dulcinea, y vendrá, agradecida, a buscar al buen Sancho, a darle gracias y aun premios por la buena obra. Así que no hay por qué tener escrúpulo ni de sobras ni de faltas; y el cielo no permita que yo engañe a nadie, ni siquiera en un pelo de la cabeza.

—¡Pues, a la mano de Dios! —dijo Sancho—. Yo acepto mi mala ventura: acepto la penitencia con las condiciones apuntadas.

Apenas dijo estas últimas palabras, cuando volvió a sonar la música de las chirimías, y se dispararon infinitos arcabuces. Don Quijote se colgó del cuello de Sancho, dándole mil besos en la frente y en las mejillas. La Duquesa, el Duque y todos los presentes mostraron grandísimo contento, y el carro comenzó a caminar; y al pasar la hermosa Dulcinea, inclinó la cabeza a los Duques y le hizo a Sancho una gran reverencia.

Y ya, en esto, venía asomando el alba, alegre y risueña: las florecillas del campo se erguían y se abrían, y los líquidos cristales de los arroyuelos, murmurando entre guijarros blancos y pardos, iban a dar tributo a los ríos que los aguardaban. La tierra alegre, el cielo claro, el aire limpio, la luz serena, cada cosa por sí y todas juntas daban señales manifiestas de que el día, que ya la aurora venía pisando por las faldas, había de ser sereno y claro. Y satisfechos los Duques de la caza y de haber conseguido su intención tan discreta y felizmente, se volvieron a su castillo, con el propósito de insistir en sus burlas; porque, para ellos, no había verdades que les dieran más gusto.

CAPÍTULO XXXVI: DONDE SE CUENTA LA EXTRAÑA Y JAMÁS IMAGINADA AVENTURA DE LA DUEÑA DOLORIDA

Tenía el Duque un mayordomo de ingenio muy burlón y desenfadado: él hizo la figura de Merlín y preparó todo el aparato de la aventura pasada; compuso los versos e hizo que un paje representara a Dulcinea. En fin, con intervención de sus señores, ordenó otra burla, del más gracioso y extraño artificio que puede imaginarse.

Al día siguiente la Duquesa le preguntó a Sancho si ya había comenzado la tarea de la penitencia que debía hacer para el desencanto de Dulcinea. Dijo que sí, y que aquella noche se había dado cinco azotes. La Duquesa le preguntó con qué se los había dado. Él respondió que con la mano.

—Eso —replicó la Duquesa— es más darse palmadas que azotes. Yo creo que el sabio Merlín no estará contento con tanta blandura: hará falta que el buen Sancho se haga alguna disciplina de abrojos o de las de canelones, de las que se sientan; porque la letra con sangre entra, y no ha de darse tan barata la libertad de una señora tan grande como Dulcinea, por tan poco precio. Y advierta Sancho que las obras de caridad hechas con tibieza y flojedad no tienen mérito ni valen nada.

A esto respondió Sancho:

—Déme su señoría alguna disciplina o ramal conveniente, que yo me daré con él, con tal de que no me duela demasiado; porque, aunque soy rústico, mis carnes tienen más de algodón que de esparto, y no está bien que yo me destroce por el provecho ajeno.

—Sea entonces —respondió la Duquesa—: mañana le daré una disciplina que le venga justa y se acomode a la ternura de sus carnes, como si fueran hermanas.

Entonces dijo Sancho:

—Sepa su señoría, señora de mi alma, que tengo escrita una carta a mi mujer Teresa Panza, dándole cuenta de todo lo que me ha sucedido desde que me aparté de ella; aquí la traigo en el pecho, y solo le falta ponerle el sobrescrito. Quisiera que su discreción la leyera, porque me parece que va conforme a eso de ser gobernador… quiero decir, al modo en que deben escribir los gobernadores.

—¿Y quién la dictó? —preguntó la Duquesa.

—¿Quién la iba a dictar sino yo, pecador de mí? —respondió Sancho.

—¿Y la escribió usted? —dijo la Duquesa.

—Ni soñarlo —respondió Sancho—; porque yo no sé leer ni escribir, aunque sé firmar.

—Veámosla —dijo la Duquesa—; que a buen seguro que usted muestra en ella la calidad y suficiencia de su ingenio.

Sancho sacó del pecho una carta abierta. La Duquesa la tomó y vio que decía así:

Carta de Sancho Panza a Teresa Panza, su mujer

«Si buenos azotes me dan, bien caballero me va; si buen gobierno obtengo, buenos azotes me cuesta. Esto no lo entenderás tú, Teresa mía, por ahora; otro día lo sabrás. Has de saber, Teresa, que tengo decidido que andes en coche, que es lo que conviene; porque todo otro andar es andar a gatas. Mujer de un gobernador eres: ¡mira si alguien se atreverá a roerte los zancajos!

Ahí te envío un vestido verde de cazador, que me dio mi señora la Duquesa; acomódalo de modo que sirva de saya y cuerpo para nuestra hija. Don Quijote, mi amo, según he oído decir en esta tierra, es un loco cuerdo y un mentecato gracioso; y yo no me quedo atrás.

Hemos estado en la cueva de Montesinos, y el sabio Merlín me ha echado mano para el desencanto de Dulcinea del Toboso, que por allá se llama Aldonza Lorenzo: con tres mil y trescientos azotes, menos cinco, que me he de dar, quedará desencantada como la madre que la parió. No digas nada de esto a nadie, porque si echas lo tuyo al concejo, unos dirán que es blanco y otros que es negro.

De aquí a pocos días me iré al gobierno, adonde voy con grandísimo deseo de hacer dinero, porque me han dicho que todos los gobernadores nuevos van con ese mismo deseo. Le tomaré el pulso y te avisaré si has de venir a estar conmigo o no.

El rucio está bueno, y se te recomienda mucho; y no pienso dejarlo, aunque me llevaran a ser Gran Turco. La Duquesa, mi señora, te besa mil veces las manos: devuélvele el saludo con dos mil, que no hay cosa que cueste menos ni valga más barata —según dice mi amo— que las buenas cortesías.

Dios no ha querido depararme otra maleta con otros cien escudos, como la de antes; pero no te apenes, Teresa mía, que a salvo está quien repica, y todo saldrá en la colada del gobierno. Solo me da pena que me dicen que, si una vez pruebo el oficio, me voy a comer las manos por él; y si fuera así, no me saldría barato. Aunque los estropeados y mancos ya tienen su canongía en la limosna que piden. Así que, por una vía o por otra, tú has de ser rica, por buena ventura.

Dios te la dé, como puede, y a mí me guarde para servirte. De este castillo, a veinte de julio de 1614.

Tu marido, el gobernador,
Sancho Panza.»

Cuando la Duquesa terminó de leer, le dijo a Sancho:

—En dos cosas anda un poco descaminado el buen gobernador: la una, en dar a entender que este gobierno se lo han dado por los azotes que ha de darse, sabiendo él —y no puede negarlo— que cuando el Duque, mi señor, se lo prometió, ni se soñaba que hubiera azotes en el mundo. La otra es que se muestra muy codicioso, y no quisiera que eso fuera orégano, porque la codicia rompe el saco, y el gobernador codicioso vuelve la justicia un desorden.

—Yo no lo digo por tanto, señora —respondió Sancho—; y si a su señoría le parece que la carta no va como debe, no hay más que romperla y hacer otra, y podría ser que saliera peor si me lo dejan a mi cabeza.

—No, no —replicó la Duquesa—: esta está bien, y quiero que el Duque la vea.

Con esto se fueron a un jardín, donde ese día habían de comer. La Duquesa le mostró la carta al Duque, y él recibió grandísimo contento. Comieron, y después de retirar los manteles y de entretenerse un buen rato con la sabrosa conversación de Sancho, de pronto se oyó el tristísimo son de un pífaro y el de un tambor ronco y destemplado.

Todos se alborotaron con aquella armonía confusa, marcial y triste, especialmente don Quijote, que no cabía en su asiento de puro inquieto. De Sancho no hay que decir sino que el miedo lo llevó a su refugio acostumbrado: el lado, o más bien las faldas, de la Duquesa, porque realmente el son que se oía era tristísimo y melancólico.

Y estando todos así suspensos, vieron entrar por el jardín dos hombres vestidos de luto, tan largo y tendido, que les arrastraba por el suelo. Venían tocando dos grandes tambores, también cubiertos de negro; y a su lado iba el pífaro, negro y tiznado como los demás.

Seguía a los tres un personaje de cuerpo agigantado, más embozado que vestido, con una lobera negrísima cuya falda era desmesurada. Por encima de la ropa le cruzaba un ancho tahalí, también negro, del que pendía un alfanje enorme, con guarnición y vaina negras. Traía el rostro cubierto con un velo negro transparente, por el cual se adivinaba una barba larguísima, blanca como la nieve. Caminaba al son de los tambores con mucha gravedad y reposo. En fin: su tamaño, su contoneo, su negrura y su acompañamiento bastaban para suspender —y suspendieron— a cuantos lo miraban sin conocerlo.

Llegó, pues, con la pausa y solemnidad referidas, a arrodillarse ante el Duque, que, en pie, con los demás, lo atendía; pero el Duque no le permitió hablar hasta que se levantara. Lo hizo así el espantajo prodigioso y, ya en pie, alzó el antifaz y mostró la barba más horrenda, más larga, más blanca y más poblada que hasta entonces ojos humanos hubieran visto. Luego sacó del ancho pecho una voz grave y sonora, y poniendo los ojos en el Duque, dijo:

—Altísimo y poderoso señor: a mí me llaman Trifaldín el de la Blanca Barba. Soy escudero de la condesa Trifaldi, por otro nombre llamada la Dueña Dolorida, de parte de la cual traigo a su grandeza una embajada: y es que su magnificencia sea servida de darle facultad y licencia para entrar a decirle su pena, que es una de las más nuevas y admirables que el más afligido pensamiento del mundo pueda imaginar.

Y primero quiere saber si está en este castillo el valeroso y jamás vencido caballero don Quijote de la Mancha, a quien viene buscando, a pie y sin desayunar, desde el reino de Candaya hasta este estado: cosa que se puede y debe tener por milagro, o por fuerza de encantamiento. Ella queda a la puerta de esta fortaleza o casa de campo, y no aguarda para entrar sino su beneplácito. He dicho.

Tosió luego, y se manoseó la barba de arriba abajo con ambas manos, y con mucho sosiego esperó la respuesta del Duque, que fue:

—Ya, buen escudero Trifaldín de la Blanca Barba: hace muchos días que sabemos la desgracia de la condesa Trifaldi, a quien los encantadores hacen llamar la Dueña Dolorida. Puede decirle que entre: aquí está el valiente caballero don Quijote de la Mancha, de cuya condición generosa puede esperarse todo amparo y ayuda. Y también dígale de mi parte que, si mi favor le fuere necesario, no le faltará; porque, siendo caballero, tengo por obligación favorecer a toda suerte de mujeres, especialmente a las dueñas viudas, lastimadas y doloridas, como debe de estar su señora.

Al oír esto, Trifaldín inclinó la rodilla hasta el suelo, e hizo señal al pífaro y a los tambores para que tocaran. Y al mismo son y al mismo paso con que entró, se salió del jardín, dejando a todos admirados de su presencia y compostura.

Entonces el Duque se volvió a don Quijote y le dijo:

—En fin, famoso caballero: las tinieblas de la malicia ni de la ignorancia no pueden ocultar la luz del valor y de la virtud. Digo esto porque apenas hace seis días que usted está en este castillo, y ya lo vienen a buscar desde tierras lejanas, no en carrozas ni en dromedarios, sino a pie y en ayunas, los tristes y afligidos, confiados en hallar en ese brazo fortísimo el remedio de sus penas, por las grandes hazañas que corren y se cuentan por todo lo ancho de la tierra.

—Quisiera yo, señor Duque —respondió don Quijote—, que estuviera aquí presente aquel religioso que el otro día, a la mesa, mostró tan mal humor y tanta ojeriza contra los caballeros andantes, para que viera con sus propios ojos si son necesarios en el mundo. Tocaría, al menos, con la mano que los extraordinariamente afligidos y desconsolados, en casos grandes y en desdichas enormes, no van a buscar remedio en casa de letrados, ni en la de sacristanes de aldea, ni en la del caballero que nunca ha logrado salir del término de su lugar, ni en la del cortesano perezoso que antes busca noticias para contarlas que procura hacer obras y hazañas para que otros las cuenten y las escriban.

El remedio de las penas, el socorro de las necesidades, el amparo de las doncellas, el consuelo de las viudas, en nadie se halla mejor que en los caballeros andantes. Y yo doy infinitas gracias al cielo por serlo, y doy por bien empleado cualquier contratiempo y trabajo que en este honroso ejercicio me suceda. Venga esa dueña y pida lo que quiera: que yo le sacaré remedio con la fuerza de mi brazo y la intrépida resolución de mi ánimo.

CAPÍTULO XXXVII: DONDE SE PROSIGUE LA FAMOSA AVENTURA DE LA DUEÑA DOLORIDA

Mucho se alegraron el Duque y la Duquesa al ver cuán bien iba respondiendo don Quijote a su intención. Y en esto dijo Sancho:

—No quisiera yo que esta señora dueña pusiera algún tropiezo a la promesa de mi gobierno; porque he oído decir a un boticario toledano —que hablaba como un jilguero— que donde se metían dueñas no podía salir cosa buena. ¡Dios me valga, y qué mal estaba con ellas el tal boticario! De ahí saco yo que, pues todas las dueñas son enfadosas e impertinentes, de cualquier calidad y condición que sean, ¿cómo serán las que son "doloridas", como han dicho que es esta condesa Tres Faldas o Tres Colas? Que en mi tierra, faldas y colas, colas y faldas, todo es lo mismo.

—Calle, Sancho amigo —dijo don Quijote—. Pues esta señora dueña viene de tierras tan lejanas a buscarme, no debe de ser de esas que el boticario tenía en su lista. Y además, esta es condesa; y cuando las condesas sirven de dueñas, es sirviendo a reinas y emperatrices: en sus casas son grandes señoras, y se sirven de otras dueñas.

A esto respondió doña Rodríguez, que estaba presente:

—Dueñas tiene mi señora la Duquesa en su servicio que podrían haber sido condesas si la fortuna hubiera querido; pero allá van leyes donde quieren reyes. Y que nadie hable mal de las dueñas, y menos de las antiguas y doncellas; que aunque yo no lo soy, bien entiendo —y se me nota— la ventaja que hace una dueña doncella sobre una dueña viuda. Y quien a nosotras nos trasquiló, con las tijeras se quedó en la mano.

—Con todo eso —replicó Sancho—, hay tanto que trasquilar en las dueñas, según mi barbero, que será mejor no menear el arroz, aunque se pegue.

—Siempre los escuderos —respondió doña Rodríguez— son enemigos nuestros; que como son duendes de las antesalas y nos ven a cada paso, los ratos que no rezan (que son muchos) los gastan en murmurar de nosotras, desenterrándonos los huesos y enterrándonos la fama. Pues yo les mando a esos leños movibles que, les pese o no, hemos de vivir en el mundo y en las casas principales, aunque muramos de hambre y cubramos con un negro monjil nuestras delicadas —o no delicadas— carnes, como quien cubre un muladar con un tapiz el día de procesión. Y a fe que, si se me diera ocasión y el tiempo lo pidiera, yo haría entender, no solo a los presentes, sino a todo el mundo, cómo no hay virtud que no se encierre en una dueña.

—Yo creo —dijo la Duquesa— que mi buena doña Rodríguez tiene razón, y muy grande; pero conviene que aguarde tiempo para defenderse a sí misma y a las demás dueñas, para confundir la mala opinión de aquel boticario y arrancar la que tiene en el pecho el gran Sancho Panza.

A lo que Sancho respondió:

—Desde que tengo humos de gobernador, se me han quitado los mareos de escudero, y no me importa un comino por cuantas dueñas haya.

Iban a seguir con el coloquio dueñesco, si no oyeran que el pífaro y los tambores volvían a sonar; por donde entendieron que la Dueña Dolorida entraba. Preguntó la Duquesa al Duque si sería bien salir a recibirla, pues era condesa y persona principal.

—Por lo de condesa —respondió Sancho, antes que el Duque contestara—, estoy de acuerdo en que sus grandezas salgan a recibirla; pero por lo de dueña, soy de parecer que no se muevan un paso.

—¿Quién te mete a ti en esto, Sancho? —dijo don Quijote.

—¿Quién, señor? —respondió Sancho—. Me meto yo, que puedo meterme, como escudero que ha aprendido los términos de la cortesía en la escuela de usted, que es el más cortés y bien criado caballero que hay en toda la cortesanía. Y en estas cosas, según le he oído decir, tanto se pierde por dar de más como por dar de menos; y al buen entendedor, pocas palabras.

—Así es, como Sancho dice —dijo el Duque—: veremos el porte de la condesa, y por él tantearemos la cortesía que se le debe.

En esto entraron los tambores y el pífaro, como la vez primera.

Y aquí, con este breve capítulo, dio fin el autor y comenzó el otro, siguiendo la misma aventura, que es una de las más notables de la historia.

CAPÍTULO XXXVIII: DONDE SE CUENTA LA QUE DIO DE SU MALA VENTURA LA DUEÑA DOLORIDA

Detrás de los tristes músicos comenzaron a entrar por el jardín, hasta unas doce dueñas, repartidas en dos hileras: todas vestidas con monjiles anchos, al parecer de anascote batanado, y con tocas blancas de delgado canequí, tan largas que solo dejaban ver el ribete del monjil.

Tras ellas venía la condesa Trifaldi, a quien llevaba de la mano el escudero Trifaldín de la Blanca Barba, vestida de finísima bayeta negra, sin frisar; que, si hubiera venido frisada, dejara ver cada grano del tamaño de un buen garbanzo de Martos. La cola, o falda, o como quieran llamarla, era de tres puntas, y las sostenían en las manos tres pajes, también vestidos de luto, haciendo una vistosa y geométrica figura con aquellos tres ángulos agudos que formaban las puntas. Por eso entendieron todos los que miraron la falda puntiaguda que por ella debía llamarse la condesa Trifaldi, como si dijéramos "la condesa de las Tres Faldas".

Y dice Benengeli que fue verdad; y que, por su propio apellido, se llamaba la condesa Lobuna, porque en su condado se criaban muchos lobos; y que si en vez de lobos hubieran sido zorras, la llamarían la condesa Zorruna, pues era costumbre en aquellas partes que los señores tomaran su denominación de aquello en que más abundaban sus estados. Sin embargo, esta condesa, por favorecer la novedad de su falda, dejó lo de Lobuna y tomó lo de Trifaldi.

Venían las doce dueñas y la señora a paso de procesión, con los rostros cubiertos por velos negros; no transparentes como el de Trifaldín, sino tan tupidos que no dejaban traslucir nada. Apenas apareció el escuadrón dueñesco, el Duque, la Duquesa y don Quijote se pusieron en pie, y también todos los que miraban aquella espaciosa procesión.

Se detuvieron las doce dueñas y abrieron calle, por medio de la cual la Dolorida se adelantó, sin soltar la mano de Trifaldín. Al verlo, el Duque, la Duquesa y don Quijote avanzaron unos doce pasos a recibirla. Ella se puso de rodillas en el suelo y, con voz más basta y ronca que fina y delicada, dijo:

—Sus grandezas sean servidas de no hacer tanta cortesía a esta su criada; porque, siendo yo tan dolorida, no acertaré a responder como debo, ya que mi desdicha, extraña y jamás vista, me ha llevado el entendimiento no sé adónde, y debe de ser muy lejos, pues cuanto más lo busco, menos lo hallo.

—Sin él estaría —respondió el Duque— quien no descubriera, por su persona, su valor; que, sin más, es merecedor de lo mejor de la cortesía y de lo más florido de las ceremonias.

Y levantándola de la mano, la llevó a sentarse en una silla junto a la Duquesa, la cual la recibió también con mucho comedimiento. Don Quijote callaba, y Sancho se moría por ver el rostro de la Trifaldi y de alguna de sus muchas dueñas; pero no fue posible, hasta que ellas mismas, por su gusto y voluntad, se descubrieran.

Ya sosegados todos y guardando silencio, esperaban quién lo rompería, y fue la Dueña Dolorida, diciendo:

—Confiada estoy, señor poderosísimo, hermosísima señora y discretísimos presentes, en que mi desdicha hallará en sus valerosísimos pechos acogimiento no menos agradable que generoso y compasivo; porque es tal, que basta para enternecer mármoles, ablandar diamantes y suavizar los aceros de los corazones más duros del mundo. Pero antes de echarla en la plaza de sus oídos (por no decir orejas), quisiera que me dijeran si está en este grupo, corro y compañía el acendradísimo caballero don Quijote de la Manchísima, y su escuderísimo Panza.

—El Panza —antes que otro respondiera, dijo Sancho— aquí está, y el don Quijotísimo también; y así, puede, dolorosísima dueñísima, decir lo que quiera: que todos estamos listísimos y preparadísimos para ser sus servidorísimos.

En esto se levantó don Quijote y, dirigiéndose a la Dolorida Dueña, dijo:

—Si sus penas, angustiada señora, pueden esperar remedio por el valor o las fuerzas de algún caballero andante, aquí están las mías, que, aunque flacas y breves, se emplearán todas en su servicio. Yo soy don Quijote de la Mancha, cuyo oficio es acudir a toda suerte de necesitados; y siendo esto así, no tiene necesidad, señora, de buscar benevolencias ni de gastar preámbulos, sino de decir, llana y sin rodeos, sus males: que oídos tiene delante que, si no saben remediarlos, sabrán dolerse de ellos.

Al oír esto, la Dolorida Dueña dio señales de querer arrojarse a los pies de don Quijote, y en efecto se arrojó; y pugnando por abrazárselos, decía:

—¡Ante estos pies y piernas me arrojo, oh caballero invicto!, por ser basas y columnas de la caballería andante. Estos pies quiero besar, de cuyos pasos pende todo el remedio de mi desgracia. ¡Oh valeroso andante, cuyas verdaderas hazañas dejan atrás y oscurecen las fabulosas de Amadises, Esplandianes y Belianises!

Y dejando a don Quijote, se volvió a Sancho Panza, y tomándolo de las manos, le dijo:

—¡Oh tú, el más leal escudero que jamás sirvió a caballero andante, en los siglos presentes ni en los pasados; más largo en bondad que la barba de Trifaldín, mi acompañador, que aquí está presente! Bien puedes preciarte de que, sirviendo al gran don Quijote, sirves en cifra a toda la caterva de caballeros que han tratado las armas en el mundo. Te conjuro, por lo que debes a tu fidelísima bondad, que seas buen intercesor con tu dueño, para que luego favorezca a esta humildísima y desdichadísima condesa.

A lo que respondió Sancho:

—Que mi bondad sea tan larga como la barba de su escudero a mí me importa muy poco; barbada y con bigotes tenga yo el alma cuando me vaya de este mundo, que eso es lo que importa. De barbas de acá, poco o nada me cuido. Pero sin esas zalamerías ni ruegos yo le pediré a mi amo —que sé que me quiere bien, y más ahora que me necesita para cierto negocio— que favorezca y ayude a su señoría en todo lo que pueda. Su señoría desembuche su pena y cuéntela, y deje hacer; que todos nos vamos a entender.

Reventaban de risa con estas cosas los Duques, como quienes ya habían tomado el pulso a la aventura, y alababan entre sí la agudeza y disimulo de la Trifaldi. Ella, volviéndose a sentar, dijo:

—Del famoso reino de Candaya, que cae entre la gran Trapobana y el mar del Sur, dos leguas más allá del cabo Comorín, fue señora la reina doña Maguncia, viuda del rey Archipiela, su señor y marido; de cuyo matrimonio tuvieron a la infanta Antonomasia, heredera del reino. Esa infanta se crió y creció bajo mi tutela y doctrina, por ser yo la dueña más antigua y principal de su madre.

Sucedió que, andando los días, la niña Antonomasia llegó a edad de catorce años, con tanta perfección de hermosura, que la naturaleza no pudo subirla más. Y digamos ahora: la discreción no era menor. Era discreta como bella, y era la más bella del mundo, y lo es, si los hados envidiosos y las parcas endurecidas no le han cortado el hilo de la vida. Pero no lo habrán hecho: no permitirán los cielos que se le haga a la tierra tanto mal como sería llevarse verde el racimo del más hermoso fruto del suelo.

De esa hermosura —mal encarecida por mi lengua torpe— se enamoró un número infinito de príncipes, naturales y extranjeros. Entre ellos se atrevió a levantar los pensamientos hacia tan alto cielo un caballero particular que estaba en la corte, confiado en su juventud, en su gallardía, en sus muchas habilidades y gracias, y en la facilidad y ventura de su ingenio. Porque sepan sus grandezas —si no lo toman a mal— que tocaba una guitarra y la hacía hablar; y además era poeta, gran bailarín, y sabía hacer jaulas de pájaros tan buenas que solo con eso pudiera ganarse la vida si llegaba a extrema necesidad.

Todas esas partes y gracias bastan para derribar una montaña, y con más razón a una delicada doncella. Pero toda su gentileza, su donaire y sus habilidades hubieran sido poca cosa para rendir la fortaleza de mi niña, si el ladrón desuellacaras no hubiera usado el remedio de rendirme a mí primero.

Quiso el malandrín, el desalmado vagamundo, ganarme la voluntad y sobornarme el gusto, para que yo, mala alcaide, le entregara las llaves de la fortaleza que guardaba. En fin: me halagó el entendimiento y me rindió la voluntad con no sé qué dijes y brincos; pero lo que más me hizo caer fue unas coplas que le oí cantar una noche desde una reja que daba a una callejuela donde él estaba, que, si no me falla la memoria, decían:

> De la dulce mi enemiga
> nace un mal que al alma hiere;
> y, por más tormento, quiere
> que se sienta y no se diga.

Me pareció la trova de perlas y su voz de almíbar. Y desde entonces, viendo el mal en que caí por esos y otros versos semejantes, he pensado que de las repúblicas bien ordenadas se debería desterrar a los poetas, como aconsejaba Platón; al menos a los lascivos, porque escriben coplas no como las del Marqués de Mantua, que entretienen y hacen llorar a niños y mujeres, sino agudezas que, como blandas espinas, atraviesan el alma, y como rayos la hieren, dejando sano el vestido.

Otra vez cantó:

> Ven, muerte, tan escondida,
> que no te sienta venir,

porque el placer del morir
no me vuelva a dar la vida.

Y de ese jaez otras coplillas y remates, que cantadas encantan y escritas suspenden. ¿Y qué cuando se ponen a componer aquel género de verso que en Candaya se usaba entonces, que ellos llamaban seguidillas? Allí era el brincar de las almas, el retozar de la risa, el desasosiego de los cuerpos y, en fin, el azogue de todos los sentidos.

Así que digo, señores míos, que a esos trovadores, con justo título, habría que desterrarlos a las islas de los Lagartos. Pero no tienen ellos la culpa, sino los simples que los aplauden y las bobas que los creen. Y si yo hubiera sido la buena dueña que debía, no me habrían movido sus trasnochados conceptos, ni habría creído como verdad aquello de:

"Vivo muriendo, ardo en el hielo, tiemblo en el fuego, espero sin esperanza, me voy y me quedo",

y otros imposibles de esa ralea, con que sus escritos van llenos.

¿Y qué cuando prometen el fénix de Arabia, la corona de Ariadna, los caballos del sol, las perlas del Sur, el oro de Tíbar y el bálsamo de Pancaya? Ahí es donde más sueltan la pluma, porque les cuesta poco prometer lo que jamás piensan —ni pueden— cumplir.

Pero ¿en qué me entretengo? ¡Ay de mí, desdichada! ¿Qué locura me lleva a contar faltas ajenas, teniendo tanto que decir de las mías? ¡Ay de mí, otra vez, sin ventura! No me rindieron los versos, sino mi simpleza; no me ablandaron las músicas, sino mi liviandad. Mi mucha ignorancia y mi poco cuidado abrieron el camino y dejaron libre la senda a los pasos de don Clavijo, que así se llamaba el caballero.

Y siendo yo la medianera, él se halló una y muchas veces en la estancia de la —por mí, y no por él— engañada Antonomasia, bajo título de verdadero esposo. Porque, aunque pecadora, no habría consentido que, sin ser su marido, le tocara siquiera la orilla de la suela de sus zapatillas. No, no: el matrimonio ha de ir por delante en cualquier negocio de estos en que yo me metiera.

Solo hubo un daño en esto: la desigualdad, por ser don Clavijo un caballero particular y la infanta Antonomasia heredera del reino. Algunos días estuvo encubierta esta maraña en la sagacidad de mi recato, hasta que me pareció que la iba descubriendo, a toda prisa, no sé qué hinchazón del vientre de Antonomasia. Ese temor nos hizo juntarnos los tres a deliberar, y se resolvió que, antes de que saliera a la luz el mal recaudo, don Clavijo pidiera ante el vicario a Antonomasia por mujer, en fe de una cédula que la infanta le había hecho, afirmando ser su esposa; cédula que yo misma tracé con tanta fuerza, que ni las de Sansón la habrían roto.

Se hicieron las diligencias: el vicario vio la cédula, tomó confesión a la señora, y ella confesó sin rodeos. Mandó depositarla en casa de un alguacil de corte muy honrado…

A esta sazón dijo Sancho:

—También en Candaya hay alguaciles de corte, poetas y seguidillas; por lo que puedo jurar que imagino que todo el mundo es uno. Pero dese prisa, señora Trifaldi, que es tarde y ya me muero por saber el fin de esta tan larga historia.

—Así lo haré —respondió la Condesa.

CAPÍTULO XXXIX: DONDE LA TRIFALDI PROSIGUE SU ESTUPENDA Y MEMORABLE HISTORIA

De cualquier palabra que Sancho decía la Duquesa gustaba tanto como se desesperaba don Quijote; y mandándole que callase, la Dolorida prosiguió, diciendo:

—En fin, al cabo de muchas demandas y respuestas, como la infanta se mantenía siempre en sus trece, sin salir ni variar de su primera declaración, el vicario sentenció en favor de don Clavijo y se la entregó por su legítima esposa. De esto recibió tanto enojo la reina doña Maguncia, madre de la infanta Antonomasia, que dentro de tres días la enterramos.

—Debió de morir, sin duda —dijo Sancho.

—¡Claro está! —respondió Trifaldín—; que en Candaya no se entierran personas vivas, sino muertas.

—Ya se ha visto, señor escudero —replicó Sancho—, enterrar a un desmayado creyendo que era muerto. Y me parecía a mí que la reina Maguncia estaba obligada a desmayarse antes que a morirse; que con la vida muchas cosas se remedian, y no fue tan grande el disparate de la infanta como para sentirlo tanto. Si esa señora se hubiera casado con algún paje suyo, o con un criado de su casa —como han hecho otras muchas, según he oído—, entonces sí habría daño sin remedio; pero haberse casado con un caballero tan gentilhombre y tan entendido como aquí nos lo han pintado, en verdad, aunque fue necedad, no fue tan grande como se piensa. Porque, según las reglas de mi señor, que está presente y no me dejará mentir, así como de los hombres letrados se hacen obispos, también de los caballeros —y más si son andantes— se pueden hacer reyes y emperadores.

—Razón tienes, Sancho —dijo don Quijote—; porque un caballero andante, con que tenga dos dedos de ventura, está a un paso de ser el mayor señor del mundo. Pero siga adelante la señora Dolorida, que a mí se me trasluce que todavía le falta contar lo amargo de esta historia, hasta aquí dulce.

—¡Y cómo si queda lo amargo! —respondió la Condesa—. Y tan amargo, que en su comparación son dulces las tueras y sabrosas las adelfas. Muerta, pues, la reina —y no desmayada—, la enterramos; y apenas la cubrimos con tierra, apenas le dimos el último adiós, cuando —¿quién puede contar esto sin lágrimas?— apareció, sobre un caballo de madera, encima de la sepultura de la reina, el gigante Malambruno, primo hermano de Maguncia, que además de cruel era encantador.

Este, con sus artes, en venganza de la muerte de su prima, y por castigo del atrevimiento de don Clavijo, y por despecho de la demasía de Antonomasia, los dejó encantados sobre la misma sepultura: a ella, convertida en una mona de bronce; y a él, en un espantoso cocodrilo de un metal desconocido. Entre los dos quedó un padrón, también de metal, con letras escritas en lengua siríaca; y, declaradas en la candayesca y ahora en castellano, decían esta sentencia:

«No recobrarán su primera forma estos dos atrevidos amantes hasta que el valeroso manchego venga conmigo a las manos en singular batalla; que para su gran valor guardan los hados esta nunca vista aventura».

Hecho esto, sacó de la vaina un ancho y desmesurado alfanje y, tomándome a mí de los cabellos, fingió querer segarme la garganta y cortarme la cabeza de un tajo. Me turbé; se me pegó la voz a la garganta; quedé mohína en extremo. Pero, con todo, me esforcé cuanto pude, y con voz temblorosa y doliente le dije tantas y tales cosas, que lo hicieron suspender la ejecución de tan riguroso castigo.

Al fin mandó traer ante sí a todas las dueñas del palacio, que fueron estas que aquí están presentes; y después de exagerar nuestra culpa, y de vituperar las condiciones de las dueñas, sus mañas y sus peores trazas, y cargarnos a todas la culpa que yo sola tenía, dijo que no quería castigarnos con pena de muerte, sino con otras penas largas, que nos dieran una muerte civil y continua. Y en el mismo instante en que acabó de decirlo, sentimos todas que se nos abrían los poros del rostro, y que por toda la cara nos punzaban como con puntas de aguja. Acudimos luego con las manos y nos hallamos como ahora verán.

Entonces la Dolorida y las demás dueñas alzaron los antifaces con que venían cubiertas, y descubrieron los rostros: todos poblados de barbas, unas rubias, otras negras, otras blancas y otras entreveradas. Al verlo quedaron admirados el Duque y la Duquesa, pasmados don Quijote y Sancho, y atónitos todos los presentes.

Y la Trifaldi prosiguió:

—De esta manera nos castigó aquel bellaco malintencionado de Malambruno, cubriendo la blandura de nuestros rostros con la aspereza de estas cerdas. ¡Quiera el cielo que antes, con su desmesurado alfanje, nos hubiera derribado las cabezas, que no que nos oscureciera la luz del rostro con esta broza que nos cubre! Porque, si lo piensan bien, señores míos —y esto que voy a decir quisiera decirlo con los ojos hechos fuentes; pero la consideración de nuestra desgracia, y los mares que hasta aquí han llovido, los tienen sin humor, secos como paja, y así lo diré sin lágrimas—, digo: ¿adónde puede ir una dueña con barbas? ¿Qué padre o qué madre se dolerá de ella? ¿Quién le dará ayuda? Si aun con la tez lisa y el rostro martirizado con mil menjurjes y mudas apenas halla quien la quiera, ¿qué hará cuando muestre el rostro hecho bosque? ¡Oh dueñas y compañeras mías: en desdichada hora nacimos; en hora menguada nos engendraron nuestros padres!

Y diciendo esto dio muestras de desmayarse.

CAPÍTULO XL: DE COSAS QUE TOCAN Y ATAÑEN A ESTA AVENTURA Y A ESTA MEMORABLE HISTORIA

Real y verdaderamente, todos los que gustan de historias como esta deben mostrarse agradecidos a Cide Hamete, su primer autor, por la curiosidad con que nos cuenta hasta las mínimas cosas, sin dejar nada —por menuda que sea— sin sacarlo a la luz con claridad. Pinta pensamientos, descubre imaginaciones, responde a lo callado, aclara dudas, resuelve argumentos; en fin, manifiesta hasta los átomos del deseo más curioso. ¡Oh autor celebérrimo! ¡Oh don Quijote dichoso! ¡Oh Dulcinea famosa! ¡Oh Sancho Panza gracioso! Todos juntos y cada uno por sí vivan siglos infinitos, para gusto y general pasatiempo de los vivientes.

Dice, pues, la historia que así como Sancho vio desmayada a la Dolorida, dijo:

—Por la fe de hombre de bien lo juro, y por la memoria de todos mis pasados los Panza: jamás he oído ni visto, ni mi amo me ha contado, ni en su pensamiento ha cabido, aventura semejante. ¡Mil demonios te lleven —por no maldecirte—, encantador y gigante Malambruno! ¿No hallaste otro castigo para estas pecadoras sino el de ponerles barbas? ¿No fuera mejor —y a ellas les habría venido más a cuento— quitarles la mitad de la nariz de medio arriba, aunque hablaran gangoso, que no ponerles barbas? Apostaría yo que no tienen hacienda para pagar a quien las afeite.

—Así es la verdad, señor —respondió una de las doce—: no tenemos hacienda para afeitarnos; y así, algunas hemos tomado por remedio barato usar unos pegotes o parches pegajosos: los aplicamos al rostro y, tirando de golpe, quedamos rasas y lisas como fondo de mortero. Que aunque en Candaya hay mujeres que van de casa en casa quitando vello, puliendo cejas y haciendo otros menjurjes de mujeres, nosotras, las dueñas de mi señora, jamás quisimos admitirlas, porque muchas huelen a terceras. Y si el señor don Quijote no nos remedia, con barbas nos llevarán a la sepultura.

—Yo me afeitaría las mías en tierra de moros —dijo don Quijote— si no remediara las de ustedes.

En ese punto volvió del desmayo la Trifaldi, y dijo:

—El tintineo de esa promesa, valeroso caballero, aun en medio de mi desmayo me llegó a los oídos, y ha sido parte para que yo vuelva en mí y recobre los sentidos. Así que de nuevo le suplico, andante ilustre y señor indomable, que su promesa se convierta en obra.

—Por mí no quedará —respondió don Quijote—: diga, señora, qué es lo que tengo que hacer, que el ánimo está pronto para servirla.

—El caso —respondió la Dolorida— es que desde aquí al reino de Candaya, si se va por tierra, hay cinco mil leguas, dos más o menos; pero si se va por el aire y en línea recta, hay tres mil doscientas veintisiete. Y también conviene saber que Malambruno me dijo que, cuando la suerte me deparara al caballero que ha de libertarnos, él le enviaría una cabalgadura mucho mejor y con menos malas mañas que las de retorno: el mismo caballo de madera en que el valeroso Pierres llevó robada a la linda Magalona.

Ese caballo se gobierna con una clavija que tiene en la frente, que le sirve de freno, y vuela con tanta ligereza, que parece que los mismos diablos lo llevan. Según tradición antigua, lo compuso el sabio Merlín y se lo prestó a Pierres, que era su amigo; y con él hizo grandes viajes, y robó —como se ha dicho— a la linda Magalona, llevándola a las ancas por el aire, dejando embobados a cuantos los miraban desde la tierra. No se lo prestaba sino a quien quería, o a quien mejor se lo pagaba; y desde el gran Pierres hasta ahora no sabemos que haya subido nadie en él.

Malambruno lo sacó con sus artes, lo tiene en su poder, y lo usa en sus viajes: hoy está aquí, mañana en Francia, y pasado en Potosí. Y lo bueno es que el caballo ni come, ni duerme, ni gasta herraduras; y lleva por los aires con tanta suavidad, sin tener alas, que quien va encima puede llevar una taza llena de agua sin derramar gota. Por eso la linda Magalona se holgaba mucho de ir en él.

A esto dijo Sancho:

—Para andar llano y reposado, mi rucio —aunque no anda por los aires—, por la tierra le gana a cuantos portantes hay en el mundo.

Rieron todos, y la Dolorida prosiguió:

—Y ese caballo —si Malambruno quiere dar fin a nuestra desgracia— antes de que pase media hora de la noche estará aquí; porque él me dijo que la señal de haber hallado al caballero que buscaba sería enviarme el caballo, para que fuéramos con presteza y comodidad.

—¿Y cuántos caben en ese caballo? —preguntó Sancho.

La Dolorida respondió:

—Dos personas: una en la silla y otra en las ancas; y casi siempre son caballero y escudero, cuando no falta alguna doncella robada.

—Quisiera yo saber, señora Dolorida —dijo Sancho—, qué nombre tiene ese caballo.

—El nombre —respondió la Dolorida— no es como el del caballo de Belerofonte, que se llamaba Pegaso, ni como el del Magno Alejandro, llamado Bucéfalo, ni como el del furioso Orlando, llamado Brilladoro; ni se llama Bayarte, como el de Reinaldos de Montalbán, ni Frontino, como el de Rugero; ni tampoco Bootes ni Peritoa, como dicen que se llaman los del sol; ni se llama Orelia, como el caballo en que el desdichado Rodrigo, último rey de los godos, entró en la batalla donde perdió la vida y el reino.

—Yo apostaría —dijo Sancho— que, así como no le han dado ninguno de esos nombres tan famosos, tampoco le habrán dado el de mi amo, Rocinante, que por lo propio excede a todos.

—Así es —respondió la condesa barbada—; pero le viene muy bien el suyo, porque se llama Clavileño el Alígero: nombre que cuadra con ser de leño, con la clavija que trae en la frente y con la ligereza con que camina. Así que, en cuanto al nombre, bien puede competir con el famoso Rocinante.

—No me desagrada el nombre —replicó Sancho—; pero ¿con qué freno o con qué jáquima se gobierna?

—Ya he dicho —respondió la Trifaldi— que con la clavija: volviéndola a un lado o a otro el caballero que va encima, lo hace caminar como quiere: ya por los aires, ya rozando y casi barriendo la tierra, o por el medio, que es el que se busca y se debe tener en todas las acciones bien ordenadas.

—Ya quisiera yo verlo —respondió Sancho—; pero pensar que tengo que subirme en él, ni en la silla ni en las ancas, es pedirle peras al olmo. ¡Bueno es que apenas puedo sostenerme en mi rucio, sobre una albarda más blanda que la seda, y ahora quieren que me sostenga en unas ancas de tabla, sin cojín ni almohada! Pues, por mi vida, no pienso molerme por quitarle barbas a nadie: que cada cual se afeite como le convenga. Yo no pienso acompañar a mi señor en tan largo viaje. Y además, yo no debo de hacer falta para el afeitado de estas barbas como la hago para el desencanto de mi señora Dulcinea.

—Sí hace falta, amigo —respondió la Trifaldi—; y tanta, que sin su presencia entiendo que no haremos nada.

—¡Aquí del rey! —dijo Sancho—. ¿Qué tienen que ver los escuderos con las aventuras de sus señores? ¿Van a llevar ellos la fama, y vamos a llevar nosotros el trabajo? ¡Cuerpo de mí! Y eso que, si los historiadores dijeran: "El caballero acabó tal aventura, con ayuda de fulano su escudero, sin el cual fuera imposible", todavía pasaría. ¡Pero que lo escriban a secas: "Don Paralipómenon de las Tres Estrellas acabó la aventura de los seis vestiglos", sin nombrar al escudero que estuvo presente en todo, como si no hubiera existido!

Ahora, señores, vuelvo a decir que mi señor puede irse solo, y buen provecho le haga; que yo me quedaré aquí, en compañía de la Duquesa mi señora. Y podría ser que cuando él volviera hallara mejorada la causa de la señora Dulcinea en tercio y quinto; porque pienso, en los ratos ociosos, darme una tanda de azotes que no me cubra pelo.

—Con todo eso, lo ha de acompañar si fuere necesario, buen Sancho —dijo la Duquesa—, porque se lo rogarán personas de bien; y no ha de quedar, por su inútil temor, tan poblados los rostros de estas señoras, que sería triste caso.

—¡Aquí del rey otra vez! —replicó Sancho—. Si esta caridad se hiciera por algunas doncellas recogidas, o por algunas niñas de la doctrina, el hombre podría aventurarse a cualquier trabajo; pero sufrirlo por quitarles las barbas a dueñas… ¡mal año! Antes que eso, preferiría verlas a todas con barbas: desde la mayor hasta la menor, y desde la más melindrosa hasta la más repulgada.

—Mal andan tus cuentas con las dueñas, Sancho amigo —dijo la Duquesa—: sigues demasiado la opinión del boticario toledano. Te juro que no tienes razón, porque hay dueñas en mi casa que pueden ser ejemplo de dueñas; aquí está mi doña Rodríguez, que no me dejará decir otra cosa.

—Aunque lo diga su excelencia —dijo Rodríguez—, Dios sabe la verdad de todo. Buenas o malas, barbadas o lampiñas que seamos las dueñas, también nos parieron nuestras madres como a las otras mujeres; y puesto que Dios nos echó al mundo, Él sabrá para qué. A su misericordia me acojo, y no a las barbas de nadie.

—Ahora bien, doña Rodríguez —dijo don Quijote—, y señora Trifaldi y compañía: yo espero en el cielo que mirará con buenos ojos sus cuitas. Sancho hará lo que yo le mande, ya venga Clavileño, ya me vea yo con Malambruno; porque yo sé que no habría navaja que con más facilidad las rapara a ustedes que mi espada raparía de los hombros la cabeza de Malambruno. Dios sufre a los malos, pero no para siempre.

—¡Ay! —dijo en ese punto la Dolorida—. Con benignos ojos miren a su grandeza, valeroso caballero, todas las estrellas de las regiones celestes, e infundan en su ánimo prosperidad y valentía para ser escudo y amparo del abatido género dueñesco: abominado por boticarios, murmurado por escuderos y burlado por pajes. ¡Mal haya la bellaca que, en la flor de su edad, no se metió primero a monja que a dueña! ¡Desdichadas de nosotras las dueñas! Aunque viniéramos por línea recta, de varón en varón, desde el mismo Héctor el troyano, no dejarían de tratarnos de "ustedes", nuestras señoras, con tal de parecer reinas.

¡Oh gigante Malambruno! Aunque eres encantador, eres puntual en tus promesas: envíanos ya al sin par Clavileño para que nuestra desdicha acabe; porque si aprieta el calor y estas barbas duran… ¡ay de nuestra ventura!

Dijo esto con tanto sentimiento la Trifaldi, que sacó lágrimas de los ojos de todos los presentes; hasta los de Sancho se humedecieron. Y propuso en su corazón acompañar a su señor hasta las últimas partes del mundo, si en ello consistía quitar la lana de aquellos venerables rostros.

CAPÍTULO XLI: DE LA VENIDA DE CLAVILEÑO, CON EL FIN DE ESTA DILATADA AVENTURA

Llegó en esto la noche, y con ella el punto determinado para que viniera el famoso caballo Clavileño. Ya su tardanza fatigaba a don Quijote, pareciéndole que, si Malambruno se detenía en enviarlo, o él no era el caballero para quien estaba guardada aquella aventura, o Malambruno no se atrevía a venir con él a singular batalla.

Pero he aquí que, de improviso, entraron por el jardín cuatro salvajes, vestidos todos de verde hiedra, que traían sobre los hombros un gran caballo de madera. Lo pusieron en el suelo, y uno de los salvajes dijo:

—Suba sobre esta máquina el caballero que tenga ánimo para ello.

—Aquí —dijo Sancho— no subo, porque ni tengo ánimo ni soy caballero.

Y el salvaje siguió diciendo:

—Y ocupe las ancas el escudero, si es que lo tiene, y confíe en el valeroso Malambruno: si no es por su espada, por ninguna otra, ni por otra malicia, será ofendido. No hay más que torcer esta clavija que trae sobre el cuello, y él los llevará por los aires, adonde los espera Malambruno. Pero para que la altura del camino no les cause vaguidos, han de cubrirse los ojos hasta que el caballo relinche, que será señal de haber dado fin al viaje.

Dicho esto, dejando a Clavileño, con buen continente se volvieron por donde habían venido.

La Dolorida, apenas vio al caballo, casi llorando dijo a don Quijote:

—Valeroso caballero, las promesas de Malambruno han sido ciertas: el caballo está aquí, nuestras barbas crecen, y cada una de nosotras, con cada pelo de ellas, le suplica que nos rape y nos deje limpias; que todo está en que usted suba en él con su escudero y dé feliz principio a este nuevo viaje.

—Eso haré, señora condesa Trifaldi, de muy buen grado y de mejor talante —respondió don Quijote—, sin ponerme a buscar cojín ni a calzarme espuelas, por no detenerme: tanta es la gana que tengo de verlas a usted y a todas estas dueñas rasas y mondas.

—Eso no lo haré yo —dijo Sancho—, ni de mal ni de buen talante, de ninguna manera. Y si este rapamiento no se puede hacer sin que yo suba a las ancas, bien puede buscar mi señor otro escudero que lo acompañe, y estas señoras otro modo de alisarse el rostro; que yo no soy brujo para andar por los aires. ¿Y qué dirán mis insulanos cuando sepan que su gobernador se pasea por los vientos?

Y otra cosa: habiendo tres mil y tantas leguas de aquí a Candaya, si el caballo se cansa o el gigante se enfada, tardaremos en dar la vuelta media docena de años, y ya no habrá ínsula ni insulanos que me conozcan. Y como se dice que en la tardanza está el peligro, y que cuando te den la vaquilla acudas con la soguilla, perdónenme las barbas de estas señoras: bien está San Pedro en Roma; quiero decir, bien estoy en esta casa, donde tanta merced se me hace y de cuyo dueño espero verme gobernador.

A esto dijo el Duque:

—Sancho amigo, la ínsula que le prometí no es movible ni fugitiva: tiene raíces tan hondas, echadas en los abismos de la tierra, que no la arrancarán de donde está ni a tres tirones. Y como usted sabe —y yo lo sé— que no hay oficio de estos de tanta importancia que no se gane con alguna clase de cohecho, mayor o menor, el cohecho que yo quiero por este gobierno es que vaya con su señor don Quijote a dar cima y cabo a esta memorable aventura.

Vuelva usted sobre Clavileño con la brevedad que su ligereza promete, o la contraria fortuna lo traiga de regreso a pie, de mesón en mesón y de venta en venta: siempre que vuelva hallará su ínsula donde la deja, y a sus insulanos con el mismo deseo de recibirlo por gobernador; y mi voluntad será la misma. No ponga duda en esto, Sancho, porque sería hacer agravio notorio al deseo que tengo de servirle.

—No más, señor —dijo Sancho—: soy un pobre escudero y no puedo cargar con tantas cortesías. Suba mi amo, cúbranme estos ojos y encomiéndenme a Dios; y avísenme si, cuando vayamos por esas alturas, podré encomendarme a Nuestro Señor o invocar a los ángeles para que me favorezcan.

A esto respondió Trifaldi:

—Sancho, puede encomendarse a Dios o a quien quiera; que Malambruno, aunque es encantador, es cristiano, y hace sus encantamientos con sagacidad y con tiento, sin meterse con nadie.

—Pues entonces —dijo Sancho—, Dios me ayude y la Santísima Trinidad de Gaeta.

—Desde la memorable aventura de los batanes —señaló don Quijote—, nunca he visto a Sancho con tanto temor como ahora. Y si yo fuera tan agorero como otros, su pusilanimidad me haría cosquillas en el ánimo. Pero acércate aquí, Sancho; que, con licencia de estos señores, quiero hablar contigo dos palabras aparte.

Y apartando a Sancho entre unos árboles del jardín, y tomándolo de ambas manos, le dijo:

—Ya ves, Sancho hermano, el largo viaje que nos espera, y sabe Dios cuándo volveremos, ni el descanso que nos darán los negocios. Así que quisiera que ahora te retiraras a tu aposento, como si fueras a buscar alguna cosa necesaria para el camino, y en un abrir y cerrar de ojos te dieras, a buena cuenta de los tres mil y trescientos azotes a que estás obligado, siquiera quinientos. Que el comenzar las cosas es tenerlas medio acabadas.

—Por Dios —dijo Sancho—, que mi señor debe de estar falto de juicio: esto es como aquello que dicen "¡apresurado me ves y doncellez me pides!". ¿Ahora que tengo que ir sentado en una tabla rasa quiere que me lastime las posaderas? En verdad, no tiene razón. Vamos a rapar a estas dueñas; que a la vuelta le prometo, como quien soy, darme tanta prisa en salir de mi obligación, que mi señor quede contento, y no digo más.

Y don Quijote respondió:

—Con esa promesa, buen Sancho, voy consolado, y creo que la cumplirás, porque, en efecto, aunque tonto, eres hombre verdadero.

—No soy verde, sino moreno —dijo Sancho—; pero aunque fuera de mezcla, cumpliría mi palabra.

Y con esto volvieron a Clavileño; y al subir dijo don Quijote:

—Cúbrete, Sancho, y sube. Quien desde tierras tan lejanas envía por nosotros no lo hará para engañarnos, por la poca gloria que sacaría de engañar a quien confía en él. Y aunque todo saliera al revés de lo que imagino, la gloria de haber emprendido esta hazaña no la podrá oscurecer malicia alguna.

—Vamos, señor —dijo Sancho—; que las barbas y lágrimas de estas señoras las tengo clavadas en el corazón, y no comeré bocado que me sepa bien hasta verlas con su primera lisura. Suba mi señor y cúbrase primero; que si yo he de ir a las ancas, claro está que primero sube el de la silla.

—Así es —respondió don Quijote.

Y sacando un pañuelo del bolsillo, pidió a la Dolorida que le cubriera bien los ojos; y ya cubiertos, se volvió a descubrir y dijo:

—Si mal no recuerdo, he leído en Virgilio aquello del Paladión de Troya: un caballo de madera que los griegos presentaron a la diosa Palas, y que iba preñado de caballeros armados, que después fueron la ruina de Troya. Así que convendría ver primero qué trae Clavileño en el estómago.

—No hace falta —dijo la Dolorida—; yo respondo por él y sé que Malambruno no tiene nada de traidor ni de malicioso. Suba usted, señor don Quijote, sin pavor; y que me cueste si le sucede algún daño.

A don Quijote le pareció que insistir sería poner en duda su valentía, y así, sin más altercar, subió sobre Clavileño. Tentó la clavija, que giraba con facilidad; y como no había estribos, y las piernas le colgaban, no parecía sino figura de tapiz flamenco, pintada o tejida en algún triunfo romano.

De mal talante y poco a poco subió Sancho; y acomodándose como pudo en las ancas, las halló duras y nada blandas. Pidió al Duque que, si era posible, le diera algún cojín o almohada, aunque fuera del estrado de la Duquesa o del lecho de algún paje, porque aquellas ancas parecían más de mármol que de leño.

A esto dijo la Trifaldi que ningún jaez ni adorno sufría sobre sí Clavileño; que lo que podía hacer Sancho era ponerse a mujeriegas, y así no sentiría tanto la dureza. Hízolo Sancho, y, despidiéndose, se dejó vendar los ojos; pero después de vendados volvió a descubrirse y, mirando a todos los del jardín con ternura y lágrimas, pidió que lo ayudasen en aquel trance con un padrenuestro y un avemaría, para que Dios pusiera a alguien que los rezara por ellos cuando se vieran en trances semejantes.

A lo que dijo don Quijote:

—Ladrón, ¿acaso estás en la horca, o al borde de la muerte, para usar de esas plegarias? ¿No estás, cobarde criatura, en el mismo lugar que ocupó la linda Magalona, desde donde bajó, no a la sepultura, sino a ser reina de Francia, si no mienten las historias? ¿Y yo, que voy a tu lado, no puedo compararme con el valeroso Pierres, que ocupó ese mismo asiento que ahora ocupo? Cúbrete, cúbrete, animal descorazonado, y no se te salga a la boca el temor, por lo menos delante de mí.

—Tápeme —respondió Sancho—; y si no quieren que me encomiende a Dios ni que me encomienden, ¿qué mucho que tema que ande por aquí alguna región de diablos y nos tiren en Peralvillo?

Se cubrieron, y cuando don Quijote sintió que estaba como debía estar, tanteó la clavija; y apenas puso los dedos en ella, cuando todas las dueñas y cuantos estaban presentes alzaron las voces, diciendo:

—¡Dios te guíe, valeroso caballero!

—¡Dios vaya contigo, escudero intrépido!

—¡Ya, ya van por esos aires, rompiéndolos con más velocidad que una saeta!

—¡Ya comienzan a suspender y admirar a cuantos desde la tierra los están mirando!

—¡Sujétate, buen Sancho, que te bamboleas! ¡Mira que no caigas, que sería peor tu caída que la del atrevido mozo que quiso regir el carro del Sol, su padre!

Oyó Sancho las voces y, apretándose contra su amo y ciñéndolo con los brazos, le dijo:

—Señor, ¿cómo dicen estos que vamos tan altos, si alcanzan hasta aquí sus voces, y no parece sino que están hablando junto a nosotros?

—No te fijes en eso, Sancho —respondió don Quijote—; porque como estas cosas y estas volaterías van fuera de lo ordinario, a mil leguas verás y oirás lo que quieras. Y no me aprietes tanto, que me derribas. En verdad, no sé por qué te turbas ni te espantas: me atrevo a jurar que en todos los días de mi vida no he subido en cabalgadura de paso más llano. No parece sino que no nos movemos de un lugar. Echa fuera el miedo, amigo, que la cosa va como debe ir, y llevamos el viento en popa.

—Eso sí es verdad —respondió Sancho—, porque por este lado me da un viento tan recio que parece que con mil fuelles me estuvieran soplando.

Y así era: unos grandes fuelles le estaban echando aire; tan bien trazada estaba la aventura por el Duque, la Duquesa y su mayordomo, que no le faltó cosa para quedar perfecta.

Sintiendo, pues, el soplo, don Quijote dijo:

—Sin duda, Sancho, ya debemos de llegar a la segunda región del aire, donde se engendran el granizo y las nieves. Los truenos, los relámpagos y los rayos se engendran en la tercera; y si de este modo seguimos subiendo, pronto daremos en la región del fuego, y no sé cómo templar esta clavija para no subir donde nos abrasemos.

En esto, con unas estopas ligeras, encendidas y apagadas desde lejos, colgadas de una caña, les calentaban el rostro. Sancho, al sentir el calor, dijo:

—Que me maten si no estamos ya en el lugar del fuego, o muy cerca; porque una gran parte de mi barba se me ha chamuscado, y estoy, señor, por descubrirme y ver dónde estamos.

—No hagas tal —respondió don Quijote—, y acuérdate del cuento verdadero del licenciado Torralba, a quien los diablos llevaron por el aire, cabalgando una caña, con los ojos cerrados, y en doce horas llegó a Roma y se bajó en Torre de Nona, que es una calle de la ciudad. Allí vio el asalto y la muerte de Borbón, y por la mañana ya estaba de vuelta en Madrid, donde contó todo lo que había visto. Y él mismo dijo que, cuando iba por el aire, el diablo le mandó abrir los ojos: los abrió y se vio tan cerca, a su parecer, del cuerpo de la luna, que la pudiera agarrar con la mano; y no se atrevió a mirar a la tierra por miedo de desvanecerse. Así que, Sancho, no hay por qué descubrirnos: quien nos lleva a cargo dará cuenta de nosotros. Y quizá vamos tomando puntas y subiendo, para dejarnos caer de golpe sobre el reino de Candaya, como hace el sacre o el neblí sobre la garza para cogerla, por más que se remonte. Y aunque te parezca que no ha pasado media hora desde que salimos del jardín, créeme: debemos de haber hecho gran camino.

—No sé qué decir —respondió Sancho Panza—; sólo sé que si la señora Magalona se contentó con estas ancas, no debía de ser muy tierna de carnes.

Todas estas pláticas de los dos valientes las oían el Duque, la Duquesa y los del jardín, y recibían con ellas extraordinario contento. Y queriendo dar remate a la extraña y bien fabricada aventura, por la cola de Clavileño le prendieron fuego con unas estopas, y al punto, por estar el caballo lleno de cohetes tronadores, estalló con gran ruido y dio con don Quijote y con Sancho Panza en el suelo, medio chamuscados.

Para entonces ya había desaparecido del jardín todo el escuadrón barbado de las dueñas, y la Trifaldi, y todo lo demás; y los que quedaban allí se tendieron por el suelo como desmayados.

Don Quijote y Sancho se levantaron maltrechos, y mirando a todas partes quedaron atónitos al verse en el mismo jardín de donde habían partido, y al ver por tierra a tanta gente. Creció su admiración cuando, a un lado, vieron hincada en el suelo una gran lanza, y pendiente de ella, con dos cordones de seda verde, un pergamino liso y blanco, donde, con grandes letras de oro, estaba escrito lo siguiente:

«El ínclito caballero don Quijote de la Mancha dio fin a la aventura de la condesa Trifaldi, por otro nombre llamada la dueña Dolorida, y compañía, con sólo intentarla.»

«Malambruno se da por contento y satisfecho; las barbas de las dueñas quedan lisas y mondas; y los reyes don Clavijo y Antonomasia vuelven a su primer estado. Y cuando se cumpla el vapuleo escuderil, la blanca paloma se verá libre de los pestíferos girifaltes que la persiguen, y en brazos de su querido arrullador; así lo ordena el sabio Merlín, primero de los encantadores.»

Leídas las letras del pergamino, don Quijote entendió claramente que hablaban del desencanto de Dulcinea; y dando muchas gracias al cielo de que con tan poco peligro hubiera acabado tan gran hecho, dejando en su pasada tez los rostros de las venerables dueñas, que ya no aparecían, fue adonde el Duque y la Duquesa aún no volvían en sí, y tomando de la mano al Duque le dijo:

—¡Ea, buen señor, buen ánimo! Todo es nada. La aventura está acabada, sin daño de barras, como lo muestra el escrito de ese pergamino.

El Duque, poco a poco, como quien despierta de un sueño pesado, volvió en sí; y del mismo modo la Duquesa y los demás que estaban por el jardín, con señales de maravilla y espanto, como si de veras les hubiera sucedido lo mismo que tan bien sabían fingir por burla.

Leyó el Duque el cartel con los ojos medio cerrados y luego, con los brazos abiertos, fue a abrazar a don Quijote, diciendo que era el mejor caballero que se había visto en ningún siglo.

Sancho, por su parte, andaba buscando a la Dolorida, por ver qué cara tenía sin barbas y si era tan hermosa como su gallarda disposición prometía; pero le dijeron que así que Clavileño cayó ardiendo por los aires, todo el escuadrón, con la Trifaldi, desapareció, y que ya iban rapadas y sin cañones.

La Duquesa preguntó a Sancho cómo le había ido en aquel largo viaje. Sancho respondió:

—Yo, señora, sentí que íbamos, según mi señor me dijo, volando por la región del fuego, y quise descubrirme un poco los ojos; pero mi amo, a quien le pedí licencia, no lo consintió. Sin embargo, yo, que tengo no sé qué briznas de curioso y de querer saber lo que se me estorba, sin que nadie me viera, junto a las narices aparté un poco el pañuelo que me tapaba los ojos, y por allí miré hacia la tierra: me pareció que toda ella no era mayor que un grano de mostaza, y los hombres que andaban sobre ella, poco mayores que avellanas; para que se vea cuán altos debíamos de ir entonces.

—Sancho amigo —dijo la Duquesa—, mira bien lo que dices: porque, según eso, no viste la tierra, sino los hombres que andaban sobre ella. Y está claro que si la tierra te pareció como un grano de mostaza y cada hombre como una avellana, un solo hombre habría de cubrir toda la tierra.

—Eso es verdad —respondió Sancho—; pero, con todo, la miré por un ladito y la vi toda.

—Mira, Sancho —dijo la Duquesa—, que por un ladito no se ve todo lo que se mira.

—Yo no entiendo de esas miradas —replicó Sancho—; sólo sé que, como volábamos por encantamiento, por encantamiento podía yo ver toda la tierra y todos los hombres por dondequiera que los mirara. Y si no se me cree esto, tampoco se me creerá que, descubriéndome junto a las cejas, me vi tan cerca del cielo que no había de mí a él palmo y medio; y por eso puedo jurar, señora, que es muy grande.

Y sucedió que íbamos por donde están las siete cabrillas; y por Dios y por mi alma, como en mi niñez fui cabrerizo en mi tierra, así como las vi me dieron unas ganas de entretenerme con ellas un rato… y si no lo hacía, me parecía que reventaba. Así que, sin decir nada a nadie, ni a mi señor tampoco, despacito me bajé de Clavileño y me entretuve con las cabrillas, que son como alhelíes y como flores, casi tres cuartos de hora; y Clavileño no se movió de un lugar ni pasó adelante.

—Y mientras el buen Sancho se entretenía con las cabras —preguntó el Duque—, ¿en qué se entretenía el señor don Quijote?

Don Quijote respondió:

—Como todas estas cosas van fuera del orden natural, no es mucho que Sancho diga lo que dice. Por mi parte, ni miré por arriba ni por abajo, ni vi cielo ni tierra ni mar ni arenas. Es verdad que sentí que pasábamos por la región del aire, y aun que tocábamos la del fuego; pero que pasáramos de allí no lo puedo creer, porque estando la región del fuego entre el cielo de la luna y la última región del aire, no podíamos llegar al cielo donde están las siete cabrillas que Sancho dice sin abrasarnos. Y como no nos asamos, o Sancho miente o Sancho sueña.

—Ni miento ni sueño —respondió Sancho—; si no, pregúntenme las señas de esas cabras, y por ellas verán si digo verdad o no.

—Dilas, entonces, Sancho —dijo la Duquesa.

—Son —respondió Sancho— dos verdes, dos coloradas, dos azules y una mezclada.

—Nueva manera de cabras es esa —dijo el Duque—; por esta región no se usan cabras de esos colores.

—Claro que no —dijo Sancho—: alguna diferencia ha de haber entre las cabras del cielo y las del suelo.

—Dime, Sancho —preguntó el Duque—: ¿viste por allá, entre esas cabras, algún cabrón?

—No, señor —respondió Sancho—; pero oí decir que ninguno pasaba de los cuernos de la luna.

No quisieron preguntarle más del viaje, porque vieron que Sancho tenía hilo para pasearse por todos los cielos y contar cuanto allá ocurría, sin haberse movido del jardín.

En suma: este fue el fin de la aventura de la Dueña Dolorida, que dio que reír a los Duques no sólo aquel tiempo, sino toda su vida; y que a Sancho le daría tema para siglos, si los viviera. Y acercándose don Quijote a Sancho, al oído le dijo:

—Sancho: si quieres que te crean lo que dices haber visto en el cielo, yo quiero que tú me creas lo que vi en la cueva de Montesinos. Y no te digo más.

CAPÍTULO XLII: DE LOS CONSEJOS QUE DIO DON QUIJOTE A SANCHO PANZA ANTES DE QUE FUERA A GOBERNAR LA ÍNSULA

Con el feliz y gracioso suceso de la aventura de la Dolorida quedaron tan contentos los Duques, que determinaron seguir con las burlas, viendo lo bien dispuesto que estaba todo para que pareciera verdad. Y así, habiendo dado la traza y las órdenes que sus criados y vasallos debían guardar con Sancho en el gobierno de la ínsula prometida, al día siguiente —que fue el que siguió al vuelo de Clavileño— el Duque le dijo a Sancho que se alistara y se preparara para ir a ser gobernador, porque ya sus insulanos lo estaban esperando como agua de mayo.

Sancho se humilló y le dijo:

—Después que bajé del cielo, y después que desde su altura miré la tierra y la vi tan pequeña, se me templó en parte la gana que antes tenía de ser gobernador. Porque, ¿qué grandeza es mandar en un grano de mostaza, o qué dignidad o imperio es gobernar a media docena de hombres tamaños como avellanas, que, a mi parecer, no había más en toda la tierra? Si su señoría fuera servido de darme un poquito del cielo, aunque no fuera más de media legua, lo tomaría con mejor gusto que la mayor ínsula del mundo.

—Mira, amigo Sancho —respondió el Duque—: yo no puedo dar parte del cielo a nadie, aunque fuera menor que una uña; esas mercedes están reservadas sólo a Dios. Lo que sí puedo darte te doy: una ínsula hecha y derecha, redonda y bien proporcionada, y muy fértil y abundante. Y si tú sabes gobernar, podrás con las riquezas de la tierra granjear las del cielo.

—Está bien —respondió Sancho—: venga esa ínsula, que yo me esforzaré por ser tal gobernador que, a pesar de bellacos, me vaya al cielo. Y esto no lo digo por codicia de salir de mi estado o levantarme a mayores, sino por el deseo que tengo de probar a qué sabe el ser gobernador.

—Si una vez lo prueban, Sancho —dijo el Duque—, se comerán las manos por volver al gobierno, porque mandar y ser obedecido es cosa dulcísima. Y tengan por seguro que cuando su amo llegue a ser emperador —que lo será sin duda, según van encaminadas sus cosas— no se lo arrancarán así como así, y le dolerá y le pesará, en lo más hondo del alma, el tiempo que haya dejado de serlo.

—Señor —replicó Sancho—, yo me imagino que es bueno mandar, aunque sea a un hato de ganado.

—Que me entierren con ustedes, Sancho: saben de todo —respondió el Duque—; y yo espero que serán tal gobernador como su juicio promete. Y que esto quede aquí. Miren: mañana, en este mismo día, han de ir al gobierno de la ínsula; y esta tarde les acomodarán el traje conveniente que han de llevar, y todas las cosas necesarias para su partida.

—Vístanme —dijo Sancho— como quieran; que de cualquier manera que vaya vestido, seré Sancho Panza.

—Eso es verdad —dijo el Duque—; pero los trajes han de acomodarse al oficio o dignidad que se ejerce: no estaría bien que un jurista se vistiera como soldado, ni un soldado como sacerdote. Ustedes, Sancho, irán vestidos en parte como letrado y en parte como capitán, porque en la ínsula que les doy tanto hacen falta las armas como las letras, y las letras como las armas.

—Letras —respondió Sancho—, pocas tengo, porque todavía no sé el A, B, C; pero me basta tener el Cristus en la memoria para ser buen gobernador. De las armas manejaré las que me den, hasta caer, y Dios por delante.

—Con tan buena memoria —dijo el Duque—, Sancho no podrá errar en nada.

En esto llegó don Quijote y, sabiendo lo que pasaba y la prisa con que Sancho había de partir a su gobierno, con licencia del Duque lo tomó de la mano y se fue con él a su estancia, con intención de aconsejarle cómo debía conducirse en el oficio. Entraron en el aposento, cerró don Quijote la puerta tras sí y, casi por fuerza, hizo que Sancho se sentara junto a él; y con voz reposada le dijo:

—Infinitas gracias doy al cielo, Sancho amigo, de que antes y primero que yo haya encontrado alguna buena dicha, te haya salido a ti al encuentro la buena fortuna. Yo, que en mi buena suerte tenía destinada la paga de tus servicios, me veo apenas en los comienzos de mejorar mi estado, y tú, antes de tiempo, contra toda razón, te ves premiado de tus deseos. Otros sobornan, importunan, solicitan, madrugan, ruegan, porfían, y no alcanzan lo que pretenden; y llega otro, y sin saber cómo ni por qué, se halla con el cargo y oficio que tantos pretendieron. Y aquí encaja bien aquello de que hay buena y mala fortuna en las pretensiones.

Tú, que para mí —sin duda— eres un simple, sin madrugar ni trasnochar, y sin hacer diligencia alguna, con sólo el aliento que te ha tocado de la caballería andante, sin más ni más te ves gobernador de una ínsula, como quien no dice nada. Todo esto digo, Sancho, para que no atribuyas a tus merecimientos la merced recibida, sino que des gracias al cielo, que dispone suavemente las cosas; y después las darás a la grandeza que encierra la profesión de la caballería andante.

Dispuesto, pues, tu corazón a creer lo que te he dicho, está atento, hijo, a este tu Catón, que quiere aconsejarte y ser norte y guía que te encamine y te saque a seguro puerto de este mar proceloso donde vas a meterte; porque los oficios y los grandes cargos no son otra cosa sino un golfo profundo de confusiones.

Primeramente, hijo, has de temer a Dios; porque en temerlo está la sabiduría, y siendo sabio no podrás errar en nada.

Lo segundo, has de poner los ojos en quién eres, procurando conocerte a ti mismo, que es el conocimiento más difícil que puede imaginarse. De conocerte saldrá el no hincharte como la rana que quiso igualarse con el buey; porque si lo haces, vendrá a ser feo pie de la rueda de tu locura la consideración de haber guardado puercos en tu tierra.

—Eso es verdad —respondió Sancho—; pero fue cuando era muchacho; porque después, ya algo hombrecillo, gansos fueron los que guardé, y no puercos. Pero a mí me parece que eso no viene al caso: no todos los que gobiernan vienen de casta de reyes.

—Eso es verdad —replicó don Quijote—; por eso los que no son de linaje noble deben acompañar la gravedad del cargo con una suavidad que, guiada por la prudencia, los libre de la murmuración maliciosa, de la que ningún estado se escapa.

Haz gala, Sancho, de la humildad de tu linaje, y no te avergüences de decir que vienes de labradores; porque si ven que no te ruborizas, nadie intentará ruborizarte. Y préciate más de ser humilde y virtuoso que soberbio y pecador. Innumerables son los que, nacidos de baja estirpe, han subido a la suma dignidad pontificia e imperial; y de esta verdad podría traerte tantos ejemplos que te cansaría.

Mira, Sancho: si tomas por medio la virtud y te precias de hacer obras virtuosas, no hay para qué envidiar a quienes lo son por ser príncipes y señores; porque la sangre se hereda y la virtud se adquiere, y la virtud vale por sí sola lo que la sangre no vale.

Siendo esto así, como lo es, si acaso, cuando estés en tu ínsula, viene a verte alguno de tus parientes, no lo rechaces ni lo afrentes; antes debes acogerlo, agasajarlo y tratarlo bien. Con eso agradarás al cielo, que no quiere que nadie desprecie lo que Él hizo, y corresponderás a la naturaleza, que manda buena concordia.

Si llevas contigo a tu mujer (porque no conviene que quien está largo tiempo en gobierno viva sin la propia), enséñala, instrúyela y quítale la rudeza natural; porque lo que suele ganar un gobernador discreto, lo suele perder y derramar una mujer rústica y tonta.

Si acaso quedas viudo (cosa que puede suceder), y con el cargo mejoras de consorte, no tomes mujer que te sirva de anzuelo y caña de pescar, ni de no quiero de tu capilla; porque en verdad te digo que de todo aquello que la mujer del juez reciba ha de dar cuenta el marido en la residencia universal, donde pagará con el cuádruple, en la muerte, las partidas de que no se hizo cargo en vida.

Nunca te guíes por la ley del encaje, que suele tener mucha cabida entre los ignorantes que presumen de agudos.

Que hallen en ti más compasión las lágrimas del pobre, pero no más justicia que las informaciones del rico.

Procura descubrir la verdad entre las promesas y dádivas del rico, lo mismo que entre los sollozos e importunidades del pobre.

Cuando pueda y deba tener lugar la equidad, no cargues todo el rigor de la ley al delincuente: no es mejor la fama del juez riguroso que la del compasivo.

Si acaso doblas la vara de la justicia, que no sea con el peso de la dádiva, sino con el de la misericordia.

Cuando te toque juzgar un pleito de algún enemigo tuyo, aparta la mente de tu agravio y ponla en la verdad del caso.

No te ciegue la pasión propia en causa ajena: los yerros que en ella cometas muchas veces serán sin remedio; y si lo tienen, será a costa de tu crédito, y aun de tu hacienda.

Si alguna mujer hermosa viene a pedirte justicia, aparta los ojos de sus lágrimas y los oídos de sus gemidos, y considera despacio la sustancia de lo que pide, si no quieres que se anegue tu razón en su llanto y tu bondad en sus suspiros.

Al que has de castigar con obras, no lo maltrates con palabras, pues al desdichado le basta la pena del suplicio sin la añadidura de malas razones.

Al culpable que caiga bajo tu jurisdicción míralo como hombre miserable, sujeto a las condiciones de nuestra naturaleza depravada; y en todo cuanto dependa de ti, sin hacer agravio a la parte contraria, muéstrate piadoso y clemente; porque, aunque los atributos de Dios son iguales, más resplandece a nuestros ojos el de la misericordia que el de la justicia.

Si sigues estos preceptos y estas reglas, Sancho, serán largos tus días, tu fama será eterna, tus premios colmados, tu felicidad indecible; casarás a tus hijos como quieras, títulos tendrán ellos y tus nietos; vivirás en paz y buena voluntad de las gentes, y en los últimos pasos de la vida te alcanzará la muerte en vejez suave y madura, y cerrarán tus ojos las tiernas manos de tus bisnietos. Esto que hasta aquí te he dicho son documentos para adornar tu alma; escucha ahora los que han de servir para adorno del cuerpo.

CAPÍTULO XLIII: DE LOS SEGUNDOS CONSEJOS QUE DIO DON QUIJOTE A SANCHO PANZA

¿Quién oyera el razonamiento pasado de don Quijote y no lo tuviera por persona muy cuerda y de buen intento? Pero, como muchas veces queda dicho en el curso de esta historia, sólo disparaba cuando tocaban el punto de la caballería; en los demás discursos mostraba entendimiento claro y suelto, de manera que a cada paso desacreditaban sus obras su juicio y su juicio sus obras. Pero en estos segundos documentos que dio a Sancho mostró gran donaire, y llevó su discreción y su locura a un punto muy alto.

Sancho lo escuchaba atentísimo y procuraba guardarlo en la memoria, como quien pensaba seguirlo y sacar buen parto de la preñez de su gobierno. Prosiguió, pues, don Quijote y dijo:

—En lo que toca a cómo has de gobernar tu persona y tu casa, Sancho, lo primero que te encargo es que seas limpio, y que te cortes las uñas, sin dejarlas crecer como algunos hacen, a quienes su ignorancia les hace creer que las uñas largas hermosean las manos, como si aquello que dejan sin cortar fuera uña, siendo más bien garras de cernícalo lagartijero: abuso sucio y extraordinario.

No andes, Sancho, desceñido y flojo, porque el vestido descompuesto da indicios de ánimo descuidado, si la descompostura no cae en socarronería, como se juzgó en la de Julio César.

Toma con discreción el pulso a lo que pueda valer tu oficio, y si permite que des librea a tus criados, dásela honesta y provechosa más que vistosa y lucida, y repártela entre tus criados y los pobres. Quiero decir: si has de vestir seis pajes, viste tres y otros tres pobres; y así tendrás pajes para el cielo y para el suelo. Este modo nuevo de dar librea no lo entienden los vanagloriosos.

No comas ajos ni cebollas, para que no delate el olor tu villanería.

Anda despacio; habla con reposo; pero no de modo que parezca que te escuchas a ti mismo: toda afectación es mala.

Come poco y cena menos; porque la salud de todo el cuerpo se fragua en la oficina del estómago. Sé templado en el beber, considerando que el vino en exceso ni guarda secreto ni cumple palabra. Ten cuidado, Sancho, de no mascar a dos carrillos, ni de eructar delante de nadie.

—Eso de eructar no lo entiendo —dijo Sancho.

Y don Quijote le dijo:

—Eructar, Sancho, quiere decir regoldar; y este es uno de los vocablos más ásperos que tiene la lengua castellana, aunque es muy significativo. Por eso la gente curiosa se ha acogido al latín: al regoldar le dice eructar, y a los regüeldos, eructaciones. Y cuando algunos no entienden estos términos, importa poco: el uso los irá introduciendo con el tiempo, y se entenderán con facilidad; y esto es enriquecer la lengua, sobre la cual tiene poder el vulgo y el uso.

—En verdad, señor —dijo Sancho—, uno de los consejos que pienso guardar ha de ser el de no regoldar, porque lo hago a menudo.

—Eructar, Sancho; que no regoldar —dijo don Quijote.

—Eructar diré desde aquí adelante —respondió Sancho—, y de veras que no se me olvida.

—También, Sancho, no has de mezclar en tus pláticas la muchedumbre de refranes que sueles; que, aunque los refranes son sentencias breves, muchas veces los traes tan a rastras que más parecen disparates que sentencias.

—Eso Dios lo puede remediar —respondió Sancho—; porque sé más refranes que un libro, y se me vienen tantos juntos a la boca cuando hablo, que riñen por salir unos con otros. Pero la lengua va soltando los primeros que encuentra, aunque no vengan a propósito. Con todo, de aquí en adelante procuraré decir los que convengan a la gravedad de mi cargo… que en casa llena, pronto se guisa la cena… y quien destaja, no baraja… y a buen resguardo está el que repica… y para dar y tener, seso ha de haber.

—¡Eso sí, Sancho! —dijo don Quijote—. ¡Encaja, ensarta, enlaza refranes: nadie te detiene! Te digo que evites refranes, y en un instante has soltado aquí una letanía, que viene a cuento como por los cerros de Úbeda. Mira, Sancho: no digo yo que un refrán bien traído parezca mal; pero cargarlos y ensartarlos a troche y moche deja la plática desmayada y baja.

Cuando subas a caballo, no vayas echando el cuerpo sobre el arzón trasero, ni lleves las piernas tiesas y apartadas de la barriga del caballo, ni vayas tan flojo que parezca que montas un rucio; porque el andar a caballo a unos los hace caballeros, y a otros, simples caballerizos.

Sea moderado tu sueño; que quien no madruga con el sol no goza del día. Y advierte, Sancho, que la diligencia es madre de la buena fortuna, y la pereza, su contraria, jamás llega al término que pide un buen deseo.

Este último consejo que ahora quiero darte, aunque no sirva para adorno del cuerpo, quiero que lo lleves muy presente, porque creo que no te será de menos provecho que los demás: jamás te pongas a disputar de linajes, al menos comparándolos entre sí; porque por fuerza, en los que se comparan uno ha de salir mejor, y del que rebajes serás aborrecido, y del que ensalces no serás premiado.

Tu vestido será calza entera, ropilla larga, herreruelo un poco más largo; gregüescos, ni pensarlo: no están bien ni a caballeros ni a gobernadores.

Por ahora, esto se me ofrece aconsejarte, Sancho; vendrán los tiempos y, según las ocasiones, así serán mis documentos, como tú tengas cuidado de avisarme del estado en que te halles.

—Señor —respondió Sancho—, bien veo que todo cuanto me ha dicho son cosas buenas, santas y provechosas; pero ¿de qué me sirven si de ninguna me acuerdo? Verdad es que lo de no dejarme crecer las uñas y lo de casarme otra vez, si se ofrece, no se me irá de la cabeza; pero esos otros enredos y revoltijos no se me acordarán más que las nubes del año pasado. Así que será menester que me los den por escrito; que aunque no sé leer ni escribir, se los daré a mi confesor para que me los meta en la cabeza cuando haga falta.

—¡Ay de mí! —respondió don Quijote—, ¡qué mal queda en un gobernador no saber leer ni escribir! Porque has de saber, Sancho, que no saber leer, o ser zurdo, suele mostrar una de dos cosas: o que fue hijo de padres demasiado humildes, o que fue tan travieso y malo que no le entraron el buen uso ni la buena doctrina. Gran falta es la que llevas contigo, y por eso quisiera que aprendieras, al menos, a firmar.

—Firmar, sí sé —respondió Sancho—; que cuando fui prioste en mi lugar aprendí a hacer unas letras como marca de fardo, y decían que eso decía mi nombre. Y si hace falta, diré que tengo tullida la mano derecha y haré que otro firme por mí; que para todo hay remedio, si no es para la muerte. Y teniendo yo el mando y el palo, haré lo que quiera. Además, el que tiene el padre alcalde… Y siendo yo gobernador —que es más que alcalde—, ¡que se acerquen, que la dejan ver! No, que si me quieren poner la zancadilla… vendrán por lana y volverán trasquilados. Y a quien Dios quiere bien, la casa le sabe. Y las necedades del rico pasan por sentencias. Y siéndolo yo, siendo gobernador y además liberal, como pienso ser, no habrá falta que se me note. No, que si uno se hace miel, se lo comen las moscas. Tanto vales cuanto tienes, decía una abuela mía; y del hombre bien plantado no te verás vengado.

—¡Maldito seas, Sancho! —dijo entonces don Quijote—. ¡Sesenta mil satanases te lleven a ti y a tus refranes! Hace una hora que los vienes ensartando, y con cada uno me das un trago de tormento. Yo te aseguro que estos refranes te han de llevar un día a la horca: por ellos te quitarán el gobierno tus vasallos, o habrá entre ellos revueltas. Dime: ¿de dónde los sacas, ignorante, o cómo los aplicas, mentecato? ¡Para decir yo uno y traerlo a propósito sudo como si cavara!

—Por Dios, señor mío —replicó Sancho—, usted se queja de bien pocas cosas. ¿Qué demonios le duele que yo use mi hacienda, si no tengo otra, ni otro caudal, sino refranes y más refranes? Y ahora mismo se me ocurren cuatro que venían aquí de maravilla… pero no los diré, porque al buen callar llaman Sancho.

—Ese Sancho no eres tú —dijo don Quijote—; porque no sólo no eres buen callar, sino mal hablar y mal porfiar. Con todo, quiero saber qué cuatro refranes se te venían ahora, tan a propósito; que yo, que tengo buena memoria, la ando revolviendo, y ninguno se me ofrece.

—¿Qué mejores —dijo Sancho— que estos?: «Entre dos muelas cordales, no pongas los pulgares», y «Salgan de mi casa, y qué quieren con mi mujer, no hay respuesta», y «Si da el cántaro en la piedra o la piedra en el cántaro, mal para el cántaro». Todos vienen al caso: que nadie se las dé de fuerte con su gobernador, ni con quien manda, porque saldrá lastimado, como el que mete el dedo entre dos muelas; y aunque no sean cordales, como sean muelas, da lo mismo. Y a lo que diga el gobernador no hay que replicar, como a eso de «salgan de mi casa…». Y lo del cántaro y la piedra, hasta un ciego lo ve. Así que conviene que quien ve la mota en el ojo ajeno vea la viga en el suyo, para que no le digan: «se asustó la muerta de la degollada». Y usted bien sabe que más sabe el necio en su casa que el cuerdo en la ajena.

—Eso no, Sancho —respondió don Quijote—: el necio, en su casa ni en la ajena, no sabe nada, porque sobre el cimiento de la necedad no se levanta edificio discreto. Dejemos esto aquí: si gobiernas mal, tuya será la culpa y mía la vergüenza. Pero me consuela haber hecho lo que debía, aconsejándote con toda la verdad y discreción que he podido; con eso cumplo mi obligación y mi promesa.

Dios te guíe, Sancho, y te gobierne en tu gobierno. Y a mí me saque del escrúpulo que me queda de que vayas a poner la ínsula patas arriba, cosa que yo podría haber evitado diciendo al Duque quién eres: que toda esa gordura y esa personilla que tienes no es otra cosa que un costal lleno de refranes y de malicias.

—Señor —replicó Sancho—, si a usted le parece que no sirvo para este gobierno, desde aquí lo dejo. Más quiero un solo negro de la uña de mi alma que todo mi cuerpo. Y así me sustentaré Sancho a secas, con pan y cebolla, antes que gobernador con perdices y capones. Además, mientras se duerme todos son iguales: grandes y pequeños, pobres y ricos. Y si usted lo mira bien, verá que sólo usted me metió en esto de gobernar: yo no sé más de gobiernos de ínsulas que un buitre. Y si piensa que por ser gobernador me ha de llevar el diablo, más quiero irme Sancho al cielo que gobernador al infierno.

—Por Dios, Sancho —dijo don Quijote—, que por esas últimas razones que has dicho juzgo que mereces ser gobernador de mil ínsulas: buen natural tienes, y sin él no hay ciencia que valga. Encomiéndate a Dios y procura no errar en la primera intención; quiero decir: ten siempre firme propósito de acertar en cuantos negocios te vengan, porque el cielo favorece los buenos deseos. Y vámonos a comer, que creo que ya estos señores nos esperan.

CAPÍTULO XLIV: CÓMO SANCHO PANZA FUE LLEVADO AL GOBIERNO, Y DE LA EXTRAÑA AVENTURA QUE EN EL CASTILLO SUCEDIÓ A DON QUIJOTE

Dicen que en el propio original de esta historia se lee que, cuando Cide Hamete llegó a escribir este capítulo, su intérprete no se lo tradujo como él lo había escrito. Fue una manera de quejarse el moro de sí mismo, por haber tomado entre manos una historia tan seca y tan limitada como esta de don Quijote, porque le parecía que siempre había de hablar de él y de Sancho, sin atreverse a extenderse en otras digresiones y episodios más graves y más entretenidos; y decía que llevar siempre el entendimiento, la mano y la pluma sujetos a escribir de un solo asunto, y hablar por la boca de pocas personas, era un trabajo insoportable, cuyo fruto no redundaba en provecho del autor.

Y que, por huir de ese inconveniente, había usado en la primera parte el artificio de algunas novelas, como fueron la del Curioso impertinente y la del Capitán cautivo, que están como separadas de la historia; porque las demás que allí se cuentan son casos sucedidos al mismo don Quijote, y no podían dejar de escribirse. También pensó, como él mismo dice, que muchos, llevados de la atención que piden las hazañas de don Quijote, no se la darían a las novelas, y pasarían por ellas, ya con prisa, ya con enfado, sin advertir la gala y el artificio que en sí contienen; artificio que se habría mostrado a plena luz si, por sí solas, sin arrimarse a las locuras de don Quijote ni a las sandeces de Sancho, hubieran salido al mundo.

Y así, en esta segunda parte no quiso introducir novelas sueltas ni pegadizas, sino algunos episodios que lo pareciesen, nacidos de los mismos sucesos que la verdad ofrece; y aun esos, de manera limitada, con sólo las palabras necesarias para declararlos. Y pues se contiene y se cierra en los estrechos límites de la narración, teniendo habilidad, suficiencia y entendimiento para tratar del universo entero, pide que no se desprecie su trabajo, y que se le den alabanzas, no por lo que escribe, sino por lo que ha dejado de escribir.

Luego prosigue la historia diciendo que, después de comer don Quijote el día en que dio los consejos a Sancho, aquella tarde se los dio por escrito para que él buscara quién se los leyera; pero apenas se los entregó, cuando se le cayeron y vinieron a manos del Duque, que los compartió con la Duquesa, y los dos se admiraron de nuevo de la locura y del ingenio de don Quijote. Y así, llevando adelante sus burlas, aquella tarde enviaron a Sancho, con gran acompañamiento, al lugar que para él había de ser ínsula.

Aconteció, pues, que el que lo llevaba a su cargo era un mayordomo del Duque, muy discreto y muy gracioso (porque no puede haber gracia donde no hay discreción), el cual había hecho el papel de la Condesa Trifaldi, con el donaire que queda referido. Y con esto, y con ir instruido por sus señores de cómo debía tratar a Sancho, salió con su intento de maravilla.

Digo, pues, que sucedió que, así como Sancho vio al mayordomo, le pareció reconocer en su rostro el mismo de la Trifaldi, y volviéndose a su amo le dijo:

—Señor, o el diablo me ha de sacar de aquí, con justicia y en conciencia, o usted me ha de confesar que el rostro de este mayordomo del Duque, que está aquí, es el mismo de la Dolorida.

Miró don Quijote atentamente al mayordomo, y después de mirarlo dijo a Sancho:

—No hay por qué te lleve el diablo, Sancho, ni con justicia ni en conciencia (que no sé qué quieres decir con eso): el rostro de la Dolorida es el del mayordomo; pero por eso no es el mayordomo la Dolorida. Si lo fuera, se seguiría una contradicción muy grande. Y no es tiempo ahora de averiguaciones, porque sería meternos en laberintos. Créeme, amigo: es menester rogar a Nuestro Señor de veras que nos libre a los dos de malos hechiceros y de malos encantadores.

—No es burla, señor —replicó Sancho—, sino que hace un rato lo oí hablar, y no parecía sino que la voz de la Trifaldi me sonaba en los oídos. En fin, yo callaré; pero no dejaré de andar advertido desde ahora, por ver si se descubre otra señal que confirme o deshaga mi sospecha.

—Así debes hacer, Sancho —dijo don Quijote—, y me avisarás de todo lo que descubras en este caso, y de todo lo que te suceda en el gobierno.

Salió, en fin, Sancho acompañado de mucha gente, vestido como letrado, y encima un gabán muy ancho de chamelote de aguas leonado, con una montera de lo mismo, sobre un macho a la jineta; y detrás de él, por orden del Duque, iba el rucio con jaeces y ornamentos jumentiles de seda, muy flamantes. Sancho volvía la cabeza de cuando en cuando para mirar a su asno; y con su compañía iba tan contento, que no lo cambiaría por el Emperador de Alemania.

Al despedirse de los Duques les besó las manos, y tomó la bendición de su amo, que se la dio con lágrimas, y Sancho la recibió con pucheritos.

Deja, lector amable, ir en paz y buena hora al buen Sancho, y espera dos fanegas de risa que te ha de causar saber cómo se condujo en su cargo; y entre tanto, atiende a lo que le pasó a su amo aquella noche; que si con ello no te ríes, al menos se te abrirán los labios con risa de mono, porque los sucesos de don Quijote o se celebran con admiración o con risa.

Se cuenta, pues, que apenas se hubo partido Sancho, cuando don Quijote sintió su soledad; y si le hubiera sido posible revocarle el encargo y quitarle el gobierno, lo habría hecho. La Duquesa notó su melancolía y le preguntó por qué estaba triste; y que si era por la ausencia de Sancho, escuderos, dueñas y doncellas había en su casa que le servirían muy a satisfacción.

—Es verdad, señora —respondió don Quijote—, que siento la ausencia de Sancho; pero no es esa la causa principal que me hace parecer triste. Y de los muchos ofrecimientos que usted me hace, sólo acepto el de la voluntad con que me los hace; y en lo demás, le suplico que dentro de mi aposento consienta y permita que yo solo sea el que me sirva.

—En verdad —dijo la Duquesa—, señor don Quijote, que no ha de ser así: le han de servir cuatro doncellas mías, hermosas como flores.

—Para mí —respondió don Quijote— no serán como flores, sino como espinas que me punzan el alma. Tan cierto es que no entrarán en mi aposento, ni cosa que lo parezca, como que alguien vuele. Si usted quiere llevar adelante el hacerme merced sin que yo la merezca, déjeme que yo me las arregle dentro de mis puertas, y que yo me sirva a mí mismo; que yo levante una muralla entre mis deseos y mi honestidad. No quiero perder esta costumbre por la generosidad que usted quiere mostrar conmigo. Y, en fin, antes dormiré vestido que consentir que nadie me desnude.

—Basta, basta, señor don Quijote —replicó la Duquesa—. Por mí, daré orden de que ni una mosca entre en su estancia, mucho menos una doncella. No soy yo persona por la cual haya de venirse abajo la decencia de don Quijote; porque, según se me alcanza, la virtud que más resalta entre sus muchas es la honestidad. Desnúdese y vístase a solas y a su modo, como y cuando quiera; que no habrá quien se lo impida. Y dentro de su aposento hallará los recipientes necesarios para el menester de quien duerme a puerta cerrada, para que ninguna necesidad natural le obligue a abrirla.

Viva mil siglos la gran Dulcinea del Toboso, y sea su nombre extendido por toda la redondez de la tierra, pues mereció ser amada de tan valiente y tan honesto caballero. Y los benignos cielos infundan en el corazón de Sancho Panza, nuestro gobernador, el deseo de acabar pronto sus disciplinas, para que vuelva a gozar el mundo de la belleza de tan gran señora.

A lo cual dijo don Quijote:

—Usted ha hablado como quien es: en la boca de las buenas señoras no debe salir palabra mala; y más venturosa y más conocida será en el mundo Dulcinea por haberla alabado usted, que por todas las alabanzas que puedan darle los más elocuentes de la tierra.

—Bien, señor don Quijote —replicó la Duquesa—, la hora de cenar se acerca, y el Duque debe de estar esperando. Venga usted; cenemos y acostémonos temprano, que el viaje que ayer hizo a Candaya no fue tan corto que no haya causado algún molimiento.

—No siento ninguno, señora —respondió don Quijote—; porque me atrevería a jurar que en mi vida he subido en bestia más reposada ni de mejor paso que Clavileño. Y no sé qué pudo mover a Malambruno a deshacerse de tan ligera y tan gentil cabalgadura, y a quemarla así, sin más ni más.

—Se puede imaginar —respondió la Duquesa— que, arrepentido del mal que hizo a la Trifaldi y compañía, y a otras personas, y de las maldades que como hechicero y encantador debió de cometer, quiso acabar con los instrumentos de su oficio; y como principal, y el que más lo traía inquieto, quemó a Clavileño. Con sus cenizas y con el trofeo del cartel queda eterno el valor del gran don Quijote de la Mancha.

De nuevo dio don Quijote muchas gracias a la Duquesa, y en cuanto cenaron se retiró a su aposento solo, sin consentir que nadie entrara a servirle: tanto temía encontrar ocasiones que lo movieran o lo forzaran a perder el honesto decoro que guardaba a su señora Dulcinea, teniendo siempre presente la bondad de Amadís, flor y espejo de los caballeros andantes.

Cerró la puerta tras sí y, a la luz de dos velas de cera, se desnudó; y al descalzarse (¡oh desgracia indigna de tal persona!) se le soltaron, no suspiros ni cosa que manchara la limpieza de su compostura, sino hasta dos docenas de puntos de una media, que quedó hecha una celosía. Se afligió en extremo el buen señor, y habría dado por tener allí un pellizco de seda verde una onza de plata; digo seda verde, porque las medias eran verdes.

Aquí exclamó Benengeli y, mientras escribía, dijo:

«¡Oh pobreza, pobreza! No sé con qué razón se movió aquel gran poeta cordobés a llamarte Dádiva santa desagradecida.

Yo, aunque moro, bien sé, por el trato que he tenido con cristianos, que la santidad consiste en caridad, humildad, fe, obediencia y pobreza; pero, con todo, digo que ha de tener mucho de Dios quien llegue a contentarse con ser pobre, si no es de aquel modo de pobreza de que habla uno de sus mayores santos: "Tengan todas las cosas como si no las tuvieran"; y a eso llaman pobreza de espíritu. Pero tú, segunda pobreza, de la que yo hablo, ¿por qué quieres estrellarte con los hidalgos y bien nacidos más que con la otra gente? ¿Por qué los obligas a poner pantorrilla a los zapatos y a que los botones de sus ropillas unos sean de seda, otros de cerdas y otros de vidrio? ¿Por qué sus cuellos, por lo común, han de ser siempre escarolados y no abiertos con molde?».

Y en esto se echa de ver que es antiguo el uso del almidón y de los cuellos abiertos. Y prosiguió:

«¡Miserable del bien nacido que va dando bocados a su honra, comiendo mal y a puerta cerrada, haciendo hipócrita al palillo de dientes con que sale a la calle después de no haber comido nada que lo obligue a limpiarse los dientes! ¡Miserable de aquel, digo, que tiene la honra asustadiza, y piensa que desde una legua se le descubre el remiendo del zapato, el sudor del sombrero, la hilaza del herreruelo y el hambre del estómago!».

Todo esto se le renovó a don Quijote con la soltura de los puntos; pero se consoló al ver que Sancho le había dejado unas botas de camino, que pensó ponerse al día siguiente. En fin, se recostó pensativo y pesaroso, así por la falta que Sancho le hacía como por la desgracia irreparable de sus medias, a las que habría remendado aunque fuera con seda de otro color, que es una de las mayores señales de miseria que un hidalgo puede dar en su apretura.

Apagó las velas; hacía calor y no podía dormir. Se levantó del lecho y abrió un poco la ventana de una reja que daba a un hermoso jardín; y al abrirla sintió y oyó que andaba y hablaba gente en el jardín. Se puso a escuchar atentamente. Alzaron la voz los de abajo, tanto, que pudo oír estas razones:

—No me insistas, Emerencia: que cante. Ya sabes que desde el momento en que este forastero entró en este castillo y mis ojos lo miraron, yo no sé cantar, sino llorar. Y además, el sueño de mi señora es más ligero que pesado, y no querría que nos hallara aquí por todo el tesoro del mundo. Y aun si durmiera y no despertara, sería en vano mi canto si duerme y no despierta para oírlo este nuevo Eneas que ha llegado a mis regiones para dejarme burlada.

—No te pongas en eso, Altisidora amiga —respondieron—: sin duda la Duquesa y cuantos hay en esta casa duermen, si no es el señor de tu corazón y el despertador de tu alma. Porque ahora mismo sentí que abría la ventana de la reja de su estancia, y debe de estar despierto. Canta, querida mía, en tono bajo y suave, al son de tu arpa; y si la Duquesa nos oye, le echaremos la culpa al calor que hace.

—No está en eso el punto, Emerencia —respondió Altisidora—, sino en que no querría que mi canto descubriera mi corazón y me juzgaran quienes no conocen las fuerzas del amor como doncella antojadiza y liviana. Pero sea lo que sea: más vale vergüenza en la cara que mancha en el corazón.

Y en esto se oyó tañer un arpa suavísimamente. Don Quijote quedó pasmado, porque al instante se le vinieron a la memoria las infinitas aventuras semejantes: ventanas, rejas y jardines, músicas, requiebros y desmayos que en sus desvariados libros de caballerías había leído. Luego imaginó que alguna doncella de la Duquesa estaba enamorada de él y que la honestidad la forzaba a encubrir su voluntad. Temió que lo venciera, y se propuso no dejarse rendir. Y encomendándose de buen ánimo a su señora Dulcinea del Toboso, determinó escuchar la música y, para dar a entender que estaba allí, dio un estornudo fingido; de lo cual se alegraron las doncellas, que no deseaban otra cosa sino que don Quijote las oyera.

Afinada el arpa, Altisidora dio principio a este romance:

—¡Oh tú, que estás en tu lecho,
entre sábanas de holanda,
durmiendo a pierna tendida
de la noche a la mañana!

Caballero el más valiente
que ha producido la Mancha,
más honesto y más bendito
que el oro fino de Arabia:

Oye a una triste doncella,
bien crecida y mal lograda,
que en la luz de tus dos soles
se siente abrasar el alma.

Tú buscas tus aventuras
y ajenas desdichas hallas;
das las heridas, y niegas
el remedio de sanarlas.

Dime, valeroso joven,
que Dios prospere tus ansias,
si te criaste en la Libia
o en las montañas de Jaca;

si sierpes te dieron leche;
si acaso fueron tus amas
la aspereza de las selvas
y el horror de las montañas.

Muy bien puede Dulcinea,
doncella rolliza y sana,
preciarse de haber rendido
a una tigre fiera y brava.

Por eso será famosa
desde Henares hasta Jarama,
desde el Tajo a Manzanares,
desde Pisuerga hasta Arlanza.

Yo me trocaría por ella,
y daría además una saya
de las más galanas mías,
que de oro la adornan franjas.

¡Oh, quién se viera en tus brazos,
o, si no, junto a tu cama,
rascándote la cabeza
y matándote la caspa!

Mucho pido, y no soy digna
de merced tan señalada:
los pies quisiera traerte;
a una humilde eso le basta.

¡Oh, qué de cofias te diera,
qué de escarpines de plata,
qué de calzas de damasco,
qué de herreruelos de holanda!

¡Qué de finísimas perlas,
cada cual como una agalla,
que, a no tener compañeras,
solas fueran llamadas!

No mires desde tu Tarpeya
este incendio que me abrasa,
Nerón manchego del mundo,
ni lo avives con tu saña.

Niña soy, doncella tierna;
mi edad de quince no pasa:
catorce tengo y tres meses,
te lo juro en Dios y en mi alma.

No soy renca ni soy coja,
ni tengo nada de manca;
los cabellos, como lirios,
que de pie por el suelo arrastran.

Y aunque mi boca sea aguileña
y la nariz algo chata,
ser mis dientes de topacios
mi belleza al cielo ensalza.

Mi voz, ya ves, si me escuchas,
que a la más dulce iguala,
y soy de disposición
algo menos que mediana.

Estas y otras gracias mías
son despojos de tu aljaba;
de esta casa soy doncella,
y Altisidora me llaman.

Aquí terminó el canto de la malherida Altisidora, y comenzó el asombro del requerido don Quijote, quien, dando un gran suspiro, se dijo:

—¡Que he de ser tan desdichado caballero andante, que no ha de haber doncella que me mire sin enamorarse de mí…! ¡Y que ha de ser tan escasa de fortuna la sin par Dulcinea del Toboso, que no la dejan gozar a solas de mi incomparable firmeza…! ¿Qué quieren de mí, reinas? ¿Por qué me persiguen, emperatrices? ¿Para qué me acosan, doncellas de catorce a quince años? Dejen, dejen a la miserable que triunfe, se goce y se ufane con la suerte que Amor quiso darle, rindiéndole mi corazón y entregándole mi alma. Miren, caterva enamorada: para sola Dulcinea soy de masa y de alfeñique, y para todas las demás soy de pedernal; para ella soy miel, y para ustedes acíbar; para mí sola Dulcinea es la hermosa, la discreta, la honesta, la gallarda y la bien nacida, y las demás, las feas, las necias, las livianas y las de peor linaje. Para ser yo suyo, y no de otra alguna, me arrojó la naturaleza al mundo. Llore o cante Altisidora; desespérese Madama, por quien me aporrearon en el castillo del moro encantado; que yo he de ser de Dulcinea, cocido o asado, limpio, bien criado y honesto, a pesar de todas las potestades hechiceras de la tierra.

Y con esto cerró de golpe la ventana, y despechado y pesaroso, como si le hubiera sucedido alguna gran desgracia, se acostó en su lecho, donde lo dejaremos por ahora, porque ya nos llama el gran Sancho Panza, que quiere dar principio a su famoso gobierno.

CAPÍTULO XLV: DE CÓMO EL GRAN SANCHO PANZA TOMÓ POSESIÓN DE SU ÍNSULA, Y DEL MODO COMO COMENZÓ A GOBERNAR

¡Oh perpetuo descubridor de los antípodas, hacha del mundo, ojo del cielo, meneo dulce de las cantimploras; Timbrio aquí, Febo allí, tirador acá, médico allá; padre de la Poesía, inventor de la Música; tú que siempre sales y, aunque lo parece, nunca te pones! A ti digo, ¡oh sol!, con cuya ayuda el hombre engendra al hombre: a ti digo que me favorezcas y alumbres la oscuridad de mi ingenio, para que pueda seguir por sus puntos la narración del gobierno del gran Sancho Panza; que sin ti me siento tibio, desmazalado y confuso.

Digo, pues, que con todo su acompañamiento llegó Sancho a un lugar de hasta mil vecinos, que era de los mejores que el Duque tenía. Le dieron a entender que se llamaba la ínsula Barataria, o porque el lugar se llamaba Baratario, o por lo barato con que se le había dado el gobierno. Al llegar a las puertas de la villa, que era cercada, salió el regimiento del pueblo a recibirlo; tocaron las campanas, y todos los vecinos dieron muestras de alegría general, y con mucha pompa lo llevaron a la iglesia mayor a dar gracias a Dios; y luego, con algunas ceremonias ridículas, le entregaron las llaves del pueblo y lo admitieron por perpetuo gobernador de la ínsula Barataria.

El traje, las barbas, la gordura y la poca estatura del nuevo gobernador tenían admirada a toda la gente que no sabía el busilis del cuento, y también a muchos de los que lo sabían. En fin, al sacarlo de la iglesia lo llevaron a la silla del juzgado y lo sentaron en ella, y el mayordomo del Duque le dijo:

—Es costumbre antigua en esta ínsula, señor gobernador, que quien viene a tomar posesión de esta famosa ínsula está obligado a responder una pregunta que se le hace, algo intrincada y dificultosa; y por la respuesta el pueblo toma el pulso del ingenio de su nuevo gobernador, y así, o se alegra o se entristece con su venida.

Mientras el mayordomo le decía esto a Sancho, él miraba unas letras grandes que estaban escritas en la pared de enfrente; y como no sabía leer, preguntó qué eran aquellas pinturas. Le respondieron:

—Señor, allí está escrito y anotado el día en que su señoría tomó posesión de esta ínsula, y dice el epitafio: "Hoy, a tantos de tal mes y de tal año, tomó posesión de esta ínsula el señor don Sancho Panza; que muchos años la goce".

—¿Y a quién llaman don Sancho Panza? —preguntó Sancho.

—A su señoría —respondió el mayordomo—; porque en esta ínsula no ha entrado otro Panza sino el que está sentado en esa silla.

—Pues advierta, hermano —dijo Sancho—, que yo no tengo "don", ni en todo mi linaje lo hubo: Sancho Panza me llaman a secas; y Sancho se llamó mi padre, y Sancho mi abuelo, y todos fueron Panzas, sin añadiduras de dones ni donas. Y yo imagino que en esta ínsula debe de haber más dones que piedras; pero basta: Dios me entiende. Y puede ser que si el gobierno me dura cuatro días, yo arranque estos dones, que por la muchedumbre deben de enfadar como los mosquitos. Siga con su pregunta el señor mayordomo; que yo responderé lo mejor que sepa, se entristezca o no se entristezca el pueblo.

En ese instante entraron en el juzgado dos hombres: el uno vestido de labrador y el otro de sastre, porque traía unas tijeras en la mano; y el sastre dijo:

—Señor gobernador: yo y este hombre labrador venimos ante usted por lo siguiente. Este buen hombre llegó a mi tienda ayer (yo, con perdón de los presentes, soy sastre examinado, bendito sea Dios), y poniéndome un pedazo de paño en las manos, me preguntó: "Señor, ¿habrá en esto paño bastante para hacerme una caperuza?" Yo, tanteando el paño, le respondí que sí. Él debió imaginar —a lo que yo imagino, y creo que imaginé bien— que yo le quería hurtar alguna parte del paño, fundándose en su malicia y en la mala opinión que se tiene de los sastres; y me replicó que mirara si habría para dos. Le adiviné el pensamiento y le dije que sí; y él, firme en su dañada intención, fue añadiendo caperuzas, y yo añadiendo síes, hasta que llegamos a cinco caperuzas. Y ahora acaba de venir por ellas: yo se las doy, y no me quiere pagar la hechura; antes me pide que le pague o que le devuelva el paño.

—¿Es todo esto así, hermano? —preguntó Sancho.

—Sí, señor —respondió el hombre—; pero haga que muestre las cinco caperuzas que me ha hecho.

—Con gusto —respondió el sastre.

Y sacando al instante la mano de debajo del herreruelo, mostró en ella cinco caperuzas puestas en las cinco puntas de los dedos, y dijo:

—Aquí están las cinco caperuzas que este buen hombre me pide; y, en Dios y en mi conciencia, no me ha quedado nada del paño. Y yo daré la obra a vista de veedores del oficio.

Todos los presentes se rieron de la multitud de caperuzas y del nuevo pleito. Sancho se puso a considerar un poco y dijo:

—Me parece que en este pleito no debe haber largas dilaciones, sino juzgar luego como buen hombre. Y así, doy por sentencia que el sastre pierda las hechuras, y el labrador el paño; y las caperuzas se lleven a los presos de la cárcel, y no haya más.

Si la sentencia pasada de la bolsa del ganadero había movido a admiración a los circunstantes, esta les provocó risa; pero en fin se hizo lo que mandó el gobernador.

Luego se presentaron ante él dos hombres ancianos: el uno traía una cañaheja por báculo, y el otro, sin báculo, dijo:

—Señor: a este buen hombre le presté hace días diez escudos de oro, por hacerle favor, con condición de que me los devolviera cuando se los pidiese. Pasaron muchos días sin pedírselos, por no ponerlo en mayor necesidad; pero, como me pareció que se descuidaba, se los he pedido una y muchas veces, y no solo no me los devuelve, sino que me los niega y dice que nunca le presté tales diez escudos; y que si se los presté, ya me los devolvió. Yo no tengo testigos ni del préstamo ni de la devolución, porque no me los ha devuelto; quisiera que usted le tomara juramento, y si jura que me los devolvió, yo se los perdono aquí y delante de Dios.

—¿Qué dice usted a esto, buen viejo del báculo? —dijo Sancho.

El viejo respondió:

—Yo, señor, confieso que me los prestó; y baje usted esa vara; y, pues él lo deja en mi juramento, yo juraré que se los he devuelto y pagado real y verdaderamente.

Bajó el gobernador la vara, y entretanto el viejo del báculo le dio el báculo al otro viejo para que se lo sostuviera mientras juraba, como si le estorbara mucho; luego puso la mano en la cruz de la vara y juró que era verdad que le habían prestado aquellos diez escudos, pero que se los había devuelto de su mano a la del acreedor, y que por no acordarse de ello se los volvía a pedir.

Viendo esto, el gran gobernador preguntó al acreedor qué respondía a lo que decía su contrario; y él dijo que, sin duda, el deudor debía de decir verdad, porque lo tenía por hombre de bien y buen cristiano, y que a él se le debía de haber olvidado el cómo y el cuándo de la devolución; y que desde ese día en adelante jamás le pediría nada.

Tomó de nuevo su báculo el deudor y, bajando la cabeza, se salió del juzgado. Visto esto por Sancho, y que así se iba sin más, y viendo también la paciencia del demandante, inclinó la cabeza sobre el pecho y, poniéndose el índice de la mano derecha sobre las cejas y las narices, quedó pensativo un momento; luego alzó la cabeza y mandó que llamaran al viejo del báculo, que ya se había ido. Se lo trajeron, y en viéndolo Sancho le dijo:

—Deme, buen hombre, ese báculo, que lo necesito.

—Con mucho gusto —respondió el viejo—. Aquí está, señor.

Y se lo puso en la mano. Tomólo Sancho y, dándoselo al otro viejo, le dijo:

—Vaya con Dios, que ya va pagado.

—¿Yo, señor? —respondió el viejo—. ¿Pues vale esta cañaheja diez escudos de oro?

—Sí —dijo el gobernador—; o si no, yo soy el mayor porro del mundo. Y ahora se verá si tengo yo juicio para gobernar un reino entero.

Y mandó que allí, delante de todos, se rompiera y abriera la caña. Se hizo así, y en el corazón de ella hallaron diez escudos de oro. Quedaron todos admirados, y tuvieron a su gobernador por un nuevo Salomón.

Le preguntaron de dónde había sacado que en aquella cañaheja estaban los diez escudos, y respondió que, al ver al viejo que juraba darle el báculo a su contrario mientras hacía el juramento, y jurar que se los había dado real y verdaderamente, le vino a la imaginación que dentro del báculo estaba el pago.

De ahí se podía colegir que quienes gobiernan, aunque parezcan tontos, a veces Dios los encamina en sus juicios; y además, él había oído contar otro caso semejante al cura de su lugar, y tenía tan buena memoria que, si no se le olvidara todo lo que quería recordar, no habría en toda la ínsula memoria como la suya.

En fin, el viejo quedó corrido y el otro pagado, y se fueron; y los presentes quedaron admirados, y el que escribía las palabras, hechos y movimientos de Sancho no acababa de decidir si debía tenerlo por tonto o por discreto.

Acabado este pleito, entró en el juzgado una mujer asida con fuerza de un hombre vestido como ganadero rico; venía dando grandes voces y decía:

—¡Justicia, señor gobernador, justicia! Y si no la hallo en la tierra, la iré a buscar al cielo. Señor gobernador de mi alma: este mal hombre me halló en mitad del campo y se aprovechó de mí como si yo fuera trapo mal lavado; y ¡desdichada de mí!, me ha quitado lo que yo había guardado más de veintitrés años, defendiéndolo de moros y cristianos, de naturales y extranjeros, y yo, siempre dura como alcornoque, conservándome entera como salamanquesa en el fuego, o como lana entre zarzas, para que este hombre llegara ahora con sus manos limpias a manosearme.

—Eso está por averiguar: si tiene limpias o no las manos este galán —dijo Sancho.

Y volviéndose al hombre, le preguntó qué decía y qué respondía a la querella. El hombre, turbado, respondió:

—Señores: yo soy un pobre ganadero de cerdos, y esta mañana salía de este lugar, de vender —con perdón— cuatro puercos; entre alcabalas y socaliñas me llevaron poco menos de lo que valían. Volvía a mi aldea, topé en el camino a esta buena mujer, y el diablo, que todo lo enreda y todo lo cuece, hizo que nos juntáramos; le pagué lo suficiente, y ella, descontenta, se me agarró y no me ha soltado hasta traerme aquí. Dice que la forcé, y miente, por el juramento que hago —o pienso hacer—; y esta es toda la verdad, sin faltar ni una migaja.

Entonces el gobernador le preguntó si traía consigo dinero de plata; él dijo que hasta veinte ducados llevaba en el seno, en una bolsa de cuero. Mandó que la sacara y se la entregara, tal como estaba, a la querellante. Él lo hizo temblando; la mujer tomó la bolsa, e hizo mil zalemas y rogó a Dios por la vida y salud del señor gobernador, que así miraba por las huérfanas menesterosas y las doncellas; y con eso se salió del juzgado, llevando la bolsa asida con ambas manos, aunque antes miró si la moneda era de plata.

Apenas salió, cuando Sancho dijo al ganadero —que ya tenía lágrimas en los ojos y el corazón se le iba tras la bolsa—:

—Buen hombre, vaya tras esa mujer y quítele la bolsa, aunque no quiera, y vuelva aquí con ella.

No lo dijo a un tonto ni a un sordo: el hombre salió como rayo. Todos los presentes quedaron suspensos. Volvió al poco, él y la mujer más asidos que antes: ella tenía la saya levantada y la bolsa en el regazo, y el hombre forcejeaba por quitársela; pero no podía, tal era la defensa de la mujer, que gritaba:

—¡Justicia de Dios y del mundo! Mire, señor gobernador, la poca vergüenza y el poco temor de este desalmado: en mitad del pueblo y en mitad de la calle ha querido quitarme la bolsa que usted mandó darme.

—¿Se la quitó? —preguntó el gobernador.

—¿Cómo quitar? —respondió la mujer—. Antes me dejaría quitar la vida que dejar que me quiten la bolsa. ¡Bonita soy yo! ¡Otros gatos me han de echar a las barbas, no este desventurado y asqueroso! Tenazas y martillos, mazos y escoplos no bastarán para sacármela de las uñas; ni garras de leones: antes se me sale el alma en mitad de las carnes.

—Ella tiene razón —dijo el hombre—, y yo me doy por rendido y sin fuerzas: confieso que las mías no bastan para quitársela, y la dejo.

Entonces el gobernador dijo a la mujer:

—Muéstreme, honrada y valiente, esa bolsa.

Ella se la dio al instante, y el gobernador se la devolvió al hombre, y dijo a la esforzada —y no forzada—:

—Hermana mía: si el mismo aliento y valor que mostró para defender esta bolsa lo hubiera mostrado —aunque fuera la mitad— para defender su cuerpo, ni las fuerzas de Hércules la habrían vencido. Vaya con Dios, y muy en mala hora; y no se detenga en toda esta ínsula, ni en seis leguas a la redonda, so pena de doscientos azotes. ¡Vaya luego, digo: embaucadora, desvergonzada y engañadora!

Se espantó la mujer, y se fue cabizbaja y mal contenta. Y el gobernador dijo al hombre:

—Buen hombre, vaya con Dios a su lugar con su dinero; y de aquí en adelante, si no lo quiere perder, procure que no le nazca deseo de juntarse con nadie.

El hombre le dio las gracias como mejor pudo y se fue; y los circunstantes quedaron de nuevo admirados de los juicios y sentencias de su nuevo gobernador. Todo lo cual, anotado por su cronista, fue luego escrito al Duque, que con gran deseo lo estaba esperando.

Y quédese aquí el buen Sancho; que mucha prisa nos da su amo, alborotado con la música de Altisidora.

CAPÍTULO XLVI: DEL TEMEROSO ESPANTO CENCERRIL Y GATUNO QUE RECIBIÓ DON QUIJOTE EN EL DISCURSO DE LOS AMORES DE LA ENAMORADA ALTISIDORA

Dejamos al gran don Quijote envuelto en los pensamientos que le había causado la música de la enamorada doncella Altisidora. Se acostó con ellos, y, como si fueran pulgas, no lo dejaron dormir ni sosegar un punto; y también se le juntaban los que le faltaban en las medias. Pero, como el tiempo es ligero y no hay barranco que lo detenga, corrió a caballo por las horas y con mucha presteza llegó la mañana.

Cuando don Quijote lo vio, dejó las blandas plumas y, nada perezoso, se vistió su acamuzado traje y se calzó las botas de camino, por encubrir la desgracia de las medias; se echó encima el mantón de escarlata y se puso en la cabeza una montera de terciopelo verde, guarnecida con pasamanos de plata; se colgó del hombro el tahalí con su buena y tajadora espada, tomó un gran rosario que siempre traía consigo, y con gran prosopopeya y contoneo salió a la antesala, donde el Duque y la Duquesa ya estaban vestidos, como esperándolo.

Al pasar por una galería, estaban a propósito esperándolo Altisidora y la otra doncella, su amiga; y en cuanto Altisidora vio a don Quijote, fingió desmayarse, y la amiga la recogió en sus faldas y, con gran presteza, iba a desabrocharle el pecho. Don Quijote, que lo vio, se acercó a ellas y dijo:

—Ya sé yo de qué proceden estos accidentes.

—Yo no sé de qué —respondió la amiga—, porque Altisidora es la doncella más sana de toda esta casa, y yo nunca le he oído un "¡ay!" desde que la conozco. ¡Mal haya cuantos caballeros andantes hay en el mundo, si es que todos son desagradecidos! Váyase usted, señor don Quijote; que esta pobre niña no volverá en sí mientras usted esté aquí.

A lo que respondió don Quijote:

—Haga usted, señora, que esta noche pongan un laúd en mi aposento, que yo consolaré lo mejor que pueda a esta lastimada doncella;

porque, en los principios amorosos, los desengaños prontos suelen ser remedios calificados.

Y con esto se fue, para que no lo notaran los que lo vieran.

Apenas se hubo apartado, cuando Altisidora, volviendo en sí, dijo a su compañera:

—Será menester que le pongan el laúd; que sin duda don Quijote quiere darnos música, y no será mala, siendo suya.

Fueron luego a dar cuenta a la Duquesa de lo que pasaba y del laúd que pedía don Quijote; y ella, alegrísima, concertó con el Duque y con sus doncellas hacerle una burla más risueña que dañosa. Con mucho gusto esperaban la noche, que vino tan aprisa como se había ido el día; el cual pasaron los Duques en sabrosas pláticas con don Quijote.

Y la Duquesa aquel día, real y verdaderamente, despachó a un paje suyo (el mismo que en la selva hizo la figura encantada de Dulcinea) para Teresa Panza, con la carta de su marido Sancho Panza y con el lío de ropa que había dejado para que se lo enviaran; y le encargó que le trajera buena relación de todo lo que pasara con ella.

Hecho esto, y llegadas las once de la noche, halló don Quijote una vihuela en su aposento; la templó, abrió la reja y sintió que andaba gente en el jardín. Recorrió los trastes y la afinó lo mejor que supo; escupió y se aclaró el pecho, y luego, con una voz ronquilla, aunque entonada, cantó el siguiente romance, que él mismo había compuesto ese día:

—Suelen las fuerzas de amor
Sacar de quicio a las almas,
Tomando por instrumento
La ociosidad descuidada.

Suele el coser y el labrar,
Y el estar siempre ocupada,
Ser antídoto al veneno
De las amorosas ansias.

Las doncellas recogidas
Que aspiran a ser casadas,
La honestidad es la dote
Y voz de sus alabanzas.

Los caballeros andantes,
Y los que en la Corte andan,
Requiébranse con las libres;
Con las honestas se casan.

Hay amores de Levante,
Que entre huéspedes se tratan,
Que llegan presto al Poniente,
Porque al partirse se acaban.

El amor recién venido,
Que hoy llega y se va mañana,
Las imágenes no deja
Bien impresas en el alma.

Pintura sobre pintura
Ni se muestra ni señala;
Y donde hay primera belleza,
La segunda no hace baza.

Dulcinea del Toboso,
Del alma en la tabla rasa,
La tengo pintada de modo
Que es imposible borrarla.

La firmeza en los amantes
Es la parte más preciada,
Por quien Amor hace milagros
Y a sí mismo los levanta.

Aquí iba don Quijote en su canto, y lo estaban escuchando el Duque, la Duquesa, Altisidora y casi toda la gente del castillo, cuando, de improviso, desde lo alto de un corredor que caía a plomo sobre la reja del aposento de don Quijote, descolgaron un cordel del que venían más de cien cencerros prendidos; y luego, tras ellos, derramaron un gran saco de gatos, que también traían cencerros menores atados a las colas.

Fue tan grande el ruido de los cencerros y el maullar de los gatos, que, aunque los Duques eran los inventores de la burla, también se sobresaltaron; y don Quijote, temeroso, quedó pasmado. Y quiso la suerte que dos o tres gatos se metieran por la reja de la estancia y, saltando de una parte a otra, parecía que una región de diablos andaba allí dentro.

Apagaron las velas que ardían en el aposento, y andaban buscando por dónde escaparse. No cesaba el subir y bajar del cordel con los grandes cencerros. La mayor parte de la gente del castillo, que no sabía la verdad del caso, estaba suspensa y admirada.

Don Quijote se puso en pie y, echando mano a la espada, comenzó a tirar estocadas por la reja y a decir a grandes voces:

—¡Afuera, malignos encantadores! ¡Afuera, canalla hechiceresca, que yo soy don Quijote de la Mancha, contra quien no valen ni tienen fuerza sus malas intenciones!

Y volviéndose a los gatos que andaban por el aposento, les tiró muchas cuchilladas. Ellos acudieron a la reja y por allí se salieron; pero uno, viéndose tan acosado, le saltó al rostro y le asió de las narices con uñas y dientes. Del dolor, don Quijote dio los mayores gritos que pudo.

Oyéndolo, el Duque y la Duquesa, y temiendo lo que sería, acudieron a su estancia con gran presteza; y abriendo con llave maestra, vieron al pobre caballero pugnando con todas sus fuerzas por arrancarse el gato del rostro. Entraron con luces y vieron la desigual pelea. El Duque fue a apartarla, y don Quijote gritaba:

—¡Que nadie me lo quite! ¡Déjenme mano a mano con este demonio, con este hechicero, con este encantador; que le haré entender quién es don Quijote de la Mancha!

Pero el gato, sin hacer caso de amenazas, gruñía y apretaba. En fin, el Duque logró arrancárselo y lo echó por la reja.

Quedó don Quijote con el rostro acribillado y las narices nada sanas; y muy despechado, porque no le habían dejado acabar la batalla que tan trabada tenía con aquel malandrín encantador.

Hicieron traer aceite de Aparicio, y la misma Altisidora, con sus blanquísimas manos, le puso vendas por todo lo herido; y al ponérselas, con voz baja le dijo:

—Todas estas malandanzas le suceden, empedernido caballero, por el pecado de su dureza y pertinacia; y quiera Dios que a Sancho, su escudero, se le olvide azotarse, para que nunca salga de su encanto esa tan amada Dulcinea, ni usted la goce ni llegue a tálamo con ella, al menos mientras yo viva, que lo adoro.

A todo esto no respondió don Quijote otra cosa sino un profundo suspiro; y luego se tendió en su lecho, agradeciendo a los Duques la merced, no porque temiera aquella canalla gatuna, encantadora y cencerruna, sino porque había reconocido la buena intención con que habían venido a socorrerlo.

Los Duques lo dejaron sosegar y se fueron, pesarosos del mal suceso de la burla, porque no pensaron que tan pesada y costosa le saliera a don Quijote aquella aventura. Le costó cinco días de encierro y cama, donde le sucedió otra aventura más gustosa que la pasada, la cual no quiere el historiador contar ahora, por acudir a Sancho Panza, que andaba muy solícito y muy gracioso en su gobierno.

CAPÍTULO XLVII: DONDE SE PROSIGUE CÓMO SE PORTABA SANCHO PANZA EN SU GOBIERNO

Cuenta la historia que desde el juzgado llevaron a Sancho Panza a un suntuoso palacio, donde en una gran sala estaba puesta una mesa real y limpísima. En cuanto Sancho entró, sonaron chirimías, y salieron cuatro pajes a darle aguamanos, que Sancho recibió con mucha gravedad. Cesó la música, y Sancho se sentó en la cabecera, porque no había más asiento, ni otro servicio en toda la mesa.

A su lado, de pie, se puso un personaje que después se vio que era médico, con una varilla de ballena en la mano. Levantaron una riquísima toalla blanca con que estaban cubiertas las frutas y gran diversidad de platos de distintos manjares. Uno que parecía estudiante echó la bendición, y un paje le puso a Sancho un babador bordado. Otro, que hacía oficio de maestresala, le acercó un plato de fruta; pero apenas Sancho comió un bocado, cuando el de la varilla tocó el plato y se lo quitaron con grandísima celeridad.

El maestresala le acercó otro plato de otro manjar. Iba Sancho a probarlo, pero antes de llegar a él, ya la varilla lo había tocado, y un paje lo alzó con tanta presteza como el de la fruta.

Viendo esto, Sancho quedó suspenso; y mirando a todos preguntó:

—¿Se ha de comer esta comida como juego de maese Coral?

A lo cual respondió el de la varilla:

—No se ha de comer, señor gobernador, sino como es uso y costumbre en las otras ínsulas donde hay gobernadores. Yo, señor, soy médico y estoy asalariado en esta ínsula para serlo de los gobernadores, y miro por su salud más que por la mía, estudiando de noche y de día y tanteando la complexión del gobernador, para acertar a curarlo cuando caiga enfermo. Y lo principal que hago es asistir a sus comidas y cenas, dejarlo comer de lo que me parece que le conviene, y quitarle lo que imagino que le hará daño y será nocivo al estómago. Por eso mandé quitar el plato de fruta, por ser demasiado húmedo; y el otro, por ser demasiado caliente y tener muchas especias, que acrecientan la sed; y el que bebe mucho mata y consume el húmedo radical, donde consiste la vida.

—De esa manera —dijo Sancho—, ¿aquel plato de perdices asadas que está allí, y me parece bien sazonado, no me hará daño?

A lo que respondió el médico:

—Esas no las comerá el señor gobernador mientras yo viva.

—¿Y por qué? —dijo Sancho.

Respondió el médico:

—Porque nuestro maestro Hipócrates, norte y luz de la medicina, en un aforismo suyo dice: Omnis saturatio mala, perdicis autem pessima. Quiere decir: "Toda hartura es mala; pero la de perdices, malísima".

—Si eso es así —dijo Sancho—, vea el señor doctor, de cuantos manjares hay en esta mesa, cuál me hace más provecho y cuál menos daño, y déjeme comer de ese sin que me lo apalee; porque, por vida del gobernador, y así Dios me lo deje gozar, que me muero de hambre; y negarme la comida, aunque le pese al señor doctor y me diga lo que quiera, antes será quitarme la vida que aumentármela.

—Usted tiene razón, señor gobernador —respondió el médico—. Y así, es mi parecer que usted no coma de esos conejos guisados que están allí, porque es manjar peliagudo. De aquella ternera, si no fuera asada y en adobo, aún se pudiera probar; pero no hay para qué.

Y Sancho dijo:

—Aquel platonazo que está más adelante, echando vapor, me parece olla podrida, y por la diversidad de cosas que tiene, no podré dejar de topar con alguna que me sea de gusto y de provecho.

—Absit! —dijo el médico—. ¡Lejos de nosotros tal pensamiento! No hay cosa en el mundo de peor sustento que una olla podrida. Déjense esas ollas podridas para los canónigos, o para los rectores de colegios, o para bodas de labradores, y queden libres las mesas de los gobernadores, donde ha de asistir todo primor y atildadura. La razón es que, siempre y en todo lugar, son más estimadas las medicinas simples que las compuestas: en las simples no se puede errar, y en las compuestas sí, alterando la cantidad de las cosas de que se componen. Pero lo que yo sé que ha de comer el señor gobernador, para conservar y corroborar su salud, es un ciento de cañutillos de suplicaciones y unas tajaditas sutiles de carne de membrillo, que le asienten el estómago y le ayuden a la digestión.

Oyendo esto, Sancho se recostó en el espaldar de la silla y miró fijo al médico; y con voz grave le preguntó cómo se llamaba y dónde había estudiado. El médico respondió:

—Yo, señor gobernador, me llamo el doctor Pedro Recio de Agüero, y soy natural de un lugar llamado Tirteafuera, que está entre Caracuel y Almodóvar del Campo, a mano derecha, y tengo grado de doctor por la universidad de Osuna.

A lo que respondió Sancho, encendido en cólera:

—Pues, señor doctor Pedro Recio de Mal Agüero, natural de Tirteafuera, lugar que está a mano derecha yendo de Caracuel a Almodóvar del Campo, graduado en Osuna: quítese ahora mismo de delante; si no, voto al sol que tomo un garrote, y a garrotazos, empezando por usted, no me queda médico en toda la ínsula, al menos de los que yo entienda que son ignorantes. Que a los médicos sabios, prudentes y discretos los pondré sobre mi cabeza y los honraré como a personas divinas.

—Y vuelvo a decir: váyase Pedro Recio de aquí; si no, tomo esta silla donde estoy sentado y se la reviento en la cabeza; y si luego me lo piden en residencia, yo me descargo con decir que hice servicio a Dios en matar a un mal médico, verdugo de la república.

—Y denme de comer, o si no, quédense con su gobierno; que oficio que no da de comer a su dueño no vale dos habas.

Se alborotó el doctor al ver tan colérico al gobernador, y quiso salir corriendo de la sala, pero en ese instante sonó una corneta de posta en la calle; el maestresala se asomó a la ventana y volvió diciendo:

—Viene correo del Duque, mi señor: algún despacho importante debe de traer.

Entró el correo sudando y asustado, y sacando un pliego del seno se lo puso en las manos al gobernador. Sancho se lo dio al mayordomo y le mandó que leyera el sobrescrito, que decía así: "A don Sancho Panza, gobernador de la ínsula Barataria, en su propia mano, o en manos de su secretario".

Oyendo esto, Sancho dijo:

—¿Quién es aquí mi secretario?

Y uno de los presentes respondió:

—Yo, señor, porque sé leer y escribir, y soy vizcaíno.

—Con esa añadidura —dijo Sancho—, bien puede ser secretario del mismo Emperador. Abra ese pliego y vea qué dice.

Lo hizo el recién estrenado secretario, y después de leerlo dijo que era negocio para tratar a solas. Mandó Sancho que despejaran la sala y que no quedaran sino el mayordomo y el maestresala. Los demás, y el médico, se fueron; y luego el secretario leyó la carta, que decía así:

"Ha llegado a mi noticia, señor don Sancho Panza, que unos enemigos míos y de esa ínsula le han de dar un asalto furioso alguna noche; conviene velar y estar alerta, para que no lo tomen desprevenido. Sé también, por espías ciertos, que han entrado en ese lugar cuatro personas disfrazadas para quitarle la vida, porque temen su ingenio. Abra el ojo y mire quién llega a hablarle, y no coma cosa que le presenten. Yo tendré cuidado de socorrerlo si se ve en trabajo, y en todo hará como se espera de su entendimiento. De este lugar, a 16 de agosto, a las cuatro de la mañana.

Su amigo,

El Duque."

Quedó atónito Sancho, y los circunstantes mostraron quedarse también. Volviéndose al mayordomo, le dijo:

—Lo que ahora se ha de hacer, y ha de ser en este mismo instante, es meter en un calabozo al doctor Recio; porque si alguien me ha de matar, ha de ser él, y con una muerte auxiliar y pésima, como es la del hambre.

—También —dijo el maestresala— me parece a mí que su señoría no coma de todo lo que hay en esta mesa, porque lo han presentado unas monjas, y como suele decirse, detrás de la cruz está el diablo.

—No lo niego —respondió Sancho—; y por ahora denme un pedazo de pan y unas cuatro libras de uvas, que en ellas no puede venir veneno; porque, en verdad, no puedo pasar sin comer. Y si es que hemos de estar listos para estas batallas que nos amenazan, es necesario estar bien alimentados, porque tripas llevan corazón, y no corazón tripas.

—Y usted, secretario, responda al Duque mi señor y dígale que se cumplirá lo que manda, como lo manda, sin faltar un punto; y dé de mi parte un beso de manos a mi señora la Duquesa, y dígale que le suplico no se le olvide enviar con un mensajero mi carta y mi lío a mi mujer Teresa Panza, que en ello recibiré mucha merced, y tendré cuidado de servirla con todo lo que mis fuerzas alcancen.

—Y de paso, encaje un beso de manos a mi señor don Quijote de la Mancha, para que vea que soy pan agradecido. Y usted, como buen secretario y como buen vizcaíno, puede añadir todo lo que quiera y lo que venga a cuento.

—Y alcen estos manteles, y denme a mí de comer; que yo me avendré con cuantas espías y matadores y encantadores vengan sobre mí y sobre mi ínsula.

En esto entró un paje y dijo:

—Aquí está un labrador negociante que quiere hablar con su señoría en un negocio, según él dice, de mucha importancia.

—¡Extraño caso es este de los negociantes! —dijo Sancho—. ¿Es posible que sean tan necios que no caigan en que estas horas no son para venir a negociar? ¿Acaso los que gobernamos, los que somos jueces, no somos hombres de carne y hueso, y es necesario que nos dejen descansar el tiempo que pide la necesidad, sino que quieren que seamos de mármol? Por Dios y en mi conciencia, que si me dura el gobierno (que no durará, según se me trasluce), yo voy a poner en cintura a más de un negociante.

—Ahora, díganle a ese buen hombre que entre; pero adviértase primero que no sea alguno de mis espías o mi matador.

—No, señor —respondió el paje—, porque parece alma de cántaro, y o yo sé poco, o él es tan bueno como el buen pan.

—No hay que temer —dijo el mayordomo—: aquí estamos todos.

—¿Sería posible —dijo Sancho—, maestresala, que ahora, que no está aquí el doctor Pedro Recio, comiera yo alguna cosa de peso y de sustancia, aunque fuera un pedazo de pan y una cebolla?

—Esta noche, en la cena, se satisfará la falta de la comida, y su señoría quedará satisfecho y pagado —dijo el maestresala.

—Dios lo haga —respondió Sancho.

Y en esto entró el labrador, que era de muy buena presencia, y de lejos se le echaba de ver que era bueno y buena alma. Lo primero que dijo fue:

—¿Quién es aquí el señor gobernador?

—¿Quién ha de ser —respondió el secretario— sino el que está sentado en la silla?

—Me humillo, pues, ante su presencia —dijo el labrador.

Y poniéndose de rodillas, le pidió la mano para besársela. Sancho se la negó y mandó que se levantara y dijera lo que quisiera. Lo hizo así el labrador, y luego dijo:

—Yo, señor, soy labrador, natural de Miguelturra, un lugar que está a dos leguas de Ciudad Real.

—¡Otro Tirteafuera tenemos! —dijo Sancho—. Diga, hermano; que lo que yo sí le sé decir es que conozco muy bien Miguelturra, y que no está muy lejos de mi pueblo.

—Es, pues, el caso, señor —prosiguió el labrador—, que yo, por la misericordia de Dios, soy casado en paz y faz de la santa Iglesia católica romana; tengo dos hijos estudiantes: el menor estudia para bachiller y el mayor para licenciado. Soy viudo, porque se murió mi mujer, o, para decirlo mejor, me la mató un mal médico, que la purgó estando preñada; y si Dios hubiera querido que el parto saliera, y hubiera sido hijo, yo lo habría puesto a estudiar para doctor, para que el bachiller y el licenciado no le tuvieran envidia a su hermano.

—De modo —dijo Sancho— que si su mujer no se hubiera muerto, o no la hubieran muerto, usted no sería viudo ahora.

—No, señor; de ninguna manera —respondió el labrador.

—¡Pues buena cosa! —replicó Sancho—. Siga, hermano; que es más hora de dormir que de negociar.

—Digo, pues —dijo el labrador—, que este hijo mío que ha de ser bachiller se enamoró en el mismo pueblo de una doncella llamada Clara Perlerina, hija de Andrés Perlerino, labrador riquísimo. Y este nombre de Perlerines no les viene de abolengo ni de otra alcurnia, sino porque todos los de este linaje son medio perláticos, y por mejorar el nombre los llaman Perlerines.

—Aunque, si digo verdad, la doncella es como una perla oriental: mirada por el lado derecho parece una flor de campo; por el izquierdo no tanto, porque le falta aquel ojo que se le saltó de viruelas. Y aunque los hoyos del rostro son muchos y grandes, los que la quieren bien dicen que no son hoyos, sino sepulturas donde se entierran las almas de sus amantes.

—Es tan limpia, que por no ensuciarse la cara trae las narices, como dicen, remangadas, que no parece sino que van huyendo de la boca. Y con todo eso, luce por extremo, porque tiene la boca grande, y si no le faltaran diez o doce dientes y muelas, pudiera pasar y competir con las más bien formadas.

—De los labios no tengo qué decir, porque son tan sutiles y delicados, que si se usaran asparlabios, pudieran hacer de ellos una madeja; pero como tienen diferente color del que en los labios se usa comúnmente, parecen milagrosos, porque son jaspeados de azul y verde y aberenjenado. Y perdóneme el señor gobernador si voy tan al detalle pintando las partes de la que, al fin, ha de ser mi hija; que yo la quiero bien y no me parece mal.

—Pinte lo que quiera —dijo Sancho—, que yo me voy recreando con el retrato; y si hubiera comido, no habría mejor postre para mí que su pintura.

—Eso tengo yo por seguro —respondió el labrador—; pero tiempo vendrá en que lo veamos, si ahora no lo vemos. Y digo, señor, que si pudiera pintar su gentileza y la altura de su cuerpo, fuera cosa de admiración; pero no puedo, porque ella está encogida y agobiada, y tiene las rodillas casi en la boca. Y con todo, se echa de ver que si pudiera enderezarse, daría con la cabeza en el techo.

—Y ya ella le hubiera dado la mano de esposa a mi bachiller, si no fuera porque no la puede extender, que la tiene anudada. Y con todo, en las uñas largas y acanaladas se muestra su bondad y buena hechura.

—Está bien —dijo Sancho—, y haga cuenta, hermano, que ya la ha pintado de los pies a la cabeza. ¿Qué quiere ahora? Y vaya al punto, sin rodeos, ni callejuelas, ni retazos ni añadiduras.

—Quisiera, señor —respondió el labrador—, que su señoría me hiciera merced de darme una carta de favor para mi consuegro, suplicándole que se sirva de que este casamiento se haga, pues no somos desiguales ni en bienes de fortuna ni en los de la naturaleza.

—Porque, para decir la verdad, señor gobernador, mi hijo es endemoniado, y no hay día que tres o cuatro veces no lo atormenten los malos espíritus. Y de haber caído una vez en el fuego, tiene el rostro arrugado como pergamino, y los ojos algo llorosos, como manantiales; pero tiene condición de ángel, y si no fuera porque se aporrea y se da de puñadas él mismo, sería un bendito.

—¿Quiere otra cosa, buen hombre? —replicó Sancho.

—Otra cosa quisiera —dijo el labrador—, pero no me atrevía a decirla…; pero vaya, que no se me ha de pudrir en el pecho: salga bien o salga mal. Digo, señor, que quisiera que su señoría me diera trescientos o seiscientos ducados para ayuda de la dote de mi bachiller; digo, para ayudarle a poner su casa, porque al fin han de vivir por sí, sin estar sujetos a las impertinencias de los suegros.

—Mire si quiere otra cosa —dijo Sancho—, y no deje de decirla por empacho ni vergüenza.

—No, por cierto —respondió el labrador.

Apenas dijo esto, cuando el gobernador se levantó y, asiendo la silla en que estaba sentado, dijo:

—¡Voto a tal, don patán rústico y mal mirado, que si no se aparta y se esconde ahora mismo de mi presencia, con esta silla le rompo la cabeza! ¡Hijo de mala madre, bellaco, pintor del mismo demonio! ¿Y a estas horas viene a pedirme seiscientos ducados? ¿Y dónde los tengo yo, hediondo? ¿Y por qué se los había de dar aunque los tuviera, socarrón y mentecato? ¿Qué se me da a mí de Miguelturra ni de todo el linaje de los Perlerines?

—¡Fuera de aquí, digo! Si no, por vida del Duque mi señor, que cumplo lo que he dicho. Usted no debe de ser de Miguelturra, sino algún burlador que para tentarme ha enviado el infierno. Dígame, desalmado: todavía no hace ni día y medio que tengo el gobierno, ¿y ya quiere que yo tenga seiscientos ducados?

Hizo señas el maestresala al labrador para que saliera de la sala; él lo hizo cabizbajo y, al parecer, temeroso de que el gobernador ejecutara su cólera; que el bellacón supo hacer muy bien su oficio.

Pero dejemos con su cólera a Sancho, y ande la paz por el corro; y volvamos a don Quijote, que lo dejamos vendado el rostro y curado de las heridas gatunas. No sanó de ellas en ocho días; y en uno de esos días le sucedió lo que Cide Hamete promete contar con la puntualidad y verdad con que suele contar las cosas de esta historia, por mínimas que sean.

CAPÍTULO XLVIII: DE LO QUE LE SUCEDIÓ A DON QUIJOTE CON DOÑA RODRÍGUEZ, LA DUEÑA DE LA DUQUESA

Además estaba mohíno y melancólico el malherido don Quijote, vendado el rostro y señalado, no por mano de Dios, sino por las uñas de un gato: desdichas anejas a la caballería andante. Seis días estuvo sin salir en público.

En una noche de esas, estando despierto y desvelado, pensando en sus desgracias y en la persecución de Altisidora, sintió que abrían con una llave la puerta de su aposento. Luego imaginó que la enamorada doncella venía a sobresaltar su honestidad y ponerlo en condición de faltar a la fe que debía guardar a su señora Dulcinea del Toboso.

—No —dijo, creyéndole a su imaginación, y con voz que pudo ser oída—: no ha de poder la mayor hermosura de la tierra hacer que yo deje de adorar a la que tengo grabada y estampada en la mitad de mi corazón y en lo más escondido de mis entrañas; ya estés, señora mía, transformada en labradora cebolluda, ya en ninfa del dorado Tajo tejiendo telas de oro y sirgo, ya te tenga Merlín o Montesinos donde quieran. Dondequiera que estés, eres mía, y dondequiera que yo esté, he sido y seré tuyo.

El acabar estas razones y el abrir de la puerta fue todo uno. Don Quijote se puso en pie sobre la cama, envuelto de arriba abajo en una colcha de raso amarillo, con una galocha en la cabeza, y el rostro y los bigotes vendados: el rostro por los arañazos, los bigotes para que no se le vinieran abajo y cayeran.

Con aquel traje parecía la más extraordinaria fantasma que se pudiera imaginar. Clavó los ojos en la puerta, y cuando esperaba ver entrar por ella a la rendida y lastimada Altisidora, vio entrar a una dueña reverendísima, con unas tocas blancas, repulgadas y largas, tanto que la cubrían y la envolvían de los pies a la cabeza.

Entre los dedos de la mano izquierda traía media vela encendida, y con la derecha se hacía sombra para que la luz no le diera en los ojos, que le cubrían unos antojos muy grandes. Venía pisando quedo y movía los pies blandamente.

Don Quijote la miró desde su atalaya, y cuando vio su atuendo y notó su silencio, pensó que alguna bruja o maga venía en aquel traje a hacerle alguna mala hechicería, y comenzó a santiguarse con mucha prisa. Se fue acercando la visión, y cuando llegó a la mitad del aposento, alzó los ojos y vio la prisa con que don Quijote se hacía cruces; y si él quedó medroso al ver tal figura, ella quedó espantada al ver la suya, porque así como lo vio tan alto y tan amarillo, con la colcha y con las vendas que lo desfiguraban, dio una gran voz, diciendo:

—¡Jesús! ¿Qué es lo que veo?

Y con el sobresalto se le cayó la vela de las manos; y viéndose a oscuras, volvió la espalda para irse, y con el miedo tropezó en sus faldas y dio una gran caída. Don Quijote, temeroso, comenzó a decir:

—Te conjuro, fantasma, o lo que seas, a que me digas quién eres y qué es lo que quieres de mí. Si eres alma en pena, dímelo; que yo haré por ti todo cuanto alcancen mis fuerzas, porque soy cristiano católico y amigo de hacer bien a todo el mundo; que para esto tomé la orden de la caballería andante que profeso, cuyo ejercicio se extiende incluso a hacer bien a las almas del purgatorio.

La dueña en sombras, que oyó conjurarse, por su temor dedujo el de don Quijote, y con voz afligida y baja le respondió:

—Señor don Quijote (si acaso es usted don Quijote), yo no soy fantasma, ni visión, ni alma del purgatorio, como usted debe de haber pensado, sino doña Rodríguez, la dueña de honor de mi señora la Duquesa, que con una necesidad de aquellas que usted suele remediar, a usted vengo.

—Dígame, señora doña Rodríguez —dijo don Quijote—: ¿acaso viene usted a hacer alguna tercería? Porque le hago saber que no soy de provecho para nadie, merced a la sin par belleza de mi señora Dulcinea del Toboso. Digo, en fin, señora doña Rodríguez, que, si usted se guarda y deja aparte todo recado amoroso, puede volver a encender su vela, y volver, y hablaremos de todo lo que más mande y más le agrade, salvando, como digo, todo incitativo melindre.

—¿Yo recado de nadie, señor mío? —respondió la dueña—. Mal me conoce usted; porque aún no estoy en edad tan avanzada que me acoja a semejantes niñerías, pues, gracias a Dios, conservo el alma en el cuerpo y todos mis dientes y muelas en la boca, salvo unos pocos que me han arrebatado unos catarros, que en esta tierra de Aragón son tan comunes. Pero espéreme usted un poco; saldré a encender mi vela y volveré en un instante a contarle mis cuitas, como remediador de todas las del mundo.

Y sin esperar respuesta, salió del aposento, donde quedó don Quijote sosegado y pensativo esperándola; pero luego le sobrevinieron mil pensamientos acerca de aquella nueva aventura, y le parecía mal hecho y peor pensado ponerse en peligro de romper la fe prometida a su señora, y se decía a sí mismo:

«¿Quién sabe si el diablo, que es sutil y mañoso, querrá engañarme ahora con una dueña, lo que no ha podido con emperatrices, reinas, duquesas, marquesas ni condesas? Que yo he oído decir muchas veces y a muchos discretos que, si puede, antes os la dará roma que afilada. ¿Y quién sabe si esta soledad, esta ocasión y este silencio despertarán mis deseos dormidos, y harán que al cabo de mis años venga a caer donde nunca he tropezado? Y en casos semejantes, mejor es huir que esperar la batalla. Pero no debo de estar en mi juicio, pues tales disparates digo y pienso; que no es posible que una dueña tocada de tocas blancas, larga y antojuna pueda mover pensamiento lascivo ni en el pecho más desalmado del mundo. ¿Hay acaso dueña en la tierra que tenga buenas carnes? ¿Hay dueña en el orbe que deje de ser impertinente, fruncida y melindrosa? ¡Fuera, pues, caterva de dueñas, inútil para cualquier regalo humano! ¡Oh, cuán bien hacía aquella señora de quien se dice que tenía dos dueñas de bulto con sus antojos y almohadillas al cabo de su estrado, como si estuvieran labrando, y tanto le servían para la autoridad de la sala aquellas estatuas como las dueñas verdaderas!»

Y diciendo esto, se arrojó del lecho con intención de cerrar la puerta y no dejar entrar a doña Rodríguez; pero cuando iba a cerrarla, ya ella volvía con una vela de cera blanca encendida, y cuando vio a don Quijote de más cerca, envuelto en la colcha, con las vendas y el becoquín, volvió a temer, y retirándose dos pasos atrás, dijo:

—¿Estamos seguras, señor caballero? Porque no me parece señal muy honesta que usted se haya levantado de su lecho.

—Eso mismo conviene que yo lo pregunte, señora —respondió don Quijote—; y así pregunto si estaré yo seguro de no ser acometido y forzado.

—¿De quién, o a quién, pide usted, señor caballero, esa seguridad? —respondió la dueña.

—A usted y de usted la pido —replicó don Quijote—; porque ni yo soy de mármol ni usted de bronce, ni son ahora las diez del día, sino medianoche, y aún algo más, según imagino, y en una estancia más cerrada y secreta que debió de ser la cueva donde el traidor y atrevido Eneas gozó de la hermosa y piadosa Dido. Pero déme usted, señora, la mano; que no quiero otra seguridad mayor que la de mi continencia y recato, y la que ofrecen esas reverendísimas tocas.

Y diciendo esto, besó su mano derecha y la tomó de la suya, que ella le dio con las mismas ceremonias.

Aquí hace Cide Hamete un paréntesis, y dice que, por Mahoma, que daría por ver a los dos así asidos y trabados desde la puerta hasta el lecho la mejor almalafa de dos que tenía.

Entró, en fin, don Quijote en su lecho, y quedó doña Rodríguez sentada en una silla, algo apartada de la cama, sin quitarse los antojos ni la vela. Don Quijote se acurrucó y se cubrió todo, no dejando más que el rostro descubierto; y habiéndose ambos sosegado, el primero que rompió el silencio fue don Quijote, diciendo:

—Puede usted ahora, señora doña Rodríguez, desatar y sacar todo aquello que guarda en su cuitado corazón y lastimadas entrañas; que será escuchada con castos oídos y socorrida con piadosas obras.

—Así lo creo yo —respondió la dueña—; que de la gentil y agradable presencia de usted no se podía esperar sino tan cristiana respuesta. Es, pues, el caso, señor don Quijote, que aunque usted me ve sentada en esta silla, en la mitad del reino de Aragón, y con hábito de dueña abatida y trajinada, soy natural de las Asturias de Oviedo, y de linaje en el que se cuentan muchos de los mejores de aquella provincia; pero mi corta fortuna y el descuido de mis padres, que empobrecieron antes de tiempo sin saber cómo, me trajeron a la Corte, a Madrid, donde, por bien de paz y por evitar mayores desventuras, me acomodaron a servir de doncella de labor a una principal señora; y quiero hacerle saber que, en hacer vainillas y labor blanca, ninguna me ha aventajado en toda la vida. Mis padres me dejaron sirviendo y se volvieron a su tierra, y de allí a pocos años debieron de irse al cielo, porque eran, además, buenos cristianos católicos. Quedé huérfana, sostenida apenas por el miserable salario y por las angustiadas mercedes que a tales criadas se suele dar en palacio; y en este tiempo, sin que yo diera ocasión a ello, se enamoró de mí un escudero de la casa, hombre ya entrado en años, barbudo y bien plantado, y, sobre todo, hidalgo como el Rey, porque era montañés. No tratamos tan en secreto nuestros amores que no llegaran a noticia de mi señora; la cual, por evitar dimes y diretes, nos casó en paz y en faz de la santa madre Iglesia católica romana, de cuyo matrimonio nació una hija para rematar mi ventura, si alguna tenía; no porque yo muriera del parto, que lo tuve derecho y a su tiempo, sino porque poco después murió mi esposo de cierto espanto que tuvo, y que, si ahora hubiera lugar para contarlo, sé que usted se admiraría.

Y en esto, comenzó a llorar tiernamente, y dijo:

—Perdóneme usted, señor don Quijote: que no puedo evitarlo; porque todas las veces que me acuerdo de mi malogrado se me arrasan los ojos de lágrimas. ¡Válgame Dios, y con qué autoridad llevaba a mi señora a las ancas de una poderosa mula, negra como el mismo azabache! Porque entonces no se usaban coches ni sillas, como ahora dicen que se usan, y las señoras iban a las ancas de sus escuderos. Esto, al menos, no puedo dejar de contarlo, porque muestra la crianza y puntualidad de mi buen marido. Al entrar por la calle de Santiago, en Madrid, que es algo estrecha, venían saliendo por ella un alcalde de Corte con dos alguaciles delante, y así como mi buen escudero lo vio, volvió las riendas a la mula, dando señal de volverse para acompañarlo. Mi señora, que iba a las ancas, con voz baja le decía: «¿Qué hace, desventurado? ¿No ve que voy aquí?» El alcalde, por comedido, detuvo la rienda al caballo, y le dijo: «Siga, señor, su camino; que yo soy el que debe acompañar a mi señora doña Casilda» (que así era el nombre de mi ama). Todavía porfiaba mi marido, con la gorra en la mano, en querer ir acompañando al alcalde; viendo lo cual mi señora, llena de cólera y enojo, sacó un alfiler gordo, o creo que un punzón del estuche, y se lo clavó por los lomos, de manera que mi marido dio una gran voz y torció el cuerpo, y así dio con su señora en el suelo. Acudieron dos lacayos suyos a levantarla, y lo mismo hizo el alcalde con los alguaciles; se alborotó la Puerta de Guadalajara, digo, la gente baldía que allí estaba; se vino a pie mi ama, y mi marido corrió a casa de un barbero, diciendo que tenía las entrañas atravesadas de parte a parte. Se divulgó la cortesía de mi esposo tanto, que los muchachos lo perseguían por las calles; y por esto, y porque él era algo corto de vista, mi señora lo despidió, y de ese pesar, sin duda, tengo para mí que le vino el mal de la muerte. Quedé yo viuda y desamparada, y con hija a cuestas, que iba creciendo en hermosura como la espuma del mar. Finalmente, como yo tenía fama de gran labradora, mi señora la Duquesa, que estaba recién casada con el Duque mi señor, quiso traerme consigo a este reino de Aragón, y a mi hija también; y yendo días y viniendo días, creció mi hija, y con ella todo el donaire del mundo: canta como una calandria, danza como el pensamiento, baila como una perdida, lee y escribe como un maestro de escuela, y cuenta como un avariento. De su limpieza no digo nada: el agua que corre no es más limpia; y debe de tener ahora, si mal no me acuerdo, dieciséis años, cinco meses y tres días, uno más o uno menos. En resumen, de esta muchacha mía se enamoró un hijo de un labrador riquísimo que vive en una aldea del Duque mi señor, no muy lejos de aquí. En efecto, no sé cómo, ellos se juntaron, y bajo palabra de ser su esposo, burló a mi hija, y no se la quiere cumplir; y aunque el Duque mi señor lo sabe, porque yo me he quejado a él no una, sino muchas veces, y le he pedido que mande que ese labrador se case con mi hija, él hace oídos sordos y apenas quiere escucharme. Y la causa es que, como el padre del burlador es tan rico, le presta dineros y sale fiador de sus trampas a cada momento, no lo quiere descontentar ni darle pesadumbre de ninguna manera. Querría, pues, señor mío, que usted tomara a su cargo deshacer este agravio, ya por ruegos, ya por armas, pues, según todo el mundo dice, usted nació para deshacer agravios, enderezar tuertos y amparar miserables; y ponga usted por delante la orfandad de mi hija, su gentileza, su mocedad, con todas las buenas partes que he dicho que tiene; que, en Dios y en mi conciencia, de cuantas doncellas tiene mi señora, no hay ninguna que llegue a la suela de su zapato, y que una a la que llaman Altisidora, que es la que tienen por más desenvuelta y gallarda, puesta en comparación de mi hija, no le llega ni con dos leguas. Porque quiero que sepa usted, señor mío, que no es todo oro lo que reluce; porque esta Altisidora tiene más presunción que hermosura, y es más desenvuelta que recogida; además, no está muy sana: tiene un aliento cansado, que no se puede sufrir estar junto a ella un momento. Y aún mi señora la Duquesa… Mejor me callo; que se suele decir que las paredes oyen.

—¿Qué tiene mi señora la Duquesa, por vida mía, señora doña Rodríguez? —preguntó don Quijote.

—Con ese conjuro —respondió la dueña—, no puedo dejar de responder con toda verdad a lo que se me pregunta. ¿Ve usted, señor don Quijote, la hermosura de mi señora la Duquesa, aquella tez del rostro, que no parece sino de espada acicalada y tersa, aquellas dos mejillas de leche y carmín, que en la una tiene el sol y en la otra la luna, y aquella gallardía con que va pisando y aun despreciando el suelo, que no parece sino que va derramando salud donde pasa? Pues sepa usted que lo puede agradecer, primero, a Dios, y luego, a dos fuentes que tiene en las dos piernas, por donde se le desagua todo el mal humor de que, según dicen los médicos, está llena.

—¡Santa María! —dijo don Quijote—. ¿Y es posible que mi señora la Duquesa tenga tales desaguaderos? No lo creyera si me lo dijeran frailes descalzos; pero puesto que doña Rodríguez lo dice, así debe de ser. Pero tales fuentes, y en tales lugares, no deben manar humor, sino ámbar líquido. Verdaderamente, ahora acabo de creer que esto de hacerse fuentes debe de ser cosa importante para la salud.

Apenas acabó don Quijote de decir esta razón, cuando, con un gran golpe, abrieron las puertas del aposento, y del sobresalto se le cayó a doña Rodríguez la vela de la mano, y quedó la estancia como boca de lobo, como suele decirse. Luego sintió la pobre dueña que la asían de la garganta con dos manos, tan fuertemente que no la dejaban ni quejarse; y que otra persona, con mucha presteza, sin decir palabra, le alzaba las faldas, y con una chinela, al parecer, le comenzó a dar tantos azotes, que era una compasión. Y aunque don Quijote oía aquello, no se movía del lecho, ni sabía qué podía ser, y se estaba quieto y callando, temiendo todavía que le tocara a él la tanda y tunda de azotes. Y no fue vano su temor; porque, después de dejar molida a la dueña los callados verdugos (la cual no se atrevía a quejarse), acudieron a don Quijote, y desnudándolo de la sábana y de la colcha, le pellizcaron tan a menudo y tan reciamente, que no pudo dejar de defenderse a puñadas, y todo esto en un silencio admirable. Duró la batalla casi media hora; se salieron los fantasmas, recogió doña Rodríguez sus faldas, y, gimiendo su desgracia, salió por la puerta, sin decir palabra a don Quijote; el cual, dolorido y pellizcado, confuso y pensativo, se quedó solo, donde lo dejaremos deseoso de saber quién había sido el perverso encantador que lo había puesto en tal aprieto. Pero eso se dirá a su tiempo; que Sancho Panza nos llama, y el buen concierto de la historia lo pide.

CAPÍTULO XLIX: DE LO QUE LE SUCEDIÓ A SANCHO PANZA RONDANDO SU ÍNSULA

Dejamos al gran gobernador enojado y mohíno con el labrador pintor y socarrón, el cual, instruido por el mayordomo, y el mayordomo por el Duque, se burlaban de Sancho; pero él se las tenía tiesas a todos, aunque fuera tonto, bronco y rollizo, y dijo a los que estaban con él, y al doctor Pedro Recio, que, acabado el secreto de la carta del Duque, había vuelto a entrar en la sala:

—Ahora sí entiendo que los jueces y gobernadores deben ser, o han de ser, de bronce, para no sentir las importunidades de los negociantes, que a toda hora y en todo tiempo quieren que los escuchen y despachen, atendiendo solo a su negocio, pase lo que pase; y si el pobre juez no los escucha y despacha, o porque no puede, o porque no es ese el tiempo señalado para darles audiencia, luego lo maldicen y murmuran, le roen los huesos y hasta le sacan los linajes. Negociante necio, negociante mentecato, no se apresure; espere sazón y coyuntura para negociar: no venga a la hora de comer ni a la de dormir; que los jueces son de carne y hueso, y han de dar a la naturaleza lo que naturalmente les pide; si no, mírenme a mí, que no le doy de comer a la mía, por culpa del señor doctor Pedro Recio Tirteafuera, que está aquí delante, que quiere que me muera de hambre, y afirma que esa muerte es vida; ¡pues así se la dé Dios a él y a todos los de su ralea! Digo: a la de los malos médicos; que la de los buenos palmas y laureles merece.

Todos los que conocían a Sancho Panza se admiraban de oírlo hablar tan elegantemente, y no sabían a qué atribuirlo, sino a que los oficios y cargos graves o avivan o entorpecen los entendimientos. Finalmente, el doctor Pedro Recio Agüero de Tirteafuera prometió darle de cenar aquella noche, aunque excediera todos los aforismos de Hipócrates. Con esto quedó contento el gobernador, y esperaba con gran ansia que llegaran la noche y la hora de cenar; y aunque el tiempo, según le parecía, se estaba quieto, sin moverse de un lugar, al fin llegó el tan deseado momento, y le dieron de cenar un salpicón de vaca con cebolla, y unas manos cocidas de ternera algo entrada en días. Se entregó a todo con más gusto que si le hubieran dado francolines de Milán, faisanes de Roma, ternera de Sorrento, perdices de Morón o gansos de Lavajos; y, en medio de la cena, volviéndose al doctor, le dijo:

—Mire, señor doctor: de aquí adelante no se ocupe de darme cosas delicadas ni manjares exquisitos, porque será sacar a mi estómago de sus quicios, el cual está acostumbrado a cabra, a vaca, a tocino, a cecina, a nabos y a cebollas; y si acaso le dan otros manjares de palacio, los recibe con melindre y, algunas veces, con asco. Lo que el maestresala puede hacer es traerme de esas que llaman ollas podridas, que mientras más podridas, mejor huelen, y en ellas puede meter y encerrar todo lo que quiera, con tal de que sea de comer, que yo se lo agradeceré y se lo pagaré algún día. Y que nadie se burle conmigo, porque o somos o no somos: vivamos todos y comamos en buena paz y compañía, pues cuando Dios amanece, para todos amanece. Yo gobernaré esta ínsula sin torcer el derecho ni llevar cohecho, y todo el mundo tenga el ojo alerta y mire por el virote; porque les hago saber que el diablo está en Cantillana, y que si me dan ocasión, han de ver maravillas. No, sino háganse miel, y las moscas se los comerán.

—Por cierto, señor gobernador —dijo el maestresala—, que usted tiene mucha razón en cuanto ha dicho, y yo ofrezco, en nombre de todos los insulanos de esta ínsula, que han de servirle con toda puntualidad, amor y benevolencia, porque el suave modo de gobernar que usted ha mostrado en estos principios no les deja lugar de hacer ni de pensar cosa que redunde en deservicio suyo.

—Yo lo creo —respondió Sancho—, y serían unos necios si hicieran o pensaran otra cosa. Y vuelvo a decir que se tenga cuenta con mi sustento y con el de mi rucio, que es lo que aquí importa y hace más al caso; y, cuando sea hora, vamos a rondar, que es mi intención limpiar esta ínsula de todo género de inmundicia y de gente vagamunda, holgazana y mal entretenida. Porque quiero que sepan, amigos, que la gente baldía y perezosa es en la república lo mismo que los zánganos en las colmenas: se comen la miel que hacen las abejas trabajadoras. Pienso favorecer a los labradores, guardar las preeminencias de los hidalgos, premiar a los virtuosos y, sobre todo, respetar la religión y la honra de los religiosos. ¿Qué les parece esto, amigos? ¿Digo algo, o me rompo la cabeza?

—Dice tanto usted, señor gobernador —dijo el mayordomo—, que me admira ver que un hombre tan sin letras como usted, que, a lo que creo, no tiene ninguna, diga tales y tantas cosas llenas de sentencias y avisos, tan fuera de todo aquello que del ingenio de usted esperaban los que nos enviaron y los que aquí venimos. Cada día se ven cosas nuevas en el mundo: las burlas se vuelven veras y los burladores se hallan burlados.

Llegó la noche, y cenó el gobernador con licencia del señor doctor Recio. Se dispusieron para la ronda; salió con el mayordomo, el secretario y el maestresala, y el cronista que tenía cuidado de poner en memoria sus hechos, y alguaciles y escribanos, tantos, que podían formar un mediano escuadrón.

Iba Sancho en medio, con su vara, que no había más que ver; y, caminadas pocas calles del lugar, sintieron ruido de cuchilladas. Acudieron allá y hallaron que eran dos hombres solos los que reñían; los cuales, viendo venir la justicia, se quedaron quietos, y uno de ellos dijo:

—¡Aquí de Dios y del Rey! ¿Cómo se ha de sufrir que roben en poblado, en este pueblo, y que se salga a saltear en la mitad de las calles?

—Sosiéguese, hombre de bien —dijo Sancho—, y cuénteme cuál es la causa de esta pendencia; que yo soy el gobernador.

El otro contrario dijo:

—Señor gobernador, yo la diré con toda brevedad. Usted sabrá que este gentilhombre acaba de ganar ahora, en esta casa de juego que está aquí enfrente, más de mil reales, y sabe Dios cómo; y hallándome yo presente, juzgué más de una suerte dudosa en su favor, contra todo aquello que me dictaba la conciencia. Él se alzó con la ganancia, y cuando yo esperaba que me diera algún escudo, por lo menos, de propina, como es uso y costumbre dárselo a los hombres principales, como yo, que estamos presentes para bien y para mal, y para apoyar sinrazones y evitar pendencias, se embolsó el dinero y se salió de la casa. Yo vine, despechado, tras él, y con buenas y corteses palabras le he pedido que me diera siquiera ocho reales, pues sabe que soy hombre honrado y que no tengo oficio ni beneficio, porque mis padres no me lo enseñaron ni me lo dejaron; y el socarrón, que no es menos ladrón que Caco ni menos fullero que Andradilla, no quería darme más de cuatro reales. ¡Para que vea usted, señor gobernador, qué poca vergüenza y qué poca conciencia! Pero le aseguro que, si usted no llega, yo le hubiera hecho devolver la ganancia, y habría de saber con cuántas pesa la romana.

—¿Qué dice usted a esto? —preguntó Sancho.

Y el otro respondió que era verdad cuanto su contrario decía, y que no había querido darle más de cuatro reales porque se los daba muchas veces; y que los que esperan propina han de ser comedidos y tomar con rostro alegre lo que les dieren, sin ponerse a cuentas con los gananciosos, si no supiesen de cierto que son fulleros y que lo que ganan es mal ganado; y que, para señal de que él era hombre de bien y no ladrón, como aquel decía, no había mayor que no haberle querido dar nada; que siempre los fulleros son tributarios de los mirones que los conocen.

—Así es —dijo el mayordomo—. Vea usted, señor gobernador, qué es lo que se ha de hacer con estos hombres.

—Lo que se ha de hacer es esto —respondió Sancho—: usted, ganancioso, bueno, malo o indiferente, dé luego a este su acuchillador cien reales; y además ha de desembolsar treinta para los pobres de la cárcel. Y usted, que no tiene oficio ni beneficio, y anda de nones en esta ínsula, tome luego esos cien reales, y mañana, en todo el día, salga de esta ínsula desterrado por diez años; so pena que, si lo quebranta, los cumpla en la otra vida, colgándolo yo de una picota, o, por lo menos, el verdugo por mi mandado. Y que ninguno me replique, que le asentaré la mano.

Desembolsó el uno, recibió el otro, este salió de la ínsula, y aquel se fue a su casa; y el gobernador quedó diciendo:

—Ahora podré poco, o quitaré estas casas de juego; que a mí se me trasluce que son muy perjudiciales.

—Esta, por lo menos —dijo un escribano—, no la podrá usted quitar, porque la tiene un gran personaje; y más es, sin comparación, lo que él pierde al año que lo que saca de los naipes. Contra otros garitos de menor cuantía podrá usted mostrar su poder, que son los que más daño hacen y más insolencias encubren; que en las casas de los caballeros principales y de los señores no se atreven los famosos fulleros a usar de sus tretas. Y pues el vicio del juego se ha vuelto ejercicio común, mejor es que se juegue en casas principales que no en la de algún oficial, donde cogen a un desdichado pasada la medianoche y lo desuellan vivo.

—Ahora, escribano —dijo Sancho—, yo sé que hay mucho que decir en eso.

Y en esto llegó un corchete que traía asido a un mozo, y dijo:

—Señor gobernador, este mancebo venía hacia nosotros, y así como vio la justicia, volvió las espaldas y comenzó a correr como un gamo: señal de que debe de ser algún delincuente. Yo fui tras él, y si no fuera porque tropezó y cayó, no lo habría alcanzado jamás.

—¿Por qué huía, hombre? —preguntó Sancho.

A lo que el mozo respondió:

—Señor, por evitar responder a las muchas preguntas que las justicias hacen.

—¿Qué oficio tiene?

—Tejedor.

—¿Y qué teje?

—Hierros de lanzas, con licencia de usted.

—¿Graciosillo me salió? ¿Se cree chocarrero? ¡Está bien! ¿Y adónde iba ahora?

—Señor, a tomar el aire.

—¿Y dónde se toma el aire en esta ínsula?

—Donde sopla.

—¡Bueno: responde muy a propósito! Discreto es usted, mancebo; pero haga cuenta de que yo soy el aire, y que le soplo en popa, y lo encamino a la cárcel. ¡Sujétenlo, y llévenlo! ¡Que yo haré que duerma allí sin aire esta noche!

—¡Por Dios! —dijo el mozo—: ¡así me haga usted dormir en la cárcel como hacerme rey!

—Pues, ¿por qué no he de hacerle dormir en la cárcel? —respondió Sancho—. ¿No tengo yo poder para prenderlo y soltarlo cuando yo quiera?

—Por más poder que usted tenga —dijo el mozo—, no será bastante para hacerme dormir en la cárcel.

—¿Cómo que no? —replicó Sancho—. Llévenlo luego, donde verá por sus ojos el desengaño, aunque el alcaide quiera usar con él de su interesada liberalidad; que yo le pondré pena de dos mil ducados si lo deja salir un paso de la cárcel.

—Todo eso es cosa de risa —respondió el mozo—. El caso es que no me harán dormir en la cárcel cuantos hoy viven.

—Dígame, demonio —dijo Sancho—, ¿tiene algún ángel que lo saque y que le quite los grillos que le pienso mandar echar?

—Ahora, señor gobernador —respondió el mozo con muy buen donaire—, hablemos con razón y vayamos al punto. Suponga usted que me manda llevar a la cárcel, y que allí me echan grillos y cadenas, y que me meten en un calabozo, y que le ponen al alcaide graves penas si me deja salir, y que él lo cumple como se le manda. Con todo eso, si yo no quiero dormir y me quedo despierto toda la noche, sin pegar pestaña, ¿será usted bastante, con todo su poder, para hacerme dormir, si yo no quiero?

—No, por cierto —dijo el secretario—; y el hombre ha salido con la suya.

—De modo —dijo Sancho—, que no dejará usted de dormir por otra cosa que por su voluntad, y no por contravenir a la mía.

—No, señor —dijo el mozo—, ni lo pienso.

—Pues vaya con Dios —dijo Sancho—; váyase a dormir a su casa, y Dios le dé buen sueño, que yo no quiero quitárselo; pero le aconsejo que de aquí adelante no se burle de la justicia, porque topará con alguna que le dé con la burla en los cascos.

Se fue el mozo, y el gobernador siguió con su ronda, y de allí a poco vinieron dos corchetes que traían a un hombre asido, y dijeron:

—Señor gobernador, este que parece hombre no lo es, sino mujer, y no fea, que viene vestida en hábito de hombre.

Le acercaron a los ojos dos o tres linternas, a cuya luz descubrieron el rostro de una mujer, al parecer de dieciséis o pocos más años, recogidos los cabellos con una redecilla de oro y seda verde, hermosa como mil perlas. La miraron de arriba abajo, y vieron que venía con medias de seda encarnada, con ligas de tafetán blanco y rapacejos de oro y aljófar; los gregüescos eran verdes, de tela de oro, y una saltaembarca o ropilla de lo mismo, suelta, debajo de la cual traía un jubón de tela finísima de oro y blanco; los zapatos eran blancos y de hombre. No traía espada ceñida, sino una riquísima daga, y en los dedos, muchos y muy buenos anillos. Finalmente, la moza les pareció bien a todos, y ninguno la conoció de cuantos la vieron; y los naturales del lugar dijeron que no podían imaginar quién fuese. Y los que sabían de las burlas que se habían de hacer a Sancho fueron los que más se admiraron, porque aquel suceso y hallazgo no venía ordenado por ellos; y así estaban dudosos, esperando en qué pararía el caso.

Sancho quedó pasmado de la hermosura de la moza, y le preguntó quién era, adónde iba y qué ocasión la había movido a vestirse con aquel hábito. Ella, puestos los ojos en tierra con honestísima vergüenza, respondió:

—No puedo, señor, decir tan en público lo que tanto me importaba que fuera secreto; una cosa quiero que se entienda: que no soy ladrón ni persona facinerosa, sino una doncella desdichada, a quien la fuerza de unos celos ha hecho romper el decoro que a la honestidad se debe.

Oyendo esto el mayordomo, le dijo a Sancho:

—Haga, señor gobernador, apartar la gente, para que esta señora, con menos empacho, pueda decir lo que quiera.

Lo mandó así el gobernador; se apartaron todos, excepto el mayordomo, el maestresala y el secretario. Viéndose, pues, solos, la doncella prosiguió diciendo:

—Yo, señores, soy hija de Pedro Pérez Mazorca, arrendador de las lanas de este lugar, el cual suele muchas veces ir en casa de mi padre.

—Eso no tiene sentido —dijo el mayordomo—, señora, porque yo conozco muy bien a Pedro Pérez, y sé que no tiene hijo alguno, ni varón ni mujer; y además, dice usted que es su padre, y luego añade que suele ir muchas veces a casa de su padre.

—Ya yo había notado eso —dijo Sancho.

—Ahora, señores, estoy turbada, y no sé lo que digo —respondió la doncella—; pero la verdad es que soy hija de Diego de la Llana, que todos ustedes deben de conocer.

—Eso sí tiene más sentido —respondió el mayordomo—; que yo conozco a Diego de la Llana, y sé que es un hidalgo principal y rico, y que tiene un hijo y una hija, y que desde que enviudó no ha habido nadie en este lugar que pueda decir que haya visto el rostro de su hija; que la tiene tan encerrada, que no da lugar ni al sol para verla. Y, con todo esto, la fama dice que es hermosísima.

—Así es la verdad —respondió la doncella—, y esa hija soy yo; si la fama miente o no en mi hermosura, ya ustedes, señores, se habrán desengañado, pues me han visto.

Y en esto, comenzó a llorar tiernamente; viendo lo cual el secretario se acercó al oído del maestresala y le dijo muy quedo:

—Sin duda, a esta pobre doncella le ha sucedido algo de importancia, pues en tal traje, a tales horas, y siendo tan principal, anda fuera de su casa.

—No hay duda —respondió el maestresala—; y más, que esa sospecha la confirman sus lágrimas.

Sancho la consoló con las mejores razones que supo, y le pidió que, sin temor alguno, les dijera lo que le había sucedido; que todos procurarían remediarlo con muchas veras y por todas las vías posibles.

—Es el caso, señores —respondió ella—, que mi padre me ha tenido encerrada desde hace diez años, que son los mismos que a mi madre la cubre la tierra. En casa dicen misa en un rico oratorio, y yo, en todo este tiempo, no he visto el sol del cielo de día, ni la luna y las estrellas de noche; ni sé qué son calles, plazas ni templos, ni aun hombres, fuera de mi padre y de un hermano mío, y de Pedro Pérez el arrendador, que por entrar de ordinario en mi casa, se me ocurrió decir que era mi padre, por no declarar el verdadero. Este encierro y el negarme salir de casa, siquiera a la iglesia, desde hace muchos días y meses me trae muy desconsolada: yo quería ver el mundo, o por lo menos el pueblo donde nací, pareciéndome que ese deseo no iba contra el buen decoro que las doncellas principales deben guardar. Cuando oía decir que corrían toros y jugaban cañas, y que se representaban comedias, le preguntaba a mi hermano, que es un año menor que yo, que me dijera qué cosas eran aquellas y otras muchas que yo no he visto; él me lo declaraba como mejor sabía; pero todo era encenderme más el deseo de verlo. Finalmente, por abreviar el cuento de mi perdición, digo que rogué y pedí a mi hermano —¡ojalá nunca hubiera rogado ni pedido tal cosa!...

Y volvió a renovar el llanto. El mayordomo le dijo:

—Prosiga, señora, y acabe de decirnos lo que le ha sucedido; que nos tienen a todos en suspenso sus palabras y sus lágrimas.

—Pocas me quedan por decir —respondió la doncella—, aunque muchas lágrimas sí para llorar; porque los deseos mal puestos no pueden traer consigo sino desventuras semejantes.

Se le había asentado en el alma al maestresala la belleza de la doncella, y acercó otra vez su linterna para verla de nuevo, y le pareció que no eran lágrimas las que lloraba, sino aljófar o rocío de los prados; y todavía las subía de punto y las convertía en perlas orientales. Y deseaba que su desgracia no fuese tanta como daban a entender los indicios de su llanto y de sus suspiros.

Se desesperaba el gobernador de la tardanza con que la moza dilataba su historia, y le dijo que acabara de una vez y no los tuviera más suspensos; que era tarde y faltaba mucho que andar por el pueblo. Ella, entre sollozos entrecortados y suspiros mal formados, dijo:

—No es otra mi desgracia, ni mi infortunio es otro, sino que rogué a mi hermano que me vistiera con hábito de hombre, con uno de sus vestidos, y que me sacara una noche a ver todo el pueblo, cuando nuestro padre durmiera. Él, importunado por mis ruegos, condescendió a mi deseo; y poniéndome este vestido, y vistiéndose él con otro mío, que le está como nacido —porque él no tiene barba y no parece sino una doncella hermosísima—, esta noche, hace una hora, poco más o menos, salimos de casa, y guiados por nuestro mozo y por un discurso desbaratado, hemos rodeado todo el pueblo. Y cuando queríamos volver a casa, vimos venir un gran tropel de gente, y mi hermano me dijo:

«Hermana, esa debe de ser la ronda: aligera los pies y ponles alas, y ven tras mí corriendo, para que no nos conozcan; que nos lo tendrán a mal». Y diciendo esto, volvió la espalda y comenzó, no digo a correr, sino a volar; yo, a menos de seis pasos, caí, del sobresalto, y entonces llegó el ministro de justicia que me trajo ante ustedes; adonde, por necia y antojadiza, me veo avergonzada ante tanta gente.

—¿En efecto, señora —dijo Sancho—, no le ha sucedido otro desmán alguno, ni los celos, como usted al principio dijo, la sacaron de su casa?

—No me ha sucedido nada, ni me sacaron celos, sino solo el deseo de ver mundo, que no se extendía a más que a ver las calles de este lugar.

Y acabó de confirmarse la verdad de lo que la doncella decía al llegar los corchetes con su hermano preso, a quien alcanzó uno de ellos cuando huyó de su hermana. No traía sino un faldellín rico y una mantellina de damasco azul con pasamanos de oro fino; la cabeza, sin toca ni otra cosa, adornada solo con sus mismos cabellos, que eran sortijas de oro, según eran rubios y rizados.

Se apartaron con él el gobernador, el mayordomo y el maestresala, y sin que lo oyera su hermana, le preguntaron cómo venía en aquel traje; y él, con no menos vergüenza y empacho, contó lo mismo que su hermana había contado, de lo que recibió gran gusto el enamorado maestresala.

Pero el gobernador les dijo:

—Por cierto, señores, que esta ha sido una gran travesura, y para contar esta necedad y atrevimiento no eran menester tantas largas, ni tantas lágrimas, ni tantos suspiros; que con decir: «Somos fulano y fulana, y salimos a pasear de casa con esta invención, solo por curiosidad, sin otro designio», se acababa el cuento, y no "gemiditos" y "lloraditos" y demás.

—Así es la verdad —respondió la doncella—; pero sepan ustedes que la turbación que he tenido ha sido tanta, que no me ha dejado guardar el término que debía.

—No se ha perdido nada —respondió Sancho—. Vamos, y los dejaremos en casa de su padre; quizá no los habrá echado menos. Y de aquí adelante, no sean tan niños, ni tan deseosos de ver mundo; que la doncella honrada, con la pierna quebrada y en casa; y la mujer y la gallina, por andar se pierden pronto; y la que es deseosa de ver, también tiene deseo de ser vista. No digo más.

El mancebo agradeció al gobernador la merced que quería hacerles de volverlos a su casa, y así se encaminaron hacia ella, que no estaba muy lejos. Llegaron, pues, y tirando el hermano una china a una reja, al momento bajó una criada, que los estaba esperando, y les abrió la puerta; y ellos entraron, dejando a todos admirados, así de su gentileza y hermosura como del deseo que tenían de ver mundo de noche y sin salir del lugar; pero todo lo atribuyeron a su poca edad.

Quedó el maestresala con el corazón traspasado, y se propuso pedirla por mujer a su padre al día siguiente, teniendo por cierto que no se la negaría, por ser él criado del Duque. Y también a Sancho le vinieron deseos y barruntos de casar al mozo con Sanchica, su hija, y determinó ponerlo en plática a su tiempo, dándose a entender que a una hija de un gobernador ningún marido se le podía negar.

Con esto se acabó la ronda de aquella noche, y de allí a dos días se acabó el gobierno, con lo que se truncaron y borraron todos sus designios, como se verá adelante.

CAPÍTULO L: DONDE SE DECLARA QUIÉN FUERON LOS ENCANTADORES Y VERDUGOS QUE AZOTARON A LA DUEÑA Y PELLIZCARON Y ARAÑARON A DON QUIJOTE

Dice Cide Hamete, puntualísimo escudriñador de los átomos de esta verdadera historia, que al tiempo que doña Rodríguez salió de su aposento para ir a la estancia de don Quijote, otra dueña que dormía con ella lo sintió; y que, como todas las dueñas son amigas de saber, entender y oler, se fue tras ella con tanto silencio, que la buena Rodríguez no lo advirtió. Y así como la dueña la vio entrar en la estancia de don Quijote, para que no faltara en ella la costumbre general que todas las dueñas tienen de ser chismosas, al momento fue a contárselo a su señora la Duquesa: cómo doña Rodríguez quedaba en el aposento de don Quijote. La Duquesa se lo dijo al Duque, y le pidió licencia para que ella y Altisidora vinieran a ver qué quería aquella dueña con don Quijote; el Duque se la dio, y las dos, con gran tiento y sosiego, paso a paso, llegaron a ponerse junto a la puerta del aposento, tan cerca que oían todo lo que hablaban dentro. Y cuando la Duquesa oyó que Rodríguez había echado al aire el Aranjuez de sus fuentes, no lo pudo sufrir, ni tampoco Altisidora; y así, llenas de cólera y deseosas de venganza, entraron de golpe en el aposento, acribillaron a don Quijote y vapulearon a la dueña del modo que queda contado; porque las afrentas que van derechas contra la hermosura y la presunción de las mujeres despiertan en ellas en gran manera la ira y encienden el deseo de vengarse.

La Duquesa le contó al Duque lo que le había pasado, de lo que él se alegró mucho; y la Duquesa, siguiendo con su intención de burlarse y de pasar el rato con don Quijote, despachó al paje que había hecho la figura de Dulcinea en el concierto de su desencanto (que Sancho Panza tenía ya bien olvidado con la ocupación de su gobierno) a Teresa Panza, su mujer, con la carta de su marido y con otra suya, y con una gran sarta de corales ricos como presente.

Dice, pues, la historia, que el paje era muy discreto y agudo, y con deseo de servir a sus señores, partió de muy buena gana al lugar de Sancho; y antes de entrar en él, vio en un arroyo a muchas mujeres lavando, y les preguntó si sabrían decirle si en aquel lugar vivía una mujer llamada Teresa Panza, esposa de cierto Sancho Panza, escudero de un caballero llamado don Quijote de la Mancha. A esa pregunta se levantó una mozuela que estaba lavando, y dijo:

—Esa Teresa Panza es mi madre; y ese tal Sancho, mi señor padre; y el tal caballero, nuestro amo.

—Pues venga, doncella —dijo el paje—, y muéstreme a su madre; porque le traigo una carta y un presente de ese su padre.

—Eso haré yo con mucho gusto, señor mío —respondió la moza, que parecía de catorce años, poco más o menos.

Y dejando la ropa que lavaba a otra compañera, sin cubrirse ni calzarse, que estaba en piernas y desgreñada, se puso delante de la cabalgadura del paje, y dijo:

—Venga usted; que a la entrada del pueblo está nuestra casa, y mi madre en ella, con harta pena por no haber sabido desde hace muchos días de mi señor padre.

—Pues yo le llevo tan buenas nuevas —dijo el paje—, que tiene que dar gracias a Dios por ellas.

Finalmente, saltando, corriendo y brincando, llegó al pueblo la muchacha, y antes de entrar en su casa dijo a voces desde la puerta:

—¡Salga, madre Teresa, salga, salga; que viene aquí un señor que trae cartas y otras cosas de mi buen padre!

A esas voces salió Teresa Panza, su madre, hilando un copo de estopa, con una saya parda. Parecía, por lo corta, que se la habían cortado por lugar vergonzoso; traía un corpezuelo también pardo y una camisa que dejaba ver el pecho. No era muy vieja, aunque parecía pasar de los cuarenta, pero era fuerte, tiesa, nervuda y avellanada. Y viendo a su hija y al paje a caballo, le dijo:

—¿Qué es esto, niña? ¿Qué señor es este?

—Soy servidor de usted, señora doña Teresa Panza —respondió el paje.

Y diciendo y haciendo, se arrojó del caballo y fue con mucha humildad a ponerse de rodillas ante Teresa, diciendo:

—Déme usted sus manos, mi señora doña Teresa, bien así como mujer legítima y particular del señor don Sancho Panza, gobernador propio de la ínsula Barataria.

—¡Ay, señor mío, quítese de ahí: no haga eso! —contestó Teresa—. ¡Que yo no soy nada palaciega, sino una pobre labradora, hija de un rompedor de terrones, y mujer de un escudero andante, y no de gobernador alguno!

—Usted —respondió el paje— es mujer dignísima de un gobernador archidignísimo; y para prueba de esta verdad, reciba usted esta carta y este presente.

Y sacó al instante de la faldriquera una sarta de corales con extremos de oro, se la echó al cuello, y dijo:

—Esta carta es del señor gobernador; y otra que traigo, y estos corales, son de mi señora la Duquesa, que se los envía a usted.

Quedó pasmada Teresa, y su hija lo mismo; y la muchacha dijo:

—¡Que me maten si no anda por aquí nuestro señor amo don Quijote, que debe de haberle dado a mi padre el gobierno o condado que tantas veces le había prometido!

—Así es la verdad —respondió el paje—: por respeto del señor don Quijote es ahora el señor Sancho gobernador de la ínsula Barataria, como se verá por esta carta.

—Léamela usted, señor gentilhombre —dijo Teresa—; porque aunque yo sé hilar, no sé leer ni pizca.

—Ni yo tampoco —añadió Sanchica—; pero espérenme aquí: yo iré a llamar a quien la lea, sea el cura mismo o el bachiller Sansón Carrasco, que vendrán de muy buena gana, por saber nuevas de mi padre.

—No hay para qué llamar a nadie; que yo no sé hilar, pero sé leer, y la leeré.

Y así se la leyó toda; y por quedar ya referida, no se pone aquí. Luego sacó otra, de la Duquesa, que decía de esta manera:

Amiga Teresa:

Las buenas partes de la bondad y del ingenio de su marido Sancho me movieron y me obligaron a pedirle a mi marido, el Duque, que le diera el gobierno de una ínsula, de muchas que tiene. Tengo noticia de que gobierna como un girifalte, de lo que yo estoy muy contenta, y el Duque mi señor, por lo mismo; por lo que doy muchas gracias al cielo de no haberme engañado al escogerlo para tal gobierno; porque quiero que sepa la señora Teresa que con dificultad se halla un buen gobernador en el mundo, y así me haga Dios a mí como Sancho gobierna.

Ahí le envío, querida mía, una sarta de corales con extremos de oro: yo quisiera que fuera de perlas orientales; pero quien le da el hueso no querría verla muerta. Tiempo vendrá en que nos conozcamos y conversemos, y Dios sabe lo que será. Encomiéndeme a Sanchica, su hija, y dígale de mi parte que se prepare, que la tengo de casar en grande cuando menos lo piense.

Dicen que en ese lugar hay bellotas gordas: envíeme hasta dos docenas; que las estimaré mucho, por ser de su mano; y escríbame largo, avisándome de su salud y de su bienestar; y si necesitara alguna cosa, no tiene más que abrir la boca, que su boca será medida, y Dios me la guarde.

Su amiga, que bien la quiere,

La Duquesa.

—¡Ay! —dijo Teresa al oír la carta—. ¡Y qué buena, y qué llana, y qué humilde señora! ¡Con señoras así me entierren a mí, y no con las hidalgas que en este pueblo se usan, que piensan que por ser hidalgas no las ha de tocar el viento, y van a la iglesia con tanta fantasía como si fueran reinas; que no parece sino que tienen a deshonra el mirar a una labradora! Y mire usted qué: esta buena señora, con ser duquesa, me llama amiga, y me trata como si yo fuera su igual. ¡Igual la vea yo con el más alto campanario que hay en la Mancha! Y en lo de las bellotas, señor mío, yo le enviaré a su señoría un celemín, que por gordas las pueden venir a ver a la mira y a la maravilla. Y por ahora, Sanchica, atienda a que se regale este señor: ponga en orden ese caballo, y saque de la caballeriza huevos, y corte tocino en abundancia, y démosle de comer como a un príncipe; que las buenas nuevas que nos ha traído, y la buena cara que él tiene, lo merecen todo. Y entretanto, saldré yo a dar a mis vecinas las nuevas de nuestro contento, y al padre cura y a maese Nicolás el barbero, que tan amigos han sido de su padre.

—Sí haré, madre —respondió Sanchica—; pero mire que me ha de dar la mitad de esa sarta; que no tengo yo por tan boba a mi señora la Duquesa como para creer que se la había de enviar a usted toda.

—Todo es para ti, hija —respondió Teresa—; pero déjame traerla algunos días al cuello; que verdaderamente parece que me alegra el corazón.

—También se alegrarán —dijo el paje— cuando vean el lío que viene en este portamanteo, que es un vestido de paño finísimo que el gobernador solo un día llevó a caza, y que se lo envía todo para la señora Sanchica.

—¡Que me viva él mil años! —respondió Sanchica—, y el que lo trae, lo mismo, y aún dos mil, si hiciera falta.

Salió, en esto, Teresa fuera de casa, con las cartas y con la sarta al cuello, y iba golpeando las cartas como si fueran pandereta; y encontrándose acaso con el cura y Sansón Carrasco, comenzó a bailar y a decir:

—¡Vea usted! ¡Ahora sí que no hay pariente pobre! ¡Gobiernito tenemos! ¡Que no se me ponga delante la hidalga más pintada, que yo la pondré como nueva!

—¿Qué es esto, Teresa Panza? ¿Qué locuras son estas, y qué papeles son esos?

—No es otra locura sino que estas son cartas de duquesas y de gobernadores, y esto que traigo al cuello son corales finos; las avemarías, y los padrenuestros son de oro de martillo, ¡y yo soy gobernadora!

—Por Dios, Teresa, no la entendemos, ni sabemos qué dice.

—Ahí lo verán —respondió Teresa.

Y les dio las cartas. Las leyó el cura de manera que también las oyó Sansón Carrasco; y Sansón y el cura se miraron el uno al otro, admirados de lo que habían leído, y preguntó el bachiller quién había traído aquellas cartas. Respondió Teresa que fueran con ella a su casa y verían al mensajero, que era un mancebo como un pino de oro, y que traía otro presente que valía más que eso.

El cura le quitó los corales del cuello, los miró y remiró, y, certificándose de que eran finos, volvió a admirarse, y dijo:

—Por el hábito que tengo, no sé qué decir ni qué pensar de estas cartas y de estos presentes: por una parte, veo y toco lo fino de estos corales, y por otra, leo que una duquesa manda pedir dos docenas de bellotas.

—¡Aclare esas cuentas! —dijo entonces Carrasco—. Ahora bien, vamos a ver al portador de ese pliego, que de él nos informaremos de las dificultades que se nos ofrecen.

Lo hicieron así, y Teresa volvió con ellos. Hallaron al paje cribando un poco de cebada para su cabalgadura, y a Sanchica cortando un torrezno para cuajarlo con huevos y dar de comer al paje. Su presencia y buen adorno contentaron mucho a los dos; y después de saludarlo cortésmente, y él a ellos, le preguntó Sansón que les dijera nuevas así de don Quijote como de Sancho Panza; que, aunque habían leído las cartas de Sancho y de la Duquesa, todavía estaban confusos y no acababan de entender aquello del gobierno de Sancho, y más de una ínsula, siendo todas, o las más, de las que hay en el mar Mediterráneo, de Su Majestad.

A lo que el paje respondió:

—De que el señor Sancho Panza es gobernador, no hay que dudarlo; de que sea ínsula o no la que gobierna, en eso no me meto; pero basta que sea un lugar de más de mil vecinos. Y en cuanto a lo de las bellotas, digo que mi señora la Duquesa es tan llana y tan humilde… que no solo manda pedir bellotas a una labradora, sino que le ha sucedido mandar pedir un peine prestado a una vecina. Porque quiero que sepan ustedes que las señoras de Aragón, aunque son tan principales, no son tan puntillosas y levantadas como las señoras castellanas: tratan con más llaneza a las gentes.

Estando en la mitad de estas pláticas, saltó Sanchica con un halda de huevos, y le preguntó al paje:

—Dígame, señor: ¿mi padre trae acaso calzas atacadas desde que es gobernador?

—No me he fijado en eso —respondió el paje—; pero sí debe de traer.

—¡Ay, Dios mío! —replicó Sanchica—. ¡Y qué será ver a mi padre con pedorreras! ¿No es bueno sino que desde que nací tengo deseo de ver a mi padre con calzas atacadas?

—Con esas cosas lo verá usted, si vive —respondió el paje—. ¡Por Dios, ya va caminando con papahígo, con tal que le dure el gobierno dos meses!

Bien advirtieron el cura y el bachiller que el paje hablaba con socarronería; pero lo fino de los corales y el vestido de caza que Sancho enviaba lo deshacía todo (que ya Teresa les había mostrado el vestido), y no dejaron de reírse del deseo de Sanchica, y más cuando Teresa dijo:

—Señor cura, mire por ahí si hay alguien que vaya a Madrid o a Toledo, para que me compre un verdugado redondo, bien hecho y derecho, y que sea al uso de los mejores que haya; que, de verdad, tengo que honrar el gobierno de mi marido en cuanto yo pueda. Y aunque, si me enojo, me tengo que ir a esa Corte, y echar coche, como todas; que la que tiene marido gobernador bien puede traerlo y sustentarlo.

—¡Y cómo, madre! —dijo Sanchica—. ¡Ojalá fuera antes hoy que mañana! Aunque dijeran los que me vieran ir sentada con mi señora madre en aquel coche: «¡Miren a esa tal por cual, hija del harto de ajos, y cómo va sentada y tendida en el coche, como si fuera una papisa!» ¡Que pisen ellos los lodos, y ande yo en mi coche, con los pies levantados del suelo! ¡Mal año y mal mes para cuantos murmuradores hay en el mundo; y ande yo caliente, y ríase la gente! ¿Digo bien, madre mía?

—¡Claro que dices bien, hija! —respondió Teresa—. Y todas estas venturas, y aún mayores, me las tiene profetizadas mi buen Sancho; y verás tú, hija, cómo no para hasta hacerme condesa; que todo es comenzar a ser venturosas. Y como yo he oído decir muchas veces a tu buen padre (que así como es tuyo también lo es de los refranes): cuando te den la vaquilla, corre con soguilla; cuando te den un gobierno, agárralo; cuando te den un condado, apriétalo; y cuando te hagan "tus, tus" con alguna buena dádiva, guárdala. ¡Que no se duerma nadie, ni deje de responder a las venturas y buenas dichas que están llamando a la puerta de su casa!

—¿Y qué me importa a mí —añadió Sanchica— que diga quien quiera cuando me vea engreída y fantasiosa: "Se vio el perro en bragas de cerro…", y lo demás?

Oyendo esto, el cura dijo:

—Yo no puedo creer sino que todos los de este linaje de los Panza nacieron cada uno con un costal de refranes en el cuerpo: no he visto a ninguno de ellos que no los derrame a todas horas y en todas las pláticas.

—Así es la verdad —dijo el paje—: que el señor gobernador Sancho, a cada paso, los dice; y aunque muchos no vienen a propósito, todavía dan gusto, y mi señora la Duquesa y el Duque los celebran mucho.

—¿Y todavía afirma usted, señor mío —dijo el bachiller—, que es verdad esto del gobierno de Sancho, y que hay duquesa en el mundo que le envíe presentes y le escriba? Porque nosotros, aunque tocamos los presentes y leímos las cartas, no lo creemos, y pensamos que esta es una de las cosas de don Quijote nuestro paisano; que todo lo imagina encantado; y así, estoy por decir que quiero tocarlo y palparlo, para ver si es embajador fantástico o hombre de carne y hueso.

—Señores, yo no sé más de mí —respondió el paje— sino que soy embajador verdadero, y que el señor Sancho Panza es gobernador de verdad, y que mis señores Duque y Duquesa pueden dar, y han dado, ese gobierno; y he oído decir que en él se porta valerosamente el tal Sancho Panza. Si en esto hay encantamiento o no, discútanlo ustedes allá entre sí; que yo no sé otra cosa, por el juramento que hago —por vida de mis padres, que viven, y a quienes amo mucho—.

—Bien podrá ser así —replicó el bachiller—; pero duda Agustín.

—Dude quien quiera —respondió el paje—: la verdad es la que he dicho, y siempre anda por encima de la mentira, como el aceite sobre el agua; y si no, crean en las obras, y no en las palabras: que venga alguno de ustedes conmigo, y verán con los ojos lo que no creen por los oídos.

—Esa ida me toca a mí —dijo Sanchica—: lléveme usted, señor, a las ancas de su rocín; que yo iré con mucho gusto a ver a mi padre.

—Las hijas de los gobernadores no han de ir solas por los caminos, sino acompañadas de carrozas y literas, y de gran número de sirvientes.

—¡Por Dios! —respondió Sancha—, también me da lo mismo ir sobre una pollina que sobre un coche. ¡Ya me encontraron la melindrosa!

—Calla, muchacha —dijo Teresa—; que no sabes lo que dices, y este señor está en lo cierto; que cada tiempo tiene su modo: cuando Sancho, Sancha; y cuando gobernador, señora. Y no sé si digo algo.

—Dice la señora Teresa más de lo que piensa —dijo el paje—; y denme de comer y despáchenme luego, porque pienso volverme esta tarde.

A lo que dijo el cura:

—Usted se vendrá a hacer penitencia conmigo; que la señora Teresa más tiene voluntad que alhajas para servir a tan buen huésped.

Se negó el paje; pero, al fin, lo hubo de conceder por su provecho, y el cura se lo llevó consigo de buena gana, por tener lugar de preguntarle con calma por don Quijote y sus hazañas.

El bachiller se ofreció a escribir las cartas de respuesta para Teresa; pero ella no quiso que se metiera en sus cosas, que lo tenía por algo burlón. Y así dio un bollo y dos huevos a un monaguillo que sabía escribir, el cual le escribió dos cartas: una para su marido y otra para la Duquesa, dictadas al gusto de su propio entendimiento, que no son de las peores que en esta grande historia se ponen, como se verá adelante.

CAPÍTULO LI: DEL PROGRESO DEL GOBIERNO DE SANCHO PANZA, CON OTROS SUCESOS TALES COMO BUENOS

Amaneció el día siguiente a la noche de la ronda del gobernador, noche que el maestresala pasó sin dormir, ocupado el pensamiento en el rostro, el brío y la belleza de la doncella disfrazada; y el mayordomo ocupó lo que a aquel le faltaba en escribir a sus señores lo que Sancho Panza hacía y decía, tan admirado de sus hechos como de sus dichos, porque andaban mezcladas sus palabras y sus acciones con asomos de discreto y de tonto.

Se levantó, en fin, el señor gobernador, y por orden del doctor Pedro Recio lo hicieron desayunar con un poco de conserva y cuatro tragos de agua fría, cosa que Sancho habría cambiado por un pedazo de pan y un racimo de uvas; pero, viendo que aquello era más fuerza que voluntad, lo aceptó, con hondo dolor del alma y fatiga del estómago, haciéndole creer Pedro Recio que los manjares pocos y delicados avivaban el ingenio, que era lo que más convenía a las personas puestas en mandos y oficios graves, donde se han de aprovechar no tanto de las fuerzas del cuerpo como de las del entendimiento.

Con esta sofistería pasaba hambre Sancho, y tal, que en su secreto maldecía el gobierno, y también a quien se lo había dado; pero con su hambre y con su conserva se puso a juzgar aquel día, y lo primero que se le ofreció fue una pregunta que un forastero le hizo, estando presentes a todo el mayordomo y los demás acólitos:

—Señor, un caudaloso río dividía dos términos de un mismo señorío… Y esté usted atento, porque el caso es de importancia y algo dificultoso. Digo, pues, que sobre este río había un puente, y al cabo de él, una horca y una especie de casa de audiencia, en la cual de ordinario había cuatro jueces que juzgaban según la ley que puso el dueño del río, del puente y del señorío, que era en esta forma: «Si alguno pasare por este puente de una parte a otra, ha de jurar primero adónde y a qué va; y si jurare verdad, déjenlo pasar; y si dijere mentira, muera por ello ahorcado en la horca que allí se muestra, sin remisión alguna». Sabida esta ley y su rigurosa condición, pasaban muchos, y luego, por lo que juraban, se echaba de ver que decían verdad, y los jueces los dejaban pasar libremente. Sucedió, pues, que tomando juramento a un hombre, juró y dijo que, por el juramento que hacía, iba a morir en aquella horca que allí estaba, y no a otra cosa. Repararon los jueces en el juramento, y dijeron: «Si a este hombre lo dejamos pasar libremente, mintió en su juramento, y conforme a la ley debe morir; y si lo ahorcamos, él juró que iba a morir en aquella horca, y habiendo jurado verdad, por la misma ley debe ser libre». Se pide a usted, señor gobernador, que diga qué harán los jueces con tal hombre; que hasta ahora están dudosos y en suspenso. Y habiendo tenido noticia del agudo y elevado entendimiento de usted, me enviaron a mí para suplicarle, de su parte, que dé su parecer en tan intricado y dudoso caso.

A lo que respondió Sancho:

—Por cierto, esos señores jueces que me enviaron a usted lo pudieran haber evitado, porque yo soy hombre que tengo más de mostrenco que de agudo; pero, con todo eso, repítame otra vez el negocio de modo que yo lo entienda: quizá acierte.

Volvió una y otra vez el preguntante a referir lo que antes había dicho, y Sancho dijo:

—A mi parecer, este negocio en dos paletas lo declararé yo, y es así: el hombre jura que va a morir en la horca; y si muere en ella, juró verdad, y por la ley puesta merece ser libre y que pase el puente; y si no lo ahorcan, juró mentira, y por la misma ley merece que lo ahorquen.

—Así es como el señor gobernador dice —dijo el mensajero—; y en cuanto a la entereza y entendimiento del caso, no hay más que pedir ni que dudar.

—Digo yo, pues, ahora —replicó Sancho—, que de este hombre dejen pasar la parte que juró verdad, y ahorquen la que dijo mentira; y de esta manera se cumplirá al pie de la letra la condición del pasaje.

—Pues, señor gobernador —replicó el preguntador—, será necesario que el hombre se divida en partes, en mentirosa y verdadera; y si se divide, por fuerza ha de morir, y así no se consigue cosa alguna de lo que la ley pide, y es necesidad expresa que se cumpla con ella.

—Venga acá, señor buen hombre —respondió Sancho—: este pasajero que usted dice, o yo soy un porro, o él tiene la misma razón para morir que para vivir y pasar el puente; porque si la verdad lo salva, la mentira lo condena igualmente. Y siendo esto así, como lo es, soy de parecer que diga a esos señores que, pues están en un filo las razones de condenarlo o absolverlo, lo dejen pasar libremente, pues siempre se alaba más hacer bien que mal. Y esto lo firmaría de mi nombre si supiera firmar. Y yo en este caso no he hablado de mi cosecha, sino que se me vino a la memoria un precepto, entre otros muchos, que me dio mi amo don Quijote la noche antes de que viniera a ser gobernador de esta ínsula: que cuando la justicia estuviese en duda, me inclinara y acogiera a la misericordia; y ha querido Dios que ahora me acordara, por venir este caso como de molde.

—Así es —respondió el mayordomo—, y tengo para mí que el mismo Licurgo, que dio leyes a los lacedemonios, no pudiera dar mejor sentencia que la que el gran Panza ha dado. Y acábase con esto la audiencia de esta mañana, y yo daré orden de que el señor gobernador coma muy a su gusto.

—Eso pido, y barras derechas —dijo Sancho—: denme de comer, y lluevan casos y dudas sobre mí, que yo las despabilaré en el aire.

Cumplió su palabra el mayordomo, pareciéndole cargo de conciencia matar de hambre a tan discreto gobernador; y más, porque pensaba concluir con él aquella misma noche, haciéndole la última burla que traía encargada. Sucedió, pues, que habiendo comido aquel día contra las reglas y aforismos del doctor Tirteafuera, al levantar los manteles entró un correo con una carta de don Quijote para el gobernador.

Mandó Sancho al secretario que la leyera primero para sí, y que, si no venía en ella cosa digna de secreto, la leyera en voz alta. Lo hizo así el secretario, y repasándola antes, dijo:

—Bien se puede leer en voz alta; que lo que el señor don Quijote escribe a usted merece estar estampado con letras de oro; y dice así:

Carta de don Quijote de la Mancha a Sancho Panza, gobernador de la ínsula Barataria

«Cuando esperaba oír nuevas de sus descuidos e impertinencias, Sancho amigo, oí las de sus discreciones, de lo cual di gracias particulares al cielo, que del estiércol sabe levantar a los pobres, y de los tontos hacer discretos. Dicen que gobierna como si fuese hombre, y que es hombre como si fuese bestia, según es la humildad con que se trata; y quiero que advierta, Sancho, que muchas veces conviene y es necesario, por la autoridad del oficio, ir contra la humildad del corazón; porque el buen adorno de la persona puesta en graves cargos ha de ser conforme a lo que ellos piden, y no a la medida de lo que su humilde condición lo inclina. Vístase bien; que un palo compuesto no parece palo. No digo que traiga dijes ni galas, ni que siendo juez se vista como soldado, sino que se adorne con el hábito que su oficio requiere, con tal que sea limpio y bien compuesto.

«Para ganar la voluntad del pueblo que gobierna, entre otras, ha de hacer dos cosas: la una, ser bien criado con todos, aunque esto ya otra vez se lo he dicho; y la otra, procurar la abundancia de los mantenimientos; que no hay cosa que más fatigue el corazón de los pobres que el hambre y la carestía.

«No haga muchas pragmáticas; y si las hiciere, procure que sean buenas, y, sobre todo, que se guarden y cumplan; que las pragmáticas que no se guardan lo mismo es que si no lo fueran: antes dan a entender que el príncipe que tuvo discreción y autoridad para hacerlas no tuvo valor para hacer que se guardasen. Y las leyes que atemorizan y no se ejecutan vienen a ser como la viga, rey de las ranas: que al principio las espantó, y con el tiempo la menospreciaron y se subieron sobre ella.

«Sea padre de las virtudes y padrastro de los vicios. No sea siempre riguroso, ni siempre blando, y escoja el medio entre estos dos extremos, que en esto está el punto de la discreción. Visite las cárceles, las carnicerías y las plazas; que la presencia del gobernador en lugares tales es de mucha importancia: consuela a los presos, que esperan la brevedad de su despacho; es coco a los carniceros, que por entonces igualan los pesos; y es espantajo a las placeras, por la misma razón. No se muestre, aunque por ventura lo sea (lo cual yo no creo), codicioso, mujeriego ni glotón; porque en sabiendo el pueblo y los que lo tratan su inclinación determinada, por allí le darán batería, hasta derribarlo en el profundo de la perdición. Mire y remire, pase y repase los consejos y documentos que le di por escrito antes que de aquí partiese a su gobierno, y verá cómo halla en ellos, si los guarda, una ayuda de costa que le sobrelleve los trabajos y dificultades que a cada paso a los gobernadores se les ofrecen. Escriba a sus señores y muéstrese agradecido; que la ingratitud es hija de la soberbia, y uno de los mayores pecados que se sabe. Y la persona que es agradecida a los que bien le han hecho, da indicio de que también lo será a Dios, que tantos bienes le hizo y de continuo le hace.

«La señora Duquesa despachó un propio con su vestido y otro presente a su mujer Teresa Panza; por momentos esperamos respuesta. Yo he estado un poco mal dispuesto de cierto arañazo que me sucedió no muy a cuento de mis narices; pero no fue nada, que si hay encantadores que me maltraten, también los hay que me defiendan.

«Avíseme si el mayordomo que está con usted tuvo que ver en las acciones de la Trifaldi, como usted sospechó, y de todo lo que le sucediere me irá dando aviso, pues es tan corto el camino; cuanto más que yo pienso dejar presto esta vida ociosa en que estoy, pues no nací para ella.

«Un negocio se me ha ofrecido, que creo que me ha de poner en desgracia con estos señores; pero aunque me importa mucho, también me importa nada, pues, en fin, tengo que cumplir antes con mi profesión que con su gusto, conforme a lo que suele decirse: amicus Plato, sed magis amica veritas. Le digo este latín porque entiendo que, después que es gobernador, lo habrá aprendido. Y a Dios, el cual le guarde de que ninguno le tenga lástima.

Su amigo
Don Quijote de la Mancha.»

Oyó Sancho la carta con mucha atención, y fue celebrada y tenida por discreta por los que la oyeron. Luego Sancho se levantó de la mesa, y llamando al secretario, se encerró con él en su estancia, y sin dilatarlo quiso responder al momento a don Quijote; y le dijo al secretario que, sin añadir ni quitar cosa alguna, fuera escribiendo lo que él dictara. Y así lo hizo; y la carta de respuesta fue del tenor siguiente:

Carta de Sancho Panza a don Quijote de la Mancha
«La ocupación de mis negocios es tan grande, que no tengo lugar ni para rascarme la cabeza, ni aun para cortarme las uñas; y así las traigo tan crecidas, cual Dios lo remedie. Digo esto, señor mío del alma, para que usted no se espante si hasta ahora no he dado aviso de mi buen o mal estar en este gobierno, en el cual tengo más hambre que cuando andábamos los dos por las selvas y los despoblados.

«Me escribió el Duque mi señor el otro día, dándome aviso de que habían entrado en esta ínsula ciertas espías para matarme, y hasta ahora yo no he descubierto otra sino un doctor que está en este lugar asalariado para matar a cuantos gobernadores aquí vinieren: se llama el doctor Pedro Recio, y es natural de Tirteafuera; ¡para que vea usted qué nombre, y cómo no he de temer morir a sus manos! Este doctor dice él mismo que no cura las enfermedades cuando las hay, sino que las previene para que no vengan; y las medicinas que usa son dieta y más dieta, hasta poner a la persona en los huesos mondos, como si no fuera mayor mal la flaqueza que la calentura. En fin, él me va matando de hambre, y yo me voy muriendo de despecho; pues cuando pensé venir a este gobierno a comer caliente y a beber frío, y a recrear el cuerpo entre sábanas de holanda sobre colchones de pluma, he venido a hacer penitencia como ermitaño. Y como no la hago por mi voluntad, pienso que, al cabo, me ha de llevar el diablo.

«Hasta ahora no he torcido el derecho ni llevado cohecho, y no puedo pensar en qué va esto; porque aquí me han dicho que los gobernadores que a esta ínsula suelen venir, antes de entrar en ella, o les han dado o les han prestado los del pueblo mucho dinero, y que esta es la usanza ordinaria en los demás que van a gobiernos, no solo en este.

«Anoche, andando de ronda, topé una hermosa doncella en traje de varón, y un hermano suyo en hábito de mujer: de la moza se enamoró mi maestresala, y la escogió en su imaginación para esposa, según él ha dicho, y yo escogí al mozo para mi yerno. Hoy los dos pondremos en plática nuestros pensamientos con el padre de entrambos, que es un tal Diego de la Llana, hidalgo y cristiano viejo cuanto se quiera.

«Yo visito las plazas, como usted me aconseja, y ayer hallé una tendera que vendía avellanas nuevas, y le averigüé que había mezclado con una fanega de avellanas nuevas otra de viejas, vanas y podridas: las apliqué todas para los niños de la Doctrina, que las sabrían distinguir, y la sentencié a que por quince días no entrara en la plaza. Me han dicho que lo hice valerosamente. Lo que yo le digo es que es fama en este pueblo que no hay gente más mala que las placeras, porque todas son desvergonzadas, desalmadas y atrevidas, y yo lo creo, por las que he visto en otros pueblos.

«De que mi señora la Duquesa haya escrito a mi mujer Teresa Panza y le haya enviado el presente que usted dice, estoy muy satisfecho, y procuraré mostrarme agradecido a su tiempo: béseles usted las manos de mi parte, diciendo que yo digo que no lo ha echado en saco roto, como lo verá por la obra.

«No querría que usted tuviera trabacuentas de disgusto con estos señores, porque si usted se enoja con ellos, claro está que ha de redundar en mi daño; y no será bien que, pues a mí se me aconseja que sea agradecido, usted no lo sea con quien tantas mercedes le ha hecho y con tanto regalo lo ha tratado en su castillo.

«Lo del arañazo no lo entiendo; pero supongo que debe de ser alguna de las malas fechorías que los malos encantadores suelen hacerle; yo lo sabré cuando nos veamos.

«Quisiera enviarle alguna cosa, pero no sé qué, si no es algunos cañutos de jeringas, que para hacer vejigas los hacen en esta ínsula muy curiosos; aunque si me dura el oficio, yo procuraré buscar qué enviarle, de haldas o de mangas.

«Si me escribiere mi mujer Teresa Panza, pague usted el porte y envíeme la carta; que tengo grandísimo deseo de saber del estado de mi casa, de mi mujer y de mis hijos. Y con esto, Dios lo libre de encantadores malintencionados, y a mí me saque con bien y en paz de este gobierno, que lo dudo, porque lo pienso dejar con la vida, según me trata el doctor Pedro Recio.

Su criado

Sancho Panza, el Gobernador.»

Cerró la carta el secretario y despachó luego al correo; y juntándose los burladores de Sancho, dieron orden entre sí de cómo sacarlo del gobierno. Y aquella tarde la pasó Sancho en hacer algunas ordenanzas tocantes al buen gobierno de la que él imaginaba ser ínsula.

Ordenó que no hubiera regatones de bastimentos en la república, y que pudiera entrar en ella vino de donde quisieran, con la condición de declarar el lugar de origen, para ponerle el precio según su estimación, bondad y fama; y que el que lo aguara o le mudara el nombre perdiera la vida por ello. Moderó el precio de todo calzado, principalmente el de los zapatos, por parecerle que iba con demasiada subida. Puso tasa en los salarios de los criados, que caminaban a rienda suelta por el camino del interés. Puso gravísimas penas a los que cantaran cantares lascivos y descompuestos, ni de noche ni de día. Ordenó que ningún ciego cantara milagros en coplas si no traía testimonio auténtico de ser verdadero, por parecerle que la mayor parte de lo que los ciegos cantan es fingido, en perjuicio de lo verdadero. Hizo y creó un alguacil de pobres, no para que los persiguiera, sino para que los examinara si lo eran; porque a la sombra de la manquedad fingida y de la llaga falsa andan los brazos ladrones y la salud borracha.

En resumen, ordenó cosas tan buenas, que hasta hoy se guardan en aquel lugar, y se nombran «Las constituciones del gran gobernador Sancho Panza».

CAPÍTULO LII: DONDE SE CUENTA LA AVENTURA DE LA SEGUNDA DUEÑA DOLORIDA

Cuenta Cide Hamete que, estando ya don Quijote sano de sus arañazos, le pareció que la vida que llevaba en aquel castillo iba contra toda la orden de caballería que profesaba; y así, determinó pedir licencia a los Duques para partir a Zaragoza, cuyas fiestas estaban ya cerca, donde pensaba ganar el arnés que en tales fiestas se conquista.

Y estando un día a la mesa con los Duques, y comenzando a poner en obra su intención y a pedir la licencia, he aquí que, de improviso, entraron por la puerta de la gran sala dos mujeres (como después se vio), cubiertas de luto de los pies a la cabeza. Y una de ellas, llegándose a don Quijote, se le echó a los pies, tendida de largo a largo, con la boca pegada a los pies de don Quijote, y daba unos gemidos tan tristes, tan profundos y tan dolorosos, que puso en confusión a todos los que la oían y miraban. Y aunque los Duques pensaron que sería alguna burla que sus criados querían hacerle a don Quijote, con todo, viendo el ahínco con que la mujer suspiraba, gemía y lloraba, quedaron dudosos y en suspenso, hasta que don Quijote, compasivo, la levantó del suelo e hizo que se descubriese y se quitara el manto de sobre el rostro lloroso.

Ella lo hizo, y mostró ser lo que jamás se hubiera pensado: porque descubrió el rostro de doña Rodríguez, la dueña de la casa; y la otra enlutada era su hija, la burlada por el hijo del labrador rico. Se admiraron todos los que la conocían, y más que nadie los Duques; que aunque la tenían por simple y de buena pasta, no tanto como para venir a hacer tales locuras.

Finalmente, doña Rodríguez, volviéndose a los señores, les dijo:

—Sus excelencias sean servidas de darme licencia para que yo hable un poco con este caballero, porque así conviene para salir con bien del negocio en que me ha puesto el atrevimiento de un villano malintencionado.

El Duque dijo que se la daba, y que hablase con el señor don Quijote cuanto le viniera en gana. Ella, enderezando la voz y el rostro hacia don Quijote, dijo:

—Hace días, valeroso caballero, que le he dado cuenta de la injusticia y alevosía que un mal labrador ha hecho a mi muy querida y amada hija, que es esta desdichada que aquí está presente; y usted me prometió salir por ella, enderezándole el agravio que le han hecho. Y ahora ha llegado a mi noticia que usted quiere partir de este castillo en busca de las buenas venturas que Dios le depare; y así, quisiera que, antes de que se le escurriera el paso por esos caminos, desafiara a este rústico indómito y lo obligara a casarse con mi hija, en cumplimiento de la palabra que le dio de ser su esposo, antes de acostarse con ella. Porque pensar que el Duque mi señor me ha de hacer justicia es pedir peras al olmo, por la razón que ya a usted, con toda claridad, le tengo declarada. Y con esto, nuestro Señor le dé a usted mucha salud, y a nosotras no nos desampare.

A esas razones respondió don Quijote, con mucha gravedad y solemnidad:

—Buena dueña, contenga sus lágrimas, o, por mejor decir, enjúguelas y ahorre sus suspiros; que yo tomo a mi cargo el remedio de su hija, a quien le hubiera estado mejor no haber sido tan fácil en creer promesas de enamorados, las cuales, por la mayor parte, son ligeras de prometer y muy pesadas de cumplir. Y así, con licencia del Duque mi señor, yo partiré luego en busca de ese desalmado mancebo; lo hallaré, lo desafiaré, y lo mataré cuando se excuse de cumplir la palabra prometida; que el principal asunto de mi profesión es perdonar a los humildes y castigar a los soberbios; quiero decir: socorrer a los miserables y derribar a los rigurosos.

—No hace falta —respondió el Duque— que usted se ponga en trabajo de buscar al rústico de quien esta buena dueña se queja, ni hace falta tampoco que me pida a mí licencia para desafiarlo; que yo lo doy por desafiado, y tomo a mi cargo hacerle saber este desafío, y que lo acepte y venga a responder por sí a este mi castillo, donde a ambos daré campo seguro, guardando todas las condiciones que en tales actos suelen y deben guardarse, y guardando igualmente la justicia a cada uno, como están obligados a guardarla todos aquellos príncipes que dan campo franco a los que se combaten en los términos de sus señoríos.

—Pues con ese seguro, y con buena licencia de su grandeza —replicó don Quijote—, desde aquí digo que por esta vez renuncio a mi hidalguía, y me allano y me ajusto a la llaneza del ofensor, y me hago igual a él, habilitándolo para que pueda combatir conmigo; y así, aunque ausente, lo desafío y lo reto, por haber hecho mal en defraudar a esta pobre, que fue doncella y ya por su culpa no lo es; y porque ha de cumplir la palabra que le dio de ser su legítimo esposo, o morir en la demanda.

Y luego, descalzándose un guante, lo arrojó en mitad de la sala. El Duque lo alzó, diciendo que, como ya había dicho, él aceptaba el desafío en nombre de su vasallo, y señalaba el plazo de allí a seis días; y el campo, en la plaza de aquel castillo; y las armas, las acostumbradas de los caballeros: lanza y escudo, y arnés completo, con todas las demás piezas, sin engaño, trampa ni superstición alguna, examinadas y vistas por los jueces del campo.

—Pero antes de todo —añadió el Duque—, es necesario que esta buena dueña y esta pobre doncella pongan el derecho de su justicia en manos del señor don Quijote; que de otra manera no se hará nada, ni llegará a debida ejecución el desafío.

—Yo sí lo pongo —respondió la dueña.

—Y yo también —añadió la hija, toda llorosa, toda vergonzosa y de mal talante.

Tomado, pues, este acuerdo, y habiendo imaginado el Duque lo que había de hacer en el caso, las enlutadas se fueron. Y ordenó la Duquesa que, de allí en adelante, no las tratasen como a criadas, sino como a señoras aventureras que venían a pedir justicia a su casa; y así, les dieron cuarto aparte y las sirvieron como a forasteras, no sin espanto de las demás criadas, que no sabían en qué había de parar la simpleza y desenvoltura de doña Rodríguez y de su desdichada hija.

Estando en esto, para rematar la fiesta y dar buen fin a la comida, entró por la sala el paje que llevó las cartas y presentes a Teresa Panza, mujer del gobernador Sancho Panza. De su llegada recibieron gran contento los Duques, deseosos de saber lo que le había sucedido en su viaje; y preguntándoselo, respondió el paje que no podía decirlo tan en público ni con pocas palabras: que sus excelencias fueran servidas de dejarlo para a solas, y que entretanto se entretuviesen con aquellas cartas.

Y sacando dos cartas, las puso en manos de la Duquesa. La una decía en el sobrescrito: «Carta para mi señora la Duquesa…, de no sé dónde», y la otra: «A mi marido Sancho Panza, gobernador de la ínsula Barataria, que Dios prospere más años que a mí». No podía ya la Duquesa contenerse sin leer su carta; y abriéndola, y leyéndola primero para sí, y viendo que podía leerse en voz alta para que el Duque y los circunstantes la oyesen, la leyó de esta manera:

Carta de Teresa Panza a la Duquesa
«Mucho contento me dio, señora mía, la carta que su grandeza me escribió, que de verdad la tenía bien deseada. La sarta de corales es muy

buena, y el vestido de caza de mi marido no se queda atrás. De que su señoría haya hecho gobernador a Sancho, mi marido, recibió mucho gusto todo este lugar, aunque no hay quien lo crea, principalmente el cura, y maese Nicolás el barbero, y Sansón Carrasco el bachiller; pero a mí no me importa nada: que, como ello sea así, como lo es, diga cada uno lo que quiera. Aunque, si digo verdad, a no venir los corales y el vestido, tampoco yo lo habría creído, porque en este pueblo todos tienen a mi marido por un porro, y, sacado de gobernar un hato de cabras, no pueden imaginar para qué gobierno puede ser bueno. Dios lo haga, y lo encamine como ve que lo necesitan sus hijos.

«Yo, señora de mi alma, estoy determinada —con licencia de usted— a meter, un buen día, mi casa en un coche, yéndome a la Corte para quebrar los ojos a mil envidiosos que ya tengo; y así, suplico a su excelencia mande a mi marido que me envíe algún dinerillo, y que sea algo; porque en la Corte los gastos son grandes: el pan vale a real, y la carne, la libra, a treinta maravedís, que es un juicio. Y si quiere que no vaya, que me lo avise con tiempo, porque me están bullendo los pies por ponerme en camino; que me dicen mis amigas y vecinas que, si yo y mi hija andamos orondas y pomposas en la Corte, será conocido mi marido por mí más que yo por él. Y será forzoso que pregunten muchos: "¿Quiénes son esas señoras de ese coche?" Y un criado mío responderá: "La mujer y la hija de Sancho Panza, gobernador de la ínsula Barataria". Y de esta manera será conocido Sancho, y yo seré estimada, y a Roma por todo.

«Me pesa cuanto puede pesarme que este año no se han cogido bellotas en este pueblo; con todo eso, envío a su alteza hasta medio celemín, que una a una las fui yo a coger y a escoger al monte, y no las hallé más grandes; yo quisiera que fueran como huevos de avestruz.

«No se le olvide a su señoría escribirme; que yo tendré cuidado de responder, avisando de mi salud y de todo lo que haya que avisar de este lugar, donde quedo rogando a nuestro Señor guarde a su grandeza, y a mí no me olvide. Sancha, mi hija, y mi hijo besan a usted las manos.

«La que tiene más deseo de ver a su señoría que de escribirle, su criada,

Teresa Panza.»

Grande fue el gusto que todos recibieron al oír la carta de Teresa Panza, principalmente los Duques; y la Duquesa pidió parecer a don

Quijote de si sería bien abrir la carta que venía para el gobernador, que imaginaba debía de ser buenísima.

Don Quijote dijo que él la abriría para darles gusto; y así lo hizo, y vio que decía de esta manera:

Carta de Teresa Panza a Sancho Panza, su marido

«Tu carta recibí, Sancho mío del alma, y yo te prometo y juro, como cristiana, que no faltaron dos dedos para volverme loca de contento. Mira, hombre: cuando oí que eres gobernador, pensé caerme muerta de puro gozo; que ya sabes que dicen que así mata la alegría súbita como el dolor grande. A Sanchica, tu hija, se le fueron las aguas sin sentirlo, de puro contento. Tenía delante el vestido que me enviaste, y los corales que me envió mi señora la Duquesa al cuello, y las cartas en las manos, y el portador de ellas allí presente; y con todo eso, creía y pensaba que era sueño todo lo que veía y tocaba. Porque ¿quién podía pensar que un pastor de cabras iba a venir a ser gobernador de ínsulas? Ya sabes, amigo, que decía mi madre que era menester vivir mucho para ver mucho: lo digo porque pienso ver más si vivo más; porque no pienso parar hasta verte arrendador o alcabalero, que son oficios que, aunque lleva el diablo a quien los usa mal, al fin siempre manejan dinero. Mi señora la Duquesa te dirá el deseo que tengo de ir a la Corte: piénsalo y avísame de tu gusto, que yo procuraré honrarte andando en coche.

«El cura, el barbero, el bachiller, y hasta el sacristán, no pueden creer que eres gobernador, y dicen que todo es enredo o cosa de encantamiento, como las de don Quijote, tu amo. Y dice Sansón que ha de ir a buscarte y a sacarte el gobierno de la cabeza, y a don Quijote, la locura de los cascos. Yo no hago sino reírme, mirar mi sarta, y dar traza del vestido que tengo de hacer del tuyo para nuestra hija.

«Unas bellotas envié a mi señora la Duquesa; yo quisiera que fueran de oro. Envíame tú algunas sartas de perlas, si se usan en esa ínsula.

«Las nuevas de este lugar son que la Berrueca casó a su hija con un pintor de mala mano, que llegó a este pueblo a pintar lo que saliera; le mandó el concejo pintar las armas de Su Majestad sobre las puertas del Ayuntamiento, pidió dos ducados, se los dieron adelantados, trabajó ocho días, y al cabo no pintó nada, y dijo que no acertaba a pintar tantas baratijas; devolvió el dinero, y con todo eso se casó a título de buen oficial. Verdad es que ya ha dejado el pincel y tomó la azada, y va al campo como gentilhombre. El hijo de Pedro de Lobo se ha ordenado de grados y corona, con intención de hacerse clérigo; lo supo Minguilla, la nieta de Mingo Silvato, y le ha puesto demanda de que le tiene dada palabra de casamiento; malas lenguas dicen que ha estado encinta de él; pero él lo niega a pies juntillas.

«Este año no hay aceitunas, ni se halla una gota de vinagre en todo el pueblo. Por aquí pasó una compañía de soldados; se llevaron de camino tres mozas de este lugar; no te digo quiénes son: quizá vuelvan, y no faltará quien las tome por mujeres, con sus tachas buenas o malas.

«Sanchica hace puntas de encaje; gana cada día ocho maravedís limpios, que los va echando en una alcancía para ayuda de su ajuar; pero ahora que es hija de un gobernador, tú le darás la dote sin que ella trabaje. La fuente de la plaza se secó; un rayo cayó en la picota, y allí me las den todas.

«Espero respuesta de esta, y la resolución de mi ida a la Corte; y con esto, Dios te me guarde más años que a mí, o tantos, porque no querría dejarte sin mí en este mundo.

Tu mujer,

Teresa Panza.»

Las cartas fueron celebradas, reídas, estimadas y admiradas; y para acabar de ponerles el sello llegó el correo, el que traía la que Sancho enviaba a don Quijote, que asimismo se leyó públicamente, y la cual puso en duda la sensatez del gobernador.

Se retiró la Duquesa para saber del paje lo que le había sucedido en el lugar de Sancho, y él se lo contó muy por extenso, sin dejar circunstancia que no refiriese. Le dio las bellotas, y además un queso que Teresa le dio, por ser muy bueno, y que se aventajaba a los de Tronchón. Lo recibió la Duquesa con grandísimo gusto; y con ese gusto la dejaremos, por contar el fin que tuvo el gobierno del gran Sancho Panza, flor y espejo de todos los gobernadores insulanos.

CAPÍTULO LIII: DEL FATIGADO FIN Y REMATE QUE TUVO EL GOBIERNO DE SANCHO PANZA

«Pensar que en esta vida las cosas de ella han de durar siempre en un mismo estado es pensar lo inútil; antes parece que todo anda en redondo, digo, a la redonda: la primavera sigue al verano, el verano al estío, el estío al otoño, el otoño al invierno, y el invierno a la primavera; y así vuelve a andar el tiempo con esta rueda continua. Solo la vida humana corre hacia su fin, ligera más que el tiempo, sin esperar renovarse, si no es en la otra vida, que no tiene términos que la limiten».

Esto dice Cide Hamete, filósofo mahometano; porque eso de entender la ligereza e inestabilidad de la vida presente, y la duración de la eterna que se espera, muchos, sin luz de fe, sino con la luz natural, lo han entendido. Pero aquí nuestro autor lo dice por la presteza con que se acabó, se consumió, se deshizo, y se fue como sombra y humo el gobierno de Sancho.

El cual, estando la séptima noche de los días de su gobierno en su cama, no harto de pan ni de vino, sino de juzgar y dar pareceres, y de hacer estatutos y pragmáticas, cuando el sueño, a despecho y pesar del hambre, le comenzaba a cerrar los párpados, oyó tan gran ruido de campanas y de voces, que no parecía sino que toda la ínsula se hundía. Se sentó en la cama, y estuvo atento, escuchando por ver si daba con la cuenta de cuál podía ser la causa de tan grande alboroto; pero no solo no lo supo, sino que, añadiéndose al ruido de voces y campanas el de infinitas trompetas y atambores, quedó más confuso y lleno de temor y espanto.

Y levantándose en pie, se puso unas chinelas, por la humedad del suelo, y sin ponerse ropa de abrigo, ni cosa que se le pareciera, salió a la puerta de su aposento, justo cuando vio venir por unos corredores a más de veinte personas, con hachas encendidas en las manos y las espadas desenvainadas, gritando todos a grandes voces:

—¡Armas, armas, señor gobernador! ¡Armas, que han entrado infinitos enemigos en la ínsula, y estamos perdidos si su ingenio y valor no nos socorren!

Con ese ruido, furia y alboroto llegaron donde Sancho estaba, atónito y embelesado de lo que oía y veía; y cuando llegaron a él, uno le dijo:

—¡Ármese luego su señoría, si no quiere perderse y que toda esta ínsula se pierda!

—¿Qué me tengo que armar —respondió Sancho—, ni qué sé yo de armas ni de socorros? Mejor será dejar estas cosas para mi amo don Quijote, que en dos paletas las despachará y las pondrá en buen recaudo; que yo, pecador, no entiendo nada de estas prisas.

—¡Ah, señor gobernador! —dijo otro—. ¿Qué frialdad es esa? Ármese; que aquí le traemos armas ofensivas y defensivas, y salga a esa plaza, y sea nuestra guía y nuestro capitán, pues con razón le toca serlo, siendo nuestro gobernador.

—Ármenme, pues —replicó Sancho.

Y al momento le trajeron dos paveses (que ya los traían preparados) y se los pusieron encima de la camisa, sin dejarle tomar otro vestido: uno delante y otro detrás; y por unas concavidades que traían hechas le sacaron los brazos, y lo amarraron muy bien con unos cordeles, de modo que quedó emparedado y entablado, derecho como un huso, sin poder doblar las rodillas ni moverse un solo paso. Le pusieron en las manos una lanza, a la cual se arrimó para poder sostenerse en pie.

Cuando así lo tuvieron, le dijeron que caminara, que los guiara y los animara a todos; que siendo él su norte, su linterna y su lucero, tendrían buen fin sus negocios.

—¿Cómo voy a caminar, desventurado de mí —fue la respuesta de Sancho—, si no puedo mover las rodillas, porque me lo impiden estas tablas que llevo tan apretadas contra las carnes? Lo que han de hacer es llevarme en brazos y ponerme, atravesado o en pie, en algún postigo; que yo lo guardaré, o con esta lanza o con mi cuerpo.

—Ande, señor gobernador —dijo otro—; que más el miedo que las tablas le impide el paso. Vamos, muévase; que es tarde, los enemigos crecen, las voces se aumentan y el peligro se nos viene encima.

Por esas persuasiones y reproches, probó el pobre gobernador a moverse, y fue a dar consigo en el suelo con tan gran golpe, que pensó haberse hecho pedazos. Quedó como galápago, encerrado y cubierto con sus conchas; o como medio tocino metido entre dos artesas; o como barca que da al través en la arena.

Y no por verlo caído aquella gente burladora le tuvo compasión; antes, apagando las antorchas, volvieron a reforzar las voces y a repetir el «¡armas!» con tanta prisa, pasando por encima del pobre Sancho y dándole infinitas cuchilladas sobre los paveses; que si él no se recogiera y encogiera, metiendo la cabeza entre los paveses, lo hubiera pasado muy mal. Él, recogido en aquella estrechez, sudaba y trasudaba, y de todo corazón se encomendaba a Dios para que lo sacara de aquel peligro.

Unos tropezaban en él, otros caían; y hubo quien se puso encima un buen rato, y desde allí, como desde atalaya, "gobernaba" los ejércitos, y a grandes voces decía:

—¡Aquí están los nuestros! ¡Por esta parte cargan más los enemigos! ¡Que se guarde aquel portillo! ¡Que se cierre aquella puerta! ¡Que se traben aquellas escalas! ¡Que vengan alcancías; pez y resina, en calderas de aceite ardiendo! ¡Que se trinchen las calles con colchones!

En fin, nombraba con todo ahínco todas las baratijas, instrumentos y pertrechos de guerra con que suele defenderse el asalto de una ciudad. Y el molido Sancho, que lo escuchaba y lo sufría todo, decía entre sí:

«¡Oh, si mi Señor quisiera que ya se acabase de perder esta ínsula, y me viera yo, o muerto, o fuera de esta gran angustia!»

Oyó el cielo su petición, y cuando menos lo esperaba oyó voces que decían:

—¡Victoria, victoria! ¡Los enemigos van vencidos! ¡Ea, señor gobernador, levántese, y venga a gozar del triunfo, y a repartir los despojos que se han tomado a los enemigos, por el valor de ese brazo invencible!

—Levántenme —dijo, con voz doliente, el dolorido Sancho.

Lo ayudaron a levantarse, y ya puesto en pie, dijo:

—Al enemigo que yo haya vencido quiero que me lo claven en la frente. Yo no quiero repartir despojos de enemigos, sino pedir y suplicar a algún amigo, si es que tengo alguno, que me dé un trago de vino, que me seco; y que me enjugue este sudor, que me hago agua.

Lo limpiaron, le trajeron el vino, le desataron los paveses; se sentó sobre su lecho y se desmayó del temor, del sobresalto y del trabajo. Ya les pesaba a los de la burla haberla hecho tan pesada; pero cuando Sancho volvió en sí, se les templó la pena que les había causado su desmayo.

Preguntó qué hora era; le respondieron que ya amanecía. Calló, y sin decir otra cosa comenzó a vestirse, todo sepultado en silencio; y todos lo miraban, esperando en qué había de parar la prisa con que se vestía.

Se vistió, en fin, y poco a poco —porque estaba molido y no podía apresurarse— se fue a la caballeriza, siguiéndolo todos los que allí estaban. Y llegando al rucio, lo abrazó y le dio un beso de paz en la frente, y no sin lágrimas en los ojos le dijo:

—Vengan acá, compañero mío, amigo mío, y cargador de mis trabajos y miserias: cuando yo me entendía con ustedes (quiero decir, con vos) y no tenía otros pensamientos que los cuidados de remendar tus aparejos y de sustentar tu cuerpecillo, dichosas eran mis horas, mis días y mis años. Pero después que te dejé y me subí a las torres de la ambición y de la soberbia, se me han metido en el alma mil miserias, mil trabajos y cuatro mil desasosiegos.

Y mientras iba diciendo estas razones, iba también enalbardando el asno, sin que nadie le dijera nada. Enalbardado, pues, el rucio, con gran pena y pesar subió sobre él, y encaminando sus palabras al mayordomo, al secretario, al maestresala, al doctor Pedro Recio, y a otros muchos que allí estaban, dijo:

—Abran camino, señores míos, y déjenme volver a mi antigua libertad: déjenme ir a buscar la vida pasada, para que me resucite de esta muerte presente. Yo no nací para ser gobernador, ni para defender ínsulas ni ciudades de enemigos que quieran acometerlas. Mejor entiendo yo de arar y cavar, podar y ensarmentar las viñas, que de dar leyes ni defender provincias ni reinos.

Bien está San Pedro en Roma: quiero decir, bien está cada cual en el oficio para el que nació. Mejor me va a mí una hoz en la mano que un cetro de gobernador. Más quiero hartarme de gazpachos que estar sujeto a la miseria de un médico impertinente que me mate de hambre. Y más quiero recostarme a la sombra de una encina en verano, y arroparme con un zamarro de dos pelos en invierno, en mi libertad, que acostarme bajo la sujeción del gobierno entre sábanas finas y vestirme de pieles delicadas.

Ustedes quédense con Dios, y digan al Duque mi señor que desnudo nací y desnudo me hallo: ni pierdo ni gano; quiero decir que sin un centavo entré en este gobierno y sin él salgo, bien al revés de como suelen salir los gobernadores de otras ínsulas. Y háganse a un lado: déjenme ir, que me voy a curar; porque creo que tengo machacadas todas las costillas, gracias a los enemigos que esta noche se han paseado sobre mí.

—No ha de ser así, señor gobernador —dijo el doctor Recio—; que yo le daré una bebida contra caídas y molimientos, que luego lo devuelva a su primera entereza y vigor. Y en lo de la comida, yo le prometo enmendarme, dejándolo comer abundantemente de todo lo que quiera.

—¡Tarde! —respondió Sancho—. Así dejaré de irme como volverme turco. No son estas burlas para dos veces. Por Dios, que me quedo como estoy: no acepto otro gobierno, aunque me lo den entre dos platos, como no puedo volar al cielo sin alas. Yo soy del linaje de los Panzas, que todos son testarudos; y si una vez dicen "no", "no" ha de ser, aunque sea "sí", a pesar de todo el mundo.

Quédense en esta caballeriza las alas de hormiga con que me levantaron en el aire para que me comieran vencejos y otros pájaros; y volvamos a andar por el suelo con pie llano: que si no me adornan zapatos finos, no me faltarán alpargatas toscas de cuerda. Cada oveja con su pareja, y nadie tienda más la pierna de lo que le llega la sábana. Y déjenme pasar, que se me hace tarde.

A lo que el mayordomo dijo:

—Señor gobernador, de muy buena gana lo dejaríamos ir, aunque nos pesará mucho perderlo; que su ingenio y su cristiano proceder obligan a desearlo. Pero ya se sabe que todo gobernador está obligado, antes de ausentarse del lugar donde ha gobernado, a dar primero residencia: dele usted por los diez días que ha tenido el gobierno, y váyase en paz.

—Nadie me la puede pedir —respondió Sancho— sino quien mande el Duque mi señor. Yo voy a verme con él, y a él se la daré hecha y derecha; y además, saliendo yo desnudo, como salgo, no hace falta otra señal para mostrar que he gobernado como un ángel.

—Por Dios que tiene razón el gran Sancho —dijo entonces el doctor Recio—, y yo soy de parecer que lo dejemos ir, porque el Duque ha de gustar infinito de verlo.

Todos estuvieron de acuerdo, y lo dejaron ir, ofreciéndole primero compañía y cuanto quisiera para su regalo y comodidad. Sancho dijo que no quería más que un poco de cebada para el rucio y medio queso y medio pan para él; que, siendo el camino tan corto, no necesitaba mayor repostería.

Lo abrazaron todos, y él, llorando, abrazó a todos; y los dejó admirados, así por sus razones como por su determinación tan resuelta y tan sensata.

CAPÍTULO LIV: QUE TRATA DE COSAS TOCANTES A ESTA HISTORIA Y NO A OTRA ALGUNA

Se resolvieron el Duque y la Duquesa a que el desafío que don Quijote hizo a su vasallo, por la causa ya referida, siguiese adelante; y aunque el mozo estaba en Flandes —adonde se había ido huyendo por no tener por suegra a doña Rodríguez—, ordenaron poner en su lugar a un lacayo gascón, llamado Tosilos, instruyéndolo primero muy bien en todo lo que había de hacer.

Dos días después dijo el Duque a don Quijote que, dentro de cuatro, vendría su contrario y se presentaría en el campo, armado como caballero, y sostendría que la doncella mentía de pies a cabeza, si afirmaba que él le había dado palabra de casamiento. Don Quijote recibió gran gusto con esas nuevas, y se prometió hacer maravillas en el caso; y tuvo por gran ventura que se le ofreciese ocasión para que aquellos señores viesen hasta dónde se extendía el valor de su poderoso brazo. Y así, con alborozo y contento, esperaba los cuatro días, que se le iban haciendo —a cuenta de su deseo— cuatrocientos siglos.

Dejémoslos pasar nosotros (como dejamos pasar otras cosas), y vayamos a acompañar a Sancho, que entre alegre y triste venía caminando sobre el rucio a buscar a su amo, cuya compañía le agradaba más que ser gobernador de todas las ínsulas del mundo.

Sucedió, pues, que no se había alejado mucho del lugar de su gobierno (que él nunca se puso a averiguar si era ínsula, ciudad, villa o aldea lo que gobernaba), cuando vio que por el camino venían seis peregrinos con sus bordones, de esos extranjeros que piden limosna cantando. Y en llegando a él, se pusieron en fila, y levantando las voces todos juntos comenzaron a cantar en su lengua, de la cual Sancho no entendió más que una palabra que pronunciaban claramente: "limosna"; por donde entendió que eso era lo que pedían en su canto.

Y como él —según dice Cide Hamete— era muy caritativo, sacó de sus alforjas medio pan y medio queso, de que venía provisto, y se lo dio, haciéndoles señas de que no tenía otra cosa. Ellos lo recibieron de muy buena gana, y dijeron:

—¡Guelte! ¡Guelte!

—No entiendo —respondió Sancho— qué es lo que me piden, buena gente.

Entonces uno de ellos sacó una bolsa del pecho y se la mostró a Sancho, con lo cual entendió que le pedían dinero. Y él, poniéndose el pulgar en la garganta y extendiendo la mano hacia arriba, les dio a entender que no tenía ni una moneda; y picando al rucio, quiso pasar de largo.

Pero al pasar, uno de ellos —que lo había estado mirando con mucha atención— se le echó encima, lo abrazó por la cintura, y en voz alta, y en muy buen castellano, dijo:

—¡Válgame Dios! ¿Qué es lo que veo? ¿Es posible que tengo en mis brazos a mi querido amigo, a mi buen vecino Sancho Panza? Sí, sin duda, porque yo ni duermo ni estoy borracho.

Se admiró Sancho de verse nombrar por su nombre y de verse abrazado por aquel peregrino; y después de mirarlo, sin decir palabra, con mucha atención, no pudo reconocerlo. Pero viendo su duda, el peregrino le dijo:

—¿Cómo es posible, Sancho Panza, que no conoces a tu vecino Ricote el morisco, tendero de tu aldea?

Entonces Sancho lo miró con más atención, y comenzó a reconocerlo; y al fin lo conoció del todo. Y sin bajarse del jumento, le echó los brazos al cuello, y le dijo:

—¿Quién diablos iba a reconocerte, Ricote, con ese traje de mamarracho? Dime: ¿quién te ha hecho alemán, y cómo te atreves a volver a España, donde si te agarran y te conocen, tendrás muy mala suerte?

—Si tú no me descubres, Sancho —respondió el peregrino—, estoy seguro de que con este traje nadie me reconocerá. Apartémonos del camino a aquella alameda que se ve allá, donde mis compañeros quieren comer y reposar; y allí comerás con ellos —que son gente muy apacible—, y yo tendré lugar de contarte lo que me ha sucedido desde que salí de nuestra aldea, por obedecer el bando de Su Majestad, que con tanto rigor amenazaba a los desdichados de mi nación, como tú oíste.

Hizo Sancho lo que le decía; y hablando Ricote con los demás peregrinos, se apartaron a la alameda, bien desviados del camino real. Arrojaron los bordones, se quitaron las mucetas o esclavinas y quedaron en camisa; y todos eran mozos y muy gentiles hombres, excepto Ricote, que ya era hombre entrado en años.

Todos traían alforjas, y todas —según se vio— venían bien provistas, al menos de cosas que provocaban la sed de dos leguas. Se tendieron en el suelo, y haciendo manteles de la hierba pusieron sobre ella pan, sal, cuchillos, nueces, rajas de queso, huesos mondos de jamón, que si no se dejaban mascar, no dejaban de poderse chupar. Pusieron también un manjar negro que llaman caviar, hecho de huevos de pescado, gran despertador de la sed.

No faltaron aceitunas, aunque secas y sin adobo; pero sabrosas y entretenidas. Y lo que más lució en el campo de aquel banquete fueron seis botas de vino, que cada uno sacó la suya de su alforja; hasta el buen Ricote, transformado de morisco en alemán, sacó la suya, que en grandeza podía competir con las cinco.

Comenzaron a comer con grandísimo gusto y muy despacio, saboreando cada bocado, que tomaban con la punta del cuchillo, y poquísimo de cada cosa; y luego, al punto, todos a una levantaron los brazos y las botas en el aire: puestas las bocas en la boca de la bota, clavados los ojos en el cielo, no parecía sino que allá ponían la puntería. Y de esta manera, meneando las cabezas a un lado y a otro —señales claras del gusto que recibían—, estuvieron un buen rato, trasegando en sus estómagos lo mejor de aquellas vasijas.

Todo lo miraba Sancho, y no se dolía de nada; antes, por cumplir con el refrán que él tan bien sabía —"cuando fueres a Roma, haz como vieres"—, pidió a Ricote la bota, y tomó su puntería como los demás, y no con menos gusto que ellos.

Cuatro veces dieron lugar las botas para ser empinadas; pero la quinta no fue posible, porque ya estaban más enjutas y secas que un esparto, cosa que puso mustia la alegría que hasta allí habían mostrado.

De cuando en cuando juntaba alguno su mano derecha con la de Sancho y decía:

—Español y tudesco, todo es uno: buen compañero.

Y Sancho respondía:

—¡Buen compañero, por Dios!

Y soltaba una risa que le duraba una hora, sin acordarse entonces de nada de lo que le había pasado en su gobierno; porque, en el rato y tiempo de comer y beber, poca jurisdicción suelen tener los cuidados.

Finalmente, el acabarse el vino fue principio de un sueño que les dio a todos, y se quedaron dormidos sobre los mismos manteles; solos Ricote y Sancho quedaron alerta, porque habían comido más y bebido menos. Y apartando Ricote a Sancho, se sentaron al pie de una haya, dejando a los peregrinos sepultados en dulce sueño; y Ricote, sin tropezar nada en su lengua morisca, en puro castellano le dijo estas razones:

—Bien sabes, Sancho Panza, vecino y amigo mío, cómo el pregón y bando que Su Majestad mandó publicar contra los de mi nación puso terror y espanto en todos nosotros; al menos, en mí lo puso de manera que me parece que, antes del tiempo que se nos concedía para hacer ausencia de España, ya tenía el rigor de la pena ejecutado en mi persona y en la de mis hijos. Ordené, pues, a mi parecer, como prudente (bien como el que sabe que para tal tiempo le han de quitar la casa donde vive y se provee de otra donde mudarse), ordené, digo, salir yo solo, sin mi familia, de mi aldea, e ir a buscar dónde llevarla con comodidad y sin la prisa con que los demás salieron.

Porque bien vi —y lo vieron nuestros ancianos— que aquellos pregones no eran solo amenazas, como algunos decían, sino verdaderas leyes, que se habían de poner en ejecución a su tiempo. Y me obligaba a creerlo el saber yo los malos y disparatados intentos que algunos de los nuestros tenían; tan malos, que me parece que fue inspiración divina la que movió a Su Majestad a ejecutar tan gallarda resolución. No porque todos fuésemos culpables, que algunos había cristianos firmes y verdaderos; pero eran tan pocos que no podían oponerse a los que no lo eran. Y no era bien criar la sierpe en el seno, teniendo a los enemigos dentro de casa.

En fin, con justa razón nos castigaron con la pena del destierro, blanda y suave, al parecer de algunos; pero para nosotros, la más terrible que se nos podía dar. Dondequiera que estamos lloramos por España; porque, en fin, nacimos en ella y es nuestra patria natural. En ninguna parte hallamos el acogimiento que nuestra desventura desea; y en Berbería, y en todas las partes de África donde esperábamos ser recibidos, acogidos y regalados, allí es donde más nos ofenden y maltratan.

No conocimos el bien hasta que lo perdimos; y es tan grande el deseo que casi todos tenemos de volver a España, que los más de aquellos (y son muchos) que saben la lengua como yo, se vuelven a ella, y dejan allá sus mujeres y sus hijos desamparados: tanto es el amor que le tienen. Y ahora conozco y experimento lo que suele decirse: que es dulce el amor de la patria.

Salí, como digo, de nuestra aldea; entré en Francia, y aunque allí nos hacían buen acogimiento, quise verlo todo. Pasé a Italia, y llegué a Alemania, y allí me pareció que se podía vivir con más libertad, porque sus habitantes no se detienen en muchas delicadezas: cada uno vive como quiere, porque en la mayor parte se vive con libertad de conciencia.

Dejé tomada casa en un pueblo junto a Augsburgo; me junté con estos peregrinos, que tienen por costumbre venir a España, muchos de ellos cada año, a visitar sus santuarios, que para ellos son como sus Indias, y como granjería segura y ganancia conocida. Andan casi toda la tierra, y no hay pueblo de donde no salgan comidos y bebidos, como suele decirse, y con un real por lo menos en dineros; y al cabo del viaje salen con más de cien escudos de sobra, que, trocados en oro, o en el hueco de los bordones, o entre los remiendos de las esclavinas, o con la industria que pueden, los sacan del reino y los pasan a sus tierras, a pesar de las guardas de puestos y puertos donde registran.

Ahora es mi intención, Sancho, sacar el tesoro que dejé enterrado, que por estar fuera del pueblo lo podré hacer sin peligro; y escribir, o hacer pasar desde Valencia, a mi hija y a mi mujer, que sé que están en Argel, y dar traza de traerlas a algún puerto de Francia, y desde allí llevarlas a Alemania, donde esperaremos lo que Dios quiera hacer de nosotros.

Porque, en fin, Sancho, yo sé de cierto que Ricota mi hija y Francisca Ricota mi mujer son católicas cristianas; y aunque yo no lo soy tanto, todavía tengo más de cristiano que de moro, y ruego siempre a Dios que me abra los ojos del entendimiento y me haga conocer cómo le he de servir. Y lo que me tiene admirado es no saber por qué se fueron mi mujer y mi hija antes a Berbería que a Francia, donde podían vivir como cristianas.

A lo que respondió Sancho:

—Mira, Ricote: eso no debió de estar en su mano, porque se las llevó Juan Tiopieyo, el hermano de tu mujer; y como debe de ser moro fino, se fue a lo que le pareció más conveniente. Y te diré otra cosa: que creo que vas en balde a buscar lo que dejaste escondido; porque tuvimos noticia de que a tu cuñado y a tu mujer les quitaron muchas perlas y mucho dinero en oro, que llevaban, al registrarlos.

—Bien puede ser eso —replicó Ricote—; pero yo sé, Sancho, que no tocaron mi escondrijo, porque yo no les descubrí dónde estaba, temeroso de algún desmán. Y así, si tú quieres venir conmigo y ayudarme a sacarlo y a encubrirlo, yo te daré doscientos escudos con que podrás remediar tus necesidades, que ya sabes que sé yo que las tienes muchas.

—Yo lo haría —respondió Sancho—; pero no soy nada codicioso; porque, si lo fuera, esta mañana dejé un oficio de las manos donde pudiera hacer las paredes de mi casa de oro, y comer antes de seis meses en platos de plata. Y así, tanto por eso como porque me parecería que haría traición a mi rey dando favor a sus enemigos, no iría contigo, aunque, en lugar de doscientos escudos, me dieras aquí, de contado, cuatrocientos.

—¿Y qué oficio es el que has dejado, Sancho? —preguntó Ricote.

—He dejado de ser gobernador de una ínsula —dijo Sancho—; y tal, que por mi fe que no hallen otra como ella a tres tirones.

—¿Y dónde está esa ínsula? —preguntó Ricote.

—¿Dónde? —respondió Sancho—. A dos leguas de aquí, y se llama la ínsula Barataria.

—Calla, Sancho —dijo Ricote—; que las ínsulas están dentro de la mar; no hay ínsulas en tierra firme.

—¿Cómo que no? —replicó Sancho—. Te digo, Ricote amigo, que esta mañana salí de ella, y ayer estaba en ella gobernando a mi gusto, como un sagitario; pero, con todo eso, la dejé, por parecerme oficio peligroso el de los gobernadores.

—¿Y qué has ganado en el gobierno? —preguntó Ricote.

—He ganado —respondió Sancho— el haber conocido que no sirvo para gobernar sino un hato de ganado; y que las riquezas que se ganan en esos gobiernos son a costa de perder el descanso y el sueño, y aun el sustento; porque en las ínsulas deben de comer poco los gobernadores, sobre todo si tienen médicos que miren por su salud.

—Yo no te entiendo, Sancho —dijo Ricote—; pero me parece que todo lo que dices es disparate. ¿Quién te iba a dar a ti ínsulas que gobernases? ¿Faltaban hombres en el mundo más hábiles para gobernadores que tú? Calla, Sancho, y vuelve en ti: mira si quieres venir conmigo, como te dije, a ayudarme a sacar el tesoro que dejé escondido (que en verdad es tanto que se puede llamar tesoro), y te daré con qué vivir, como te he dicho.

—Ya te lo dije, Ricote —replicó Sancho—: no quiero. Conténtate con que, por mí, no serás descubierto; sigue, en buena hora, tu camino, y déjame seguir el mío; que yo sé que lo bien ganado se pierde, y lo malo, ello y su dueño.

—No quiero porfiar, Sancho —dijo Ricote—; pero dime: ¿estabas en nuestra aldea cuando se fueron mi mujer, mi hija y mi cuñado?

—Sí estaba —respondió Sancho—, y te diré que salió tu hija tan hermosa que salieron a verla cuantos había en el pueblo, y todos decían que era la criatura más bella del mundo. Iba llorando, y abrazaba a todas sus amigas y conocidas, y a cuantos llegaban a verla; y a todos les pedía que la encomendaran a Dios y a Nuestra Señora. Y esto, con tanto sentimiento, que me hizo llorar a mí también, que no suelo ser llorón. Y por mi fe, muchos tuvieron deseo de esconderla y salir a quitársela en el camino; pero el miedo de ir contra el mandado del Rey los detuvo.

Sobre todo se mostró muy apasionado don Pedro Gregorio, aquel mozo mayorazgo rico que tú conoces, que dicen que la quería mucho; y desde que ella se fue, él nunca más ha parecido en nuestra aldea, y todos pensamos que fue tras ella para robársela. Pero hasta ahora no se ha sabido nada.

—Siempre tuve yo mala sospecha —dijo Ricote— de que ese caballero amaba a mi hija; pero, fiado en el valor de mi Ricota, nunca me dio pena saber que la quería. Ya habrás oído decir, Sancho, que las moriscas pocas veces o nunca se mezclaron por amores con cristianos viejos; y mi hija, que, a lo que yo creo, atendía más a ser cristiana que enamorada, no se habría cuidado de las solicitudes de ese señor mayorazgo.

—Dios lo haga —replicó Sancho—; que a los dos les estaría mal. Y déjame partir de aquí, Ricote amigo: quiero llegar esta noche adonde está mi señor don Quijote.

—Dios vaya contigo, Sancho hermano; que ya mis compañeros se revuelven, y también es hora de que sigamos nuestro camino.

Y luego se abrazaron los dos; y Sancho subió en su rucio, y Ricote se arrimó a su bordón, y se apartaron.

CAPÍTULO LV: DE COSAS SUCEDIDAS A SANCHO EN EL CAMINO, Y OTRAS QUE NO HAY MÁS QUE VER

El haberse detenido Sancho con Ricote no le dio lugar a que aquel día llegase al castillo del Duque, aunque llegó a media legua de él; y allí le tomó la noche, algo oscura y cerrada. Pero como era verano, no le dio mucha pesadumbre; y así se apartó del camino, con intención de esperar la mañana.

Y quiso su corta y desventurada suerte que, buscando lugar donde acomodarse mejor, cayeron él y el rucio en una honda y oscurísima sima, que estaba entre unos edificios muy antiguos. Y al tiempo de caer se encomendó a Dios de todo corazón, pensando que no iba a parar hasta el profundo de los abismos.

Y no fue así; porque, a poco más de tres estados, dio fondo el rucio, y él se halló encima de él, sin haber recibido lesión ni daño alguno. Se palpó todo el cuerpo, y recogió el aliento, por ver si estaba sano o agujereado por alguna parte; y viéndose bueno, entero y con salud, no se cansaba de dar gracias a Dios nuestro Señor por la merced que le había hecho; porque sin duda pensó que estaba hecho mil pedazos.

Tentó también con las manos las paredes de la sima, por ver si sería posible salir sin ayuda de nadie; pero todas las halló lisas y sin asidero, de lo que Sancho se afligió mucho, especialmente cuando oyó que el rucio se quejaba tierna y dolorosamente. Y no era mucho, ni se lamentaba por vicio; porque, a decir verdad, no estaba muy bien parado.

—¡Ay! —dijo entonces Sancho Panza—. ¡Y cuántos sucesos no pensados suelen suceder a cada paso a los que viven en este miserable mundo! ¿Quién dijera que el que ayer se vio entronizado gobernador de una ínsula, mandando a sirvientes y a vasallos, hoy se había de ver sepultado en una sima, sin persona alguna que lo remedie, ni criado ni vasallo que acuda a su socorro?

Aquí habremos de perecer de hambre, yo y mi jumento, si no morimos antes: él de molido y quebrantado, y yo de pesar. Al menos, no seré yo tan afortunado como lo fue mi señor don Quijote de la Mancha cuando descendió a la cueva del encantado Montesinos, donde halló quien lo regalase mejor que en su casa; que no parece sino que se fue a mesa puesta y a cama hecha. Allí vio visiones hermosas y apacibles, y yo veré aquí —a lo que creo— sapos y culebras.

¡Desdichado de mí, y en qué han parado mis locuras y fantasías! De aquí sacarán mis huesos, cuando el cielo quiera que me descubran, mondos, blancos y raídos; y los de mi buen rucio con ellos, por donde quizá se verá quiénes somos, al menos los que sepan que nunca Sancho Panza se apartó de su asno, ni su asno de Sancho Panza.

Otra vez lo digo: ¡miserables de nosotros, que no ha querido nuestra corta suerte que muriésemos en nuestra patria y entre los nuestros, donde, ya que no hubiera remedio para nuestra desgracia, no faltara quien se doliera de ella, y en la hora última nos cerrara los ojos!

¡Oh compañero y amigo mío, qué mal pago te he dado tus buenos servicios! Perdóname, y pide a la fortuna, del mejor modo que sepas, que nos saque de este miserable trabajo en que estamos los dos; que yo prometo ponerte una corona de laurel en la cabeza, para que no parezcas sino un poeta laureado, y darte los piensos doblados.

De esta manera se lamentaba Sancho Panza, y su jumento lo escuchaba sin responder palabra: tal era el aprieto y la angustia en que el pobre se hallaba.

Finalmente, habiendo pasado toda aquella noche en miserables quejas y lamentaciones, vino el día; y con su claridad vio Sancho que era imposible, de toda imposibilidad, salir de aquel pozo sin ayuda. Y comenzó a lamentarse y a dar voces, por ver si alguien lo oía; pero todas sus voces eran dadas en desierto, pues por aquellos contornos no había persona que pudiera escucharlo; y entonces se acabó de dar por muerto.

Estaba el rucio boca arriba, y Sancho lo acomodó como pudo hasta ponerlo en pie, aunque apenas se sostenía. Y sacando de las alforjas —que también habían corrido la misma fortuna de la caída— un pedazo de pan, se lo dio a su jumento, que no lo halló malo; y le dijo Sancho, como si lo entendiera:

—Todos los duelos con pan son buenos.

En esto descubrió, a un lado de la sima, un agujero capaz de caber por él una persona, si se agachaba y se encogía. Acudió Sancho, y agazapándose entró; y vio que por dentro era espacioso y largo, y lo pudo ver porque, por lo que se podría llamar techo, entraba un rayo de sol que lo alumbraba todo. Vio también que se extendía y alargaba por otra concavidad ancha.

Vuelto a salir adonde estaba el jumento, comenzó con una piedra a desmoronar la tierra del agujero, y en poco espacio hizo lugar para que el asno entrase con facilidad, como entró. Y cogiéndolo del cabestro, comenzó a caminar por aquella gruta adelante, por ver si hallaba salida.

A veces iba a oscuras, y a veces con poca luz; pero nunca sin miedo.

—¡Válgame Dios todopoderoso! —decía entre sí—. Esta desventura, para mí, mejor fuera aventura para mi amo don Quijote. Él sí que tuviera estas profundidades y mazmorras por jardines floridos y por palacios de Galiana, y esperara salir de esta oscuridad y estrechez a algún prado lleno de luz. Pero yo, sin fortuna, falto de consejo y con el ánimo encogido, a cada paso pienso que debajo de los pies se va a abrir otra sima más honda que la otra, para acabar de tragarme. Bienvenido sea el mal, si viene solo.

Y con estos pensamientos le pareció que habría caminado poco más de media legua, al cabo de la cual descubrió una claridad confusa, que le pareció ya de día, y que por alguna parte entraba: señal de que aquel, para él, camino de la otra vida tenía, por fin, una boca abierta.

Aquí deja Cide Hamete Benengeli a Sancho, y vuelve a tratar de don Quijote, que, alborozado y contento, esperaba el plazo de la batalla que había de tener con el robador de la honra de la hija de doña Rodríguez, a quien pensaba enderezarle el agravio y el desaguisado que malamente le tenían hecho.

Sucedió, pues, que una mañana salió a entrenarse y ensayarse en lo que había de hacer en el trance en que al día siguiente pensaba verse; y, dando un tirón o una arremetida a Rocinante, llegó a poner los pies tan cerca de una cueva, que, si no le jalaba con fuerza las riendas, era imposible no caer en ella. Al fin, lo detuvo y no cayó; y, acercándose un poco más, sin bajarse, miró aquella hondura. Y mientras la miraba, oyó grandes voces dentro; y escuchando con atención, pudo entender que quien gritaba decía:

—¡Eh, los de arriba! ¿Hay algún cristiano que me escuche, o algún caballero caritativo que se duela de un pecador enterrado en vida, de un desdichado exgobernador sin gobierno?

A don Quijote le pareció que oía la voz de Sancho Panza, y quedó suspenso y asombrado; y alzando la voz cuanto pudo, dijo:

—¿Quién está ahí abajo? ¿Quién se queja?

—¿Quién puede estar aquí, o quién se va a quejar —respondieron entonces—, sino el apaleado de Sancho Panza, gobernador por sus pecados y por su mala suerte de la ínsula Barataria, escudero que fue del famoso caballero don Quijote de la Mancha?

Al oír esto, a don Quijote se le dobló la admiración y se le acrecentó el pasmo; y se le vino a la cabeza que Sancho Panza debía de estar muerto y que allí penaba su alma. Y llevado de esa imaginación, dijo:

—Te conjuro, por todo aquello que puedo conjurarte como católico cristiano, que me digas quién eres; y si eres alma en pena, dime qué quieres que haga por ti; que, pues es mi oficio favorecer y socorrer a los necesitados de este mundo, también lo será para socorrer y ayudar a los menesterosos del otro, que no pueden ayudarse por sí mismos.

—Dicho así —respondieron—, el que me habla debe de ser mi señor don Quijote de la Mancha; y aun por el tono de la voz no puede ser otro, sin duda.

—Don Quijote soy —replicó don Quijote—: el que profesa socorrer y ayudar, en sus necesidades, a vivos y a muertos. Por eso dime quién eres, que me tienes atónito; porque, si eres mi escudero Sancho Panza y te has muerto, como no te hayan llevado los diablos, y por la misericordia de Dios estés en el purgatorio, sufragios tiene nuestra santa madre la Iglesia Católica Romana bastantes para sacarte de las penas en que estás; y yo, por mi parte, lo solicitaré con cuanto alcance mi hacienda. Así que acaba de declararte y dime quién eres.

—Voto a tal —respondieron—, y por el nacimiento de quien su merced quiera juro, señor don Quijote de la Mancha, que yo soy su escudero Sancho Panza, y que nunca me he muerto en todos los días de mi vida; sino que, habiendo dejado mi gobierno por cosas y causas que requieren más espacio para contarlas, anoche caí en esta sima donde estoy, y el rucio conmigo, que no me dejará mentir: por más señas, está aquí a mi lado.

Y aun más: no pareció sino que el jumento entendió lo que Sancho dijo, porque al instante comenzó a rebuznar tan recio, que toda la cueva retumbaba.

—¡Famoso testigo! —dijo don Quijote—. Ese rebuzno lo conozco como si lo hubiera criado, y tu voz oigo, Sancho mío. Espérame: iré al castillo del Duque, que está cerca, y traeré quien te saque de esta sima, adonde tus pecados te deben de haber traído.

—Vaya su merced —dijo Sancho—, y vuelva pronto, por Dios; que ya no aguanto estar aquí sepultado en vida, y me muero de miedo.

Lo dejó don Quijote y fue al castillo a contar a los Duques el suceso de Sancho Panza, de lo cual no poco se maravillaron; aunque entendieron bien que debía de haber caído por la cercanía de aquella gruta, que desde tiempos inmemoriales estaba allí hecha. Pero no alcanzaban a pensar cómo había dejado el gobierno sin que ellos lo supieran.

En fin, como dicen, llevaron sogas y maromas, y a costa de mucha gente y de mucho trabajo sacaron al rucio y a Sancho Panza de aquellas tinieblas a la luz del sol.

Lo vio un estudiante y dijo:

—Así tendrían que salir de sus gobiernos todos los malos gobernadores: como sale este pecador del profundo del abismo, muerto de hambre, descolorido y sin blanca, a lo que yo creo.

Sancho lo oyó y dijo:

—Ocho o diez días, hermano murmurador, hace que entré a gobernar la ínsula que me dieron, y en todo ese tiempo no estuve harto de pan ni una hora. Me han perseguido médicos, y enemigos me han molido los huesos; ni he tenido lugar de hacer cohechos ni de cobrar derechos. Y siendo esto así, como lo es, no merecía yo, a mi parecer, salir de esta manera. Pero el hombre propone y Dios dispone, y Dios sabe lo que más conviene y lo que le está bien a cada uno. Y según el tiempo, así el tiento; y nadie diga: "De esta agua no beberé"; que donde se piensa que hay tocinos, no hay estacas. Dios me entiende, y basta; y no digo más, aunque podría.

—No te enojes, Sancho, ni te aflijas por lo que oigas —dijo don Quijote—; que eso no tiene fin. Tú anda con la conciencia segura, y digan lo que digan: querer atar las lenguas de los maldicientes es como querer poner puertas al campo. Si el gobernador sale rico, dicen que fue ladrón; y si sale pobre, que fue un inútil y un mentecato.

—Bien seguro —respondió Sancho— que por esta vez más me han de tener por tonto que por ladrón.

En estas pláticas llegaron al castillo, rodeados de muchachos y de mucha otra gente; y en unos corredores estaban ya el Duque y la Duquesa esperando a don Quijote y a Sancho. Sancho no quiso subir a ver al Duque sin antes acomodar al rucio en la caballeriza, porque decía que había pasado muy mala noche en la posada. Y luego subió a ver a sus señores, ante quienes, puesto de rodillas, dijo:

—Yo, señores, porque así lo quiso su grandeza, sin merecimiento mío, fui a gobernar la ínsula Barataria. Entré desnudo, y desnudo salgo:

ni pierdo ni gano. Si goberné bien o mal, testigos tuve delante, que dirán lo que quieran. Aclaré dudas, sentencié pleitos, siempre muerto de hambre, porque así lo quiso el doctor Pedro Recio, natural de Tirteafuera, médico insulano y de gobernadores.

Nos acometieron enemigos de noche, y habiéndonos puesto en gran aprieto, dicen los de la ínsula que salieron libres y con victoria por el valor de mi brazo; que tal salud les dé Dios como ellos dicen verdad. En fin, en este tiempo he probado las cargas y obligaciones del gobernar, y he hallado que mis hombros no pueden con ellas, ni son peso para mis costillas, ni flechas para mi aljaba. Y así, antes de que el gobierno me dejara atravesado, quise yo dejar al gobierno atravesado; y ayer por la mañana dejé la ínsula como la hallé: con las mismas calles, casas y tejados que tenía cuando entré.

No pedí prestado a nadie ni me metí en granjerías; y aunque pensaba hacer algunas ordenanzas provechosas, no hice ninguna, temeroso de que no se guardaran; porque hacerlas y no hacerlas viene a ser lo mismo. Salí, como digo, sin otro acompañamiento que el de mi rucio; caí en una sima, avancé por ella, hasta que hoy, con la luz del sol, vi salida, pero no fácil; que, si el cielo no hubiera puesto en mi camino a mi señor don Quijote, allí me quedaba hasta el fin del mundo.

Así que, mis señores Duque y Duquesa, aquí está su gobernador Sancho Panza, que en solos diez días de gobierno ganó esto: conocer que no se le ha de dar nada por gobernador, no ya de una ínsula, sino de todo el mundo. Y con este presupuesto, besándoles los pies, y a la manera del juego de los muchachos que dicen "salta tú y dámela tú", doy un salto del gobierno y me paso al servicio de mi señor don Quijote; que, al fin, con él, aunque como el pan con sobresalto, me harto por lo menos. Y para mí, con tal que esté harto, me da igual que sea de zanahorias que de perdices.

Con esto acabó Sancho su larga plática. Don Quijote, que temía que en ella soltara miles de disparates, al verlo terminar con tan pocos, dio en su corazón gracias al cielo. Y el Duque abrazó a Sancho, y le dijo que le pesaba en el alma que hubiese dejado tan pronto el gobierno; pero que él haría de modo que se le diese en su estado otro oficio de menos carga y de más provecho.

La Duquesa también lo abrazó, y mandó que lo atendieran y lo regalaran, porque daba señales de venir muy molido y peor parado.

CAPÍTULO LVI: DE LA DESCOMUNAL Y NUNCA VISTA BATALLA QUE HUBO ENTRE DON QUIJOTE DE LA MANCHA Y EL LACAYO TOSILOS

No se arrepintieron los Duques de la burla del gobierno que le dieron a Sancho Panza; y más cuando aquel mismo día vino el mayordomo y les contó, punto por punto, casi todas las palabras y acciones que Sancho había dicho y hecho en aquellos días. Y al fin les ponderó el asalto de la ínsula, el miedo de Sancho y su salida, de lo cual recibieron no poco gusto.

Después de esto, cuenta la historia que llegó el día de la batalla aplazada; y como el Duque había advertido muchas veces a su lacayo Tosilos cómo había de componerse con don Quijote para vencerlo sin matarlo ni herirlo, ordenó que se quitasen los hierros a las lanzas. Y dijo a don Quijote que la cristiandad —de la que él se preciaba— no permitía que aquella batalla fuese con tanto riesgo de las vidas; y que se contentara con que le daba campo franco en su tierra, aunque iba contra el decreto del santo Concilio que prohíbe tales desafíos, y que no quisiera llevar por todo rigor un trance tan fuerte.

Don Quijote dijo que su excelencia dispusiera las cosas como más le pareciera, que él obedecería en todo.

Llegó, pues, el temeroso día, y mandó el Duque que delante de la plaza del castillo se hiciese un espacioso cadalso, donde estuviesen los jueces del campo, y las dueñas —madre e hija— demandantes. Había acudido de todos los lugares y aldeas vecinas infinita gente, a ver la novedad de aquella batalla, que nunca tal habían visto ni oído decir en aquella tierra los vivos, ni aun los muertos.

El primero que entró en el campo y estacada fue el maestro de ceremonias, que tanteó el terreno y lo paseó todo, para que no hubiese engaño ni cosa encubierta donde se tropezara y cayese.

Luego entraron las dueñas y se sentaron en sus asientos, cubiertas con los mantos hasta los ojos, y aun hasta el pecho, dando muestras de no poco sentimiento. Don Quijote estaba ya dentro de la estacada.

Al poco rato, acompañado de muchas trompetas, asomó por una parte de la plaza, sobre un poderoso caballo que parecía hundirla toda, el gran lacayo Tosilos, con la visera calada y armado de punta en blanco, con unas armas fuertes y lucientes. El caballo mostraba ser frisón, ancho y tordillo; de cada mano y pie le colgaba una arroba de lana.

Venía el valeroso combatiente bien instruido por el Duque su señor de cómo había de portarse con el valeroso don Quijote de la Mancha, con orden expresa de que no lo matase; antes, que procurase esquivar el primer encuentro, por evitar el peligro de su muerte, que daba por segura si lo embestía de lleno.

Paseó la plaza; y llegando donde estaban las dueñas, se detuvo a mirar a la que le pedía por esposo.

Llamó el maese de campo a don Quijote, que ya se había presentado en la plaza, y junto con Tosilos habló a las dueñas, preguntándoles si consentían que don Quijote de la Mancha defendiera su derecho. Ellas dijeron que sí, y que todo lo que en aquel caso hiciese lo daban por bien hecho, firme y valedero.

En ese tiempo estaban el Duque y la Duquesa puestos en una galería que daba sobre la estacada, toda la cual estaba coronada de infinita gente, que esperaba ver el riguroso trance nunca visto.

Fue condición de los combatientes que, si don Quijote vencía, su contrario había de casarse con la hija de doña Rodríguez; y si don Quijote era vencido, quedaba libre el contendiente de la palabra que se le pedía, sin dar otra satisfacción alguna.

El maestro de ceremonias les repartió el sol, y puso a cada uno en el puesto que le tocaba. Sonaron los atambores, llenó el aire el sonido de las trompetas, tembló la tierra bajo los pies; estaban suspensos los corazones de la gente que miraba, temiendo unos y esperando otros el buen o mal suceso.

Finalmente, don Quijote, encomendándose de todo corazón a Dios nuestro Señor y a la señora Dulcinea del Toboso, aguardaba la señal precisa de la arremetida; sin embargo, el lacayo tenía otros pensamientos: no pensaba sino en lo que ahora se dirá.

Parece ser que, cuando estuvo mirando a su enemiga, le pareció la mujer más hermosa que había visto en toda su vida; y el niño cieguezuelo a quien suelen llamar, de ordinario, Amor por esas calles, no quiso perder la ocasión que se le ofrecía de triunfar de un alma lacayuna y ponerla en la lista de sus trofeos. Así que, acercándose a él con gracia, sin que nadie lo viera, le clavó al pobre lacayo una flecha de dos varas por el lado izquierdo, y le atravesó el corazón de parte a parte. Y pudo hacerlo bien a salvo, porque Amor es invisible y entra y sale por donde quiere, sin que nadie le pida cuentas de sus hechos.

Digo, pues, que cuando dieron la señal de la arremetida, nuestro lacayo estaba fuera de sí, pensando en la hermosura de la que ya había hecho dueña de su libertad; y así, no atendió al son de la trompeta, como sí hizo don Quijote, que apenas la oyó, cuando arremetió; y, a todo el correr que permitió Rocinante, partió contra su enemigo. Y viéndolo partir su buen escudero Sancho, dijo a grandes voces:

—¡Dios te guíe, nata y flor de los caballeros andantes! ¡Dios te dé la victoria, pues llevas la razón de tu parte!

Y aunque Tosilos vio venir contra sí a don Quijote, no se movió un paso de su puesto; antes, a grandes voces, llamó al maese de campo, y cuando este llegó a ver qué quería, le dijo:

—Señor, ¿esta batalla se hace para que yo me case o no me case con aquella señora?

—Así es —le respondieron.

—Pues yo —dijo el lacayo— temo por mi conciencia, y me haría gran cargo si siguiera adelante con esta batalla. Así que digo que me doy por vencido y que quiero casarme luego con aquella señora.

Quedó admirado el maese de campo con las razones de Tosilos; y como era uno de los que sabían la tramoya de aquel caso, no supo qué responderle. Don Quijote se detuvo a mitad de su carrera, viendo que su enemigo no lo acometía. El Duque no sabía por qué no se seguía la batalla; pero el maese de campo fue a decirle lo que Tosilos afirmaba, de lo cual quedó suspenso y colérico en extremo.

Mientras esto pasaba, Tosilos se acercó adonde estaba doña Rodríguez y dijo a grandes voces:

—Yo, señora, quiero casarme con su hija, y no quiero alcanzar por pleitos y contiendas lo que puedo alcanzar por paz y sin peligro de muerte.

Lo oyó el valeroso don Quijote y dijo:

—Pues si esto es así, yo quedo libre de mi promesa: cásense en buena hora, y pues Dios nuestro Señor se la dio, San Pedro se la bendiga.

El Duque bajó a la plaza del castillo, y acercándose a Tosilos, le dijo:

—¿Es verdad, caballero, que se da por vencido y que, movido por el temor de su conciencia, se quiere casar con esta doncella?

—Sí, señor —respondió Tosilos.

—Él hace muy bien —dijo entonces Sancho Panza—; porque lo que tienes que darle al ratón, dáselo al gato, y te quitas de cuidados.

Iba Tosilos desatándose la celada, y pedía que lo ayudasen con prisa, porque le faltaba el aliento y no podía sufrir estar encerrado tanto tiempo en la estrechez de aquel armatoste. Se la quitaron a toda prisa, y quedó descubierto su rostro de lacayo.

Al verlo, doña Rodríguez y su hija, dando grandes voces, dijeron:

—¡Esto es engaño; engaño es este! ¡A Tosilos, el lacayo del Duque, nos lo han puesto en lugar de mi verdadero esposo! ¡Justicia de Dios y del Rey contra tanta malicia, por no decir canallada!

—No se apuren, señoras —dijo don Quijote—; que ni esto es malicia ni es canallada; y si lo fuera, no es culpa del Duque, sino de los malos encantadores que me persiguen, los cuales, envidiosos de que yo alcanzara la gloria de este vencimiento, han convertido el rostro de su esposo en el de este que dicen que es lacayo del Duque. Tomen mi consejo: a pesar de la maldad de mis enemigos, cásense con él, que sin duda es el mismo que ustedes desean por esposo.

El Duque, al oírlo, estuvo a punto de reírse en plena cólera, y dijo:

—Son tan extraordinarias las cosas que le suceden al señor don Quijote, que estoy por creer que este lacayo no lo es. Pero usemos de este ardid: retrasemos el casamiento quince días, si quieren, y tengamos encerrado a este personaje que nos trae dudosos; en ese tiempo podría volver a su figura primera. No ha de durar tanto el rencor que los encantadores le tienen al señor don Quijote, y más yéndoles tan mal con estas tramoyas y transformaciones.

—¡Ah, señor! —dijo Sancho—. Ya tienen estos malandrines por costumbre mudar las cosas que tocan a mi amo. Un caballero que venció días atrás, llamado el de los Espejos, lo volvieron en la figura del bachiller Sansón Carrasco, natural de nuestro pueblo y gran amigo nuestro; y a mi señora Dulcinea del Toboso la volvieron una rústica labradora. Así que yo imagino que este lacayo vivirá y morirá lacayo todos los días de su vida.

A esto dijo la hija de Rodríguez:

—Sea quien sea el que me pide por esposa (que se lo agradezco), más quiero ser mujer legítima de un lacayo que amiga burlada de un caballero; porque el que se burló de mí no era caballero.

En conclusión, todo paró en que Tosilos quedase recogido y guardado, a ver en qué terminaba su "transformación". Aclamaron todos la victoria de don Quijote, y muchos quedaron tristes y melancólicos de ver que no se habían hecho pedazos los combatientes tan esperados, igual que los muchachos se entristecen cuando no sale el ahorcado que esperaban, porque lo perdonó la parte o la justicia.

Se fue la gente; volvieron el Duque y don Quijote al castillo; encerraron a Tosilos; quedaron doña Rodríguez y su hija contentísimas de ver que, por una vía o por otra, el caso iba a parar en casamiento; y Tosilos no esperaba menos.

CAPÍTULO LVII: DE CÓMO DON QUIJOTE SE DESPIDIÓ DEL DUQUE, Y DE LO QUE LE SUCEDIÓ CON LA DISCRETA Y DESENVUELTA ALTISIDORA, DONCELLA DE LA DUQUESA

Ya le parecía a don Quijote que era hora de salir de tanta ociosidad como la que en aquel castillo tenía; porque se figuraba que era grande la falta que su persona hacía, dejándose estar encerrado y perezoso entre los regalos y deleites que, como a caballero andante, aquellos señores le daban. Y le parecía que habría de dar cuenta estrecha al cielo de aquella ociosidad y encierro; así que un día pidió licencia a los Duques para partirse.

Se la dieron, con muestras de que les pesaba mucho verlo irse. La Duquesa le entregó a Sancho Panza las cartas de su mujer, y él lloró al recibirlas, y dijo:

—¿Quién pensó que esperanzas tan grandes como las que en el pecho de mi mujer Teresa Panza sembraron las nuevas de mi gobierno iban a terminar en que yo volviera ahora a las arrastradas aventuras de mi amo don Quijote de la Mancha? Con todo, me alegra ver que mi Teresa fue fiel a lo que es, enviando las bellotas a la Duquesa; porque, si no las hubiera enviado, yo quedaba con pesar, y ella hubiera parecido desagradecida. Lo que me consuela es que esa dádiva no se puede llamar soborno, porque yo ya tenía el gobierno cuando ella las mandó; y es justo que quien recibe un favor, aunque sea con niñerías, muestre gratitud. En fin: entré desnudo en el gobierno y salgo desnudo. Así que puedo decir con la conciencia tranquila —que no es poco—: "Desnudo nací, desnudo me hallo: ni pierdo ni gano".

Eso iba rumiando Sancho el día de la partida.

Y don Quijote, después de haberse despedido la noche anterior, una mañana se presentó armado en la plaza del castillo. Lo miraban desde los corredores todos los del castillo, y también los Duques salieron a verlo. Sancho estaba sobre su rucio, con alforjas, maleta y repuesto, contentísimo, porque el mayordomo del Duque —el que fue la Trifaldi— le había dado un bolsito con doscientos escudos de oro para los menesteres del camino; y esto todavía no lo sabía don Quijote.

Mientras todos lo miraban, de pronto, entre las dueñas y doncellas de la Duquesa, alzó la voz la desenvuelta y discreta Altisidora y, en tono lastimero, dijo:

—Escucha, mal caballero;
detén un poco las riendas;
no castigues las ijadas
de tu mal guiada bestia.

Mira, falso: no te vas
de alguna serpiente fiera,
sino de una corderilla
que está muy lejos de oveja.

Tú has burlado, monstruo horrendo,
a la más hermosa doncella
que Diana vio en sus montes,
que Venus miró en sus selvas.

Cruel Vireno, fugitivo Eneas,
Barrabás te acompañe; allá te las arregles.

Tú llevas —¡llevar impío!—
en las garras de tus uñas
las entrañas de una humilde
que te quiso, tierna y pura.

Llevaste tres tocadores,
y unas ligas de unas piernas
que al mármol puro se igualan
por lisas, blancas y bellas.

Llevaste dos mil suspiros
que, si fueran fuego, hubieran
abrasado dos mil Troyas,
si dos mil Troyas existieran.

Cruel Vireno, fugitivo Eneas,
Barrabás te acompañe; allá te las arregles.

Que de ese Sancho tu escudero
sean las entrañas tan tercas
y tan duras, que no salga
de su encanto Dulcinea.

Que de tu culpa lleve la pena
la triste; que justos por pecadores,
muchas veces, pagan en mi tierra.

Que tus finas aventuras
en desventuras se vuelvan;
en sueños tus pasatiempos,
en olvidos tus firmezas.

Cruel Vireno, fugitivo Eneas,
Barrabás te acompañe; allá te las arregles.

Que te tengan por falso
desde Sevilla a Marchena,
desde Granada hasta Loja,
de Londres a Inglaterra.

Si jugaras al reinado,
a los cientos o a la primera,
huyan de ti los reyes;
ases ni sietes no veas.

Si te cortaras los callos,
sangre viertan las heridas;
y quédente los raigones
si te sacaras las muelas.

Cruel Vireno, fugitivo Eneas,
Barrabás te acompañe; allá te las arregles.

Mientras Altisidora, herida en su queja, decía lo anterior, don Quijote la miraba; y sin responderle palabra, volviéndose a Sancho, le dijo:

—Por la memoria de tus mayores, Sancho mío, te conjuro a que me digas una verdad. Dime: ¿llevas, por casualidad, los tres tocadores y las ligas que esta doncella enamorada dice?

Sancho respondió:

—Los tres tocadores sí los llevo; pero las ligas… eso sí que queda "por los cerros de Úbeda".

La Duquesa quedó admirada de la soltura de Altisidora, porque aunque la tenía por atrevida, graciosa y desenvuelta, no pensaba que llegara a tanto; y como no estaba avisada de aquella burla, creció más su sorpresa.

El Duque quiso rematar el chiste, y dijo:

—No me parece bien, señor caballero, que después de haber recibido en este castillo el buen trato que se le ha dado, se haya atrevido a llevarse tres tocadores —por lo menos—, y quizá también las ligas de mi doncella. Son indicios de mal proceder, y señales que no corresponden a su fama. Devuélvale las ligas; si no, yo lo desafío a mortal batalla, sin temor de que malandrines encantadores me muden el rostro como lo hicieron con Tosilos, mi lacayo, el que peleó con usted.

—No permita Dios —respondió don Quijote— que yo desenvainase la espada contra su ilustrísima persona, de quien tantas mercedes he recibido. Los tocadores se devolverán, porque Sancho dice que los trae. Las ligas es imposible, porque ni yo las he recibido ni él tampoco; y si esta doncella quiere revisar sus escondites, seguro que las halla. Yo, señor Duque, jamás he sido ladrón, ni lo seré en toda mi vida, si Dios no me suelta de su mano. Esta doncella habla —como ella misma dice— como enamorada, y de eso yo no tengo culpa; así que no tengo por qué pedirle perdón ni a ella ni a su excelencia. Solo le suplico que me tenga en mejor opinión y me dé de nuevo licencia para seguir mi camino.

—Dios se lo conceda —dijo la Duquesa—, señor don Quijote, y que siempre oigamos buenas nuevas de sus hazañas. Y vaya con Dios; que, mientras más se detiene, más se aviva el fuego en los pechos de las doncellas que lo miran. A la mía yo la corregiré de modo que de aquí en adelante no se desmande ni con la vista ni con las palabras.

—Solo una cosa más quiero que me escuches, valeroso don Quijote —dijo entonces Altisidora—: te pido perdón por el "robo" de las ligas, porque, por Dios y por mi alma, las tengo puestas; y caí en el descuido del que, yendo sobre el asno, se las buscaba.

—¿No lo dije yo? —dijo Sancho—. ¡Bonito soy yo para encubrir hurtos! Pues, si hubiera querido hacerlos, de sobra se me vino la ocasión en mi gobierno.

Bajó la cabeza don Quijote e hizo reverencia a los Duques y a todos los presentes; y, volviendo las riendas a Rocinante, seguido de Sancho sobre el rucio, salió del castillo, enderezando su camino a Zaragoza.

CAPÍTULO LVIII: DE CÓMO SE LE AMONTONARON A DON QUIJOTE TANTAS AVENTURAS, QUE UNAS NO DABAN LUGAR A OTRAS

Cuando don Quijote se vio en la campaña rasa, libre y desembarazado de los requiebros de Altisidora, le pareció que estaba en su centro y que los espíritus se le renovaban para proseguir de nuevo el asunto de sus caballerías. Y volviéndose a Sancho, le dijo:

—La libertad, Sancho, es uno de los dones más preciosos que a los hombres dieron los cielos; con ella no se igualan los tesoros que encierra la tierra ni los que el mar oculta. Por la libertad, así como por la honra, se puede y se debe arriesgar la vida; y, por el contrario, el cautiverio es el mayor mal que puede venirle a un hombre. Digo esto, Sancho, porque bien has visto el regalo y la abundancia que en este castillo que dejamos hemos tenido; y aun en medio de aquellos banquetes sazonados y de aquellas bebidas heladas, me parecía estar metido en las estrechezas del hambre, porque no lo gozaba con la libertad con que lo gozaría si fueran míos. Las obligaciones que nacen de las mercedes recibidas son ataduras que no dejan desplegarse al ánimo libre. ¡Dichoso aquel a quien el cielo dio un pedazo de pan, sin que le quede obligación de agradecerlo a otro que al mismo cielo!

—Con todo eso —dijo Sancho—, no está bien que se quede sin gratitud de nuestra parte lo de los doscientos escudos de oro que en una bolsita me dio el mayordomo del Duque; que como medicina y consuelo la llevo sobre el corazón, para lo que se ofrezca. Porque no siempre vamos a hallar castillos donde nos regalen: tal vez daremos con algunas ventas donde nos apaleen.

En estos y otros razonamientos iban caballero y escudero cuando, habiendo andado poco más de una legua, vieron que sobre la hierba de un pradillo verde, encima de sus capas, estaban comiendo hasta una docena de hombres vestidos de labradores. Junto a ellos tenían unos lienzos blancos con que cubrían algo que debajo estaba; estaban bien tendidos y puestos a trechos.

Don Quijote se acercó a los que comían y, después de saludarlos con cortesía, les preguntó qué era lo que aquellos lienzos cubrían. Uno le respondió:

—Señor, debajo de estos lienzos van unas imágenes de relieve y madera, para un retablo que hacemos en nuestra aldea. Las llevamos cubiertas para que no se rocen, y en hombros para que no se quiebren.

—Si les parece —respondió don Quijote—, me gustaría verlas; porque imágenes que se llevan con tanto cuidado, sin duda deben de ser buenas.

—¡Y cómo si lo son! —dijo otro—. Si no, dígalo lo que cuestan: en verdad que no hay ninguna que baje de cincuenta ducados. Y para que vea que digo verdad, espere un poco, y las verá con sus propios ojos.

Se levantó, dejó de comer y fue a quitar el lienzo de la primera imagen: mostró ser San Jorge a caballo, con una serpiente enroscada a los pies y la lanza atravesándole la boca, con la fiereza con que suele pintarse. Toda la figura parecía una ascua de oro, como suele decirse. Al verla, don Quijote dijo:

—Este caballero fue de los mejores andantes que tuvo la milicia divina: se llamó San Jorge, y fue, además, defensor de doncellas. Veamos esta otra.

Descubrió el hombre la segunda, y pareció ser San Martín a caballo, partiendo la capa con el pobre. Apenas la vio don Quijote, dijo:

—Este caballero también fue de los aventureros cristianos, y creo que fue más liberal que valiente. Eso se ve, Sancho, en que parte la capa con el pobre y le da la mitad; y sin duda debía de ser invierno, porque si no, se la diera toda, según era de caritativo.

—No debió de ser eso —dijo Sancho—, sino que se atuvo al refrán que dice: para dar y tener, hace falta seso.

Don Quijote se rio y pidió que quitaran otro lienzo. Debajo apareció la imagen del Patrón de las Españas a caballo, con la espada ensangrentada, atropellando moros y pisando cabezas; y al verla, don Quijote dijo:

—Este sí que es caballero, de las escuadras de Cristo: se llama Santiago Matamoros, uno de los santos y caballeros más valientes que tuvo el mundo y que tiene ahora el cielo.

Luego quitaron otro lienzo, y pareció que cubría la caída de San Pablo del caballo, con todas las circunstancias con que en su conversión suele pintarse; y estaba tan vivo, que parecía que Cristo le hablaba y Pablo respondía.

—Este —dijo don Quijote— fue el mayor enemigo que tuvo la Iglesia de Dios en su tiempo, y el mayor defensor que tendrá jamás: caballero andante en vida y santo en la muerte; trabajador incansable en la viña del Señor, doctor de las gentes, a quien sirvieron de escuela los cielos y de maestro el mismo Jesucristo.

No había más imágenes; así que don Quijote mandó que las volvieran a cubrir y dijo a los que las llevaban:

—Por buen augurio tengo, hermanos, haber visto lo que he visto, porque estos santos y caballeros profesaron lo que yo profeso: el ejercicio de las armas. Solo que la diferencia entre mí y ellos es que ellos fueron santos y pelearon a lo divino, y yo soy pecador y peleo a lo humano. Ellos conquistaron el cielo a fuerza de brazos —porque el cielo sufre fuerza—, y yo, hasta ahora, no sé qué conquisto con mis trabajos. Pero si mi Dulcinea del Toboso saliera de los trabajos que padece, mejorándose mi suerte y enderezándose mi juicio, podría ser que encaminara mis pasos por camino mejor que el que llevo.

—Dios lo oiga y el pecado sea sordo —dijo Sancho entonces.

Los hombres se admiraron tanto de la figura como de las razones de don Quijote, sin entender la mitad de lo que quería decir. Acabaron de comer, cargaron con sus imágenes y, despidiéndose de don Quijote, siguieron su viaje.

Sancho quedó de nuevo como si jamás hubiera conocido a su señor, admirado de cuánto sabía, pareciéndole que no habría historia ni suceso en el mundo que no tuviera clavado en la memoria; y le dijo:

—En verdad, señor mío, que si esto de hoy se puede llamar aventura, ha sido de las más suaves y dulces que nos han sucedido en todo el camino: salimos sin palos ni sobresalto, no echamos mano a las espadas, no batimos la tierra con los cuerpos, ni quedamos con hambre. Bendito sea Dios, que me dejó ver esto con mis propios ojos.

—Dices bien, Sancho —respondió don Quijote—; pero has de advertir que no todos los tiempos son iguales ni corren de la misma suerte. Y eso que el vulgo llama agüeros, sin fundarse en razón natural, el discreto debe tenerlo por cosas ligeras. Se levanta uno de esos agoreros por la mañana, sale de su casa, se topa con un fraile de San Francisco y, como si hubiera encontrado un monstruo, vuelve atrás y se encierra. A otro se le derrama la sal en la mesa, y se le derrama la tristeza en el corazón, como si la naturaleza estuviera obligada a avisar desgracias con niñerías. El hombre cristiano y entendido no ha de andar con puntillos en lo que el cielo dispone. Llega Cipión a África, tropieza al saltar en tierra y sus soldados lo tienen por mal agüero; pero él, abrazándose con el suelo, dijo: "No te me podrás escapar, África, porque te tengo entre mis brazos". Así que, Sancho, haber dado con estas imágenes ha sido para mí felicísimo acontecimiento.

—Yo así lo creo —respondió Sancho—, y quisiera que me dijera por qué los españoles, cuando van a dar batalla, invocan a Santiago con aquello de: "¡Santiago, y cierra España!". ¿Acaso España está abierta y hay que cerrarla, o qué ceremonia es esa?

—Muy simple eres, Sancho —respondió don Quijote—. Ese gran caballero de la cruz bermeja se lo dio Dios a España por patrón y amparo, especialmente en los trances duros que los españoles han tenido con los moros; por eso lo invocan como defensor en las batallas. Y muchas veces lo han visto visiblemente en ellas, derribando, atropellando, destruyendo y matando escuadrones agarenos. De eso podría traerte muchos ejemplos que cuentan las historias verdaderas de España.

Sancho mudó de tema y dijo a su amo:

—Estoy asombrado de la soltura de Altisidora, la doncella de la Duquesa: bien honda la debe de tener herida ese que llaman Amor, que dicen que es un rapaz ciego, y aun así, si toma por blanco un corazón, por pequeño que sea, lo acierta y lo atraviesa de parte a parte con sus flechas. También he oído decir que en la vergüenza y el recato de las doncellas se embotan las saetas amorosas; pero en esta Altisidora parece que se afilan.

—Mira, Sancho —dijo don Quijote—: el amor no respeta nada ni guarda términos de razón en sus discursos, y tiene la misma condición que la muerte: acomete tanto los altos alcázares de los reyes como las humildes chozas de los pastores. Y cuando toma posesión entera de un alma, lo primero que hace es quitarle el temor y la vergüenza. Por eso Altisidora declaró así sus deseos, que en mi pecho causaron más confusión que compasión.

—¡Crueldad notoria! —dijo Sancho—. ¡Desagradecimiento sin igual! Yo, por mi parte, me habría rendido con la más mínima razón amorosa suya. ¡Y qué corazón de mármol, qué entrañas de bronce y qué alma de argamasa! Pero no entiendo qué vio esa doncella en usted para rendirse así: qué gala, qué brío, qué donaire, qué cara… Porque, la verdad, muchas veces me paro a mirarlo de la punta del pie al último cabello, y veo más cosas para espantar que para enamorar. Y si la hermosura es lo primero que enamora, como dicen, no teniendo usted ninguna, no sé de qué se enamoró la pobre.

—Mira, Sancho —respondió don Quijote—: hay dos maneras de hermosura: la del alma y la del cuerpo. La del alma se muestra en el entendimiento, en la honestidad, en el buen proceder, en la liberalidad y en la buena crianza; y todas esas partes pueden estar en un hombre feo. Y cuando se pone la mira en esa hermosura, y no en la del cuerpo, suele nacer el amor con ímpetu y ventaja. Yo bien sé que no soy hermoso; pero también sé que no soy un espanto. Y a un hombre de bien le basta no ser monstruo para ser querido, con tal que tenga los dones del alma que te he dicho.

En estas razones y pláticas se fueron internando por una selva, fuera del camino, y de pronto, sin pensarlo, se halló don Quijote enredado entre unas redes de hilo verde, tendidas de unos árboles a otros. Sin poder imaginar qué era aquello, dijo a Sancho:

—Me parece, Sancho, que esto de las redes es una de las aventuras más nuevas que se puedan imaginar. Que me maten si los encantadores que me persiguen no quieren enredarme y detener mi camino, como venganza de la dureza que tuve con Altisidora. Pues sepan ellos que, aunque estas redes, siendo de hilo verde, fueran de diamantes durísimos, o más fuertes que aquella con que el celoso dios herrero enredó a Venus y a Marte, yo las rompería como si fueran juncos marinos o hilachas de algodón.

Y queriendo pasar adelante y romperlo todo, de improviso se le presentaron, saliendo de entre los árboles, dos hermosísimas pastoras; o por lo menos, vestidas como pastoras, porque los pellicos y sayas eran de fino brocado: digo que las sayas eran riquísimos faldellines de tafetán de oro. Llevaban el cabello suelto por la espalda, tan rubio que podía competir con los rayos del sol, y lo coronaban dos guirnaldas tejidas de verde laurel y rojo amaranto. Su edad, al parecer, no bajaba de quince ni pasaba de dieciocho.

Esta vista admiró a Sancho, suspendió a don Quijote, y parecía que hasta el sol se detenía para mirarlas; y tuvo a los cuatro en un silencio maravilloso. Al fin, la primera que habló fue una de las zagalas, que dijo a don Quijote:

—Detenga, señor caballero, el paso, y no rompa las redes, que no están ahí para dañarlo, sino para nuestro pasatiempo. Y porque sé que nos va a preguntar por qué se han puesto y quiénes somos, se lo diré en pocas palabras. En una aldea que está a dos leguas de aquí, donde hay mucha gente principal y muchos hidalgos y ricos, se acordó entre amigos y parientes que, con hijos, mujeres y hijas, vecinos y conocidos, viniéramos a holgarnos a este sitio, que es uno de los más agradables de estos contornos; y que formáramos entre todos una nueva y pastoril Arcadia, vistiéndonos las doncellas de zagalas y los mozos de pastores. Traemos estudiadas dos églogas: una del famoso Garcilaso y otra del excelentísimo Camões, en su lengua portuguesa, y todavía no las hemos representado. Ayer fue el primer día que llegamos; tenemos entre estos árboles algunas tiendas de campaña, junto a un arroyo abundante que fertiliza estos prados. Y anoche tendimos estas redes entre los árboles para engañar a los pajarillos simples que, espantados con nuestro ruido, vinieran a dar en ellas. Si le agrada, señor, ser nuestro huésped, será agasajado con liberalidad y cortesía, porque por ahora en este sitio no entrarán ni la pesadumbre ni la melancolía.

Calló y no dijo más. Don Quijote respondió:

—Por cierto, hermosísima señora, que no debió de quedar más suspenso ni admirado Acteón cuando vio de improviso bañarse a Diana en las aguas, como yo he quedado atónito al ver su belleza. Alabo el asunto de sus entretenimientos y agradezco el de sus ofrecimientos; y si puedo servirles, pueden mandarme con la seguridad de ser obedecidas, porque mi profesión no es otra sino mostrarme agradecido y bienhechor con toda clase de personas, en especial con la principal que ustedes representan. Y si como estas redes, que deben de ocupar un pequeño espacio, ocuparan toda la redondez de la tierra, yo buscaría nuevos mundos por donde pasar sin romperlas. Y para que den crédito a esta exageración mía, vean que se lo promete, por lo menos, don Quijote de la Mancha, si es que ese nombre ha llegado a sus oídos.

—¡Ay, amiga del alma! —dijo entonces la otra zagala—. ¡Qué ventura tan grande nos ha sucedido! ¿Ves a este señor que tenemos delante? Pues te hago saber que es el más valiente, el más enamorado y el más comedido que hay en el mundo; a no ser que nos mienta y nos engañe una historia de sus hazañas que anda impresa y que yo he leído. Yo apostaría que este buen hombre que viene con él es Sancho Panza, su escudero, a cuyas gracias no hay ningunas que se le igualen.

—Eso es verdad —dijo Sancho—: yo soy ese gracioso y ese escudero que usted dice, y este señor es mi amo, el mismo don Quijote de la Mancha, del que se cuenta la historia.

—¡Ay! —dijo la otra—. Supliquémosle, amiga, que se quede; que nuestros padres y nuestros hermanos van a gozar infinito con ello. También he oído decir de su valor y de sus gracias lo mismo que tú me has dicho; y, sobre todo, dicen de él que es el enamorado más firme y leal que se sabe, y que su dama es una tal Dulcinea del Toboso, a quien en toda España le dan la palma de la hermosura.

—Con razón se la dan —dijo don Quijote—, si no lo pone en duda su belleza, que no tiene igual. No se cansen, señoras, en detenerme, porque las obligaciones precisas de mi profesión no me dejan reposar en ninguna parte.

Llegó, en esto, adonde estaban los cuatro, el hermano de una de las dos pastoras, vestido también de pastor, con la riqueza y gala que correspondía a las zagalas. Ellas le contaron que el que estaba con ellas era el valeroso don Quijote de la Mancha, y el otro, su escudero Sancho, de quien él ya tenía noticia por haber leído su historia. El gallardo pastor se ofreció; le pidió que se fuera con él a sus tiendas; don Quijote tuvo que concederlo, y así lo hizo.

Llegó en esto el ojeo, y se llenaron las redes de pajarillos diferentes que, engañados por el color, caían en el peligro del que huían. Se juntaron en aquel sitio más de treinta personas, todas bizarramente vestidas de pastores y pastoras, y en un instante quedaron enteradas de quiénes eran don Quijote y su escudero; y no poco gusto recibieron, porque ya tenían noticia de ellos por la historia. Acudieron a las tiendas, hallaron las mesas puestas, ricas, abundantes y limpias; honraron a don Quijote dándole el primer lugar; lo miraban todos y se admiraban de verlo.

Finalmente, levantados los manteles, con gran reposo alzó don Quijote la voz y dijo:

—Entre los pecados mayores que los hombres cometen, aunque algunos dicen que es la soberbia, yo digo que es la ingratitud, atendiendo a lo que suele decirse: que de los ingratos está lleno el infierno. Este pecado, en cuanto me ha sido posible, he procurado huir desde el instante en que tuve uso de razón; y si no puedo pagar las buenas obras que me hacen con otras obras, pongo en su lugar el deseo de hacerlas; y cuando el deseo no basta, las publico. Porque quien dice y publica las buenas obras que recibe, también las recompensaría con otras, si pudiera. Que, por lo común, los que reciben son inferiores a los que dan; y así, Dios está sobre todos, porque es dador sobre todos, y no pueden las dádivas del hombre igualarse con las de Dios, por la infinita distancia. Esa estrechez, en cierto modo, la suple el agradecimiento.

»Yo, pues, agradecido a la merced que aquí se me ha hecho, y no pudiendo corresponder en la misma medida, conteniéndome dentro de los estrechos límites de mi poder, ofrezco lo que puedo y lo que tengo de mi cosecha. Y así digo que sostendré dos días naturales, en medio de ese camino real que va a Zaragoza, que estas señoras zagalas, aquí disfrazadas, son las doncellas más hermosas y más corteses que hay en el mundo, exceptuando solo a la sin par Dulcinea del Toboso, única señora de mis pensamientos, con permiso de cuantos y cuantas me escuchan.

Al oírlo, Sancho —que lo había escuchado con gran atención— soltó una gran voz y dijo:

—¿Es posible que haya en el mundo personas que se atrevan a decir y a jurar que este mi señor está loco? Digan ustedes, señores pastores: ¿hay cura de aldea, por discreto y estudioso que sea, que pueda decir lo que mi amo ha dicho? ¿Ni hay caballero andante, por mucha fama de valiente que tenga, que pueda ofrecer lo que mi amo aquí ha ofrecido?

Don Quijote se volvió a Sancho, y encendido el rostro y colérico, le dijo:

—¿Es posible, Sancho, que haya en todo el orbe persona que diga que no eres tonto, forrado de lo mismo, con no sé qué ribetes de malicioso y de bellaco? ¿Quién te mete a ti en mis cosas, ni en averiguar si soy discreto o majadero? Calla y no me repliques; y ensilla, si Rocinante está desensillado. Vamos a poner en obra mi ofrecimiento; que con la razón que va de mi parte puedes dar por vencidos a cuantos quieran contradecirla.

Y con gran furia y muestras de enojo se levantó de la silla, dejando admirados a los presentes, y haciéndoles dudar si debían tenerlo por loco o por cuerdo.

Finalmente, aunque le persuadieron de que no se metiera en tal demanda, y le dijeron que su agradecida voluntad quedaba bien conocida y que no hacían falta nuevas demostraciones para entender su ánimo valeroso —pues bastaban las que en su historia se contaban—, con todo eso don Quijote siguió con su intención. Subió a Rocinante, embrazó el escudo, tomó la lanza, y se puso en medio de un camino real que no lejos del verde prado estaba. Sancho lo siguió sobre el rucio, con toda la gente del rebaño pastoral, deseosa de ver en qué paraba aquel ofrecimiento arrogante y nunca visto.

Puesto don Quijote en medio del camino (como ya se dijo), hirió el aire con palabras semejantes:

—¡Oh ustedes, pasajeros y caminantes, caballeros, escuderos, gente a pie y a caballo que por este camino pasan o han de pasar en estos dos días siguientes! Sepan que don Quijote de la Mancha, caballero andante, está aquí para defender que a todas las hermosuras y cortesías del mundo exceden las que se encierran en las ninfas habitantes de estos prados y bosques, dejando aparte a la señora de mi alma, Dulcinea del Toboso. Por eso, quien piense lo contrario, venga; que aquí lo espero.

Dos veces repitió estas razones, y dos veces no las oyó ningún aventurero. Pero la suerte, que iba encaminando sus cosas de mejor en mejor, ordenó que poco después se descubriera por el camino una muchedumbre de hombres a caballo, muchos de ellos con lanzas en la mano, caminando todos apiñados, de tropel y a gran prisa.

No bien los vieron los que estaban con don Quijote cuando, volviendo la espalda, se apartaron lejos del camino, porque entendieron que, si esperaban, podían correr peligro. Solo don Quijote, con intrépido corazón, se quedó quieto; y Sancho Panza se escudó con las ancas de Rocinante.

Llegó el tropel de los lanceros, y uno de ellos, que venía delante, a grandes voces comenzó a decir a don Quijote:

—¡Apártate, hombre del diablo, del camino, que te harán pedazos estos toros!

—¡Ea, canalla! —respondió don Quijote—. Para mí no hay toros que valgan, aunque sean de los más bravos que cría el Jarama en sus riberas. Confiesen, malandrines, aun yendo a toda carrera, que es verdad lo que yo aquí he publicado; si no, conmigo están en batalla.

No tuvo lugar de responder el vaquero, ni don Quijote lo tuvo de apartarse, aunque quisiera. Y así, el tropel de toros bravos y el de mansos cabestros, con la multitud de vaqueros y demás gente que los llevaba a encerrar en un lugar donde al día siguiente habían de correrlos, pasó por encima de don Quijote, de Sancho, de Rocinante y del rucio, y dio con todos en tierra, haciéndolos rodar.

Quedó molido Sancho, espantado don Quijote, aporreado el rucio y Rocinante no muy católico. Pero, al fin, se levantaron todos, y don Quijote, a gran prisa, tropezando aquí y cayendo allá, comenzó a correr tras la vacada, diciendo a voces:

—¡Deténganse y esperen, canalla malandrina! ¡Un solo caballero los espera, y no es de los que dicen que al enemigo que huye se le ha de hacer puente de plata!

Pero los apresurados corredores no se detuvieron, ni hicieron más caso de sus amenazas que de las nubes de antaño. El cansancio detuvo a don Quijote; y, más enojado que vengado, se sentó en el camino, esperando a que Sancho, Rocinante y el rucio llegaran.

Llegaron, volvieron a montar amo y escudero, y sin despedirse de la Arcadia fingida o disfrazada, y con más vergüenza que gusto, siguieron su camino.

CAPÍTULO LIX: DONDE SE CUENTA EL EXTRAORDINARIO SUCESO QUE LE SUCEDIÓ A DON QUIJOTE

Al polvo y al cansancio que don Quijote y Sancho sacaron del descomedimiento de los toros acudió una fuente clara y limpia, que hallaron entre una fresca arboleda. En su margen, dejando libres —sin jáquima ni freno— al rucio y a Rocinante, los dos apaleados, amo y mozo, se sentaron.

Sancho acudió a las provisiones de sus alforjas y sacó lo que él solía llamar "condumio". Se enjuagó la boca, se lavó don Quijote el rostro, y con aquel refrigerio cobraron aliento los espíritus desalentados.

Don Quijote no comía, de puro pesar; ni Sancho se atrevía a tocar lo que tenía delante, por comedido, esperando que su señor hiciera la "salva". Pero viendo que, llevado de sus imaginaciones, ni se acordaba del pan, no aguantó más; y atropellando por toda clase de buena crianza, comenzó a engullir pan y queso.

—Come, Sancho amigo —dijo don Quijote—. Sustenta la vida, que más que a mí te importa; y déjame morir a manos de mis pensamientos y a fuerza de mis desgracias. Yo nací para vivir muriendo, y tú para morir comiendo. Y para que veas que digo verdad, mírame: impreso en historias, famoso en las armas, comedido en mis acciones, respetado de príncipes, solicitado de doncellas. Y al cabo, cuando esperaba palmas, triunfos y coronas ganadas por mis hazañas, me he visto esta mañana pisoteado, pateado y molido bajo los pies de animales inmundos. Esta consideración me embota los dientes, entorpece las muelas, entumece las manos y me quita del todo las ganas de comer, de manera que pienso dejarme morir de hambre, muerte la más cruel de las muertes.

—De esa manera —dijo Sancho, sin dejar de mascar aprisa—, usted no aprobará el refrán que dice: "muera Marta, y muera harta". Yo, por lo menos, no pienso matarme a mí mismo; antes haré como el zapatero, que tira el cuero con los dientes hasta hacerlo llegar donde quiere: yo tiraré mi vida comiendo hasta que llegue al fin que le tenga señalado el cielo. Y sepa, señor, que no hay mayor locura que querer desesperarse como usted; créame: después de comer, échese a dormir un rato sobre estos colchones verdes, y verá que cuando despierte se halla más aliviado.

Don Quijote lo hizo, porque le pareció que las razones de Sancho eran más de filósofo que de tonto, y le dijo:

—Si tú, Sancho, quisieras hacer por mí lo que ahora te diré, mis alivios serían más ciertos y mis pesadumbres menos grandes: y es que, mientras yo duermo obedeciendo tu consejo, tú te apartes un poco de aquí y, con las riendas de Rocinante, dándote en las carnes, te des trescientos o cuatrocientos azotes, como buena cuenta de los tres mil y tantos que te has de dar por el desencanto de Dulcinea. Que es lástima grande que esa pobre señora esté encantada por tu descuido y negligencia.

—Hay mucho que decir sobre eso —respondió Sancho—. Durmamos ahora los dos, y después Dios dirá. Sepa usted que eso de azotarse a sangre fría es cosa recia, y más si los azotes caen sobre un cuerpo mal sustentado y peor comido. Tenga paciencia mi señora Dulcinea: que cuando menos lo piense, me verá hecho una criba de azotes. Y hasta la muerte, todo es vida; quiero decir que todavía la tengo, y también el deseo de cumplir lo prometido.

Don Quijote se lo agradeció, comió algo y Sancho mucho; y se echaron a dormir los dos, dejando a su albedrío, y sin orden alguna, pacer la abundante hierba del prado a los dos continuos compañeros y amigos, Rocinante y el rucio.

Despertaron algo tarde, volvieron a montar y siguieron el camino, dándose prisa para llegar a una venta que, al parecer, se descubría a una legua. Digo que era venta porque don Quijote la llamó así, fuera de su costumbre de llamar castillos a todas las ventas.

Llegaron, preguntaron al huésped si había posada, y les respondió que sí, con toda la comodidad y regalo que pudieran hallar en Zaragoza. Se bajaron; Sancho guardó sus provisiones en un aposento del que el huésped le dio la llave; llevó las bestias a la caballeriza, les echó sus piensos y salió a ver qué le mandaba don Quijote, que estaba sentado sobre un banco de madera, dando gracias al cielo de que a su amo no le hubiera parecido castillo aquella venta.

Llegó la hora de cenar; se recogieron a su estancia. Sancho preguntó al huésped qué tenía para darles de cenar. El huésped le respondió que su boca sería medida, y que pidiera lo que quisiera: que aquella venta estaba proveída de "pajarillos del aire, aves de la tierra y pescados del mar".

—No hace falta tanto —dijo Sancho—: con un par de pollos asados tenemos de sobra, porque mi señor es delicado y come poco, y yo no soy tragón en exceso.

El huésped respondió que no tenía pollos, porque los milanos los tenían asolados.

—Entonces mande el señor huésped —dijo Sancho— asar una gallina tierna.

—¿Gallina? ¡Válgame Dios! —respondió el huésped—. En verdad que ayer envié a la ciudad a vender más de cincuenta; pero, fuera de gallinas, pida lo que quiera.

—De esa manera —dijo Sancho—, no faltará ternera o cabrito.

—Por ahora, en casa no hay —respondió el huésped—, porque se ha acabado; pero la semana que viene habrá de sobra.

—¡Bien arreglados estamos con eso! —respondió Sancho—. Apostaría a que todas estas faltas vienen a resumirse en que sobran tocino y huevos.

—¡Por Dios —respondió el huésped—, qué gentil despropósito trae mi huésped! Pues ya le he dicho que no tengo pollas ni gallinas, ¿y quiere que tenga huevos? Piense, si quiere, en otras delicadezas y déjese de pedir extravagancias.

—Decidámonos, cuerpo de mí —dijo Sancho—, y dígame de una vez lo que tiene, y déjese de rodeos, señor huésped.

Dijo el ventero:

—Lo que real y verdaderamente tengo son dos uñas de vaca que parecen manos de ternera, o dos manos de ternera que parecen uñas de vaca; están cocidas con sus garbanzos, cebollas y tocino, y ahora mismo están diciendo: "¡Cóme-me! ¡Cóme-me!".

—Desde aquí las marco para mí —dijo Sancho—, y nadie las toque; que yo las pagaré mejor que otro, porque para mí ninguna otra cosa pudiera esperar con más gusto, y no se me daría nada que fuesen manos, con tal que fuesen uñas.

—Nadie las tocará —dijo el ventero—, porque otros huéspedes que tengo, de puro principales, traen consigo cocinero, despensero y provisiones.

—Si por principales va —dijo Sancho—, ninguno más que mi amo; pero el oficio que él ejerce no permite despensas ni botillerías: ahí nos tendemos en mitad de un prado y nos hartamos de bellotas o de nísperos.

Esta fue la conversación que Sancho tuvo con el ventero, sin querer pasar adelante en responderle, pues ya le había preguntado qué oficio o qué ejercicio era el de su amo.

Llegó, pues, la hora de cenar; don Quijote se recogió a su estancia; el huésped trajo la olla tal como estaba, y Sancho se sentó a cenar con toda formalidad.

Sucedió que, en otro aposento junto al de don Quijote, separado solo por un delgado tabique, oyó decir don Quijote:

—Por vida de usted, señor don Jerónimo, que mientras traen la cena leamos otro capítulo de la segunda parte de Don Quijote de la Mancha.

Apenas oyó su nombre don Quijote, cuando se puso en pie; y, con el oído alerta, escuchó lo que de él trataban. Oyó que el tal don Jerónimo respondió:

—¿Para qué quiere usted, señor don Juan, que leamos estos disparates, si quien haya leído la primera parte de la historia de Don Quijote de la Mancha no es posible que tenga gusto en leer esta segunda?

—Con todo eso —dijo don Juan—, será bien leerla, pues no hay libro tan malo que no tenga alguna cosa buena. Lo que a mí en este más me disgusta es que pinta a don Quijote ya desenamorado de Dulcinea del Toboso.

Oyendo esto, don Quijote, lleno de ira y despecho, alzó la voz y dijo:

—Quienquiera que diga que don Quijote de la Mancha ha olvidado, o puede olvidar, a Dulcinea del Toboso, le haré entender con armas iguales que está muy lejos de la verdad; porque la sin par Dulcinea del Toboso no puede ser olvidada, ni en don Quijote cabe olvido: su blasón es la firmeza, y su profesión, guardarla con suavidad y sin hacerse fuerza alguna.

—¿Quién es el que nos responde? —dijeron del otro aposento.

—¿Quién ha de ser —respondió Sancho— sino el mismo don Quijote de la Mancha, que hará bueno cuanto ha dicho, y aun cuanto diga? Que al buen pagador no le duelen prendas.

Apenas dijo esto Sancho, cuando entraron por la puerta de su aposento dos caballeros, que tales parecían; y uno de ellos, echando los brazos al cuello de don Quijote, le dijo:

—Ni su presencia puede desmentir su nombre, ni su nombre puede dejar de acreditar su presencia: sin duda, usted es el verdadero don Quijote de la Mancha, norte y lucero de la caballería andante, a pesar de quien ha querido usurpar su nombre y aniquilar sus hazañas, como lo ha hecho el autor de este libro que aquí le entrego.

Y poniéndole un libro en las manos, que traía su compañero, lo tomó don Quijote; y, sin responder palabra, comenzó a hojearlo, y al cabo de un rato dijo:

—En lo poco que he visto he hallado tres cosas en este autor dignas de reprensión. La primera, ciertas palabras del prólogo; la otra, que el lenguaje es aragonés, porque a veces escribe sin artículos; y la tercera, la mayor, es que yerra y se aparta de la verdad en lo más principal de la historia: porque aquí dice que la mujer de Sancho Panza, mi escudero, se llama Mari Gutiérrez, y no se llama así, sino Teresa Panza; y quien en parte tan principal yerra, bien se puede temer que yerra en todas las demás.

A esto dijo Sancho:

—¡Donosa cosa de historiador! ¡Por cierto, bien debe de andar con el cuento de nuestros sucesos, si llama a Teresa Panza, mi mujer, Mari Gutiérrez! Vuelva a tomar el libro, señor, y mire si ando yo por ahí, y si me ha mudado el nombre.

—Por lo que lo he oído hablar, amigo —dijo don Jerónimo—, sin duda usted debe de ser Sancho Panza, el escudero del señor don Quijote.

—Sí soy —respondió Sancho—, y me honro de ello.

—Pues, a fe —dijo el caballero—, que no lo trata este autor moderno con la limpieza que en su persona se muestra: lo pinta comilón y simple, nada gracioso, y muy otro del Sancho que en la primera parte de la historia de su amo se describe.

—Dios se lo perdone —dijo Sancho—. Me dejara en mi rincón, sin acordarse de mí; porque quien las sabe, las tañe, y bien se está San Pedro en Roma.

Los dos caballeros pidieron a don Quijote que pasase a su estancia a cenar con ellos; que bien sabían que en aquella venta no había cosas apropiadas para su persona. Don Quijote, que siempre fue comedido, accedió a su ruego y cenó con ellos.

Se quedó Sancho con la olla, con mero mixto imperio: se sentó a la cabecera de la mesa, y con él el ventero, que no menos que Sancho estaba aficionado a sus manos y a sus uñas.

En el curso de la cena preguntó don Juan a don Quijote qué nuevas tenía de la señora Dulcinea del Toboso: si se había casado, si estaba parida o preñada, o si, estando entera, se acordaba —guardando su honestidad y buen decoro— de los amorosos pensamientos del señor don Quijote. A lo que él respondió:

—Dulcinea está entera; y mis pensamientos, más firmes que nunca; las correspondencias, en su sequedad antigua; su hermosura, en la de una soez labradora transformada.

Y luego les fue contando punto por punto el encanto de Dulcinea, y lo que le había sucedido en la cueva de Montesinos, con la orden que el sabio Merlín le había dado para desencantarla, que fue la de los azotes de Sancho.

Grande fue el gusto que los dos caballeros recibieron de oír contar a don Quijote los extraños sucesos de su historia; y quedaron tan admirados de sus disparates como del elegante modo con que los contaba. Aquí lo tenían por discreto, y allí se les deslizaba por mentecato, sin saber determinar qué lugar darle entre la discreción y la locura.

Acabó de cenar Sancho y, dejando hecho equis al ventero, se pasó a la estancia de su amo; y, en cuanto entró, dijo:

—Que me maten, señores, si el autor de ese libro que ustedes tienen no quiere que no comamos buenas migas juntos. Yo querría que, ya que me llama comilón, como ustedes dicen, no me llamase también borracho.

—Sí lo llama —dijo don Jerónimo—, pero no me acuerdo en qué modo; aunque sé que son razones malsonantes y, además, mentirosas, según lo que yo veo en la fisonomía del buen Sancho que está presente.

—Créanme —dijo Sancho—: el Sancho y el don Quijote de esa historia deben de ser otros, y no los que andan en la que compuso Cide Hamete Benengeli, que somos nosotros: mi amo, valiente, discreto y enamorado; y yo, simple gracioso, y no comilón ni borracho.

—Yo también lo creo —dijo don Juan—; y si fuese posible, habría que mandar que nadie se atreviera a tratar las cosas del gran don Quijote, si no fuese Cide Hamete, su primer autor; como mandó Alejandro que nadie se atreviese a retratarlo sino Apeles.

—Retráteme quien quiera —dijo don Quijote—, pero que no me maltrate; que muchas veces se acaba la paciencia cuando la cargan de injurias.

—Ninguna —dijo don Juan— puede hacérsele al señor don Quijote de la que él no pueda vengarse, si no la repara con el escudo de su paciencia, que, a mi parecer, es fuerte y grande.

En estas y otras pláticas se pasó gran parte de la noche. Y aunque don Juan quiso que don Quijote leyera más del libro, por ver lo que decía de él, no pudieron lograrlo; porque don Quijote dijo que lo daba por leído y lo confirmaba por todo necio, y que no quería que, si llegaba a noticia de su autor que lo había tenido en las manos, se alegrase pensando que lo había leído; pues de las cosas obscenas y torpes han de apartarse los pensamientos, y más aún los ojos.

Le preguntaron adónde llevaba determinado su viaje. Respondió que a Zaragoza, a hallarse en las justas del arnés, que en aquella ciudad suelen hacerse todos los años. Don Juan le dijo que la nueva historia contaba cómo don Quijote —sea quien fuere— se había hallado en una sortija, falta de invención, pobre de letras, pobrísima de libreas, aunque rica de simplicidades.

—Por eso mismo —respondió don Quijote— no pondré los pies en Zaragoza, y así sacaré a la plaza del mundo la mentira de ese historiador moderno, y verán las gentes que yo no soy el don Quijote que él pinta.

—Hará muy bien —dijo don Jerónimo—; y otras justas hay en Barcelona, donde podrá mostrar su valor.

—Así lo pienso hacer —dijo don Quijote—; y denme licencia, pues ya es hora, para irme al lecho, y ténganme por amigo y servidor.

—Y a mí también —dijo Sancho—: quizá sirva para algo.

Con esto, se despidieron, y don Quijote y Sancho se retiraron a su aposento, dejando a don Juan y a don Jerónimo admirados de la mezcla que habían visto de discreción y locura; y de veras creyeron que aquellos eran los verdaderos don Quijote y Sancho, y no los que describía el autor aragonés.

Madrugó don Quijote y, dando golpes al tabique del otro aposento, se despidió de sus huéspedes. Pagó Sancho al ventero magníficamente, y le aconsejó que alabara menos la provisión de su venta, o la tuviese mejor proveída.

CAPÍTULO LX: DE LO QUE LE SUCEDIÓ A DON QUIJOTE YENDO A BARCELONA

Era fresca la mañana, y el día daba señales de serlo también cuando don Quijote salió de la venta, informándose primero de cuál era el camino más derecho para ir a Barcelona sin pasar por Zaragoza: tal era el deseo que tenía de dejar por mentiroso al nuevo historiador que, según decían, tanto lo vituperaba.

Sucedió, pues, que en más de seis días no le aconteció cosa digna de ponerse por escrito; al cabo de los cuales, yendo fuera de camino, le tomó la noche entre unas espesas encinas o alcornoques; que en esto no guarda Cide Hamete la puntualidad que suele guardar en otras cosas.

Se bajaron de sus bestias amo y mozo, y, acomodándose a los troncos de los árboles, Sancho, que había merendado aquel día, se dejó entrar de golpe por las puertas del sueño; pero don Quijote, a quien desvelaban sus imaginaciones mucho más que el hambre, no podía cerrar los ojos: antes iba y venía con el pensamiento por mil lugares.

Ya le parecía hallarse en la cueva de Montesinos; ya ver brincar y subir sobre su pollina a Dulcinea, convertida en labradora; ya le sonaban en los oídos las palabras del sabio Merlín, que le referían las condiciones y diligencias que debían hacerse para el desencanto.

Se desesperaba al ver la flojedad y la poca caridad de Sancho, pues, a lo que creía, solo cinco azotes se había dado, número desigual y pequeño para los infinitos que le faltaban. Y de esto recibió tanta pesadumbre y enojo, que hizo este discurso:

«Si el Magno Alejandro cortó el nudo gordiano diciendo: "Tanto monta cortar como desatar", y no por eso dejó de ser señor de toda Asia, no menos podría suceder ahora en el desencanto de Dulcinea si yo azotara a Sancho contra su voluntad; que si la condición está en que Sancho reciba los tres mil y tantos azotes, ¿qué se me da a mí que se los dé él o que se los dé otro, si la sustancia está en que los reciba, vengan por donde vinieren?».

Con esta idea se acercó a Sancho; primero tomó las riendas de Rocinante y las acomodó de modo que pudiera azotarlo con ellas, y comenzó a quitarle las cintas —pues es opinión que no tenía más que la delantera, en que se sustentaban los gregüescos—; pero apenas llegó, cuando Sancho despertó del todo y dijo:

—¿Qué es esto? ¿Quién me toca y me desata?

—Yo soy —respondió don Quijote—, que vengo a suplir tus faltas y a remediar mis trabajos: vengo a azotarte, Sancho, y a pagar, en parte, la deuda a que te obligaste. Dulcinea perece; tú vives descuidado; yo muero deseando; y así, desátate por tu voluntad, porque la mía es darte en esta soledad, por lo menos, dos mil azotes.

—Eso no —dijo Sancho—: usted esté quieto; si no, por Dios verdadero que nos van a oír los sordos. Los azotes a que me obligué han de ser voluntarios, y no por fuerza; y ahora no tengo ganas de azotarme. Basta que le doy mi palabra de azotarme y darme golpes cuando me nazca hacerlo.

—No hay dejarlo a tu cortesía, Sancho —dijo don Quijote—, porque eres duro de corazón, y aunque villano, blando de carnes.

Y así, procuraba y forcejeaba por desatarlo. Viendo esto Sancho Panza, se puso en pie, arremetió contra su amo, lo abrazó con fuerza y, echándole una zancadilla, lo derribó boca arriba. Le puso la rodilla derecha sobre el pecho y le sujetó las manos con las suyas, de modo que ni podía moverse ni tomar aliento.

Don Quijote decía:

—¿Cómo, traidor? ¿Contra tu amo y señor natural te alzas? ¿Con quien te da su pan te atreves?

—Ni quito rey ni pongo rey —respondió Sancho—: me defiendo, que soy mi propio señor. Usted me promete que se estará quieto y no intentará azotarme ahora; y yo lo dejaré libre. Si no…

Aquí morirás, traidor,
enemigo de doña Sancha.

Se lo prometió don Quijote, y juró, por vida de sus pensamientos, no tocarle ni un pelo de la ropa, y dejarle en libertad para azotarse cuando quisiera.

Se levantó Sancho y se apartó un buen trecho; y yendo a arrimarse a otro árbol, sintió que algo le tocaba en la cabeza; alzó las manos y topó con dos pies de persona, con zapatos y calzas. Tembló de miedo; fue a otro árbol, y le sucedió lo mismo. Dio voces llamando a don Quijote para que lo socorriese. Don Quijote acudió, le preguntó qué pasaba, y Sancho respondió que todos aquellos árboles estaban llenos de pies y piernas humanas.

Don Quijote los tanteó, y al punto cayó en la cuenta, y le dijo:

—No tienes de qué temer, porque estos pies y piernas que tocas y no ves son, sin duda, de forajidos y bandoleros ahorcados; que por aquí suele colgarlos la justicia cuando los atrapa, de veinte en veinte y de treinta en treinta; y por esto entiendo que debemos de estar cerca de Barcelona.

Y así era.

Al asomar el alba, alzaron los ojos y vieron aquellos racimos en los árboles: eran cuerpos de bandoleros. Ya amanecía, y si los muertos los habían espantado, no menos los afligieron más de cuarenta bandoleros vivos, que de improviso los rodearon, diciéndoles en lengua catalana que se estuvieran quietos y se detuvieran hasta que llegase su capitán.

Don Quijote estaba a pie, su caballo sin freno, su lanza arrimada a un árbol y, en fin, sin defensa alguna; así que tuvo por mejor cruzar las manos e inclinar la cabeza, guardándose para mejor ocasión.

Los bandoleros fueron a registrar al rucio, y a no dejarle nada de cuanto traía en las alforjas y la maleta. Y bien le salió a Sancho que los escudos del Duque y los que había traído de su tierra venían en una faja que llevaba ceñida; de otro modo, aquella gente lo habría registrado hasta entre el cuero y la carne, de no llegar en ese momento su capitán.

Mostró ser de unos treinta y cuatro años, robusto, de más que mediana estatura, de mirar grave y tez morena. Venía en un poderoso caballo, con la cota de malla puesta, y con cuatro pistolas —que en aquella tierra llaman pedreñales— a los lados.

Vio que sus hombres, a quienes llaman "escuderos" en aquel oficio, iban a despojar a Sancho Panza; les mandó que no lo hiciesen, y fue obedecido al instante, con lo cual se salvó la faja.

Le admiró ver la lanza arrimada al árbol, el escudo en el suelo y a don Quijote armado y pensativo, con la más triste y melancólica figura que pudiera formar la misma tristeza. Se llegó a él y le dijo:

—No esté tan triste, buen hombre; porque no ha caído en manos de algún cruel Osiris, sino en las de Roque Guinart, que tienen más de compasivas que de rigurosas.

—No es mi tristeza —respondió don Quijote— haber caído en tu poder, ¡oh valeroso Roque, cuya fama no hay límites en la tierra que la encierren!, sino haber sido tal mi descuido, que tus soldados me hayan cogido sin el freno, estando yo obligado, según la orden de la caballería andante que profeso, a vivir siempre alerta, siendo a toda hora centinela de mí mismo. Porque has de saber, ¡oh gran Roque!, que si me hallaran sobre mi caballo, con mi lanza y con mi escudo, no les hubiera sido muy fácil rendirme, porque yo soy don Quijote de la Mancha, aquel que con sus hazañas tiene lleno todo el orbe.

Entonces Roque Guinart entendió que la enfermedad de don Quijote tocaba más en locura que en valentía; y, aunque algunas veces lo había oído nombrar, nunca tuvo por verdaderos sus hechos, ni pudo persuadirse de que semejante humor reinara en el corazón de un hombre. Se alegró en extremo de haberlo encontrado, para ver de cerca lo que de lejos había oído; y así le dijo:

—Valeroso caballero, no se despeche ni tome por siniestra fortuna esta en que se halla; que bien pudiera ser que en estos tropiezos su torcida suerte se enderezara: el cielo, por extraños y nunca vistos rodeos —no imaginados por los hombres—, suele levantar a los caídos y enriquecer a los pobres.

Ya iba a darle las gracias don Quijote, cuando sintieron a sus espaldas un ruido como de tropel de caballos, y no era sino uno solo, sobre el cual venía, a toda furia, un joven, al parecer de unos veinte años, vestido de damasco verde con pasamanos de oro, gregüescos y saltaembarca, sombrero terciado a la valona, botas enceradas y justas, espuelas, daga y espada doradas, una escopeta pequeña en las manos y dos pistolas a los lados.

Al ruido volvió Roque la cabeza y vio aquella hermosa figura, la cual, en llegando a él, dijo:

—En tu busca venía, ¡oh valeroso Roque!, para hallar en ti, si no remedio, al menos alivio en mi desdicha; y, para no dejarte en suspenso —porque sé que no me has conocido—, quiero decirte quién soy: yo soy Claudia Jerónima, hija de Simón Forte, tu singular amigo y enemigo particular de Clauquel Torrellas, que también lo es tuyo, por ser uno de los del bando contrario. Ya sabes que ese Torrellas tiene un hijo que se llama don Vicente Torrellas, o, al menos, se llamaba no hace dos horas.

Este, pues —por abreviar el cuento de mi desventura—, te diré en breves palabras la que me ha causado. Me vio, me requebró, lo escuché, me enamoré, a hurtadillas de mi padre; porque no hay mujer, por retirada y recatada que esté, a quien no le sobre tiempo para ejecutar sus atropellados deseos. En fin, él me prometió ser mi esposo, y yo le di palabra de ser suya, sin que pasáramos a obra.

Supe ayer que, olvidado de lo que me debía, se casaba con otra, y que esta mañana iba a desposarse: nueva que me turbó el juicio y acabó mi paciencia. Y como mi padre no estaba en el lugar, tuve que vestirme con el traje que ves; y, apresurando el paso de este caballo, alcancé a don Vicente como a una legua de aquí, y sin darme a quejar ni a oír disculpas, le disparé esta escopeta, y, por añadidura, estas dos pistolas; y, a lo que creo, le debí de meter más de dos balas en el cuerpo, abriéndole puertas por donde, envuelta en su sangre, saliera mi honra.

Allí lo dejo entre sus criados, que no osaron ni pudieron ponerse en su defensa. Vengo a buscarte para que me pases a Francia, donde tengo parientes con quienes pueda vivir; y también a rogarte que defiendas a mi padre, para que los parientes de don Vicente no se atrevan a tomar en él una venganza desaforada.

Roque, admirado de la gallardía, el buen talle y el suceso de la hermosa Claudia, le dijo:

—Venga, señora, y vamos a ver si está muerto su enemigo; que después veremos lo que más le convenga.

Don Quijote, que había escuchado atentamente lo que Claudia dijo y lo que Roque respondió, añadió:

—Nadie tiene por qué tomar el trabajo de defender a esta señora, que lo tomo yo a mi cargo: denme mi caballo y mis armas, y espérenme aquí; que yo iré a buscar a ese caballero, y, muerto o vivo, le haré cumplir la palabra prometida a tanta belleza.

—Nadie lo dude —dijo Sancho—, porque mi señor tiene muy buena mano para casamentero: no hace muchos días hizo casar a otro que también negaba su palabra a una doncella; y si no fuera porque los encantadores que lo persiguen le mudaron su verdadera figura en la de un lacayo, ya a estas horas la tal doncella no lo sería.

Roque, que atendía más al suceso de la hermosa Claudia que a las razones de amo y mozo, no las entendió; y mandó a sus hombres que devolvieran a Sancho todo cuanto le habían quitado del rucio. Les ordenó también que se retirasen al lugar donde aquella noche habían estado alojados, y luego partió con Claudia a toda prisa, a buscar al herido —o muerto— don Vicente.

Llegaron al sitio donde Claudia lo encontró, y no hallaron allí sino sangre recién derramada; pero, tendiendo la vista por todas partes, descubrieron, por un recuesto arriba, a alguna gente, y entendieron —como era verdad— que debía de ser don Vicente, a quien sus criados, muerto o vivo, llevaban, o para curarlo o para enterrarlo.

Se dieron prisa para alcanzarlos; y como ellos iban despacio, con facilidad lo hicieron. Hallaron a don Vicente en brazos de sus criados, quien, con voz cansada y debilitada, les rogaba que lo dejasen allí morir, porque el dolor de las heridas no consentía que pasara más adelante.

Se bajaron de los caballos Claudia y Roque, se acercaron a él; temieron los criados la presencia de Roque, y Claudia se turbó al ver a don Vicente; y así, entre enternecida y rigurosa, se arrimó y, asiéndole las manos, le dijo:

—Si tú me hubieras dado esas manos, conforme a nuestro concierto, nunca te vieras en este trance.

Abrió el herido caballero los ojos, casi cerrados, y, conociendo a Claudia, le dijo:

—Bien veo, hermosa y engañada señora, que tú has sido quien me ha muerto; pena no merecida ni debida a mis deseos, pues con ellos, ni con mis obras, jamás quise ni supe ofenderte.

—Luego, ¿no es verdad —dijo Claudia— que ibas esta mañana a desposarte con Leonora, la hija del rico Balvastro?

—No, por cierto —respondió don Vicente—: mi mala fortuna debió llevarte esas nuevas, para que, celosa, me quitaras la vida; la cual, pues la dejo en tus manos y en tus brazos, tengo mi suerte por venturosa. Y para asegurarte esta verdad, aprieta mi mano y recíbeme por esposo, si quieres; que no tengo otra mayor satisfacción que darte del agravio que imaginas que de mí has recibido.

Le apretó la mano Claudia, y se le apretó a ella el corazón, de manera que, sobre la sangre y el pecho de don Vicente, quedó desmayada; y a él le tomó un mortal paroxismo.

Roque estaba confuso y no sabía qué hacer. Acudieron los criados a buscar agua para echarles en el rostro, y la trajeron, y con ella los rociaron. Volvió Claudia de su desmayo; pero no volvió don Vicente de su paroxismo, porque se le acabó la vida.

Visto esto por Claudia, y ya enterada de que su dulce esposo no vivía, rompió el aire con suspiros, hirió los cielos con quejas, maltrató sus cabellos, entregándolos al viento, afeó su rostro con sus propias manos, con todas las muestras de dolor y sentimiento que en un pecho lastimado puedan imaginarse.

—¡Oh cruel e inconsiderada mujer —decía—, con qué facilidad te moviste a poner en obra tan mal pensamiento! ¡Oh fuerza rabiosa de los celos, a qué desesperado fin conduces a quien te acoge en su pecho! ¡Oh esposo mío, cuya desdichada suerte, por ser prenda mía, te ha llevado del tálamo a la sepultura!

Tales y tan tristes eran las quejas de Claudia, que sacaron lágrimas de los ojos de Roque, no acostumbrados a verterlas en ocasión ninguna. Lloraban los criados; se desmayaba a cada paso Claudia; y todo aquel contorno parecía campo de tristeza y lugar de desgracia.

En fin, Roque Guinart ordenó a los criados de don Vicente que llevasen su cuerpo al lugar de su padre, que estaba cerca, para que le dieran sepultura. Claudia dijo a Roque que quería irse a un monasterio donde era abadesa una tía suya, en el cual pensaba acabar la vida, acompañada de un esposo mejor y más eterno.

Roque alabó su buen propósito, se ofreció a acompañarla hasta donde quisiera y a defender a su padre de los parientes de don Vicente, y de todo el mundo, si alguno quisiera ofenderlo. Claudia no quiso su compañía de ninguna manera; y, agradeciéndole sus ofrecimientos con las mejores razones que supo, se despidió de él llorando.

Los criados llevaron el cuerpo de don Vicente, y Roque se volvió con los suyos; y este fin tuvieron los amores de Claudia Jerónima. Pero, ¿qué mucho, si tejieron la trama de su lamentable historia las fuerzas invencibles y rigurosas de los celos?

Halló Roque Guinart a sus hombres en el lugar que les había señalado, y a don Quijote entre ellos, sobre Rocinante, haciéndoles una plática en la que los persuadía de que dejaran aquel modo de vida tan peligroso para el alma como para el cuerpo; pero como la mayoría eran gascones, gente rústica y desmandada, no les entraba bien el sermón de don Quijote.

Cuando llegó Roque, preguntó a Sancho Panza si le habían devuelto las alhajas y preseas que los suyos le habían quitado del rucio. Sancho respondió que sí, pero que le faltaban tres tocadores, que valían tres ciudades.

—¿Qué dices, hombre? —dijo uno de los presentes—. Yo los tengo, y no valen tres reales.

—Así es —dijo don Quijote—; pero mi escudero los estima en lo que ha dicho, por habérmelos dado quien me los dio.

Roque mandó que se los devolvieran en el acto; y, mandando poner a los suyos en fila, ordenó traer allí delante todos los vestidos, joyas y dineros, y todo aquello que desde la última repartición habían robado. Hizo rápidamente el recuento, convirtió en dinero lo que no era repartible, y lo distribuyó entre toda su compañía con tanta legalidad y prudencia, que no faltó un punto a la justicia distributiva.

Hecho esto, con lo cual todos quedaron contentos, satisfechos y pagados, dijo Roque a don Quijote:

—Si no se guardara esta puntualidad con estos, no se podría vivir con ellos.

A lo que dijo Sancho:

—Según lo que he visto, la justicia es tan buena, que hace falta usarla incluso entre los mismos ladrones.

Lo oyó uno de aquellos hombres y levantó la culata de un arcabuz, con la cual, sin duda, le habría abierto la cabeza a Sancho, si Roque Guinart no le hubiera gritado que se detuviese. Sancho se quedó pasmado y decidió no abrir la boca mientras estuviera entre aquella gente.

En esto llegó uno de los centinelas que estaban puestos en los caminos para ver quién venía y dar aviso a su capitán, y dijo:

—Señor, no lejos de aquí, por el camino que va a Barcelona, viene un gran tropel de gente.

A lo que respondió Roque:

—¿Has notado si son de los que nos buscan, o de los que nosotros buscamos?

—De los que buscamos —respondió el centinela.

—Pues salgan todos —replicó Roque— y tráiganmelos aquí, sin que se les escape ninguno.

Lo hicieron así; y, quedándose solos don Quijote, Sancho y Roque, esperaron a ver qué traían los hombres. Y en este entretanto, dijo Roque a don Quijote:

—Nueva manera de vida le debe de parecer la nuestra, nuevas aventuras, nuevos sucesos, y todos peligrosos; y no me maravillo. Porque, en verdad le confieso, no hay modo de vivir más inquieto ni más sobresaltado que este.

A mí me han metido en él unos deseos de venganza que tienen fuerza para turbar los corazones más sosegados. Yo, por naturaleza, soy compasivo y de buena intención; pero el querer vengarme de un agravio que me hicieron echa por tierra mis buenas inclinaciones, y así persevero en este estado, a pesar de lo que entiendo.

Y como un abismo llama a otro, y un pecado a otro pecado, se han encadenado las venganzas de manera que no solo tomo a mi cargo las mías, sino también las ajenas; pero Dios quiere que, aunque me veo en mitad del laberinto de mis confusiones, no pierda la esperanza de salir a puerto seguro.

Don Quijote quedó admirado de oír tan buenas y concertadas razones, porque pensaba que entre quienes se ocupan en robar, matar y saltear no podía haber nadie de buen discurso; y le respondió:

—Señor Roque: el principio de la salud está en conocer la enfermedad y en querer el enfermo tomar las medicinas que el médico le ordena. Usted está enfermo, conoce su dolencia, y el cielo —o Dios, que es nuestro médico— le aplicará medicinas que lo sanen; las cuales suelen sanar poco a poco, y no de repente ni por milagro.

Además, los pecadores discretos están más cerca de enmendarse que los simples; y como usted ha mostrado prudencia en sus razones, no queda sino tener buen ánimo y esperar mejoría de la enfermedad de su conciencia.

Y si usted quiere ahorrar camino y ponerse con facilidad en el de su salvación, véngase conmigo: yo le enseñaré a ser caballero andante, donde se pasan tantos trabajos y desventuras que, tomándolos por penitencia, en dos paletas lo ponen a uno en el cielo.

Roque se rio del consejo de don Quijote; y, mudando la plática, le contó el trágico suceso de Claudia Jerónima, de lo cual a Sancho le pesó, porque no le había parecido mal la belleza, desenvoltura y brío de la moza.

Llegaron entonces los hombres de la presa, trayendo consigo dos caballeros a caballo, dos peregrinos a pie, y un coche con mujeres, con hasta seis criados que las acompañaban a pie y a caballo, con otros dos mozos de mulas que los caballeros traían.

Los capturaron sin alboroto, y quedaban vencidos y vencedores en gran silencio, esperando a que Roque Guinart hablase. Él preguntó a los caballeros quiénes eran, adónde iban, y cuánto dinero llevaban. Uno de ellos respondió:

—Señor: nosotros somos dos capitanes de infantería española; tenemos nuestras compañías en Nápoles y vamos a embarcarnos en cuatro galeras que dicen que están en Barcelona con orden de pasar a Sicilia. Llevamos doscientos o trescientos escudos; y, a nuestro parecer, vamos ricos y contentos, pues la estrechez ordinaria de los soldados no permite mayores tesoros.

Roque preguntó a los peregrinos lo mismo; y le respondieron que iban a embarcarse para pasar a Roma, y que entre ambos podían llevar hasta sesenta reales.

Quiso saber también quién iba en el coche, adónde, y cuánto dinero llevaban; y uno de los de a caballo dijo:

—Mi señora doña Guiomar de Quiñones, mujer del regente de la Vicaría de Nápoles, con una hija pequeña, una doncella y una dueña, son las que van en el coche; la acompañamos seis criados, y el dinero son seiscientos escudos.

—De modo —dijo Roque Guinart— que ya tenemos aquí novecientos escudos y sesenta reales. Mis soldados deben de ser unos sesenta: miren cómo le toca a cada uno, porque yo soy mal contador.

Al oír esto, los salteadores levantaron la voz, diciendo:

—¡Viva Roque Guinart muchos años, a pesar de los ladrones que procuran su perdición!

Los capitanes se mostraron afligidos; la señora regenta se entristeció, y los peregrinos no se alegraron nada al ver la confiscación de sus bienes.

Roque los tuvo un rato así, en suspenso; pero no quiso que su tristeza pasara adelante, que ya se conocía a tiro de arcabuz. Y volviéndose a los capitanes, dijo:

—Ustedes, señores capitanes, por cortesía, présteme sesenta escudos; y la señora regenta, ochenta, para contentar a esta escuadra que me acompaña, porque el abad, de lo que canta, come. Y luego pueden seguir su camino libres y desembarazados, con un salvoconducto que yo les daré; para que, si topan con otras escuadras mías, que tengo repartidas por estos contornos, no les hagan daño.

No es mi intención agraviar a soldados ni a mujer alguna, especialmente a las que son principales.

Fueron infinitas y bien dichas las razones con que los capitanes agradecieron a Roque su cortesía y liberalidad —que por tal la tuvieron— en dejarlos con su mismo dinero.

La señora doña Guiomar de Quiñones quiso bajarse del coche para besarle los pies y las manos al gran Roque; pero él no lo consintió en ninguna manera: antes le pidió perdón del agravio que le había hecho, forzado de cumplir con las obligaciones de su mal oficio.

Mandó la señora regenta a un criado suyo que entregara al instante los ochenta escudos; y ya los capitanes habían desembolsado los sesenta.

Los peregrinos iban a dar toda su miseria, pero Roque les dijo que se estuvieran quietos; y, volviéndose a los suyos, les dijo:

—De estos escudos, dos le tocan a cada uno, y sobran veinte; den diez a estos peregrinos y los otros diez a este buen escudero, para que pueda hablar bien de esta aventura.

Y, trayendo utensilios de escribir —de los que siempre andaba provisto—, Roque les dio por escrito un salvoconducto para los capitanes de sus escuadras. Luego se despidió de ellos y los dejó ir libres, admirados de su nobleza, de su gallarda disposición y de su proceder extraño, teniéndolo más por un Alejandro Magno que por ladrón conocido.

Uno de los hombres dijo en su lengua gascona y catalana:

—Este capitán nuestro es más para fraile que para bandolero: si de aquí en adelante quiere mostrarse liberal, que lo sea con su hacienda, y no con la nuestra.

No lo dijo tan bajo el desventurado, que Roque no lo oyera; y Roque, echando mano a la espada, le abrió la cabeza casi en dos, diciéndole:

—De esta manera castigo yo a los deslenguados y atrevidos.

Todos quedaron pasmados, y ninguno se atrevió a decir palabra: tanta era la obediencia que le tenían.

Roque se apartó a un lado y escribió una carta a un amigo suyo en Barcelona, dándole aviso de que estaba con él el famoso don Quijote de la Mancha, aquel caballero andante de quien tantas cosas se decían. Le hacía saber que era el hombre más gracioso y más entendido del mundo, y que dentro de cuatro días —que era el de San Juan Bautista— se pondría en mitad de la playa de la ciudad, armado de todas sus armas, sobre Rocinante su caballo, y su escudero Sancho sobre un asno. Le pedía que diera noticia de esto a sus amigos los Niarros, para que se solazaran con él; pues él quisiera que carecieran de ese gusto los Cadells, sus contrarios, pero era imposible, porque las locuras y discreciones de don Quijote, y los donaires de su escudero Sancho Panza, no podían dejar de dar gusto general a todo el mundo.

Despachó la carta con uno de los suyos, que mudó el traje de bandolero por el de labrador, entró en Barcelona y la entregó a quien debía.

CAPÍTULO LXI: DE LO QUE LE SUCEDIÓ A DON QUIJOTE EN LA ENTRADA DE BARCELONA

Tres días y tres noches estuvo don Quijote con Roque; y si hubiera estado trescientos años, no le habría faltado qué mirar y admirar en aquel modo de vida. Aquí amanecían, allá comían; unas veces huían sin saber de quién, y otras esperaban sin saber a quién. Dormían de pie, interrumpiendo el sueño, mudándose de un lugar a otro. Todo era poner espías, atender centinelas, soplar las cuerdas de los arcabuces, aunque traían pocos, porque casi todos se servían de pedreñales.

Roque pasaba las noches apartado de los suyos, en partes y lugares donde ellos no pudieran saber dónde estaba; porque los muchos bandos que el virrey de Barcelona había echado sobre su vida lo traían inquieto y temeroso, y no se atrevía a fiarse de nadie, temiendo que los mismos suyos lo mataran o lo entregaran a la justicia: vida, sin duda, miserable y enfadosa.

En fin, por caminos apartados, por atajos y sendas encubiertas, partieron Roque, don Quijote y Sancho, con otros seis hombres, hacia Barcelona. Llegaron a su playa la víspera de San Juan, ya de noche; y Roque abrazó a don Quijote y a Sancho, a quien dio los diez escudos prometidos —que hasta entonces no le había dado—, y los dejó, con mil ofrecimientos recíprocos.

Roque se volvió; don Quijote se quedó esperando el día, todavía a caballo, y no tardó mucho cuando comenzó a descubrirse por los balcones del Oriente la faz de la blanca aurora, alegrando las hierbas y las flores; aunque al mismo instante alegraron también el oído el son de muchas chirimías y atabales, ruido de cascabeles, y los gritos de "¡Trapa, trapa! ¡Aparte, aparte!", de corredores que, al parecer, salían de la ciudad.

La aurora dio lugar al sol, que, con un rostro mayor que el de una rodela, por el horizonte bajo se iba levantando poco a poco.

Don Quijote y Sancho miraron a todas partes: vieron el mar, hasta entonces no visto por ellos; les pareció espaciosísimo y largo, mucho más que las lagunas de Ruidera, que habían visto en La Mancha. Vieron las galeras que estaban en la playa; las cuales, abatidas las tiendas, se descubrieron llenas de flámulas y gallardetes, que tremolaban al viento y besaban y barrían el agua. Dentro sonaban clarines, trompetas y chirimías, que cerca y lejos llenaban el aire de suaves y belicosos acentos.

Comenzaron a moverse y a hacer modo de escaramuza por las sosegadas aguas; y les correspondían, casi del mismo modo, infinitos caballeros que salían de la ciudad sobre hermosos caballos y con vistosas libreas. Los soldados de las galeras disparaban mucha artillería, a la que respondían los que estaban en las murallas y fuertes de la ciudad; y la artillería gruesa, con espantoso estruendo, rompía los vientos, a la que respondían los cañones de crujía de las galeras.

El mar alegre, la tierra jocunda, el aire claro —solo a ratos turbio por el humo de la artillería—, parecía que iba infundiendo y engendrando un gusto repentino en toda la gente. Sancho no podía imaginar cómo podían tener tantos pies aquellos bultos que se movían por el mar.

En esto llegaron corriendo, con grita, lililíes y algazara, los de las libreas adonde don Quijote estaba suspenso y atónito; y uno de ellos, que era el avisado de Roque, dijo en alta voz:

—¡Bienvenido a nuestra ciudad el espejo, el farol, la estrella y el norte de toda la caballería andante! ¡Bienvenido, digo, el valeroso don Quijote de la Mancha! No el falso, no el ficticio, no el apócrifo que en falsas historias nos han mostrado estos días, sino el verdadero, el legítimo y el fiel que describió Cide Hamete Benengeli, flor de los historiadores.

Don Quijote no respondió palabra, ni los caballeros esperaron respuesta; antes, volviéndose y revolviéndose con los que los seguían, comenzaron a hacer un caracol alrededor de don Quijote. Y él, volviéndose a Sancho, dijo:

—Estos bien nos han conocido: apuesto a que han leído nuestra historia, y también la del aragonés recién impresa.

Volvió otra vez el caballero que había hablado, y le dijo:

—Señor don Quijote, véngase con nosotros; todos somos servidores suyos y grandes amigos de Roque Guinart.

A lo que don Quijote respondió:

—Si cortesías engendran cortesías, la suya, señor caballero, es hija o parienta muy cercana de las del gran Roque. Llévenme adonde quieran; que yo no tendré otra voluntad que la de ustedes, y más si quieren ocuparla en su servicio.

Con palabras no menos comedidas le respondió el caballero; y, llevándolo todos en medio, al son de las chirimías y los atabales, se encaminaron con él a la ciudad.

Al entrar, el malo —que todo lo malo ordena— y los muchachos —que son más malos que el malo—, dos de ellos, traviesos y atrevidos, se metieron entre la gente; y alzando uno la cola del rucio y el otro la de Rocinante, les encajaron sendos manojos de aliagas.

Sintieron los pobres animales aquellas nuevas espuelas; y, apretando las colas, aumentaron el disgusto de tal manera que, dando mil corcovos, echaron a sus dueños en tierra. Don Quijote, corrido y afrentado, acudió a quitar el plumaje de la cola de su matalote, y Sancho el del rucio.

Quisieron los que guiaban a don Quijote castigar la insolencia de los muchachos, pero no fue posible, porque se escondieron entre más de mil otros que los seguían.

Volvieron a montar don Quijote y Sancho; y con el mismo aplauso y música llegaron a la casa de su guía, grande y principal, como de caballero rico; donde lo dejaremos por ahora, porque así lo quiere Cide Hamete.

CAPÍTULO LXII: QUE TRATA DE LA AVENTURA DE LA CABEZA ENCANTADA, CON OTRAS NIÑERÍAS QUE NO PUEDEN DEJAR DE CONTARSE

Don Antonio Moreno se llamaba el huésped de don Quijote: caballero rico y discreto, amigo de holgarse con honestidad y trato afable. Viendo a don Quijote en su casa, buscaba modos de sacar a plaza sus locuras sin perjuicio suyo, porque no son burlas las que duelen, ni valen los pasatiempos si van con daño de otro.

Lo primero que hizo fue mandar desarmar a don Quijote y sacarlo a vistas, con aquel estrecho y acamuzado vestido —como otras veces ya lo hemos descrito—, a un balcón que daba a una de las calles más principales de la ciudad, a la vista de la gente y de los muchachos, que lo miraban como a mono.

Volvieron a correr delante de él los de las libreas, como si para él solo, y no para alegrar aquel día festivo, se las hubieran puesto. Sancho estaba contentísimo, porque le parecía que, sin saber cómo, se había hallado en otras bodas de Camacho, en otra casa como la de don Diego de Miranda, y en otro castillo como el del Duque.

Comieron aquel día con don Antonio algunos de sus amigos, honrando y tratando a don Quijote como a caballero andante; de lo cual él, hueco y pomposo, no cabía en sí de contento. Los donaires de Sancho fueron tantos, que todos los criados de la casa y cuantos lo oían andaban como colgados de su boca.

Estando a la mesa, dijo don Antonio a Sancho:

—Acá tenemos noticia, buen Sancho, de que es usted tan amigo del manjar blanco y de las albondiguillas, que si le sobran, las guarda en el pecho para el otro día.

—No, señor, no es así —respondió Sancho—: porque tengo más de limpio que de goloso; y mi señor don Quijote, que está delante, sabe bien que con un puñado de bellotas o de nueces solemos pasar los dos ocho días. Verdad es que, si alguna vez me dan la vaquilla, yo corro con la soguilla; quiero decir que como lo que me dan y uso de los tiempos como los hallo. Y quien haya dicho que soy comilón aventajado y no limpio, no acierta; y diría esto de otra manera si no estuvieran a la mesa estas barbas honradas.

—En verdad —dijo don Quijote—, que la parsimonia y limpieza con que Sancho come podría escribirse y grabarse en láminas de bronce, para que quede en memoria eterna de los siglos venideros. Es cierto que, cuando tiene hambre, parece algo tragón, porque come deprisa y masca a dos carrillos; pero la limpieza siempre la guarda en su punto. Y en el tiempo que fue gobernador aprendió a comer con melindre: tanto, que comía con tenedor las uvas, y hasta los granos de la granada.

—¿Cómo? —dijo don Antonio—. ¿Gobernador fue Sancho?

—Sí —respondió Sancho—, y de una ínsula llamada Barataria. Diez días la goberné a pedir de boca; en ellos perdí el sosiego y aprendí a despreciar todos los gobiernos del mundo. Salí huyendo de ella, caí en una cueva donde me tuve por muerto, y de allí salí vivo por milagro.

Don Quijote contó con detalle todo el suceso del gobierno de Sancho, y dio gran gusto a los oyentes.

Levantados los manteles, don Antonio tomó de la mano a don Quijote y entró con él en un aposento apartado, en el cual no había otro adorno que una mesa, al parecer de jaspe, que se sostenía sobre un pie del mismo material. Sobre la mesa estaba puesta, a modo de las cabezas de los emperadores romanos, una que, desde el pecho arriba, parecía de bronce.

Don Antonio paseó con don Quijote por el aposento, dando muchas vueltas alrededor de la mesa; y luego dijo:

—Ahora, señor don Quijote, que ya sé que nadie nos oye, y la puerta está cerrada, quiero contarle una de las más raras aventuras, o —mejor dicho— novedades que puedan imaginarse, con condición de que lo que yo le diga lo guarde en lo más hondo del secreto.

—Así lo juro —respondió don Quijote—, y hasta le pondré una losa encima, para más seguridad. Quiero que sepa, señor don Antonio —pues ya sé su nombre—, que habla usted con quien, aunque tiene oídos para oír, no tiene lengua para hablar. Así que, con seguridad puede trasladar lo que trae en el pecho al mío, y hacer cuenta de que lo arrojó a los abismos del silencio.

—En fe de esa promesa —respondió don Antonio—, quiero dejarlo admirado con lo que verá y oirá, y darme a mí algún alivio de la pena que me causa no tener con quién comunicar mis secretos, que no son para fiarse de cualquiera.

Don Quijote estaba suspenso, esperando adónde iban a parar tantas prevenciones. Entonces don Antonio, tomándole la mano, se la pasó por la cabeza de bronce, por toda la mesa y por el pie de jaspe sobre el que se sostenía; y luego dijo:

—Esta cabeza, señor don Quijote, fue hecha por uno de los mayores encantadores y hechiceros que ha tenido el mundo. Creo que era polaco de nación y discípulo del famoso Escotillo, de quien tantas maravillas se cuentan. Estuvo aquí en mi casa, y por precio de mil escudos labró esta cabeza, que tiene la propiedad y virtud de responder a cuantas cosas le pregunten al oído.

Guardó rumbos, pintó caracteres, observó astros, miró puntos y, en fin, la sacó con la perfección que veremos mañana; porque los viernes está muda, y hoy lo es, de modo que hemos de esperar hasta mañana. En este tiempo, usted podrá prepararse y pensar qué querrá preguntar; porque sé por experiencia que dice verdad en cuanto responde.

Don Quijote quedó admirado de la virtud y propiedad de la cabeza, y estuvo a punto de no creerle; pero, como faltaba poco para la experiencia, no quiso contradecirlo, y solo le agradeció que le hubiera descubierto tan gran secreto.

Salieron del aposento; don Antonio cerró la puerta con llave y fueron a la sala, donde estaban los demás caballeros. En ese tiempo, Sancho les había contado muchas de las aventuras y sucesos que le habían acontecido a su amo.

Aquella tarde sacaron a pasear a don Quijote, no armado, sino de calle, vestido con un balandrán de paño leonado, que en aquel tiempo habría hecho sudar incluso al mismo hielo. Ordenaron a sus criados que entretuvieran a Sancho de tal modo que no le permitieran salir de casa. Don Quijote iba no sobre Rocinante, sino montado en un gran macho de paso llano, muy bien enjaezado. Le pusieron el balandrán y, a sus espaldas, sin que él lo advirtiera, le cosieron un pergamino en el que escribieron, con letras grandes: **Este es don Quijote de la Mancha**.

Al comenzar el paseo, el rótulo atraía las miradas de cuantos se acercaban a verlo, y como leían: «Este es don Quijote de la Mancha», se admiraba don Quijote de que todos los que lo miraban lo nombraran y reconocieran; y volviéndose hacia don Antonio, que iba a su lado, le dijo:

—Grande es la prerrogativa que encierra en sí la caballería andante, pues hace conocido y famoso a quien la profesa en todos los confines de la tierra. Si no, mire usted, señor don Antonio, que hasta los muchachos de esta ciudad, sin haberme visto nunca, me conocen.

—Así es, señor don Quijote —respondió don Antonio—, porque así como el fuego no puede estar oculto ni encerrado, la virtud no puede dejar de ser conocida; y la que se alcanza por la profesión de las armas resplandece y sobresale sobre todas las demás.

Sucedió entonces que, yendo don Quijote con el aplauso ya referido, un castellano que leyó el rótulo de sus espaldas alzó la voz y dijo:

—¡Válgate el diablo por don Quijote de la Mancha! ¿Cómo es posible que hayas llegado hasta aquí sin que te hayan matado los infinitos palos que llevas a cuestas? Tú estás loco, y si lo estuvieras solo y encerrado dentro de tu locura, sería menos grave; pero tienes la propiedad de volver locos y necios a cuantos te tratan y se te acercan. Si no, mírenlo en estos señores que te acompañan. Vuélvete, mentecato, a tu casa; cuida de tu hacienda, de tu mujer y de tus hijos, y deja estas vanidades que te carcomen el seso y te desbordan el entendimiento.

—Hermano —dijo don Antonio—, siga usted su camino y no dé consejos a quien no se los pide. El señor don Quijote de la Mancha es muy cuerdo, y nosotros, que lo acompañamos, no somos necios. La virtud debe honrarse dondequiera que se encuentre. Vaya usted en mala hora y no se meta donde no lo llaman.

—Por Dios, tiene usted razón —respondió el castellano—, porque aconsejar a este buen hombre es dar coces contra el aguijón. Pero, aun así, me da gran lástima que el buen ingenio que dicen que tiene en todas las cosas este mentecato se le escurra por el canal de su caballería andante. Y la mala hora que usted me ha deseado sea para mí y para todos mis descendientes si desde hoy en adelante, aunque viviera más años que Matusalén, volviera a dar consejo a nadie, aunque me lo pidiera.

Se apartó el consejero y el paseo continuó; pero fue tal la prisa que tenían los muchachos y la gente por leer el rótulo, que don Antonio se lo hubo de quitar, como quien quita cualquier otra cosa.

Llegó la noche y regresaron a casa. Hubo sarao de damas, pues la esposa de don Antonio, mujer principal, alegre, hermosa y discreta, invitó a varias amigas para honrar a su huésped y divertirse con sus nunca vistas locuras. Vinieron algunas, se cenó espléndidamente y el sarao comenzó cerca de las diez de la noche. Entre las damas había dos de gusto pícaro y burlón, que, aunque muy honestas, eran algo desenvueltas, para permitir que las burlas alegraran sin causar enfado. Estas apuraron tanto a don Quijote a bailar, que lo dejaron molido no solo en el cuerpo, sino también en el ánimo.

Era cosa digna de verse la figura de don Quijote: alto, enjuto, flaco, amarillo, estrecho en el vestido, desgarbado y, sobre todo, nada ligero. Las damiselas lo requebraban a hurtadillas, y él, también a hurtadillas, las desdeñaba; pero al verse tan apremiado por los halagos, alzó la voz y dijo:

—¡Huyan, fuerzas adversas! Déjenme en mi sosiego, pensamientos malvenidos. Allá se avengan ustedes con sus deseos, señoras, porque la reina de los míos, la sin par Dulcinea del Toboso, no consiente que otros distintos a los suyos me dominen ni me rindan.

Y dicho esto, se sentó en medio de la sala, en el suelo, rendido y quebrantado por tan fatigoso ejercicio de baile. Don Antonio ordenó que lo llevaran en brazos a su lecho, y el primero que lo tomó fue Sancho, diciendo:

—¡Vaya, señor nuestro amo, bien que lo habéis bailado! ¿Pensáis que todos los valientes son danzantes y todos los caballeros andantes, bailarines? Si así lo creéis, estáis engañado: hay hombres que se atreverían a matar a un gigante antes que hacer una cabriola. Si se tratara de zapatear, yo supliría vuestra falta, que zapateo como un girifalte; pero en lo del baile no doy una.

Con estas y otras razones hizo reír Sancho a los del sarao, y acostó a su amo, arropándolo para que sudara el frío que le había dejado el baile.

Al día siguiente le pareció a don Antonio oportuno hacer la prueba de la cabeza encantada y, junto con don Quijote, Sancho, dos amigos suyos y las dos señoras que habían agotado a don Quijote en el baile, y que aquella noche se habían quedado en casa de su esposa, se encerró en la estancia donde estaba la cabeza. Les explicó la propiedad que tenía, les encargó el secreto y les dijo que aquel era el primer día en que debía probarse la virtud de la tal cabeza encantada; y que, fuera de sus dos amigos, nadie conocía el misterio del artificio. Y aun ellos mismos, si don Antonio no se lo hubiera revelado antes, habrían quedado tan admirados como los demás, pues tan bien dispuesto y ordenado estaba el engaño.

El primero que se acercó al oído de la cabeza fue el propio don Antonio, y le dijo en voz baja, aunque no tanto que no pudiera oírse:

—Dime, cabeza, por la virtud que en ti se encierra: ¿qué pensamientos tengo ahora?

Y la cabeza le respondió, sin mover los labios, con voz clara y distinta, de modo que todos lo entendieron:

—Yo no juzgo pensamientos.

Al oír esto, todos quedaron atónitos, y más aún al comprobar que en la sala, ni alrededor de la mesa, no había persona alguna que pudiera haber respondido.

—¿Cuántos estamos aquí? —volvió a preguntar don Antonio.

Y la respuesta fue:

—Están tú y tu esposa, con dos amigos tuyos y dos amigas de ella, y un caballero famoso llamado don Quijote de la Mancha, y su escudero, que se llama Sancho Panza.

Aquí fue el asombro mayor; aquí se erizaron los cabellos de todos por el espanto. Don Antonio se apartó entonces de la cabeza y dijo:

—Esto me basta para saber que no fui engañado por quien te vendió. ¡Cabeza sabia, cabeza habladora, cabeza respondona y admirable! Que pase otro y pregunte lo que quiera.

Como las mujeres suelen ser presurosas y amigas de saber, la primera que se acercó fue una de las amigas de la esposa de don Antonio, y preguntó:

—Dime, cabeza, ¿qué debo hacer para ser muy hermosa?

Y la respuesta fue:

—Sé muy honesta.

—No te pregunto más —dijo la preguntante.

Se acercó luego la otra y dijo:

—Quisiera saber si mi marido me quiere bien o no.

—Mira las obras que hace contigo y ahí lo verás —le respondieron.

Se apartó la casada diciendo:

—Esta respuesta no necesitaba pregunta, porque las obras declaran la voluntad de quien las hace.

Luego se acercó uno de los amigos de don Antonio y preguntó:

—¿Quién soy yo?

—Tú lo sabes —respondieron.

—No pregunto eso —replicó—, sino si tú me conoces.

—Sí, te conozco: eres don Pedro Noriz.

—No quiero saber más —dijo—, que con esto basta para entender, ¡oh cabeza!, que lo sabes todo.

Llegó el otro amigo y preguntó:

—Dime, cabeza, ¿qué deseos tiene mi hijo, el mayorazgo?

—Ya he dicho que no juzgo deseos —respondieron—; pero puedo decirte que los deseos de tu hijo son enterrarte.

—Eso es —dijo el caballero—: lo que veo con los ojos, con el dedo lo señalo.

Se acercó luego la esposa de don Antonio y dijo:

—No sé, cabeza, qué preguntarte; solo quisiera saber si disfrutaré muchos años de buen marido.

—Sí, los disfrutarás —respondieron—, porque su salud y su templanza prometen larga vida, que muchos acortan por su falta de moderación.

Se acercó don Quijote y dijo:

—Dime tú, que respondes: ¿fue verdad o sueño lo que cuento que me sucedió en la cueva de Montesinos? ¿Serán ciertos los azotes de Sancho mi escudero? ¿Se cumplirá el desencanto de Dulcinea?

—En lo de la cueva —respondieron— hay mucho que decir: tiene de todo; los azotes de Sancho irán despacio; el desencanto de Dulcinea llegará a cumplirse.

—No quiero saber más —dijo don Quijote—, porque con ver a Dulcinea desencantada daré por cumplidas todas las venturas que pueda desear.

El último en preguntar fue Sancho, que dijo:

—Dime, cabeza: ¿tendré otro gobierno? ¿Saldré de la estrechez de escudero? ¿Volveré a ver a mi mujer y a mis hijos?

—Gobernarás en tu casa —respondieron—; y si vuelves a ella, verás a tu mujer y a tus hijos; y dejando de servir, dejarás de ser escudero.

—¡Bueno, por Dios! —dijo Sancho Panza—. Eso ya me lo decía yo; no diría más el profeta Perogrullo.

—Bestia —dijo don Quijote—, ¿qué quieres que te respondan? ¿No te basta con que las respuestas correspondan a lo que se pregunta?

—Sí basta —respondió Sancho—, pero yo quería que se explicara más y me dijera algo mejor.

Con esto terminaron las preguntas y las respuestas, aunque no terminó la admiración de todos, salvo la de los dos amigos de don Antonio, que conocían el secreto. Y quiso Cide Hamete Benengeli declararlo enseguida, para no mantener al mundo en suspenso, pensando que en aquella cabeza se encerraba algún misterio sobrenatural. Dice, pues, que don Antonio Moreno, imitando otra cabeza que vio en Madrid, fabricada por un estampador, hizo esta en su casa para entretenerse y sorprender a los ignorantes.

La mesa era de madera pintada y barnizada como jaspe, con un pie del mismo material, del que salían cuatro garras de águila para darle firmeza. La cabeza, con forma de medalla y figura de emperador romano, de color bronce, estaba hueca, igual que la mesa, encajada con tal perfección que no se veía unión alguna. El pie también era hueco y comunicaba con la garganta y el pecho de la cabeza, todo conectado con un aposento inferior. Por ese hueco pasaba un tubo de hojalata invisible, por el que la voz subía y bajaba con claridad, como por una cerbatana. En el aposento inferior se colocaba quien respondía, con la boca junto al tubo.

El respondiente fue un sobrino de don Antonio, estudiante agudo y discreto, que, advertido de antemano, respondió con prontitud y acierto: a las primeras preguntas con exactitud, a las demás por conjetura, y siempre con discreción. Añade Cide Hamete que la máquina duró diez o doce días, hasta que, al divulgarse el rumor, don Antonio, temiendo a la Inquisición, declaró el caso y fue obligado a deshacer el artificio, para evitar escándalos entre el vulgo.

Pero en la opinión de don Quijote y de Sancho Panza, la cabeza quedó para siempre como encantada y respondona, más para satisfacción de don Quijote que de Sancho.

Los caballeros de la ciudad, por complacer a don Antonio, por agasajar a don Quijote y por dar ocasión a que mostrara sus disparates, ordenaron correr sortija de allí a seis días; pero no tuvo efecto por la causa que se dirá más adelante.

Le dieron ganas a don Quijote de pasear la ciudad a pie y sin aparato, temiendo que si iba a caballo los muchachos lo perseguirían. Así que él y Sancho, con otros dos criados que don Antonio les dio, salieron a pasearse.

Sucedió, pues, que yendo por una calle, alzó don Quijote los ojos y vio escrito sobre una puerta, con letras muy grandes: **Aquí se imprimen libros**. Esto le dio gran contento, porque hasta entonces no había visto imprenta alguna y deseaba saber cómo era. Entró con todo su acompañamiento, y vio tirar en una parte, corregir en otra, componer en esta, enmendar en aquella, y, en fin, toda aquella maquinaria que en las imprentas grandes se acostumbra.

Se acercaba don Quijote a un cajón y preguntaba qué se hacía allí; los oficiales se lo explicaban; él se admiraba y pasaba adelante. Llegó a otro y preguntó qué estaba haciendo. El oficial le respondió:

—Señor: este caballero que está aquí —y le señaló a un hombre de muy buen talle y parecer, con cierta gravedad— ha traducido un libro toscano a nuestra lengua castellana, y yo lo estoy componiendo para darle a la estampa.

—¿Qué título tiene el libro? —preguntó don Quijote.

Y el autor respondió:

—Señor: el libro, en toscano, se llama **Le Bagatelle**.

—¿Y qué significa *le bagatelle* en castellano? —preguntó don Quijote.

—*Le bagatelle* —dijo el autor— es como si en castellano dijéramos **los juguetes**; y aunque el nombre es humilde, el libro encierra cosas muy buenas y sustanciales.

—Yo —dijo don Quijote— sé algo de toscano y me precio de cantar algunas estancias del Ariosto. Pero dígame usted, señor mío (y no lo digo porque quiera examinar su ingenio, sino por simple curiosidad): ¿ha encontrado en su escritura alguna vez la palabra *piñata*?

—Sí, muchas veces —respondió el autor.

—¿Y cómo la traduce usted al castellano? —preguntó don Quijote.

—¿Cómo habría de traducirla —replicó el autor— sino diciendo olla?

—¡Cuerpo de tal! —dijo don Quijote—. ¡Qué adelantado está usted en el idioma toscano! Yo apostaría una buena suma a que donde dice en toscano *piace*, usted pone en castellano *place*; y donde dice *più*, pone *más*; y *su* lo declara con *arriba*, y *giù* con *abajo*.

—Sí, lo declaro, por cierto —dijo el autor—, porque esas son sus correspondencias propias.

—Me atrevería a jurar —dijo don Quijote— que usted no es conocido en el mundo, enemigo como es el mundo de premiar los ingenios floridos y los trabajos loables. ¡Cuántas habilidades se pierden por ahí! ¡Cuántos ingenios quedan arrinconados! ¡Cuántas virtudes se menosprecian!

Pero, con todo, me parece que traducir de una lengua a otra, si no es de las reinas de las lenguas —la griega y la latina—, es como mirar los tapices flamencos por el revés: aunque se distinguen las figuras, se ven llenas de hilos que las oscurecen, y no se aprecian con la suavidad y el brillo de la cara. Y traducir lenguas fáciles no prueba ingenio ni elocuencia, como tampoco los prueba quien traslada o copia un papel de otro.

Y no por esto quiero decir que no sea loable este ejercicio de traducir; porque bien pudiera ocuparse uno en cosas peores y de menos provecho. Fuera de esta cuenta quedan dos traductores famosos: el doctor Cristóbal de Figueroa en su **Pastor Fido**, y don Juan de Jáuregui en su **Aminta**, donde tan felizmente se da en dudar cuál es la traducción y cuál el original.

Pero dígame usted: ¿este libro se imprime por su cuenta o ya tiene vendido el privilegio a algún librero?

—Por mi cuenta lo imprimo —respondió el autor—, y pienso ganar mil ducados, por lo menos, con esta primera impresión, que será de dos mil ejemplares, y se han de despachar a seis reales cada uno, al contado.

—¡Bien hecha está su cuenta! —respondió don Quijote—. Bien se ve que usted no conoce las entradas y salidas de los impresores, ni las correspondencias que tienen entre sí. Yo le aseguro que cuando se vea cargado con dos mil ejemplares, se verá tan molido que se espantará; y más si el libro resulta algo pesado y poco sabroso.

—¿Pues qué? —dijo el autor—. ¿Quiere usted que se lo dé a un librero, para que me dé por el privilegio tres maravedíes, y encima crea que me hace favor en dármelos? Yo no imprimo mis libros para alcanzar fama: ya soy conocido por mis obras. Yo quiero provecho, que sin él no vale un cuatrín la buena fama.

—Dios le dé buena mano —respondió don Quijote.

Y pasó a otro cajón, donde vio que corregían un pliego de un libro titulado Luz del alma; y al verlo, dijo:

—Estos libros, aunque hay muchos de este género, son los que se deben imprimir, porque son muchos los pecadores que se encuentran y hacen falta infinitas luces para tantos deslumbrados.

Pasó adelante y vio que también corregían otro libro; y al preguntar su título, le respondieron que se llamaba **Segunda parte del ingenioso hidalgo don Quijote de la Mancha**, compuesta por un tal vecino de Tordesillas.

—Ya tengo noticia de ese libro —dijo don Quijote—, y en verdad, y en conciencia, pensé que ya estaba quemado y reducido a polvo, por impertinente. Pero le llegará su San Martín, como a cada puerco.

Porque las historias fingidas son buenas y deleitables en tanto se acercan a la verdad o a su semejanza, y las verdaderas son tanto mejores cuanto más verdaderas son.

Y diciendo esto, con muestras de enojo, salió de la imprenta.

Aquel mismo día dispuso don Antonio llevarlo a ver las galeras que estaban en la playa, y Sancho se alegró mucho, porque nunca en su vida las había visto. Don Antonio avisó al cuatralbo de las galeras de que esa tarde llevaría a verlas a su huésped, el famoso don Quijote de la Mancha, de quien el cuatralbo y toda la ciudad ya tenían noticia. Y lo que le sucedió allí se contará en el siguiente capítulo.

CAPÍTULO LXIII: DE LO QUE LE SUCEDIÓ A SANCHO PANZA EN LA VISITA DE LAS GALERAS Y DE LA NUEVA AVENTURA DE LA HERMOSA MORISCA

Grandes eran los discursos que don Quijote hacía sobre la respuesta de la cabeza encantada, sin que ninguno acertara con el engaño, y todos acababan en la promesa —que él tuvo por cierta— del desencanto de Dulcinea. Iba y venía, alegrándose para sí, creyendo que pronto vería cumplirse lo anunciado. Y Sancho, aunque aborrecía ser gobernador, como ya se ha dicho, todavía deseaba volver a mandar y ser obedecido; que esta mala inclinación trae consigo el mando, aunque sea de burla.

En fin, aquella tarde don Antonio Moreno, su huésped, y sus dos amigos, con don Quijote y Sancho, fueron a las galeras. El cuatralbo, advertido de su venida, deseoso de ver a los dos tan famosos, apenas los vio llegar a la marina cuando todas las galeras abatieron tienda y sonaron las chirimías. Echaron al agua el esquife, cubierto de ricos tapetes y almohadas de terciopelo carmesí; y apenas puso don Quijote los pies en él, disparó la capitana el cañón de crujía, y las demás galeras hicieron lo mismo.

Al subir don Quijote por la escala de estribor, toda la chusma lo saludó, como es costumbre cuando entra una persona principal, gritando tres veces:

—¡Hu, hu, hu!

Le dio la mano el general —así lo llamaremos—, caballero principal valenciano, y abrazó a don Quijote diciendo:

—Este día lo marcaré con piedra blanca, por ser uno de los mejores que pienso llevar en mi vida, al haber visto al señor don Quijote de la Mancha; en quien se encierra y cifra todo el valor de la caballería andante.

Con otras razones no menos corteses le respondió don Quijote, muy contento de verse tratado tan a lo señor. Entraron todos en la popa, que estaba muy bien aderezada, y se sentaron en los bandines. Pasó el cómitre por la crujía y dio señal con el pito para que la chusma se quitara la ropa, lo cual se hizo en un instante.

Sancho, al ver tanta gente en cueros, quedó pasmado; y más cuando vio armar tienda con tal prisa, que le pareció que allí trabajaban todos los demonios. Pero todo aquello fue poco para lo que ahora diré.

Estaba Sancho sentado sobre el estanterol, junto al espalder de la banda derecha. El espalder, ya advertido de lo que había de hacer, tomó a Sancho y lo alzó en brazos; y toda la chusma, puesta en pie y alerta, empezando por la banda derecha, lo fue pasando y volteando de banco en banco con tanta prisa, que el pobre perdió la vista, y sin duda creyó que lo llevaban los mismos demonios. No pararon hasta devolverlo por la banda izquierda y dejarlo en la popa.

Quedó el pobre molido, jadeando y sudando, sin poder entender qué le había sucedido. Don Quijote, al ver el vuelo sin alas de Sancho, preguntó al general si aquellas eran ceremonias que se usaban con los primeros que entraban en las galeras; y que si así era, él, que no pensaba profesar allí, no quería semejantes ejercicios. Y juró que si alguien intentaba alzarlo para voltearlo, le sacaría el alma a puntillazos. Y al decirlo, se levantó y empuñó la espada.

En ese instante abatieron tienda, y con grandísimo ruido dejaron caer la entena de alto abajo. Sancho pensó que el cielo se desencajaba y venía a caerle encima; y, aterrorizado, metió la cabeza entre las piernas. Ni don Quijote estuvo del todo seguro: también se estremeció, encogió los hombros y se le fue el color del rostro.

La chusma izó la entena con la misma prisa y ruido con que la habían bajado, y todo aquello lo hicieron en silencio, como si no tuvieran voz ni aliento. El cómitre hizo señal de levar anclas, y, saltando en mitad de la crujía con el rebenque, comenzó a azotar las espaldas de la chusma, y las galeras se fueron abriendo poco a poco hacia la mar.

Cuando Sancho vio moverse tantos pies colorados —que él creyó que eran los remos— dijo para sí:

—Estas sí son cosas encantadas, y no las que mi amo cuenta. ¿Qué habrán hecho estos desdichados para que los azoten así? ¿Y cómo este hombre solo, que anda silbando, se atreve a castigar a tanta gente? Ahora digo que esto es el infierno, o, por lo menos, el purgatorio.

Don Quijote, viendo con qué atención miraba Sancho, le dijo:

—¡Ah, Sancho amigo! Y con qué brevedad, y a tan poca costa, podrías tú, si quisieras, desnudarte de medio cuerpo arriba y ponerte entre estos señores, y acabar con el desencanto de Dulcinea. Porque, con la pena de tantos, no sentirías mucho la tuya; y podría ser que el sabio Merlín contara cada azote de estos, por venir de buena mano, como diez de los que tú, al fin, habrás de darte.

Quería el general preguntar qué azotes eran aquellos, o qué desencanto de Dulcinea, cuando el marinero dijo:

—Señal hace Montjuïc de que hay bajel de remos en la costa, por la banda del poniente.

Al oírlo, saltó el general a la crujía y dijo:

—¡Ea, hijos, que no se nos escape! Algún bergantín corsario de Argel debe de ser el que la atalaya señala.

Se acercaron luego las otras tres galeras a la capitana a saber la orden. Mandó el general que dos salieran mar adentro, y él, con la otra, iría pegado a la costa, para que así el bajel no se les escapara. La chusma apretó los remos, empujando las galeras con tal furia que parecía que volaban.

Las que salieron a mar, a unas dos millas, descubrieron el bajel, que resultó ser de catorce o quince bancos, como se vio luego con claridad. En cuanto el bajel divisó las galeras, se dio a la fuga, confiando en su ligereza. Pero le fue mal: la capitana era de las más veloces embarcaciones que navegaban, y pronto le fue ganando agua. Viendo que no podían escapar, el arráez quiso que se entregaran, para no provocar al capitán de nuestras galeras; pero la suerte, que lo llevaba por otro camino, quiso que, estando ya la capitana tan cerca que podían oírse las voces de rendición, dos turcos —borrachos— dispararan dos escopetas, con las que mataron a dos soldados que iban sobre nuestras arrumbadas.

Al verlo, juró el general no dejar con vida a ninguno de los que tomara en el bajel; y al embestir con toda furia, el bajel se le escapó por debajo de la palamenta. Pasó la galera un buen trecho; los del bajel se vieron perdidos, largaron vela mientras la galera viraba, y de nuevo, a vela y a remo, intentaron la huida; pero su diligencia les sirvió menos que su atrevimiento les dañó, porque la capitana los alcanzó a poco más de media milla, les echó la palamenta encima y los tomó vivos a todos.

Llegaron entonces las otras dos galeras, y las cuatro, con la presa, volvieron a la playa, donde una multitud los esperaba, deseosa de ver lo que traían. El general fondeó cerca de tierra y vio que en la marina estaba el virrey de la ciudad. Mandó echar el esquife para traerlo y ordenó amainar la entena, para ahorcar de inmediato al arráez y a los demás turcos del bajel, que serían hasta treinta y seis, todos gallardos, y muchos de ellos escopeteros.

Preguntó el general quién era el arráez del bergantín, y uno de los cautivos, en castellano —que luego se supo renegado español— respondió:

—Este muchacho, señor, que aquí ve, es nuestro arráez.

Y le señaló a uno de los mozos más hermosos y gallardos que pudiera imaginarse. No tendría, al parecer, veinte años.

El general le preguntó:

—Dime, perro mal aconsejado: ¿quién te movió a matarme mis soldados, viendo que era imposible escapar? ¿Ese respeto se guarda a las capitanas? ¿No sabes que la temeridad no es valentía? Las esperanzas dudosas hacen atrevidos a los hombres, pero no temerarios.

Quiso responder el arráez, pero el general no pudo oírlo entonces, porque acudió a recibir al virrey, que ya entraba en la galera, acompañado de algunos criados y de varias personas del pueblo.

—¡Buena ha sido la caza, señor general! —dijo el virrey.

Y tan buena —respondió el general—, que su excelencia la verá ahora colgada de esta entena.

—¿Cómo así? —replicó el virrey.

—Porque me han muerto —respondió el general—, contra toda ley, razón y uso de guerra, a dos de los mejores soldados que venían en estas galeras; y he jurado ahorcar a cuantos he cautivado, y en especial a este mozo, que es el arráez del bergantín.

Y se lo mostró ya con las manos atadas y el cordel al cuello, esperando la muerte.

Lo miró el virrey, y viéndolo tan hermoso, tan gallardo y tan humilde, como si en ese instante su misma hermosura le trajera una carta de recomendación, le entró deseo de librarlo; y así le preguntó:

—Dime, arráez: ¿eres turco de nación, o moro, o renegado?

A lo cual el mozo respondió, también en castellano:

—No soy turco de nación, ni moro, ni renegado.

—Pues ¿qué eres? —replicó el virrey.

—Mujer cristiana —respondió el mancebo.

—¿Mujer, cristiana, y en tal traje y en tales pasos? Más es cosa para admirarla que para creerla.

—Suspended —dijo el mozo—, señores, la ejecución de mi muerte; que no se perderá mucho con dilatar la venganza mientras cuento mi vida.

¿Quién tendría el corazón tan duro que, con tales palabras, no se ablandara, o al menos no quisiera oír lo que aquel triste y lastimado mozo iba a decir? El general le concedió que hablase cuanto quisiera, pero le advirtió que no esperara perdón de su conocida culpa. Con esta licencia, el mozo comenzó a decir de esta manera:

—De aquella nación más desdichada que prudente, sobre la cual ha llovido estos días un mar de desgracias, nací yo, engendrada de padres moriscos. En el río de su desventura me llevaron dos tíos míos a Berbería, sin que me valiera decir que era cristiana, como en efecto lo soy, y no de las fingidas ni aparentes, sino de las verdaderas y católicas.

No me valió, con los que tenían a cargo nuestro miserable destierro, decir esta verdad, ni mis tíos quisieron creerla; antes la tuvieron por mentira y por invención para quedarme en la tierra donde nací; y así, por fuerza más que por voluntad, me trajeron consigo.

Tuve madre cristiana, y padre discreto y cristiano no menos: mamé la fe católica en la leche; me crié con buenas costumbres; y ni en la lengua ni en ellas, a mi parecer, di jamás señal de ser morisca. Al mismo paso de estas virtudes (que yo creo que lo son) creció mi hermosura, si es que la tengo; y aunque mi recato y mi encierro fueron grandes, no debieron de serlo tanto que no tuviera lugar de verme un joven caballero llamado don Gaspar Gregorio, hijo mayorazgo de un caballero que, cerca de nuestro lugar, tiene otro suyo.

Cómo me vio, cómo nos hablamos, cómo se perdió por mí, y cómo yo no quedé muy lejos de perderme por él, sería largo de contar; y más en tiempo en que temo que entre la lengua y la garganta se me atraviese el cordel riguroso que me amenaza. Así que solo diré cómo, en nuestro destierro, don Gregorio quiso acompañarme.

Se mezcló con los moriscos que salieron de otros lugares, porque sabía bien la lengua, y en el camino se hizo amigo de dos tíos míos, los mismos que me traían consigo; porque mi padre, prudente y prevenido, apenas oyó el primer bando del destierro, salió del lugar y se fue a buscar en reinos extraños quien nos acogiera. Dejó enterradas y escondidas en un sitio —que solo yo conozco— muchas perlas y piedras de gran valor, con algunos dineros en cruzados y doblones de oro. Y me mandó que no tocara al tesoro bajo ninguna circunstancia, si antes de su vuelta nos desterraban. Yo lo cumplí.

Y con mis tíos, como he dicho, y otros parientes y allegados, pasamos a Berbería; y el lugar donde asentamos fue Argel, como si lo hubiéramos hecho en el mismo infierno. El rey tuvo noticia de mi hermosura, y la fama le llevó también la de mis riquezas, que en parte fue mi ventura. Me llamó ante sí, me preguntó de qué parte de España era y qué dineros y joyas traía. Le dije el lugar, y que las joyas y dineros quedaban allí enterrados; pero que podrían cobrarse con facilidad si yo misma volvía por ellos. Todo esto le dije temerosa: no de que me cegara mi hermosura, sino su codicia.

Estando yo en estas pláticas, le avisaron que venía conmigo uno de los más gallardos y hermosos jóvenes que se podía imaginar. Luego entendí que lo decían por don Gaspar Gregorio, cuya belleza deja atrás las mayores que pueden encarecerse. Me turbó el pensamiento del peligro en que se hallaba, porque entre esos bárbaros turcos se estima más un muchacho hermoso que una mujer, por bellísima que sea.

Mandó el rey que se lo llevasen delante, para verlo, y me preguntó si era verdad lo que le habían dicho. Entonces yo, casi como prevenida del cielo, le respondí que sí; pero le hice saber que no era varón, sino mujer como yo, y le supliqué que me la dejara ir a vestir con su traje natural, para que mostrara del todo su belleza y apareciera ante él con menos embarazo. Me dijo que fuera en buena hora, y que al día siguiente hablaríamos del modo de volver yo a España para sacar el tesoro escondido.

Hablé con don Gaspar, le conté el peligro que corría si se mostraba hombre; lo vestí de mora, y esa misma tarde lo llevé ante el rey. El rey, al verlo, quedó admirado, e hizo propósito de guardarla para enviarla como presente al Gran Señor. Y por huir del peligro que podía correr en el serrallo, y por temerse a sí mismo, la mandó poner en casa de unas moras principales, para que la guardaran y la sirvieran; y allá la llevaron en el acto.

Lo que sentimos los dos (porque no puedo negar que lo quiero) déjese a la consideración de quienes se separan amándose de verdad.

Luego dispuso el rey que yo volviera a España en este bergantín, y que me acompañaran dos turcos de nación, que fueron los mismos que mataron a sus soldados. Vino también conmigo este renegado español —señalando al que habló primero—, del cual sé bien que es cristiano encubierto, y que viene con más deseo de quedarse en España que de volver a Berbería. La demás chusma del bergantín son moros y turcos, que no sirven para otra cosa sino para bogar al remo.

Los dos turcos, codiciosos e insolentes, sin guardar la orden que traíamos —que a mí y a este renegado nos dejasen en la primera parte de España, con hábito de cristianos, del cual venimos provistos—, quisieron primero barrer esta costa y hacer alguna presa, si podían; temiendo que, si nos dejaban antes en tierra, por algún accidente que nos sucediera pudiéramos descubrir que el bergantín quedaba en la mar, y que, si había galeras por esta costa, lo tomaran.

Anoche descubrimos esta playa, y sin noticia de estas cuatro galeras, fuimos vistos, y nos ha sucedido lo que han visto. En fin: don Gregorio queda, en hábito de mujer, entre mujeres, con manifiesto peligro de perderse; y yo me veo con las manos atadas, esperando —o por mejor decir, temiendo— perder la vida, que ya me cansa.

Este es, señores, el fin de mi historia lamentable, tan verdadera como desdichada. Lo que les ruego es que me dejen morir como cristiana, pues, como he dicho, en nada he sido culpable de la culpa en que los de mi nación han caído.

Y calló, con los ojos cargados de lágrimas tiernas, que movieron a muchas de las personas presentes. El virrey, compasivo, sin decirle palabra, se acercó y le quitó con sus manos el cordel que ceñía el cuello de la hermosa morisca.

Mientras la morisca cristiana contaba su peregrina historia, un anciano peregrino, que había entrado en la galera con el virrey, tuvo los ojos clavados en ella. Apenas acabó su relato, cuando se arrojó a sus pies y, abrazado a ellos, con palabras entrecortadas por mil sollozos y suspiros, le dijo:

—¡Oh Ana Félix, hija mía desdichada! Yo soy tu padre, Ricote, que volvía a buscarte, porque no puedo vivir sin ti, que eres mi alma.

Al oír esto, Sancho abrió los ojos y alzó la cabeza —que llevaba inclinada, pensando todavía en la desgracia de su paseo—, y mirando al peregrino reconoció al mismo Ricote con quien se encontró el día que salió de su gobierno; y así confirmó que aquella era su hija. Ya desatada, Ana Félix abrazó a su padre, mezclando sus lágrimas con las suyas; y Ricote dijo al general y al virrey:

—Esta, señores, es mi hija, más desdichada por sus sucesos que por su nombre. Se llama Ana Félix, con el sobrenombre de Ricote, tan famosa por su hermosura como yo lo fui por mi riqueza. Yo salí de mi patria a buscar en reinos extraños quien nos albergara y recogiera, y hallándolo en Alemania, volví con este hábito de peregrino, en compañía de otros alemanes, a buscar a mi hija y a desenterrar muchas riquezas que dejé escondidas.

No hallé a mi hija; hallé el tesoro, que conmigo traigo; y ahora, por el extraño rodeo que han visto, he hallado el tesoro que más me enriquece, que es mi querida hija. Si nuestra poca culpa y sus lágrimas y las mías, junto con la integridad de su justicia, pueden abrir puerta a la misericordia, úsenla con nosotros: jamás tuvimos pensamiento de ofenderlos, ni nos unimos de modo alguno a la intención de los nuestros, que justamente han sido desterrados.

Entonces dijo Sancho:

—Bien conozco a Ricote, y sé que es verdad lo que dice en cuanto a que Ana Félix es su hija. En esas otras vueltas y revueltas de ir y venir y de tener buena o mala intención, yo no me meto.

Admirados todos del extraño caso, el general dijo:

—Una por una, las lágrimas de ustedes no me dejarán cumplir mi juramento. Viva, hermosa Ana Félix, los años que el cielo le tenga señalados; y lleven la pena de su culpa los insolentes y atrevidos que la cometieron.

Y mandó luego ahorcar de la entena a los dos turcos que habían muerto a sus dos soldados; pero el virrey le pidió encarecidamente que no los ahorcara, pues lo suyo había sido más locura que valentía. Hizo el general lo que el virrey le pedía, porque las venganzas no se ejecutan bien con la sangre fría.

Procuraron luego buscar modo de sacar a don Gaspar Gregorio del peligro en que quedaba. Ricote ofreció para ello más de dos mil ducados en perlas y joyas. Se propusieron muchos medios, pero ninguno fue tan eficaz como el que ofreció el renegado español ya dicho: se comprometió a volver a Argel en un barco pequeño, de hasta seis bancos, armado con remeros cristianos, porque sabía dónde, cómo y cuándo debía desembarcar, y no ignoraba la casa donde quedaba don Gaspar.

Dudaron el general y el virrey en fiarse del renegado, y también los cristianos que habían de bogar el remo desconfiaban; pero Ana Félix se fió de él, y Ricote, su padre, dijo que salía a responder por el rescate de los cristianos, si acaso se perdían.

Afirmados en este acuerdo, desembarcó el virrey, y don Antonio Moreno se llevó consigo a la morisca y a su padre, encargándole el virrey que los atendiera y agasajara cuanto pudiera; y de su parte le ofrecía lo que hubiera en su casa para su regalo. Tanta fue la benevolencia y caridad que la hermosura de Ana Félix le infundió en el pecho.

CAPÍTULO LXIV: QUE TRATA DE LA AVENTURA QUE MÁS PESADUMBRE DIO A DON QUIJOTE DE CUANTAS HASTA ENTONCES LE HABÍAN SUCEDIDO

La mujer de don Antonio Moreno contó que recibió grandísimo gusto de ver a Ana Félix en su casa. La recibió con mucho agrado, enamorada tanto de su belleza como de su discreción, porque en una cosa y en la otra era extremada la morisca; y toda la gente de la ciudad, como si hubieran tocado a rebato, venía a verla.

Dijo don Quijote a don Antonio que el acuerdo que habían tomado para la libertad de don Gregorio no era bueno, porque tenía más de peligroso que de conveniente, y que sería mejor enviarlo a él a Berbería con sus armas y su caballo; que él lo sacaría a pesar de toda la morisma, como había hecho don Gaiferos con su esposa Melisendra.

—Oiga, señor —dijo Sancho, al oír aquello—: don Gaiferos sacó a su esposa por tierra firme y la llevó a Francia por tierra firme; pero aquí, aunque saquemos a don Gregorio, no tenemos por dónde traerlo a España, porque la mar está en medio.

—Para todo hay remedio, menos para la muerte —respondió don Quijote—. Llegando el barco a la costa, nos podremos embarcar, aunque todo el mundo lo impida.

—Muy bien lo pinta y lo facilita usted —dijo Sancho—; pero del dicho al hecho hay gran trecho, y yo me atengo al renegado, que me parece hombre de bien y de buenas entrañas.

Don Antonio dijo que, si el renegado no salía bien del caso, se tomaría el recurso de que el gran don Quijote pasara a Berbería.

De allí a dos días partió el renegado en un barco ligero, de seis remos por banda, armado con una chusma valentísima; y de allí a otros dos partieron las galeras hacia Levante, después de pedir el general al virrey que le avisara de lo que sucediera en la libertad de don Gregorio y en el caso de Ana Félix; y el virrey quedó en hacerlo, tal como se lo pedía.

Y una mañana, saliendo don Quijote a pasearse por la playa, armado de todas sus armas —porque, como muchas veces decía, ellas eran su adorno, y su descanso era pelear, y no se hallaba sin ellas un punto—, vio venir hacia él un caballero, armado también de punta en blanco, que en el escudo traía pintada una luna resplandeciente. Y llegado a distancia de poder ser oído, en altas voces y dirigiéndose a don Quijote, dijo:

—Insigne caballero, y jamás alabado como se debe, don Quijote de la Mancha: yo soy el Caballero de la Blanca Luna, cuyas inauditas hazañas quizá ya te habrán venido a la memoria. Vengo a contender contigo y a probar la fuerza de tus brazos, para hacerte conocer y confesar que mi dama, sea quien sea, es, sin comparación, más hermosa que tu Dulcinea del Toboso. Si lo confiesas claramente, evitarás tu muerte y el trabajo que yo tendría en dártela. Y si peleas y yo te venzo, no quiero otra satisfacción sino que dejes las armas y te abstengas de buscar aventuras, y te recojas a tu lugar por tiempo de un año, donde has de vivir sin echar mano a la espada, en paz tranquila y en provechoso sosiego, porque así conviene al aumento de tu hacienda y a la salvación de tu alma. Y si tú me vences, quedará a tu voluntad mi cabeza, y serán tuyos los despojos de mis armas y mi caballo, y pasará a la tuya la fama de mis hazañas. Mira lo que te conviene, y respóndeme luego, porque hoy traigo por término todo el día para despachar este negocio.

Don Quijote quedó suspenso y atónito, así por la arrogancia del Caballero de la Blanca Luna como por la causa por que lo desafiaba; y con reposo y ademán severo le respondió:

—Caballero de la Blanca Luna, cuyas hazañas hasta ahora no han llegado a mi noticia, haré que jures que jamás has visto a la ilustre Dulcinea; porque si la hubieras visto, sé que no buscarías esta demanda: su sola vista te habría desengañado de que no hay, ni puede haber, belleza con la suya comparable. Así que no te digo que mientes, sino que te equivocas en lo que propones. Con las condiciones que has dicho acepto tu desafío, y lo acepto ahora mismo, para que no se pase el día que tienes señalado; y solo exceptúo una cosa: que pase a mí la fama de tus hazañas, porque no sé cuáles son ni qué valen; con las mías me basta, tales como son. Toma, pues, la

parte del campo que quieras; que yo haré lo mismo; y a quien Dios se
la dé, San Pedro se la bendiga.

Desde la ciudad habían visto al Caballero de la Blanca Luna y se
lo habían dicho al virrey, que en ese momento hablaba con don
Quijote de la Mancha. El virrey, creyendo que sería alguna nueva
aventura fabricada por don Antonio Moreno o por algún caballero de
la ciudad, salió a la playa con don Antonio y con otros muchos
caballeros, y llegó a tiempo cuando don Quijote volvía las riendas a
Rocinante para tomar del campo lo necesario.

Viendo el virrey que ambos daban señales de volver a
encontrarse, se puso en medio y les preguntó qué causa los movía a
hacer, tan de improviso, batalla. El Caballero de la Blanca Luna
respondió que era cuestión de precedencia en hermosura, y en pocas
palabras repitió lo mismo que había dicho a don Quijote, con la
aceptación de las condiciones por ambas partes.

Se acercó el virrey a don Antonio y le preguntó en voz baja si
sabía quién era aquel Caballero de la Blanca Luna, o si era alguna
burla que querían hacerle a don Quijote. Don Antonio respondió que
no sabía quién era, ni si el desafío iba de burlas o de veras.

Esta respuesta dejó al virrey perplejo sobre si debía permitirles
seguir o no; pero como no podía persuadirse de que aquello fuera sino
burla, se apartó diciendo:

—Señores caballeros: si aquí no hay otro remedio que confesar o
morir, y don Quijote está en lo suyo, y el de la Blanca Luna también
en lo suyo, queden en manos de Dios… y adelante.

Agradeció el de la Blanca Luna, con razones corteses y discretas,
la licencia; y don Quijote hizo lo mismo. Encomendándose de
corazón al cielo y a su Dulcinea —como acostumbraba al comenzar
las batallas—, tomó un poco más de campo, porque vio que su
contrario hacía lo mismo. Y sin trompeta ni otro instrumento que les
diera señal, volvieron ambos a un mismo punto las riendas a sus
caballos.

Y como era más ligero el de la Blanca Luna, llegó a don Quijote
a dos tercios de la carrera, y allí lo encontró con fuerza tan poderosa
—sin tocarlo con la lanza, que levantó, al parecer, de propósito—,
que dio con Rocinante y con don Quijote en el suelo con peligrosa

caída. Luego se le puso encima, y poniéndole la lanza sobre la visera, le dijo:

—Vencido quedas, caballero, y aun muerto, si no confiesas las condiciones de nuestro desafío.

Don Quijote, molido y aturdido, sin alzarse la visera, como si hablara desde una tumba, con voz debilitada, dijo:

—Dulcinea del Toboso es la más hermosa mujer del mundo, y yo el más desdichado caballero de la tierra; y no es justo que mi flaqueza desmienta esta verdad. Aprieta, caballero, la lanza y quítame la vida, pues me has quitado la honra.

—Eso no haré —dijo el de la Blanca Luna—. Viva entera la fama de la hermosura de la señora Dulcinea del Toboso. A mí me basta con que el gran don Quijote se retire a su lugar un año, o hasta el tiempo que yo le mande, como quedó concertado antes de entrar en batalla.

Todo esto lo oyeron el virrey y don Antonio, con muchos otros; y oyeron también que don Quijote respondió que, con tal de que no se le pidiera nada en perjuicio de Dulcinea, cumpliría todo lo demás como caballero puntual y verdadero.

Hecha esta confesión, volvió las riendas el de la Blanca Luna, e inclinando la cabeza al virrey, a medio galope entró en la ciudad.

Mandó el virrey a don Antonio que fuera tras él y que, de cualquier modo, averiguara quién era. Levantaron a don Quijote, le descubrieron el rostro y lo hallaron sin color y sudando. Rocinante, de puro mal parado, no pudo moverse por entonces.

Sancho, todo triste y todo deshecho, no sabía qué decir ni qué hacer: le parecía que todo aquello pasaba en sueños y que toda la máquina era cosa de encantamiento. Veía a su señor rendido y obligado a no tomar armas en un año; imaginaba apagada la luz de la gloria de sus hazañas; veía deshechas, como humo al viento, las esperanzas de nuevas promesas. Temía si Rocinante quedaría maltrecho o si su amo quedaría dislocado; que no habría sido poca fortuna que lo dislocado fuera solo eso. En fin, trajeron una silla de manos por orden del virrey, lo llevaron a la ciudad, y el virrey volvió también con deseo de saber quién era aquel Caballero de la Blanca Luna, que dejó a don Quijote en tan mal estado.

CAPÍTULO XV: DONDE SE DA NOTICIA DE QUIÉN ERA EL DE LA BLANCA LUNA, CON LA LIBERTAD DE DON GREGORIO, Y DE OTROS SUCESOS

Don Antonio Moreno siguió al Caballero de la Blanca Luna, y lo siguieron también —y aun lo persiguieron— muchos muchachos, hasta que lo vieron entrar en un mesón dentro de la ciudad. Don Antonio entró con ganas de conocerlo. Salió un escudero a recibirlo y a desarmarlo. Se encerró en una sala baja, y con él don Antonio, que no podía aguantar la curiosidad de saber quién era.

Viendo el de la Blanca Luna que aquel caballero no lo soltaba, le dijo:

—Bien sé, señor, a qué viene: a saber quién soy. Y como no hay necesidad de negarlo, mientras este criado me desarma se lo diré, sin faltar en nada a la verdad del caso. Sepa que a mí me llaman el bachiller Sansón Carrasco. Soy del mismo lugar de don Quijote de la Mancha, cuya locura mueve a que todos los que lo conocemos le tengamos lástima; y entre los que más se la han tenido, he sido yo. Y creyendo que su salud está en el reposo, y en quedarse en su tierra y en su casa, busqué modo de hacerlo volver.

Así, hará tres meses le salí al camino como caballero andante, llamándome el Caballero de los Espejos, con intención de pelear con él y vencerlo sin hacerle daño, poniendo por condición que el vencido quedara a voluntad del vencedor. Y lo que yo pensaba pedirle —porque ya lo daba por vencido— era que se volviera a su lugar y no saliera de él en todo un año: en ese tiempo podría curarse. Pero la suerte lo ordenó de otra manera: él me venció a mí, me derribó del caballo, y mi intento no tuvo efecto. Él siguió su camino, y yo me volví vencido, corrido y molido de la caída, que además fue peligrosa.

Con todo, no se me quitó el deseo de volver a buscarlo y vencerlo, como hoy se ha visto. Y como él guarda con tanta puntualidad las leyes de la caballería andante, sin duda cumplirá la orden que le he dado, por su palabra.

Esto es, señor, lo que pasa. Solo le ruego que no me descubra ni le diga a don Quijote quién soy, para que se cumpla mi buen propósito y recobre el juicio un hombre que lo tiene excelente, en cuanto se le quiten las sandeces de caballería.

—Señor —dijo don Antonio—: Dios le perdone el agravio que le ha hecho a todo el mundo, queriendo volver cuerdo al más gracioso loco que hay en él. ¿No ve que el provecho de su cordura no alcanzará al gusto que da con sus desvaríos? Pero yo imagino que toda su industria no bastará para volver cuerdo a un hombre tan rematadamente loco; y si no fuera contra caridad, diría que nunca sane, porque con su salud perdemos no solo sus gracias, sino las de Sancho Panza, su escudero: cualquiera de ellas puede alegrar a la misma melancolía.

Con todo, callaré y no le diré nada, por ver si acierto al sospechar que no tendrá efecto la diligencia hecha por usted.

Carrasco respondió que, una por una, las piezas del negocio estaban ya bien encaminadas, y que esperaba buen suceso. Don Antonio se ofreció a hacer lo que le mandara, se despidió de él; y Carrasco, luego, mandó cargar sus armas en un macho y, en el mismo caballo con que entró en batalla, salió de la ciudad ese día, y se volvió a su patria sin que le sucediera cosa que obligue a contarla en esta historia.

Don Antonio contó al virrey lo que Carrasco le había dicho, y el virrey no recibió mucho gusto, porque con el retiro de don Quijote se perdía el entretenimiento de todos los que se deleitaban con sus locuras.

Seis días estuvo don Quijote en cama, marchito, triste, pensativo y de mal talante, yendo y viniendo con la imaginación en el desdichado suceso de su derrota. Consolábalo Sancho y, entre otras razones, le dijo:

—Señor mío: levante la cabeza, alégrese si puede, y dé gracias al cielo, que, aunque lo derribaron, no salió con una costilla quebrada. Y como sabe que donde las dan las toman, y que no siempre hay tocinos donde hay estacas, dé una higa al médico —porque no lo necesita para esta enfermedad—. Volvámonos a nuestra casa y dejémonos de buscar aventuras por tierras que no conocemos. Y bien mirado, yo soy aquí el más perdidoso, aunque usted haya quedado peor. Yo dejé con el gobierno las ganas de ser gobernador, sí, pero no dejé el deseo de ser conde; y eso jamás se cumplirá si usted deja de ser rey dejando su caballería. Así se me vuelven humo las esperanzas.

—Calla, Sancho —respondió don Quijote—, que mi retiro no pasará de un año. Luego volveré a mis ejercicios, y no me faltará reino que ganar, ni condado que darte.

—Dios lo oiga —dijo Sancho—, y el pecado sea sordo; que siempre he oído decir que más vale buena esperanza que mala posesión.

En esto estaban cuando entró don Antonio, con muestras de grandísimo contento, diciendo:

—¡Buenas nuevas, señor don Quijote! ¡Don Gregorio y el renegado que fue por él están en la playa! ¿Qué digo "en la playa"? Ya están en casa del virrey, y vendrán aquí de inmediato.

Se alegró un poco don Quijote y dijo:

—De verdad estoy por decir que me habría gustado que todo hubiera sucedido al revés, porque entonces me habría tocado pasar a Berbería, y con la fuerza de mi brazo habría dado libertad no solo a don Gregorio, sino a cuantos cristianos cautivos hay allá. Pero… ¿qué digo, miserable? ¿No soy yo el vencido? ¿No soy yo el derribado? ¿No soy yo el que no puede tomar las armas en un año? Entonces, ¿qué prometo? ¿De qué presumo, si más me conviene usar la rueca que la espada?

—Déjese de eso, señor —dijo Sancho—: viva la gallina, aunque tenga pepita. Hoy por ti y mañana por mí. En estas cosas de encuentros y porrazos no hay modo de tomarles medida: el que hoy cae puede levantarse mañana, si no es que quiera quedarse en la cama; quiero decir, si no quiere desanimarse sin recobrar bríos para nuevas pendencias. Y levántese ahora para recibir a don Gregorio, que me parece que anda la gente alborotada, y ya debe estar en la casa.

Y así era, porque don Gregorio y el renegado ya habían dado cuenta al virrey de su ida y vuelta; y don Gregorio, deseoso de ver a Ana Félix, vino con el renegado a casa de don Antonio. Y aunque cuando lo sacaron de Argel iba con hábito de mujer, en el barco lo cambió por el de un cautivo que salió con él; pero, viniera como viniera, mostraba que era persona para ser deseada, servida y estimada, porque era hermosísimo, y de edad, al parecer, de diecisiete o dieciocho años.

Ricote y su hija salieron a recibirlo: el padre con lágrimas, y la hija con honestidad. No se abrazaron, porque donde hay mucho amor no suele haber demasiada soltura. Las dos bellezas juntas, la de don Gregorio y la de Ana Félix, admiraron a todos los presentes. Allí el silencio habló por los dos amantes, y los ojos fueron lenguas que descubrieron sus pensamientos, alegres y limpios.

Contó el renegado el ingenio y el medio que tuvo para sacar a don Gregorio; contó don Gregorio los peligros y aprietos en que se había visto con las mujeres entre las que quedó, y no lo hizo con largo razonamiento, sino con pocas palabras, donde mostró que su discreción se adelantaba a sus años. Por fin, Ricote pagó y recompensó con largueza al renegado y a los que habían bogado al remo. Y el renegado se reconcilió con la Iglesia, y de miembro podrido volvió limpio y sano con la penitencia y el arrepentimiento.

Dos días después trató el virrey con don Antonio qué modo tendrían para que Ana Félix y su padre se quedaran en España, pareciéndoles que no habría inconveniente en que se quedaran allí una hija tan cristiana y un padre, al parecer, tan bien intencionado. Don Antonio se ofreció a ir a la corte a negociarlo —pues de todos modos debía ir por otros asuntos—, dando a entender que allá, por favor y por dádivas, muchas cosas difíciles se acaban.

—No —dijo Ricote, que estaba presente—: no hay que esperar favores ni dádivas. Con el gran don Bernardino de Velasco, conde de Salazar, a quien Su Majestad encargó nuestra expulsión, no valen ruegos, ni promesas, ni dádivas, ni lástimas. Porque, aunque es verdad que mezcla la misericordia con la justicia, como ve que todo el cuerpo de nuestra nación está contaminado y podrido, usa más el cauterio que abrasa que el ungüento que suaviza. Y así, con prudencia, sagacidad y diligencia, y con temores que infunde, ha llevado sobre sus fuertes hombros a cumplido efecto el peso de esta gran máquina, sin que nuestras astucias, estratagemas, solicitudes y fraudes hayan podido cegar sus ojos de Argos, que mantiene siempre despiertos, para que no se le quede ni se le esconda ninguno de los nuestros, que, como raíz oculta, con el tiempo pudiera brotar y echar fruto venenoso en España, ya limpia y ya libre de los temores en que nuestra muchedumbre la tenía. ¡Heroica resolución del gran Felipe Tercero, e inaudita prudencia en haberla encargado a tal don Bernardino de Velasco!

—Una por una, allá haré todas las diligencias posibles, y que el cielo haga lo que más quiera —dijo don Antonio—. Don Gregorio se irá conmigo a consolar la pena que sus padres deben de tener por su ausencia. Ana Félix se quedará con mi mujer en mi casa, o en un monasterio. Y sé que el virrey tendrá gusto en que el buen Ricote se quede en la suya, hasta ver cómo negocio.

El virrey consintió en todo. Pero don Gregorio, sabiendo lo que se trataba, dijo que de ninguna manera podía ni quería dejar a doña Ana Félix. Sin embargo, como tenía intención de ver a sus padres y de buscar modo de volver por ella, aceptó el acuerdo.

Quedó Ana Félix con la mujer de don Antonio, y Ricote en casa del virrey.

Llegó el día de la partida de don Antonio, y el de don Quijote y Sancho, que fue dos días después, porque la caída no le permitió ponerse en camino antes. Hubo lágrimas, suspiros, desmayos y sollozos cuando don Gregorio se despidió de Ana Félix. Ricote ofreció a don Gregorio mil escudos si los quería; pero él no tomó ninguno, sino solo cinco que le prestó don Antonio, prometiendo pagarlos en la corte. Con esto, se fueron los dos; y don Quijote y Sancho partieron después, como queda dicho: don Quijote desarmado y de camino; Sancho a pie, porque el rucio iba cargado con las armas.

CAPÍTULO XVI: QUE TRATA DE LO QUE VERÁ EL QUE LO LEYERE, O LO OIRÁ EL QUE LO ESCUCHARE LEER

Al salir de Barcelona, volvió don Quijote a mirar el sitio donde había caído y dijo:

—¡Aquí fue Troya! Aquí mi desdicha, y no mi cobardía, se llevó mis glorias ganadas. Aquí la fortuna hizo conmigo sus vueltas y revueltas; aquí se oscurecieron mis hazañas; aquí, por fin, cayó mi ventura para no levantarse jamás.

Al oírlo, Sancho dijo:

—Tan propio de corazones valientes es sufrir las desgracias como alegrarse con las prosperidades. Y lo digo por mí: si cuando era gobernador andaba contento, ahora que soy escudero de a pie no ando triste. He oído decir que esa Fortuna de la que hablan es una mujer borracha y antojadiza, y, sobre todo, ciega: no ve lo que hace, ni sabe a quién derriba ni a quién levanta.

—Muy filósofo estás, Sancho —respondió don Quijote—; hablas con mucha sensatez. No sé quién te enseña. Lo que sí sé decirte es que no hay fortuna en el mundo, ni las cosas que en él suceden —buenas o malas— vienen por azar, sino por providencia particular de los cielos. De ahí viene lo que se dice: que cada cual es artífice de su ventura. Yo lo he sido de la mía, pero sin la prudencia necesaria, y por eso me han salido al revés mis presunciones: debí pensar que al gran poder del caballo del de la Blanca Luna no podía resistir la flaqueza de Rocinante.

Me atreví, al fin; hice lo que pude; me derribaron. Y aunque perdí la honra, no perdí —ni puedo perder— la virtud de cumplir mi palabra. Cuando era caballero andante, atrevido y valiente, con obras y manos sostenía mis hechos; y ahora, cuando soy escudero de a pie, sostendré mis palabras cumpliendo lo que prometí. Camina, pues, Sancho amigo, y vayamos a pasar en nuestra tierra el año de noviciado, con cuyo retiro cobraremos fuerza nueva para volver al ejercicio de las armas, que nunca olvido.

—Señor —respondió Sancho—, no es cosa tan gustosa caminar a pie como para hacer grandes jornadas. Dejemos esas armas colgadas de algún árbol, a modo de trofeo, y yo me subo al rucio, con los pies fuera del suelo: así haremos las jornadas como usted las quiera medir. Pensar que tengo que caminar a pie y hacerlas grandes es pensar en lo imposible.

—Bien has dicho, Sancho —respondió don Quijote—. Colguemos las armas por trofeo, y al pie de ellas, o alrededor, grabaremos en los árboles lo que en el trofeo de las armas de Roldán estaba escrito:

Nadie las mueva
que estar no pueda con Roldán a prueba.

—Eso me parece de perlas —respondió Sancho—; y si no fuera por la falta que nos haría Rocinante para el camino, también sería buena idea dejarlo colgado.

—Ni a él ni a las armas —replicó don Quijote— quiero verlos colgados, para que no se diga que a buen servicio se le paga con mal premio.

—Muy bien dice usted —respondió Sancho—, porque, según la opinión de gente sensata, la culpa del asno no se le echa a la albarda. Y como de este suceso usted tiene la culpa, castíguese a sí mismo, y no desahogue sus iras en las armas ya rotas y sangrientas, ni en la mansedumbre de Rocinante, ni en la blandura de mis pies, queriendo que caminen más de lo justo.

Con estas razones y pláticas se les pasó aquel día, y aún otros cuatro, sin que les sucediera cosa que les estorbara el camino. Y al quinto día, a la entrada de un lugar, hallaron a la puerta de un mesón mucha gente, que por ser fiesta estaba allí entreteniéndose. Cuando don Quijote se acercaba, un labrador alzó la voz diciendo:

—Alguno de estos dos señores que vienen, y que no conocen bien las partes, nos dirá qué se ha de hacer en nuestra apuesta.

—Sí diré —respondió don Quijote—, con toda rectitud, si es que alcanzo a entenderla.

—El caso es este —dijo el labrador—, señor: un vecino de este lugar, tan gordo que pesa once arrobas, desafió a correr a otro, que no pesa más que cinco. La condición era correr cien pasos con pesos iguales. Y cuando le preguntaron al desafiante cómo se igualaría el peso, dijo que el desafiado, que pesa cinco arrobas, se pusiera seis de hierro a cuestas; y así se igualarían las once arrobas del flaco con las once del gordo.

—Eso no —saltó Sancho, antes de que respondiera don Quijote—. A mí, que hace pocos días dejé de ser gobernador y juez, como todo el mundo sabe, me toca aclarar estas dudas y dar parecer en este pleito.

—Responde, entonces —dijo don Quijote, Sancho amigo—, que yo no estoy para darle migas a un gato, con el juicio tan revuelto como traigo.

Con esa licencia, Sancho dijo a los labradores, que lo rodeaban con la boca abierta, esperando sentencia:

—Amigos: lo que el gordo pide no tiene camino ni sombra de justicia. Porque si es verdad lo que se dice, que el desafiado puede escoger las armas, no es justo que el otro le imponga unas que le impidan vencer. Así que mi parecer es que el gordo, el que desafía, se quite, se recorte, se entresaque y se pula seis arrobas de carne, de aquí o de allá, como mejor le parezca; y quedando en cinco arrobas de peso, se igualará con las cinco de su contrario, y así podrán correr en igualdad.

—¡Voto a tal! —dijo un labrador que oyó la sentencia—. Este hombre ha hablado como un bendito y ha sentenciado como un canónigo. Pero bien seguro que el gordo no querrá quitarse ni una onza de carne, cuanto más seis arrobas.

—Lo mejor es que no corran —dijo otro—: así el flaco no se revienta con el peso ni el gordo se desuella. Y que la mitad de la apuesta se gaste en vino, y llevemos a estos señores a la taberna de lo caro; y por mí… la capa cuando llueva.

—Se lo agradezco —respondió don Quijote—, pero no puedo detenerme ni un punto, porque pensamientos y sucesos tristes me vuelven descortés y me hacen caminar más que de paso.

Y así, picó a Rocinante y siguió, dejándolos admirados de su extraña figura y de la agudeza del criado, pues por tal juzgaron a Sancho. Y dijo uno de los labradores:

—Si el criado es tan agudo, ¿cómo será el amo? Yo apuesto que si se ponen a estudiar en Salamanca, en nada vienen a ser alcaldes de corte; que todo es burla, sino estudiar y estudiar, y tener favor y ventura; y cuando menos lo piensa uno, se ve con una vara en la mano o con una mitra en la cabeza.

Aquella noche la pasaron amo y mozo a la intemperie, en mitad del campo, a cielo abierto. Y al día siguiente, siguiendo su camino, vieron venir hacia ellos un hombre de a pie, con unas alforjas al cuello y una azcona o chuzo en la mano, con todo el talle de un correo. Cuando llegó junto a don Quijote, adelantó el paso y, medio corriendo, lo abrazó por el muslo derecho —que no alcanzaba a más— y le dijo, con muestras de alegría:

—¡Ah, mi señor don Quijote de la Mancha! ¡Qué gran gusto va a tener mi señor el duque cuando sepa que usted vuelve a su castillo, donde todavía está con mi señora la duquesa!

—No te conozco, amigo —respondió don Quijote—, ni sé quién eres, si tú no me lo dices.

—Yo, señor —respondió el correo—, soy Tosilos, criado del duque, mi señor: el mismo que no quiso pelear con usted en lo del casamiento de la hija de doña Rodríguez.

—¡Válgame Dios! —dijo don Quijote—. ¿Es posible que seas tú el que mis enemigos, los encantadores, transformaron en ese criado, para quitarme la honra de aquella batalla?

—No diga eso, señor —respondió Tosilos—. No hubo encanto ni cambio de rostro. Tan Tosilos criado entré en la estacada como Tosilos criado salí. Yo pensé casarme sin pelear, porque me pareció bien la muchacha; pero me salió al revés, porque apenas usted se fue del castillo, el duque me mandó dar cien palos por haber faltado a las órdenes que me tenía dadas antes de entrar en la batalla. Y todo ha parado en que la muchacha ya es monja, y doña Rodríguez se ha vuelto a Castilla, y yo voy ahora a Barcelona a llevar un pliego de cartas al virrey, que le envía mi amo.

Si quiere un traguito —aunque sea caliente—, aquí llevo una calabaza llena de lo caro, con unas rajas de queso de Tronchón, que sirven de llamativo y despertador de la sed, si acaso está dormida.

—Acepto el convite —dijo Sancho—, y que se complete la cortesía: escancie el buen Tosilos, a despecho de cuantos encantadores haya en las Indias.

—En fin —dijo don Quijote—, tú, Sancho, eres el mayor glotón del mundo y el mayor ignorante de la tierra, pues no te convences de que este correo viene encantado y este Tosilos es una figura fingida. Quédate con él y hártate; que yo seguiré despacio y te esperaré.

Se rió el criado, destapó la calabaza, abrió las alforjas, sacó las rajas y un panecillo; y él y Sancho se sentaron sobre la hierba verde y, en buena paz, despacharon y dieron fin a todo el repuesto, con tan buena gana, que hasta lamieron el pliego de las cartas, solo porque olía a queso.

Dijo Tosilos a Sancho:

—Sin duda tu amo, Sancho amigo, debe de ser un loco.

—¿"Debe"? —respondió Sancho—. No debe nada a nadie: todo lo paga, y más cuando la moneda es locura. Yo bien lo veo, y bien se lo digo; pero ¿de qué sirve? Y más ahora, que va al límite, porque lo venció el Caballero de la Blanca Luna.

Tosilos le pidió que le contara lo sucedido; pero Sancho respondió que era descortesía dejar que su amo lo esperara; que otro día, si se encontraban, habría ocasión.

Y levantándose, después de sacudirse el sayo y las migas de la barba, tomó del rucio la delantera y, diciendo "a Dios", dejó a Tosilos y alcanzó a su amo, que lo esperaba a la sombra de un árbol.

CAPÍTULO LXVII: DE LA RESOLUCIÓN QUE TOMÓ DON QUIJOTE DE HACERSE PASTOR Y SEGUIR LA VIDA DEL CAMPO

Si muchos pensamientos fatigaban a don Quijote antes de ser derribado, muchos más lo fatigaron después de caer. Estaba a la sombra del árbol, como se ha dicho, y allí le acudían pensamientos —como moscas a la miel— y lo picaban: unos iban al desencanto de Dulcinea, y otros a la vida que habría de hacer en su retirada forzosa. Llegó Sancho y le alabó la liberal condición del criado Tosilos.

—¿Es posible —le dijo don Quijote— que todavía, Sancho, pienses que aquel sea criado de veras? Parece que se te ha borrado de la memoria haber visto a Dulcinea convertida en labradora y al Caballero de los Espejos vuelto el bachiller Carrasco, obras todas de los encantadores que me persiguen. Pero dime ahora: ¿le preguntaste a ese Tosilos qué ha sido de Altisidora? ¿Ha llorado mi ausencia, o ya dejó en manos del olvido los pensamientos enamorados que, cuando yo estaba allí, la fatigaban?

—No eran —respondió Sancho— los pensamientos que yo tenía tales que me dejaran tiempo para preguntar bobadas. ¡Cuerpo de mí, señor! ¿Está usted ahora para andar averiguando pensamientos ajenos, y más si son de amores?

—Mira, Sancho —dijo don Quijote—, mucha diferencia hay entre lo que se hace por amor y lo que se hace por agradecimiento. Bien puede ser que un caballero no ande enamorado; pero no puede ser, hablando con rigor, que sea desagradecido. Al parecer, Altisidora me quiso bien: me dio los tres tocadores que sabes; lloró cuando me fui; me maldijo, me vituperó, se quejó, y a pesar de la vergüenza lo hizo en público: señales todas de que me adoraba, porque las iras de los amantes suelen parar en maldiciones.

Yo no tuve esperanzas que darle, ni tesoros que ofrecerle, porque las mías están entregadas a Dulcinea; y los tesoros de los caballeros andantes son, como los de los duendes, aparentes y falsos. Solo puedo darle estos recuerdos que de ella tengo, sin perjuicio, claro está, de los que tengo de Dulcinea, a quien tú agravias con la tardanza que llevas en azotarte y castigar esas carnes —¡que ojalá las vea yo comidas de lobos!—, que quieren guardarse antes para los gusanos que para el remedio de aquella pobre señora.

—Señor —respondió Sancho—, si quiere que le diga la verdad, yo no me puedo convencer de que los azotes de mis posaderas tengan que ver con los desencantos, que es como si dijeran: "Si te duele la cabeza, úntate las rodillas". Al menos, yo me atrevo a jurar que en cuantas historias ha leído usted de caballería andante no habrá visto a nadie desencantado a azotes. Pero, sea por sí o sea por no, yo me los daré cuando me dé la gana y el tiempo me deje lugar para castigarme.

—Dios lo haga —respondió don Quijote—, y el cielo te dé gracia para que caigas en la cuenta de la obligación que tienes de ayudar a mi señora, que también es la tuya, pues tú eres mío.

Con estas pláticas iban siguiendo su camino, cuando llegaron al mismo sitio donde los atropellaron los toros. Lo reconoció don Quijote y dijo a Sancho:

—Este es el prado donde dimos con aquellas animadas pastoras y gallardos pastores que querían renovar e imitar la pastoral Arcadia: pensamiento tan nuevo como discreto. Y a su imitación, si a ti te parece bien, querría, Sancho, que nos volviéramos pastores, aunque fuera solo por el tiempo que tengo de estar recogido. Yo compraré unas ovejas y lo demás que se necesita para ese ejercicio; y me llamaré el pastor Quijotiz, y tú el pastor Pancino. Andaremos por montes, selvas y prados, cantando aquí, endechando allá; bebiendo del cristal de las fuentes, o de los limpios arroyos, o de los ríos caudalosos.

Nos darán las encinas, con mano abundante, su dulcísimo fruto; los troncos de los alcornoques, asiento; los sauces, sombra; las rosas, olor; los prados extendidos, alfombras de mil colores; el aire claro y puro, aliento; la luna y las estrellas, luz, a pesar de la oscuridad de la noche; el canto, gusto; el llanto, alegría; Apolo, versos; y el amor, conceptos… con lo cual podremos hacernos eternos y famosos, no solo para los presentes, sino para los siglos que vengan.

—¡Por diez! —dijo Sancho—. Me ha gustado, y más que gustado, ese modo de vida; y apuesto a que no lo habrá visto bien el bachiller Sansón Carrasco ni maese Nicolás el Barbero cuando van a querer seguirnos y hacerse pastores con nosotros. Y ojalá no le dé también por entrar en el redil al cura, con lo alegre que es y lo amigo que es de holgarse.

—Has hablado muy bien —dijo don Quijote—. Y si entra en el gremio pastoral —como entrará, sin duda—, el bachiller Sansón Carrasco podrá llamarse el pastor Sansonino, o el pastor Carrascón. El barbero Nicolás podrá llamarse Niculoso, como aquel antiguo Boscán se llamó Nemoroso. Al cura no sé qué nombre ponerle, si no es algo derivado del suyo: llamémosle el pastor Curiambro.

Las pastoras de quienes hemos de ser amantes... nombres podremos escogerlos como entre peras. Y pues el de mi señora cuadra tan bien para pastora como para princesa, no hay para qué cansarme en buscarle otro. Tú, Sancho, pondrás a la tuya el que te dé la gana.

—Yo —respondió Sancho— no pienso ponerle otro sino Teresona, que le viene bien con su gordura y con lo que ya tiene, pues se llama Teresa; y más, que si la celebro en mis versos, descubro mis deseos castos, porque no ando buscando pan de otra harina por casas ajenas. El cura no será bien que tenga pastora, por dar buen ejemplo; y si el bachiller quiere tenerla, allá él con su alma.

—¡Válgame Dios —dijo don Quijote—, qué vida nos vamos a dar, Sancho amigo! ¡Cuántas churumbelas llegarán a nuestros oídos; cuántas gaitas zamoranas, cuántos tamborines, cuántas sonajas y rabeles! Y si entre esas músicas suena la de los albogues, entonces sí: allí se verán casi todos los instrumentos pastoriles.

—¿Qué son albogues? —preguntó Sancho—, que ni los he oído nombrar ni los he visto en toda mi vida.

—Albogues —respondió don Quijote— son unas chapas, a modo de candelero de azófar, que, dando una con otra por lo hueco y vacío, hacen un son que, aunque no es muy agradable ni armónico, no desagrada, y va bien con la rusticidad de la gaita y del tamborín. Y este nombre "albogues" es morisco, como lo son casi todos los que en nuestra lengua comienzan por "al": almohaza, almorzar, alfombra, alguacil, alhucema, almacén, alcancía, y otros semejantes, que no deben de ser muchos más. Y solo tres tiene nuestra lengua que sean moriscos y acaben en "í": borceguí, zaquizamí y maravedí. "Alhelí" y "alfaquí", tanto por el "al" primero como por la "í" final, se tienen por arábigos.

Esto te lo digo de paso, porque el nombrar albogues me lo trajo a la memoria. Y ha de ayudarnos mucho a dar perfección a este ejercicio el que yo sea algo poeta, como tú sabes, y el que lo sea también, y mucho, el bachiller Sansón Carrasco. Del cura no digo nada; pero yo apuesto que tiene sus puntas de poeta. Y que también las tiene maese Nicolás, no lo dudo, porque casi todos lo son: guitarristas y copleros.

Yo me quejaré de ausencia; tú te alabarás de firme enamorado; el pastor Carrascón, de desdeñado; y el cura Curiambro, de lo que mejor le venga; y así andará la cosa, sin que falte nada.

A esto respondió Sancho:

—Yo, señor, soy tan desdichado, que temo que no ha de llegar el día en que me vea en ese ejercicio. ¡Qué cucharas tan pulidas tengo que hacer cuando me vea pastor! ¡Qué de migas, qué de natas, qué de guirnaldas y qué de zarandajas pastoriles! Y aunque con eso no gane fama de sensato, no dejaré de ganarme la de ingenioso.

Sanchica, mi hija, nos llevará la comida al hato. Pero… ¡cuidado!, que es de buen parecer, y hay pastores más maliciosos que simples, y no quisiera que fuera por lana y volviera trasquilada. Y también andan los amores y los malos deseos por los campos como por las ciudades, y por las chozas como por los palacios; y quitada la causa, se quita el pecado; y ojos que no ven, corazón que no se quiebra; y más vale salto de mata que ruego de hombres buenos.

—Basta de refranes, Sancho —dijo don Quijote—. Cualquiera de los que dijiste basta para que se entienda tu intención. Muchas veces te he aconsejado que no seas tan pródigo en refranes y que te contengas; pero me parece que es como predicar en el desierto, y "mi madre me castiga y yo se lo pago".

—A mí me parece —respondió Sancho— que usted es como eso que dicen: "Dijo la sartén a la caldera: quítate allá, tiznada". Me está reprendiendo por los refranes… ¡y usted los suelta de dos en dos!

—Mira, Sancho —respondió don Quijote—: yo los traigo a propósito, y cuando los digo vienen como anillo al dedo; pero tú los traes por los cabellos: los arrastras, no los guías. Y si no recuerdo mal, ya te dije que los refranes son sentencias breves sacadas de la experiencia de nuestros antiguos; y el refrán que no viene al caso, más que sentencia es disparate.

Pero dejemos esto; y pues ya viene la noche, apartémonos un poco del camino real, donde pasaremos esta noche, y Dios sabe qué será mañana.

Se apartaron; cenaron tarde y mal, bien contra la voluntad de Sancho, a quien se le representaban las estrechezas de la caballería andante en selvas y montes, aunque a veces la abundancia se había mostrado en casas y castillos, como en la de don Diego de Miranda, en las bodas del rico Camacho y en la de don Antonio Moreno. Pero pensaba que no podía ser siempre de día ni siempre de noche, y así pasó aquella durmiendo, y su amo velando.

CAPÍTULO XVIII: DE LA CERDOSA AVENTURA QUE LE ACONTECIÓ A DON QUIJOTE

Era la noche algo oscura, aunque la luna estaba en el cielo, pero no donde pudiera verse: que a veces la señora Diana se va a pasear a las antípodas y deja los montes negros y los valles oscuros. Cumplió don Quijote con la naturaleza durmiendo el primer sueño, sin dar lugar al segundo; bien al revés de Sancho, que nunca tuvo segundo, porque le duraba el sueño desde la noche hasta la mañana, señal de su buena complexión y de sus pocos cuidados.

A don Quijote lo desvelaron de tal modo sus pensamientos, que despertó a Sancho y le dijo:

—Me maravilla, Sancho, la libertad de tu condición: me parece que estás hecho de mármol o de duro bronce, donde no cabe movimiento ni sentimiento. Yo velo cuando tú duermes; yo lloro cuando tú cantas; yo me desmayo de ayuno cuando tú, de puro harto, estás perezoso y desalentado. De buenos criados es llevar parte de las penas de sus señores y sentir lo que ellos sienten, al menos por buen parecer.

Mira la serenidad de esta noche y la soledad en que estamos, que nos convidan a velar un poco. Levántate, por tu vida; apártate un trecho de aquí y, con buen ánimo, date trescientos o cuatrocientos azotes, a buena cuenta de los del desencanto de Dulcinea. Te lo ruego y te lo suplico: no quiero volver contigo a los brazos como la otra vez, porque sé que los tienes pesados. Cuando termines, pasaremos lo que reste de la noche cantando: yo mi ausencia y tú tu firmeza, dando desde ahora principio al ejercicio pastoral que haremos en nuestra aldea.

—Señor —respondió Sancho—, yo no soy religioso para levantarme a la mitad del sueño y disciplinarme; y tampoco me parece que del extremo del dolor de los azotes se pase al de la música. Déjeme dormir y no me apriete con lo de azotarme, que me hará jurar no tocarme jamás ni el pelo del sayo, cuanto menos el de las carnes.

—¡Ah, alma endurecida! ¡Ah, escudero sin piedad! ¡Ah, pan mal empleado y mercedes mal consideradas, las que te he hecho y las que pienso hacerte! Por mí te viste gobernador, y por mí te ves con esperanzas cercanas de ser conde o tener otro título equivalente, y no tardará su cumplimiento más de lo que tarde en pasar este año, porque yo, después de las tinieblas, espero la luz.

—Eso no lo entiendo —respondió Sancho—. Solo entiendo que mientras duermo no tengo temor ni esperanza, ni trabajo ni gloria. Y bien haya quien inventó el sueño: capa que cubre todos los pensamientos, manjar que quita el hambre, agua que ahuyenta la sed, fuego que calienta el frío, frío que templa el ardor y, por fin, moneda general con que todas las cosas se compran, balanza y peso que iguala al pastor con el rey y al simple con el sensato.

Solo una cosa tiene mala el sueño, según he oído: que se parece a la muerte, porque de un dormido a un muerto hay poca diferencia.

—Nunca te he oído hablar, Sancho —dijo don Quijote—, tan elegantemente como ahora; y por eso entiendo que es verdad el refrán que sueles decir: "No importa con quién naces, sino con quién te crías".

—¡Ah, qué rabia! —replicó Sancho—. Ahora no soy yo el que ensarta refranes: también a usted se le caen de la boca de dos en dos, y mejor que a mí. Solo que debe de haber esta diferencia: los de usted vienen a tiempo, y los míos, a destiempo; pero, al fin, todos son refranes.

En esto estaban cuando sintieron un sordo estruendo y un ruido áspero, que se extendía por aquellos valles. Se puso en pie don Quijote y echó mano a la espada; Sancho se agazapó debajo del rucio, poniéndose a los lados el lío de las armas y la albarda del jumento, temblando de miedo, tanto como don Quijote estaba encendido de ánimo.

De punto en punto crecía el ruido, y se acercaba a los dos temerosos —al menos a uno, porque del otro ya se sabe lo que se cuenta de su valentía—. El caso fue que unos hombres llevaban a vender a una feria más de seiscientos puercos, y caminaban a esas horas con ellos. Era tal el gruñir y bufar, y tal el estrépito, que ensordecieron a don Quijote y a Sancho, que no pudieron entender qué podía ser.

Llegó de golpe la piara extendida y gruñidora, y sin respeto a la autoridad de don Quijote ni a la de Sancho, pasó por encima de los dos, deshaciendo las trincheras de Sancho y derribando no solo a don Quijote, sino también, para colmo, a Rocinante. El tropel, el gruñir y la prisa con que llegaron aquellos animales inmundos pusieron por el suelo la albarda, las armas, el rucio, Rocinante, Sancho y don Quijote.

Se levantó Sancho como pudo y pidió a su amo la espada, diciendo que quería matar media docena de aquellos señores descomedidos; que ya los había reconocido. Don Quijote le dijo:

—Déjalos, amigo: esta afrenta es pena de mi pecado. Y justo castigo del cielo es que a un caballero andante vencido lo muerdan los perros, lo piquen avispas y lo hollan puercos.

—También debe de ser castigo del cielo —respondió Sancho— que a los escuderos de caballeros vencidos nos piquen moscas, nos coman piojos y nos embista el hambre. Si nosotros fuéramos hijos de los caballeros a quienes servimos, o parientes cercanos, todavía; que nos alcanzara la pena de sus culpas hasta la cuarta generación. Pero ¿qué tiene que ver un Panza con un Quijote?

En fin, acomodémonos otra vez y durmamos lo poco que queda de noche; amanecerá Dios y seguiremos adelante.

—Duerme tú, Sancho —respondió don Quijote—, que naciste para dormir; que yo, que nací para velar, en lo que falta de aquí al día daré rienda a mis pensamientos y los desahogaré en un madrigalillo, que anoche compuse en la memoria, sin que tú lo sepas.

—A mí me parece —respondió Sancho— que los pensamientos que dejan hacer coplas no deben de ser muchos. Usted componga cuantas quiera, que yo dormiré cuanto pueda.

Y luego, acomodándose en el suelo cuanto le pareció, se acurrucó y durmió a sueño suelto, sin que fianzas, deudas ni dolor alguno se lo estorbara. Don Quijote, arrimado al tronco de una haya o de un alcornoque (que Cide Hamete Benengeli no distingue cuál era), al son de sus mismos suspiros, cantó de esta suerte:

—Amor, cuando yo pienso
en el mal que me das, terrible y fuerte,
voy corriendo a la muerte,
pensando así acabar mi mal inmenso;
mas, en llegando al paso
que es puerto en este mar de mi tormento,
tanta alegría siento,
que la vida se esfuerza y no le paso.
Así el vivir me mata,
que la muerte me torna a dar la vida.
¡Oh condición no oída,
la que conmigo muerte y vida trata!

Cada verso de estos lo acompañaba con muchos suspiros y no pocas lágrimas, como quien tenía el corazón traspasado con el dolor del vencimiento y con la ausencia de Dulcinea.

Llegó el día, el sol dio con sus rayos en los ojos de Sancho; despertó y se desperezó, sacudiéndose y estirando los perezosos miembros. Miró el destrozo que habían hecho los puercos en su repostería, maldijo la piara y aún dijo otras cosas peores. En fin, volvieron los dos a su camino, y al declinar la tarde vieron que hacia ellos venían hasta diez hombres a caballo y cuatro o cinco a pie.

Se le sobresaltó el corazón a don Quijote y se le encogió el ánimo a Sancho, porque la gente que se acercaba traía lanzas y adargas y venía muy en forma de guerra. Se volvió don Quijote a Sancho y le dijo:

—Si yo pudiera, Sancho, usar las armas, y mi promesa no me hubiera atado las manos, esto que viene sobre nosotros lo tendría por tortas y pan pintado; pero podría ser otra cosa distinta de la que tememos.

Llegaron en esto los de a caballo, y levantando las lanzas, sin decir palabra, rodearon a don Quijote y se las pusieron al pecho y a la espalda, amenazándole de muerte. Uno de los de a pie, con un dedo en la boca en señal de silencio, asió del freno de Rocinante y lo sacó del camino; y los demás, adelantando a Sancho y al rucio, guardando todos un silencio admirable, siguieron las huellas del que llevaba a don Quijote.

Dos o tres veces quiso don Quijote preguntar adónde lo llevaban o qué querían; pero apenas empezaba a mover los labios, cuando se los cerraban con los hierros de las lanzas. A Sancho le pasaba lo mismo: en cuanto daba señal de hablar, uno de los de a pie lo punzaba con un aguijón; y al rucio, ni más ni menos, como si también quisiera decir algo.

Cerró la noche; apretaron el paso; creció el miedo en los dos presos, y más cuando oyeron que de cuando en cuando les decían:

—¡Caminen, trogloditas!

—¡Callen, bárbaros!

—¡Paguen, antropófagos!

—¡No se quejen, escitas, ni abran los ojos, Polifemos matadores, leones carniceros!

Y otros nombres semejantes, con que les atormentaban los oídos a los miserables amo y mozo. Sancho iba diciendo entre sí:

«¿Nosotros trogloditas? ¿Nosotros bárbaros ni antropófagos? ¿Nosotros…? No me gustan nada estos nombres: a mal viento va esta parva; todo el mal nos viene junto, como al perro los palos. ¡Y ojalá pare en esto lo que amenaza esta aventura tan desdichada!».

Don Quijote iba embelesado, sin poder atinar, por más vueltas que le daba, qué significaban aquellos nombres llenos de vituperios; y de todos sacaba una sola cuenta: no esperar ningún bien y temer mucho mal.

Llegaron, a eso de una hora de la noche, a un castillo, que don Quijote conoció bien que era el del Duque, donde no hacía mucho que habían estado.

—¡Válgame Dios! —dijo en cuanto reconoció la estancia—. ¿Y qué será esto? En esta casa todo suele ser cortesía y buen comedimiento; pero para los vencidos el bien se vuelve mal y el mal, peor.

Entraron al patio principal, y lo vieron aderezado y puesto de tal manera que les creció la admiración y se les dobló el miedo, como se verá en el capítulo siguiente.

CAPÍTULO XIX: DEL MÁS RARO Y MÁS NUEVO SUCESO LE ACONTECIÓ A DON QUIJOTE

Se apearon los de a caballo; y ellos, junto con los de a pie, tomando en peso y arrebatadamente a Sancho y a don Quijote, los metieron en el patio, alrededor del cual ardían casi cien hachas en sus blandones, y por los corredores más de quinientas luminarias; de modo que, a pesar de la noche —que se mostraba algo oscura—, no se echaba de menos la falta del día.

En medio del patio se levantaba un túmulo como a dos varas del suelo, cubierto todo con un grandísimo dosel de terciopelo negro; y alrededor, por sus gradas, ardían velas de cera blanca en más de cien candeleros de plata. Encima del túmulo se veía el cuerpo de una doncella muerta tan hermosa, que con su hermosura hacía parecer hermosa a la misma muerte.

Tenía la cabeza sobre una almohada de brocado, coronada con una guirnalda tejida de flores diversas y olorosas; las manos, cruzadas sobre el pecho; y entre ellas, un ramo de palma amarilla y vencedora.

A un lado del patio estaba un teatro, y en dos sillas estaban sentados dos personajes que, por traer coronas en la cabeza y cetros en las manos, daban a entender que eran reyes, ya verdaderos, ya fingidos. Al lado del teatro, a donde se subía por unas gradas, estaban otras dos sillas, y en ellas sentaron a don Quijote y a Sancho los que los habían traído, todo en silencio, dándoles a entender con señas que callaran; pero, aun sin señas, callaron, porque la admiración les tenía atadas las lenguas.

Subieron entonces al teatro, con mucho acompañamiento, dos personas principales, que don Quijote reconoció al punto: eran el Duque y la Duquesa, sus huéspedes, y se sentaron en dos riquísimas sillas junto a los dos que parecían reyes.

¿Quién no se habría de admirar, si a esto se añadía que don Quijote entendió que el cuerpo que estaba sobre el túmulo era el de la hermosa Altisidora?

Al subir el Duque y la Duquesa, se levantaron don Quijote y Sancho, e hicieron una profunda reverencia; y los Duques hicieron lo mismo, inclinando un poco las cabezas.

Salió entonces un ministro, se llegó a Sancho y le echó encima una ropa de bocací negro, toda pintada con llamas de fuego; y quitándole la caperuza, le puso una coroza como las que sacan a los penitenciados del Santo Oficio. Luego le dijo al oído que no despegara los labios, porque le echarían una mordaza o le quitarían la vida.

Sancho se miraba de arriba abajo: se veía ardiendo en llamas; pero como no quemaban, no las estimaba en dos ardites. Se quitó la coroza y vio pintados diablos; se la volvió a poner, diciendo entre sí:

—Aún bien: ni ellas me abrasan, ni ellos me llevan.

También lo miraba don Quijote; y aunque el temor le tenía suspensos los sentidos, no dejó de reírse de la figura de Sancho.

Comenzó entonces a salir, al parecer desde debajo del túmulo, un son suave y agradable de flautas, que, como no lo estorbaba ninguna voz humana —porque allí el silencio era silencio de veras—, se mostraba blando y amoroso. Y luego apareció, junto a la almohada del supuesto cadáver, un hermoso mancebo vestido a lo romano, que al son de un arpa que él mismo tocaba, cantó con voz clara y suavísima estas dos estancias:

—En tanto que en sí vuelve Altisidora,
muerta por la crueldad de don Quijote,
y en tanto que en la corte encantadora
se vistan las damas de picote,
y en tanto que a sus dueñas mi señora
vista de bayeta y de anascote,
cantaré su belleza y su desgracia,
con mejor plectro que el cantor de Tracia.
Y aun no se me figura que me toca
este oficio solamente en vida;
mas con la lengua muerta y fría en la boca
pienso mover la voz a ti debida.
Libre mi alma de su estrecha roca,
por el Estigio lago conducida,

celebrándote irá, y aquel sonido
hará parar las aguas del olvido.

—Basta —dijo entonces uno de los dos que parecían reyes—; basta, cantor divino. Sería proceder sin término representar ahora la muerte y las gracias de la sin par Altisidora, no muerta como piensa el mundo ignorante, sino viva en las lenguas de la Fama, y viva también en la pena que para volverla a la luz ha de pasar Sancho Panza, que aquí está presente. Y así, tú, Radamanto, que conmigo juzgas en las cavernas lóbregas de Dite, pues sabes lo que los hados tienen determinado sobre que esta doncella vuelva en sí, dilo y decláralo, para que no se nos dilate el bien que esperamos con su vuelta.

Apenas acabó Minos, juez y compañero de Radamanto, cuando se levantó Radamanto y dijo:

—Ea, ministros de esta casa, altos y bajos, grandes y chicos: vengan unos tras otros y sellen el rostro de Sancho con veinticuatro mamonas, y denle doce pellizcos y seis alfilerazos en brazos y lomos; que en esta ceremonia consiste la salud de Altisidora.

Al oír esto Sancho Panza rompió el silencio y dijo:

—¡Por mi vida! ¡Ni me sello el rostro ni me manosean la cara, como no me vuelvo moro! ¿Qué tiene que ver que me manoseen la cara con la resurrección de esta doncella? Encantan a Dulcinea y me azotan para que se desencante; se muere Altisidora de un mal que Dios le quiso dar, y para resucitarla han de darme a mí veinticuatro mamonas, y acribillarme con alfilerazos, y dejarme los brazos morados a pellizcos. ¡Esas burlas, a otro; que yo ya tengo canas, y conmigo no hay tus-tus!

—¡Morirás! —dijo Radamanto en alta voz—. Ablándate, tigre; humíllate, Nembrot soberbio, y sufre y calla: no te piden imposibles. No te metas a averiguar las dificultades de este negocio. Mamonado has de ser; acribillado te has de ver; pellizcado has de gemir. ¡Ea, ministros, cumplan mi mandato! Si no, por la fe de hombre de bien, verán para lo que nacieron.

Aparecieron entonces, entrando por el patio, hasta seis dueñas en procesión, una tras otra: cuatro con antojos, y todas con las manos derechas levantadas, sacando de las mangas cuatro dedos de muñeca para parecer más largas las manos, como ahora se usa.

Apenas las vio Sancho, cuando, bramando como un toro, dijo:

—Dejarme manosear por cualquiera, pase; pero que me toquen dueñas, ¡eso no! Rásquenme el rostro como le hicieron a mi amo en este castillo; atraviesen mi cuerpo con puntas de dagas; apriétenme los brazos con tenazas encendidas, que lo sufriré… pero que me toquen dueñas, no lo consentiré aunque me lleve el diablo.

Rompió también el silencio don Quijote, diciendo a Sancho:

—Ten paciencia, hijo, y da gusto a estos señores; y da muchas gracias al cielo por haber puesto tal virtud en tu persona, que con el martirio de ella desencantes encantados y resucites muertos.

Ya estaban las dueñas cerca, cuando Sancho, más blando y más persuadido, se acomodó en la silla y ofreció rostro y barba a la primera, la cual le dio una mamona muy bien sellada, y luego hizo una gran reverencia.

—Menos cortesía, menos saludos, señora dueña —dijo Sancho— ; que, por Dios, trae las manos oliendo a vinagrillo.

En fin, todas las dueñas lo sellaron, y otra mucha gente de la casa le dio pellizcos; pero lo que él no pudo sufrir fueron los alfilerazos. Así que se levantó, mohíno y encendido, y asiendo un hacha encendida que tenía junto a sí, arremetió tras las dueñas y tras todos sus verdugos, diciendo:

—¡Afuera, ministros infernales, que no soy yo de bronce para no sentir estos martirios!

En esto, Altisidora —que debía de estar ya cansada de haber estado tanto tiempo boca arriba— se volvió de un lado; y al verlo, casi todos, a una voz, dijeron:

—¡Vive Altisidora! ¡Altisidora vive!

Mandó Radamanto a Sancho que depusiera la ira, pues ya se había alcanzado el fin que se pretendía.

Apenas vio don Quijote moverse a Altisidora, cuando se arrodilló delante de Sancho y le dijo:

—Ahora es el tiempo, hijo de mis entrañas —más que escudero mío—, de que te des algunos de los azotes que debes por el desencanto de Dulcinea. Ahora, digo, que tienes la virtud a punto y con fuerza para obrar el bien que de ti se espera.

A lo cual respondió Sancho:

—Esto me parece carga sobre carga, y no miel sobre hojuelas. ¡Bueno sería que tras pellizcos, mamonas y alfilerazos vinieran ahora los azotes! No les falta sino tomar una piedra grande, atármela al cuello y echarme a un pozo; y a mí no me pesaría mucho, si para curar males ajenos tengo yo que ser la vaca de la boda. Déjenme, si no quieren que lo mande todo al demonio, aunque no se venda.

Ya en esto Altisidora se había incorporado en el túmulo, y al mismo instante sonaron las chirimías, acompañadas de flautas, y las voces de todos, que aclamaban:

—¡Viva Altisidora! ¡Altisidora viva!

Se levantaron los Duques y los reyes Minos y Radamanto, y todos juntos, con don Quijote y Sancho, fueron a recibir a Altisidora y a bajarla del túmulo. Ella, haciendo como desmayada, se inclinó a los Duques y a los reyes; y mirando de reojo a don Quijote, le dijo:

—Dios te lo perdone, desamorado caballero, pues por tu crueldad he estado en el otro mundo, a mi parecer, más de mil años. Y a ti, oh el más compasivo escudero que contiene el orbe, te agradezco la vida que tengo. Dispón desde hoy, amigo Sancho, de seis camisas mías que te mando, para que te hagas otras seis; y si no están todas enteras, al menos están todas limpias.

Sancho le besó las manos, con la coroza en la mano y las rodillas en el suelo. Mandó el Duque que se la quitaran, que le devolvieran la caperuza, que le pusieran el sayo y que le quitaran la ropa de las llamas.

Suplicó Sancho al Duque que le dejaran la ropa y la mitra, que quería llevarlas a su tierra por señal y memoria de aquel suceso nunca visto. La Duquesa respondió que sí se las dejarían, que ya sabía ella cuán grande amiga suya era.

Mandó el Duque despejar el patio, y que todos se recogieran a sus estancias, y que a don Quijote y a Sancho los llevaran a las que ellos ya conocían.

CAPÍTULO LXX: QUE SIGUE AL DE SESENTA Y NUEVE, Y TRATA DE COSAS NO EXCUSADAS PARA LA CLARIDAD DESTA HISTORIA

Durmió Sancho aquella noche en una carriola, en el mismo aposento de don Quijote, cosa que él habría querido excusarla, si pudiera, porque bien sabía que su amo no lo dejaría dormir entre preguntas y respuestas; y no estaba en disposición de hablar mucho, porque tenía presentes los dolores de los martirios pasados, y no lo dejaban mover la lengua con libertad. Más le habría convenido dormir solo en una choza que no en aquella rica estancia acompañado.

Su temor salió tan verdadero y su sospecha tan cierta, que apenas entró su señor en la cama, cuando le dijo:

—¿Qué te parece, Sancho, lo que pasó esta noche? Grande y poderosa es la fuerza del desdén, como con tus propios ojos has visto muerta a Altisidora, no con otras saetas, ni con otra espada, ni con otro instrumento bélico, ni con venenos mortíferos, sino con la consideración del rigor y el desdén con que yo siempre la he tratado.

—Que se muriera ella en buena hora cuanto quisiera y como quisiera —respondió Sancho—, y me dejara a mí en mi casa; pues ni yo la enamoré ni la desdeñé en mi vida. Yo no sé, ni alcanzo a entender, cómo la salud de Altisidora, doncella más antojadiza que discreta, tenga que ver —como ya he dicho otra vez— con los martirios de Sancho Panza. Ahora sí que vengo a conocer clara y distintamente que hay encantadores y encantos en el mundo, de los cuales Dios me libre, pues yo no sé librarme; con todo eso, le suplico me deje dormir y no me pregunte más, si no quiere que me tire por una ventana abajo.

—Duerme, Sancho amigo —respondió don Quijote—, si es que te dejan los alfilerazos y pellizcos recibidos y las mamonas que te dieron.

—Ningún dolor —replicó Sancho— llegó a la afrenta de las mamonas; y no por otra cosa, sino por habérmelas hecho dueñas, que confundidas sean. Y vuelvo a suplicarle me deje dormir; porque el sueño es alivio de las miserias de quienes las padecen despiertos.

—Sea así —dijo don Quijote—, y Dios te acompañe.

Se durmieron los dos; y en este tiempo quiso escribir y dar cuenta Cide Hamete, autor de esta grande historia, de qué movió a los Duques a levantar el edificio de la máquina referida. Dice que, no habiéndosele olvidado al bachiller Sansón Carrasco cuando, siendo el Caballero de los Espejos, fue vencido y derribado por don Quijote —cuyo vencimiento y caída borró y deshizo todos sus designios—, quiso volver a probar fortuna, esperando mejor suceso que el pasado.

Y así, informándose del paje que llevó la carta y el presente a Teresa Panza, mujer de Sancho, de dónde quedaba don Quijote, buscó nuevas armas y caballo, y puso en el escudo la blanca luna; llevando todo sobre un macho, a quien guiaba un labrador, y no Tomé Cecial, su antiguo escudero, para que Sancho ni don Quijote no lo conocieran. Llegó, pues, al castillo del Duque, que le informó del camino y derrota que don Quijote llevaba, con intención de hallarse en las justas de Zaragoza. Le dijo también las burlas que le había hecho con la traza del desencanto de Dulcinea, que había de ser a costa de las posaderas de Sancho.

En fin, le dio cuenta de la burla que Sancho le había hecho a su amo, dándole a entender que Dulcinea estaba encantada y transformada en labradora; y de cómo la Duquesa, su mujer, había hecho creer a Sancho que él era el engañado, porque Dulcinea, en verdad, estaba encantada. De todo esto no poco se rió y se admiró el bachiller, considerando la agudeza y la simplicidad de Sancho, y el extremo de la locura de don Quijote.

Le pidió el Duque que, si lo hallaba, lo venciera o no, se volviera por allí a darle cuenta del suceso. Hízolo así el bachiller: partió en su busca; no lo halló en Zaragoza; pasó adelante, y le sucedió lo que queda referido.

Volvió al castillo del Duque y se lo contó todo, con las condiciones de la batalla y con la nueva de que don Quijote volvía ya a cumplir, como buen caballero andante, la palabra de retirarse un año en su aldea; tiempo en el cual podía ser —dijo el bachiller— que sanara de su locura, pues esa era la intención que lo había movido a hacer aquellas transformaciones, por ser cosa de lástima que un hidalgo tan bien entendido como don Quijote anduviera loco.

Con esto se despidió del Duque y se volvió a su lugar, a esperar allí a don Quijote, que venía detrás.

De aquí tomó ocasión el Duque para hacerle aquella burla, tanto era lo que gustaba de las cosas de Sancho y de don Quijote. Mandó, pues, tomar los caminos cerca y lejos del castillo por todas las partes que imaginó que podría volver don Quijote, con muchos criados suyos a pie y a caballo, para que por fuerza o de grado lo trajesen al castillo si lo hallaban. Halláronlo, dieron aviso al Duque, y él, ya prevenido de todo lo que había de hacer, apenas supo de su llegada, mandó encender las hachas y luminarias del patio, y poner a Altisidora sobre el túmulo, con todos los aparatos que se han contado, tan al vivo y tan bien hechos, que de la verdad a ellos había bien poca diferencia.

Y dice más Cide Hamete: que le parece que son tan locos los burladores como los burlados, y que los Duques no estaban dos dedos de parecer cuerdos, pues tanto empeño ponían en burlarse de dos locos. Los cuales —el uno durmiendo a sueño suelto y el otro velando a pensamientos desatados— vieron venir el día y les entró gana de levantarse; que las ociosas plumas, ni en vencido ni en vencedor, jamás le dieron gusto a don Quijote.

Altisidora (en la opinión de don Quijote, vuelta de muerte a vida), siguiendo el humor de sus señores, coronada con la misma guirnalda que en el túmulo tenía, y vestida una tunicela de tafetán blanco sembrada de flores de oro, y sueltos los cabellos por las espaldas, arrimada a un báculo de negro y finísimo ébano, entró en el aposento de don Quijote. Con su presencia, turbado y confuso, se encogió y se cubrió casi todo con las sábanas y colchas de la cama, muda la lengua, sin acertar a hacerle cortesía ninguna.

Se sentó Altisidora en una silla junto a su cabecera, y después de dar un gran suspiro, con voz tierna y debilitada, le dijo:

—Cuando las mujeres principales y las recatadas doncellas atropellan por la honra, y dan licencia a la lengua para que rompa por todo inconveniente, dando noticia en público de los secretos que su corazón encierra, en estrecho término se hallan. Yo, señor don Quijote de la Mancha, soy una de esas: apretada, vencida y enamorada; pero, con todo eso, sufrida y honesta; tanto, que por serlo tanto, se me reventó el alma con el silencio y perdí la vida. Dos días hace que, con la consideración del rigor con que me has tratado, ¡oh más duro que mármol a mis quejas, empedernido caballero!, he estado muerta, o a lo menos, tenida por tal de los que me han visto; y si no fuera porque el Amor, compadeciéndose de mí, puso mi remedio en los martirios de este buen escudero, allá me quedara en el otro mundo.

—Bien pudo el Amor —dijo Sancho— depositarlos en los de mi asno; que yo se lo habría agradecido. Pero dígame, señora, y que el cielo la acomode con otro amante más blando que mi amo: ¿qué vio en el otro mundo? ¿Qué hay en el infierno? Porque quien muere desesperado, por fuerza ha de parar allá.

—La verdad —respondió Altisidora— es que yo no debí de morir del todo, pues no entré en el infierno; que si allá entrara, de ninguna manera habría podido salir, aunque quisiera. Lo cierto es que llegué a la puerta, donde estaban jugando hasta una docena de diablos a la pelota, todos en calzas y jubón, con valonas guarnecidas con puntas de randas flamencas, y con unas vueltas de lo mismo que les servían de puños, con cuatro dedos de brazo por fuera, para que parecieran las manos más largas. En las manos tenían unas palas de fuego; y lo que más me admiró fue que les servían, en lugar de pelotas, libros, al parecer llenos de viento y de borra: cosa maravillosa y nueva. Pero esto no me admiró tanto como ver que, siendo lo natural de los jugadores alegrarse los que ganan y entristecerse los que pierden, allí todos gruñían, todos regañaban y todos se maldecían.

—Eso no es maravilla —respondió Sancho—, porque los diablos, jueguen o no jueguen, nunca pueden estar contentos, ganen o pierdan.

—Así debe de ser —respondió Altisidora—; pero hay otra cosa que también me admiró, y fue que, al primer voleo, no quedaba pelota en pie ni de provecho para servir otra vez; y así, menudeaban libros nuevos y viejos, que era una maravilla. A uno de ellos, nuevo, flamante y bien encuadernado, le dieron un papirotazo, y le sacaron las tripas y le esparcieron las hojas. Dijo un diablo a otro: "Mira qué libro es ese". Y el diablo le respondió: "Esta es la segunda parte de la historia de don Quijote de la Mancha, no compuesta por Cide Hamete, su primer autor, sino por un aragonés, que él dice ser natural de Tordesillas". "Quítamelo de ahí —respondió el otro diablo— y métalo en los abismos del infierno: no lo vean más mis ojos". "¿Tan malo es?", dijo el otro. "Tan malo —replicó el primero—, que si yo mismo me pusiera a hacerlo peor, no habría acertado".

Prosiguieron su juego, peloteando otros libros; y yo, por haber oído nombrar a don Quijote, a quien tanto amo y quiero, procuré que se me quedara en la memoria esta visión.

—Visión debió de ser, sin duda —dijo don Quijote—, porque no hay otro yo en el mundo; y ya esa historia anda por acá de mano en mano, pero no se detiene en ninguna, porque todos la echan a un lado. Yo no me he alterado en oír que ando como cuerpo fantástico por las tinieblas del abismo ni por la claridad de la tierra, porque no soy aquel de quien esa historia trata. Si ella fuere buena, fiel y verdadera, tendrá siglos de vida; pero si fuere mala, de su parto a la sepultura no será muy largo el camino.

Iba Altisidora a proseguir en quejarse de don Quijote, cuando don Quijote le dijo:

—Muchas veces he dicho, señora, que me pesa que hayan puesto en mí sus pensamientos, pues los míos antes pueden ser agradecidos que remediados. Yo nací para ser de Dulcinea del Toboso, y los hados (si los hubiera) me destinaron para ella; y pensar que otra hermosura ha de ocupar el lugar que en mi alma tiene, es pensar lo imposible. Suficiente desengaño es este para que se recoja dentro de los límites de su honestidad, pues nadie puede obligarse a lo imposible.

Al oír esto, Altisidora, fingiendo enojo y alteración, le dijo:

—¡Vive el Señor, don bacallao, alma de almirez, cuesco de dátil, más terco y duro que villano rogado cuando tiene el gusto puesto en lo suyo, que si arremeto contra usted le saco los ojos! ¿Cree usted, don vencido y don molido a palos, que yo me he muerto por usted? Todo lo que ha visto esta noche ha sido fingido; que no soy yo mujer para que por semejantes disparates se me doliera un negro de la uña, cuanto más morirme.

—Eso lo creo yo muy bien —dijo Sancho—; que esto de morirse los enamorados es cosa de risa: decirlo, lo dicen; pero hacerlo… créalo Judas.

Estando en estas pláticas, entró el músico, cantor y poeta que había cantado las dos estancias ya referidas; y haciendo una gran reverencia a don Quijote, le dijo:

—Señor caballero, cuénteme y téngame en el número de sus mayores servidores, porque hace muchos días que le tengo afición, así por su fama como por sus hazañas.

Don Quijote le respondió:

—Dígame quién es, para que mi cortesía responda a sus merecimientos.

El mozo respondió que era el músico y panegirista de la noche antes.

—Por cierto —replicó don Quijote—, que tiene una voz excelente; pero lo que cantó no me pareció muy a propósito: porque, ¿qué tienen que ver las estancias de Garcilaso con la muerte de esta señora?

—No se maraville de eso —respondió el músico—; que ya entre los poetas sin peine de nuestra edad se usa que cada quien escriba como quiera, y robe de quien quiera, venga o no venga al caso; y ya no hay necedad que canten o escriban que no se atribuya a licencia poética.

Quiso responder don Quijote; pero se lo estorbaron el Duque y la Duquesa, que entraron a verlo. Entre ellos pasaron una larga y dulce plática, en la cual dijo Sancho tantos donaires y tantas malicias, que dejaron de nuevo admirados a los Duques, así por su simplicidad como por su agudeza.

Don Quijote les suplicó que le dieran licencia para partirse aquel mismo día, pues a los caballeros vencidos, como él, más les convenía habitar una zahúrda que no palacios.

Se la dieron de muy buena gana; y la Duquesa le preguntó si quedaba en su gracia Altisidora. Él le respondió:

—Señora, sepa que todo el mal de esta doncella nace de la ociosidad, cuyo remedio es la ocupación honesta y continua. Ella me ha dicho aquí que se usan randas en el infierno; y pues las debe saber hacer, que no las suelte de la mano: que, ocupada en menear los palillos, no se le moverán en la imaginación las imágenes de lo que tanto desea; y esta es la verdad, este es mi parecer y este es mi consejo.

—Y el mío —añadió Sancho—, pues no he visto en toda mi vida una randera que por amor se haya muerto; que las doncellas ocupadas más ponen sus pensamientos en acabar sus tareas que en pensar en sus amores. Por mí lo digo: mientras estoy cavando no me acuerdo de mi… quiero decir, de mi Teresa Panza, a quien quiero más que a las pestañas de mis ojos.

—Usted dice muy bien, Sancho —dijo la Duquesa—, y yo haré que mi Altisidora se ocupe de aquí en adelante en hacer alguna labor blanca, que la sabe hacer de maravilla.

—No hay para qué, señora —respondió Altisidora—, usar de ese remedio, pues la consideración de las crueldades que conmigo ha usado este malandrín mostrenco me lo borrará de la memoria sin otro artificio. Y con licencia, me quiero quitar de aquí, por no ver delante de mis ojos, no ya su triste figura, sino su fea y abominable catadura.

—Eso me parece —dijo el Duque— a lo que suele decirse:

Porque aquel que dice injurias, cerca está de perdonar.

Altisidora hizo muestra de limpiarse las lágrimas con un pañuelo, y haciendo reverencia a sus señores, se salió del aposento.

—Te mando yo —dijo Sancho—, pobre doncella, mala ventura, pues te las has visto con un alma de esparto y un corazón de encina. A fe que si las hubieras conmigo, otro gallo te cantara.

Se acabó la plática; se vistió don Quijote, comió con los Duques, y partió aquella tarde.

CAPÍTULO LXXI: DE LO QUE A DON QUIJOTE LE SUCEDIÓ CON SU ESCUDERO SANCHO YENDO A SU ALDEA

Iba el vencido y asendereado don Quijote pensativo además por una parte, y muy alegre por otra. Le causaba tristeza el vencimiento; y la alegría, considerar la virtud de Sancho, tal como la había mostrado en la resurrección de Altisidora, aunque con algún escrúpulo se persuadía a que la enamorada doncella hubiese estado muerta de veras.

Sancho no iba nada alegre, porque le entristecía ver que Altisidora no le había cumplido la palabra de darle las camisas; y yendo y viniendo en esto, le dijo a su amo:

—En verdad, señor, que soy el médico más desgraciado que debe de haber en el mundo. Hay médicos que, con matar al enfermo que curan, todavía quieren que les paguen su trabajo, que no es otro sino firmar una cédula con algunas medicinas, que no las hace él, sino el boticario, y listo. Y a mí, que la salud ajena me cuesta gotas de sangre, mamonas, pellizcos, alfilerazos y azotes, no me dan ni un ardite. Pues yo les juro que, si me traen a las manos otro enfermo, antes de curarlo me han de untar las mías; que el abad, donde canta, come, y no quiero creer que el cielo me haya dado la virtud que tengo para que yo la reparta con otros de bobilis, bobilis.

—Tienes razón, Sancho amigo —respondió don Quijote—, y lo ha hecho muy mal Altisidora en no haberte dado las camisas prometidas. Y aunque tu virtud sea gratis data, que no te ha costado estudio alguno, más estudio es recibir martirios en tu persona. De mí te digo que, si quisieras paga por los azotes del desencanto de Dulcinea, ya te la habría dado como buena; pero no sé si le vendrá bien a la cura la paga, y no querría que el premio estorbara a la medicina. Con todo eso, me parece que no se pierde nada en probarlo: mira, Sancho, lo que quieras, azótate luego, y págate al contado y de tu propia mano, pues tienes dineros míos.

A estos ofrecimientos abrió Sancho los ojos y las orejas un palmo, y dio consentimiento en su corazón a azotarse de buena gana; y dijo a su amo:

—Ahora bien, señor: yo quiero disponerme a darle gusto en lo que desea, con provecho mío; que el amor de mis hijos y de mi mujer me hace mostrarme interesado. Dígame: ¿cuánto me dará por cada azote que me dé?

—Si yo te hubiera de pagar, Sancho —respondió don Quijote—, conforme lo que merece la grandeza y calidad de este remedio, el tesoro de Venecia y las minas del Potosí serían poco para pagarte. Toma tú el pulso de lo que llevas mío y pon el precio a cada azote.

—Ellos —respondió Sancho— son tres mil y trescientos y tantos; de ellos me he dado hasta cinco: quedan los demás. Entren entre los tantos estos cinco, y quedemos en tres mil y trescientos; que a cuartillo cada uno (que no llevaré menos, aunque todo el mundo me lo mande), montan tres mil y trescientos cuartillos, que son mil seiscientos cincuenta reales; y los trescientos hacen ciento cincuenta reales, que, juntándose con los mil seiscientos cincuenta, son por todos mil ochocientos reales. Estos los descontaré yo de lo que tengo de usted, y entraré en mi casa rico y contento, aunque bien azotado; porque no se toman truchas… y no digo más.

—¡Oh, Sancho bendito! ¡Oh, Sancho amable! —respondió don Quijote—. ¡Qué obligados hemos de quedar Dulcinea y yo a servirte todos los días que el cielo nos dé de vida! Si ella vuelve al ser perdido (que no es posible sino que vuelva), su desdicha habrá sido dicha, y mi vencimiento, felicísimo triunfo. Y dime, Sancho: ¿cuándo quieres comenzar la disciplina? Que, porque la acortes, te añado cien reales.

—¿Cuándo? —replicó Sancho—. Esta noche, sin falta. Procure que sea en el campo, al cielo abierto; que yo me abriré mis carnes.

Llegó la noche, esperada de don Quijote con la mayor ansia del mundo, pareciéndole que las ruedas del carro de Apolo se habían quebrado y que el día se alargaba más de lo acostumbrado, como les pasa a los enamorados, que jamás ajustan la cuenta de sus deseos.

Finalmente, se metieron entre unos amenos árboles que estaban poco desviados del camino; y, dejando vacías la silla y la albarda de Rocinante y del rucio, se tendieron sobre la verde hierba, y cenaron del repuesto de Sancho. Sancho, haciendo del cabestro y la jáquima del rucio un poderoso y flexible azote, se retiró hasta veinte pasos de su amo, entre unas hayas. Don Quijote, viéndolo ir con denuedo y brío, le dijo:

—Mira, amigo, que no te hagas pedazos: da lugar a que unos azotes aguarden a otros; no quieras apresurarte tanto en la carrera, que a mitad de ella te falte el aliento; quiero decir, no te des tan recio que te falte la vida antes de llegar al número deseado. Y para que no falte ni sobre, yo estaré aparte contando, por este rosario, los azotes que te des. Favorézcate el cielo conforme tu buena intención merece.

—Al buen pagador no le duelen prendas —respondió Sancho—: yo pienso darme de manera que, sin matarme, me duela; que en esto debe de estar la sustancia de este milagro.

Se desnudó luego de medio cuerpo arriba, y arrebatando el cordel, comenzó a darse; y comenzó don Quijote a contar los azotes. Se habría dado Sancho seis u ocho, cuando le pareció pesada la burla y muy barato el precio; y deteniéndose un poco, le dijo a su amo que se llamaba a engaño, porque merecía cada azote de aquellos pagarse a medio real, y no a cuartillo.

—Sigue, Sancho amigo, y no desmayes —le dijo don Quijote—; que yo doblo el precio.

—De ese modo —dijo Sancho—, ¡a la mano de Dios, y lluevan azotes!

Pero el socarrón dejó de dárselos en las espaldas y los daba en los árboles, con unos suspiros de cuando en cuando, que parecía que con cada uno se le arrancaba el alma. Tierna la de don Quijote, temeroso de que se le acabara la vida y no alcanzara su deseo por la imprudencia de Sancho, le dijo:

—Por tu vida, amigo, que se quede en este punto el negocio; que me parece áspera esta medicina, y será bien dar tiempo al tiempo; que no se ganó Zamora en una hora. Más de mil azotes, si no he contado mal, te has dado: bastan por ahora; que el asno (hablando a lo llano) sufre la carga, pero no la sobrecarga.

—No, no, señor —respondió Sancho—: no se ha de decir por mí: "a dineros pagados, brazos quebrados". Apártese otro poco y déjeme dar otros mil azotes siquiera; que con dos levadas de estas habremos cumplido, y todavía nos sobrará ropa.

—Pues si te hallas con tan buena disposición —dijo don Quijote—, el cielo te ayude, y pégate; que yo me aparto.

Volvió Sancho a su tarea con tanto denuedo, que ya había quitado las cortezas a muchos árboles: tal era la rigurosidad con que se azotaba. Y alzando una vez la voz, y dando un desaforado azote en una haya, dijo:

—¡Aquí morirás, Sansón, y cuantos con él son!

Acudió don Quijote al instante al son de la voz lastimada y del golpe del riguroso azote; y asiendo del torcido cabestro que le servía de corbacho, le dijo a Sancho:

—No permita la suerte, Sancho amigo, que por mi gusto pierdas tú la vida, que ha de servir para sustentar a tu mujer y a tus hijos. Espere Dulcinea mejor coyuntura; que yo me contendré en los límites de la esperanza cercana, y esperaré a que cobres fuerzas nuevas para que se concluya este negocio a gusto de todos.

—Pues si usted lo quiere así —respondió Sancho—, sea en buena hora; y écheme su ferreruelo sobre estas espaldas, que estoy sudando y no querría resfriarme; que los nuevos disciplinantes corren este peligro.

Hízolo así don Quijote, y quedándose en camisa, abrigó a Sancho, el cual durmió hasta que lo despertó el sol. Luego volvieron a proseguir su camino, y le dieron fin por entonces en un lugar que estaba a tres leguas de allí.

Se bajaron en un mesón, que por tal lo reconoció don Quijote, y no por castillo de cava honda, torres, rastrillos y puente levadizo; que desde que lo vencieron, discurría con más juicio en todas las cosas, como ahora se dirá.

Lo alojaron en una sala baja, cuyas paredes servían de guadamecí con unas sargas viejas pintadas, como se usan en las aldeas. En una de ellas estaba pintado, de malísima mano, el robo de Elena, cuando el atrevido huésped se la llevó a Menelao; y en otra estaba la historia de Dido y Eneas: ella sobre una alta torre, como haciendo señas con media sábana al fugitivo huésped, que por el mar, sobre una fragata o bergantín, se iba huyendo. Notó en las dos historias que Elena no iba de muy mala gana, porque se reía a escondidas y con socarronería; pero la hermosa Dido mostraba verter lágrimas del tamaño de nueces.

Viendo esto, dijo don Quijote:

—Estas dos señoras fueron desdichadísimas por no haber nacido en esta edad, y yo, sobre todos, desdichado por no haber nacido en la suya; pues si yo me hubiera encontrado con esos señores, ni Troya habría ardido ni Cartago se habría destruido, porque con solo que yo matara a Paris se habrían evitado tantas desgracias.

—Yo apuesto —dijo Sancho— que antes de mucho tiempo no habrá bodegón, venta, mesón, ni tienda de barbero donde no anden pintadas las historias de nuestras hazañas. Pero querría yo que las pintaran manos de otro mejor pintor que el que pintó a estas.

—Tienes razón, Sancho —dijo don Quijote—, porque este pintor es como Orbaneja, un pintor que había en Úbeda; que cuando le preguntaban qué pintaba, respondía: "Lo que salga". Y si por ventura pintaba un gallo, escribía debajo: "Este es gallo", para que no pensaran que era zorra. De esa manera me parece a mí, Sancho, que debe de ser el pintor o escritor —que todo es uno— que sacó a luz la historia de ese nuevo don Quijote que ha salido: que pintó o escribió lo que saliera. O habría sido como un poeta que andaba años atrás en la Corte, llamado Mauleón, que respondía de repente a cuanto le preguntaban; y preguntándole uno qué quería decir *Deum de Deo*, respondió: "Dé donde diere".

Pero, dejando esto aparte, dime: ¿piensas, Sancho, darte otra tanda esta noche? ¿Y quieres que sea bajo techo o al cielo abierto?

—Por Dios, señor —respondió Sancho—, que para lo que yo pienso darme, me da lo mismo en casa que en el campo; pero, con todo eso, querría que fuese entre árboles, que parece que me acompañan y me ayudan a llevar el trabajo maravillosamente.

—Pues no ha de ser así, Sancho amigo —respondió don Quijote—, sino que para que tomes fuerzas lo guardaremos para nuestra aldea, que a más tardar llegaremos después de mañana.

Sancho respondió que hiciera lo que quisiera; pero que él querría concluir con brevedad aquel negocio, a sangre caliente y cuando estaba "picado el molino"; porque en la tardanza suele estar muchas veces el peligro; y que a Dios rogando y con el mazo dando; y que más vale un "toma" que dos "te daré"; y el pájaro en la mano que el buitre volando.

—No más refranes, Sancho, por un solo Dios —dijo don Quijote—, que parece que vuelves al *sicut erat*. Habla a lo llano, a lo liso, a lo no intrincado, como muchas veces te he dicho, y verás cómo te vale un pan por ciento.

—No sé qué mala ventura es esta mía —respondió Sancho—, que no sé decir razón sin refrán, ni refrán que no me parezca razón; pero yo me enmendaré, si puedo.

Y con esto, cesó por entonces su plática.

CAPÍTULO LXXII: DE CÓMO DON QUIJOTE Y SANCHO LLEGARON A SU ALDEA

Todo aquel día, esperando la noche, estuvieron en aquel lugar y mesón don Quijote y Sancho: el uno para acabar en la campaña rasa la tanda de su disciplina, y el otro para ver el fin de ella, en el cual consistía el de su deseo.

Llegó en esto al mesón un caminante a caballo, con tres o cuatro criados; uno de los cuales le dijo a quien parecía su señor:

—Aquí puede usted, señor don Álvaro Tarfe, pasar hoy la siesta: la posada parece limpia y fresca.

Al oír esto, don Quijote le dijo a Sancho:

—Mira, Sancho: cuando yo hojeé aquel libro de la segunda parte de mi historia, me parece que, de pasada, encontré allí este nombre: don Álvaro Tarfe.

—Bien podrá ser —respondió Sancho—. Dejémoslo que se baje; y después se lo preguntaremos.

El caballero se bajó, y frente al aposento de don Quijote la huéspeda le dio una sala baja, adornada con otras sargas pintadas, como las que tenía la estancia de don Quijote. Púsose el recién llegado a lo de verano, y saliéndose al portal del mesón, que era espacioso y fresco, por donde paseaba don Quijote, le preguntó:

—¿Adónde camina usted, señor gentilhombre?

Y don Quijote le respondió:

—A una aldea que está aquí cerca, de donde soy natural. ¿Y usted, adónde camina?

—Yo, señor —respondió el caballero—, voy a Granada, que es mi patria.

—¡Y buena patria! —replicó don Quijote—. Pero dígame, por cortesía, su nombre; porque me parece que me va a importar saberlo más de lo que buenamente podré decir.

—Mi nombre es don Álvaro Tarfe —respondió el huésped.

A lo que replicó don Quijote:

—Sin duda pienso que usted debe de ser aquel don Álvaro Tarfe que anda impreso en la *Segunda parte de la Historia de don Quijote de la Mancha*, recién impresa y dada a la luz por un autor moderno.

—El mismo soy —respondió el caballero—, y ese don Quijote, sujeto principal de la tal historia, fue grandísimo amigo mío; y yo fui quien lo sacó de su tierra, o por lo menos lo moví a que viniera a unas justas que se hacían en Zaragoza, adonde yo iba. Y en verdad que le hice muchas amistades, y le evité que el verdugo le palmeara las espaldas, por ser demasiado atrevido.

—Y dígame, señor don Álvaro —dijo el nuestro—, ¿me parezco yo en algo a ese don Quijote que usted dice?

—No, por cierto —respondió el huésped—: de ninguna manera.

—Y ese don Quijote —dijo don Quijote—, ¿traía consigo a un escudero llamado Sancho Panza?

—Sí traía —respondió don Álvaro—; y aunque tenía fama de muy gracioso, nunca le oí decir gracia que lo fuera.

—Eso creo yo muy bien —dijo entonces Sancho—, porque decir gracias no es para todos. Y ese Sancho que usted dice, señor gentilhombre, debe de ser un grandísimo bellaco, frío y ladrón a la vez; porque el verdadero Sancho Panza soy yo, que tengo más gracias que llovidas. Y si no, haga usted la prueba: sígame, por lo menos, un año, y verá que se me caen a cada paso, y tales y tantas, que muchas veces, sin saber yo lo que digo, hago reír a cuantos me escuchan. Y el verdadero don Quijote de la Mancha, el famoso, el valiente y el discreto, el enamorado, el deshacedor de agravios, el tutor de pupilos y huérfanos, el amparo de las viudas, el matador de las doncellas, el que tiene por única señora a la sin par Dulcinea del Toboso, es este señor que está presente, que es mi amo; y cualquier otro don Quijote y cualquier otro Sancho Panza es burla y cosa de sueño.

—¡Por Dios que lo creo! —respondió don Álvaro—, porque más gracias ha dicho usted, amigo, en cuatro razones que ha hablado, que el otro Sancho Panza en cuantas yo le oí, y fueron muchas. Más tenía de comilón que de bien hablado, y más de tonto que de gracioso. Y tengo por sin duda que los encantadores que persiguen al don Quijote bueno han querido perseguirme a mí con el don Quijote malo. Pero no sé qué pensar; porque yo juraría que lo dejé metido en la casa del

Nuncio, en Toledo, para que lo curaran, y ahora amanece aquí otro don Quijote, aunque bien diferente del mío.

—Yo —dijo don Quijote— no sé si soy bueno; pero sí sé que no soy el malo. Y para prueba de ello quiero que usted sepa, señor don Álvaro Tarfe, que en todos los días de mi vida no he estado en Zaragoza; antes bien, por haberme dicho que ese don Quijote fantástico se halló en las justas de esa ciudad, no quise entrar en ella, por sacar a la barba del mundo su mentira. Y así, me pasé de largo a Barcelona, archivo de la cortesía, albergue de extranjeros, hospital de pobres, patria de valientes, venganza de ofendidos, correspondencia grata de firmes amistades y, en sitio y belleza, única.

Y aunque los sucesos que allí me sucedieron no fueron de gusto, sino de pesadumbre, los llevo con paciencia, solo por haberla visto. En fin, señor don Álvaro Tarfe: yo soy don Quijote de la Mancha, el mismo que dice la fama, y no ese desventurado que ha querido usurpar mi nombre y honrarse con mis pensamientos. Le suplico, por lo que debe a ser caballero, que se sirva hacer una declaración ante el alcalde de este lugar: que usted no me ha visto en todos los días de su vida hasta ahora, y que yo no soy el don Quijote impreso en esa segunda parte; ni este Sancho Panza, mi escudero, es aquel que usted conoció.

—Eso lo haré con mucho gusto —respondió don Álvaro—, aunque cause admiración ver dos don Quijotes y dos Sanchos a un mismo tiempo, tan conformes en los nombres como diferentes en las acciones. Y vuelvo a decir y me afirmo: que no he visto lo que he visto, ni ha pasado por mí lo que ha pasado.

—Sin duda —dijo Sancho—, usted debe de estar encantado, como mi señora Dulcinea del Toboso; y quisiera el cielo que el desencanto de usted consistiera en darme otros tres mil y tantos azotes, como los que me doy por ella, que yo me los daría sin interés alguno.

—No entiendo eso de azotes —dijo don Álvaro.

Y Sancho le respondió que era largo de contar; pero que se lo contaría si acaso iban por un mismo camino.

Llegó la hora de comer; comieron juntos don Quijote y don Álvaro. Entró acaso el alcalde del pueblo en el mesón, con un escribano, ante quienes don Quijote pidió, por una petición, como a su derecho convenía, que don Álvaro Tarfe, caballero allí presente, declarase que no conocía a don Quijote de la Mancha, también allí presente, y que no era aquel que andaba impreso en una historia intitulada *Segunda parte de don Quijote de la Mancha*, compuesta por un tal Avellaneda, natural de Tordesillas.

El alcalde proveyó jurídicamente; la declaración se hizo con toda la fuerza que en tales casos debía hacerse; con lo cual quedaron don Quijote y Sancho muy alegres, como si les importara mucho semejante declaración, y no mostraran bien clara, por sí mismas, la diferencia entre los dos don Quijotes y los dos Sanchos, sus obras y sus palabras.

Muchas cortesías y ofrecimientos pasaron entre don Álvaro y don Quijote; en ellos mostró el gran manchego su discreción de tal modo, que desengañó a don Álvaro Tarfe del error en que estaba; y este llegó a creer que debía de estar encantado, pues tocaba con la mano dos don Quijotes tan contrarios.

Llegó la tarde; salieron de aquel lugar, y a cosa de media legua se dividían dos caminos diferentes: el uno guiaba a la aldea de don Quijote, y el otro al que había de llevar a don Álvaro. En ese poco espacio le contó don Quijote la desgracia de su vencimiento, el encanto y el remedio de Dulcinea, todo lo cual puso en nueva admiración a don Álvaro. Y abrazando don Álvaro a don Quijote y a Sancho, siguió su camino, y don Quijote el suyo.

Aquella noche la pasó don Quijote entre otros árboles, por dar lugar a Sancho para cumplir su penitencia; y la cumplió del mismo modo que la pasada noche, a costa de las cortezas de las hayas, mucho más que de sus espaldas, que las guardó tanto, que no habría podido quitarlas los azotes ni una mosca, aunque se le hubiese posado encima.

No perdió el engañado don Quijote ni un solo golpe de la cuenta, y halló que, con los de la noche pasada, eran tres mil veintinueve. Parece que el sol madrugó para ver el sacrificio, y con su luz volvieron a proseguir camino, hablando del engaño de don Álvaro y de cuán acertado había sido tomar su declaración ante la justicia, y de manera tan auténtica.

Aquel día y aquella noche caminaron sin que les sucediera cosa digna de contarse, si no fue que en ella acabó Sancho su tarea, de lo cual quedó don Quijote contentísimo, y esperaba el día por ver si en el camino encontraba ya desencantada a Dulcinea su señora. Y siguiendo su camino, no encontraba mujer ninguna a la que no mirase para ver si era Dulcinea del Toboso, teniendo por infalible que no podían mentir las promesas de Merlín.

Con estos pensamientos y deseos subieron una cuesta, desde la cual descubrieron su aldea; y al verla, Sancho se hincó de rodillas y dijo:

—Abre los ojos, deseada patria, y mira que vuelve a ti Sancho Panza, tu hijo: si no muy rico, muy bien azotado. Abre los brazos y recibe también a tu hijo don Quijote, que si viene vencido por brazos ajenos, viene vencedor de sí mismo; que, según él me ha dicho, es el mayor vencimiento que se puede desear. Dinero llevo, porque si buenos azotes me daban, bien caballero me iba.

—Déjate de esas sandeces —dijo don Quijote—, y entremos con buen pie en nuestro lugar, donde daremos vado a nuestras imaginaciones y a la traza de vida pastoral que pensamos ejercitar.

Con esto, bajaron la cuesta y se fueron a su pueblo.

CAPÍTULO LXXIII: DE LOS AGÜEROS QUE TUVO DON QUIJOTE AL ENTRAR EN SU ALDEA

A la entrada del pueblo, según dice Cide Hamete, vio don Quijote que en las eras estaban riñendo dos muchachos, y el uno le dijo al otro:

—No te canses, Periquillo: que no la vas a ver en todos los días de tu vida.

Lo oyó don Quijote, y le dijo a Sancho:

—¿No adviertes, amigo, lo que ese muchacho ha dicho: "no la vas a ver en todos los días de tu vida"?

—¿Y qué importa —respondió Sancho— que lo haya dicho el muchacho?

—¿Qué? —replicó don Quijote—. ¿No ves que, aplicando esa palabra a mi intención, quiere significar que no voy a ver más a Dulcinea?

Quería responder Sancho, cuando se lo estorbó ver que por aquella campaña venía huyendo una liebre, seguida de muchos galgos y cazadores. La liebre, temerosa, vino a recogerse y a agazaparse debajo de los pies del rucio. Sancho la cogió al vuelo, y se la presentó a don Quijote, que estaba diciendo:

—¡Malum signum! ¡Malum signum! Liebre huye; galgos la siguen: ¡Dulcinea no aparece!

—Usted es raro —dijo Sancho—. Supongamos que esta liebre es Dulcinea del Toboso, y estos galgos que la persiguen son los malandrines encantadores que la transformaron en labradora; ella huye, yo la cojo y la pongo en manos de usted, que la tiene en sus brazos y la regala. ¿Qué mala señal es esta, ni qué mal agüero se puede sacar de aquí?

Los dos muchachos de la riña se acercaron a ver la liebre; y Sancho le preguntó al uno por qué reñían. Le respondió el que había dicho "no la vas a ver en todos los días de tu vida" que él le había quitado al otro una jaula de grillos, y que no pensaba devolvérsela en toda su vida.

Sacó Sancho cuatro cuartos de la faltriquera, se los dio al muchacho por la jaula, y se la puso en las manos a don Quijote, diciendo:

—Aquí tiene, señor, rotos y desbaratados estos agüeros, que no tienen más que ver con nuestros sucesos —según imagino yo, aunque tonto— que las nubes del año pasado. Y si no me acuerdo mal, he oído decir al cura de nuestro pueblo que no es de personas cristianas ni discretas fijarse en estas niñerías; y usted mismo me lo dijo días atrás, dándome a entender que eran tontos todos los cristianos que andaban con agüeros. Así que no hay por qué hacer hincapié en esto: pasemos adelante y entremos en nuestra aldea.

Llegaron los cazadores, pidieron su liebre, y don Quijote se la dio; pasaron adelante, y a la entrada del pueblo se toparon, en un pradecillo, al cura y al bachiller Carrasco.

Y es de saber que Sancho Panza había echado sobre el rucio, y sobre el lío de las armas —para que sirviera de repostero— la túnica de bocací pintada de llamas de fuego que le vistieron en el castillo del Duque la noche en que Altisidora volvió en sí. Acomodóle también la coroza en la cabeza: la más nueva transformación y adorno con que se vio jamás jumento en el mundo.

Luego los reconocieron el cura y el bachiller, y se vinieron hacia ellos con los brazos abiertos. Don Quijote se bajó y los abrazó estrechamente; y los muchachos, que son linces sin disculpa, divisaron la coroza del jumento, acudieron a verlo y se decían unos a otros:

—Vengan, muchachos, y verán el asno de Sancho Panza más galán que Mingo, y la bestia de don Quijote más flaca hoy que el primer día.

Finalmente, rodeados de muchachos y acompañados del cura y del bachiller, entraron en el pueblo; se fueron a casa de don Quijote y hallaron a la puerta al ama y a la sobrina, a quienes ya habían llegado las nuevas de su venida.

De la misma manera se las habían dado a Teresa Panza, mujer de Sancho; la cual, desgreñada y medio desnuda, trayendo de la mano a Sanchica su hija, acudió a ver a su marido. Y viéndolo no tan bien arreglado como ella pensaba que debía estar un gobernador, le dijo:

—¿Cómo viene así, marido mío? Me parece que viene a pie y molido, y más parece desgobernado que gobernador.

—Calla, Teresa —respondió Sancho—; que muchas veces donde hay estacas no hay tocinos. Vámonos a nuestra casa, que allá oirás maravillas. Dinero traigo, que es lo que importa, ganado por mi industria y sin daño de nadie.

—Traigan ustedes dinero, mi buen marido —dijo Teresa—, y sea ganado por aquí o por allá; que, como sea, no habrán hecho nada nuevo en el mundo.

Sanchica abrazó a su padre y le preguntó si traía algo, porque lo estaba esperando como agua de mayo; y ella, asida de un lado del cinto, y su mujer de la mano, tirando su hija del rucio, se fueron a su casa, dejando a don Quijote en la suya, en poder de su sobrina y de su ama, y en compañía del cura y del bachiller.

Don Quijote, sin guardar términos ni horas, en ese mismo instante se apartó a solas con el bachiller y el cura, y en breves razones les contó su vencimiento y la obligación en que había quedado de no salir de su aldea en un año, la cual pensaba guardar al pie de la letra, sin traspasarla en un átomo, como caballero andante obligado por la puntualidad y el orden de la caballería andante. Les dijo también que había pensado hacerse pastor aquel año y entretenerse en la soledad de los campos, donde, a rienda suelta, podría dar vado a sus pensamientos amorosos, ejercitándose en el virtuoso oficio pastoril; y les suplicó que, si no tenían mucho que hacer y no estaban ocupados en negocios más importantes, quisieran ser sus compañeros. Él compraría ovejas y ganado suficiente que les diera nombre de pastores; y les hizo saber que lo más principal del negocio estaba ya hecho, porque les tenía puestos los nombres, que les vendrían como de molde.

El cura le pidió que los dijera. Don Quijote respondió que él se llamaría **el pastor Quijotiz**; el bachiller, **el pastor Carrascón**; el cura, **el pastor Curambro**; y Sancho Panza, **el pastor Pancino**. Todos se asombraron de ver la nueva locura de don Quijote; pero, por evitar que se les fuera otra vez del pueblo a sus andanzas, esperando que en aquel año podría curarse, aceptaron su intención y aprobaron por discreta su locura, ofreciéndosele por compañeros en el ejercicio.

—Y aún más —dijo Sansón Carrasco—: como ya todo el mundo sabe, yo soy poeta celebérrimo, y a cada paso compondré versos pastoriles, o cortesanos, o como más me viniera a cuento, para entretenernos por esos andurriales donde hemos de andar. Y lo que más importa, señores míos, es que cada uno escoja el nombre de la pastora que piensa celebrar en sus versos, y que no dejemos árbol, por duro que sea, donde no lo rotule y grabe su nombre, como es uso y costumbre de los pastores enamorados.

—Eso viene hecho a la medida —respondió don Quijote—, puesto que yo estoy libre de buscar nombre de pastora fingida, porque ahí está la sin par Dulcinea del Toboso, gloria de estas riberas, adorno de estos prados, sustento de la hermosura, nata de los donaires y, en fin, sujeto sobre quien puede asentarse bien toda alabanza, por hipérbole que sea.

—Así es verdad —dijo el cura—; pero nosotros buscaremos por ahí pastoras mañeruelas, que si no nos cuadran, nos esquinen.

A lo que añadió Sansón Carrasco:

—Y cuando falten, les daremos los nombres de las estampadas e impresas, de las que está lleno el mundo: Fílidas, Amarilis, Dianas, Fléridas, Galateas y Belisardas; que, pues las venden en las plazas, bien las podemos comprar y tenerlas por nuestras. Si mi dama —o, mejor dicho, mi pastora— por ventura se llama Ana, la celebraré con el nombre de Anarda; y si Francisca, la llamaré Francenia; y si Lucía, Lucinda, que todo se parece. Y Sancho Panza, si entra en esta cofradía, podrá celebrar a su mujer Teresa Panza con el nombre de Teresaina.

Se rio don Quijote de la ocurrencia, y el cura alabó mucho su honesta y honrada resolución, y se ofreció de nuevo a hacerle compañía todo el tiempo que le quedara libre de atender a sus obligaciones. Con esto, se despidieron de él, y le rogaron y aconsejaron que cuidara su salud, y que se regalara cuanto fuera conveniente.

Quiso la suerte que su sobrina y el ama oyeran la plática de los tres; y así como se fueron, entraron ambas con don Quijote, y la sobrina le dijo:

—¿Qué es esto, señor tío? Ahora que pensábamos que usted volvía a recogerse en su casa y pasar en ella una vida quieta y honrada, ¿se quiere meter en nuevos laberintos, haciéndose:

Pastorcillo, tú que vienes, Pastorcico, tú que vas?

Pues en verdad que ya está duro el alcacel para zampoñas.

A lo que añadió el ama:

—¿Y podrá usted pasar en el campo las siestas del verano, los serenos del invierno, el aullido de los lobos? No, por cierto; que este oficio es de hombres robustos, curtidos y criados para tal desde las fajas y las mantillas. Aun, mal por mal, mejor es ser caballero andante que pastor. Mire, señor, tome mi consejo; que no se lo doy por estar harta de pan y vino, sino en ayunas, y con más de cincuenta años: quédese en su casa, atienda a su hacienda, confiese a menudo, favorezca a los pobres, y sobre mi alma si le va mal.

—Callen, hijas —les respondió don Quijote—; que yo sé bien lo que me conviene. Llévenme al lecho, que me parece que no estoy muy bien, y tengan por cierto que, ahora sea caballero andante o pastor, no dejaré de acudir siempre a lo que ustedes necesitaran, como lo verán por la obra.

Y aquellas buenas mujeres —que lo eran, sin duda, ama y sobrina— lo llevaron a la cama, donde le dieron de comer y lo cuidaron cuanto pudieron.

CAPÍTULO LXXIV: DE CÓMO DON QUIJOTE CAYÓ MALO, DEL TESTAMENTO QUE HIZO Y DE SU MUERTE

Como las cosas humanas no son eternas, y van siempre declinando desde su principio hasta llegar a su fin, especialmente la vida de los hombres, y como la de don Quijote no tenía privilegio del cielo para detener su curso, le llegó el fin cuando menos lo pensaba. Porque, o fuese de la melancolía que le causaba verse vencido, o por disposición del cielo que así lo ordenaba, se le asentó una calentura que lo tuvo seis días en la cama; en los cuales fue visitado muchas veces por el cura, el bachiller y el barbero, sus amigos, y no se apartó de la cabecera Sancho Panza, su buen escudero.

Ellos, creyendo que la pena de verse vencido y de no ver cumplido su deseo en la libertad y desencanto de Dulcinea lo tenía así, procuraban alegrarlo por todos los medios. Decía el bachiller que se animara y se levantara para comenzar el ejercicio pastoril, para el cual tenía ya compuesta una égloga —y mal año para cuantas Sannazaro había compuesto—, y que ya tenía comprados con su propio dinero dos famosos perros para guardar el ganado: uno llamado Barcino y el otro Butrón, que se los había vendido un ganadero del Quintanar. Pero con nada de eso se le iban a don Quijote las tristezas.

Llamaron sus amigos al médico; le tomó el pulso y no le satisfizo mucho, y dijo que, por sí o por no, atendiera a la salud de su alma, porque la del cuerpo corría peligro. Don Quijote lo oyó con ánimo sosegado; pero no lo oyeron así su ama, su sobrina y su escudero, que comenzaron a llorar tiernamente, como si ya lo tuvieran muerto delante.

Fue parecer del médico que melancolías y desabrimientos lo acababan. Don Quijote rogó que lo dejaran solo, porque quería dormir un poco. Lo hicieron, y durmió de un tirón —como dicen— más de seis horas; tanto, que el ama y la sobrina temieron que se quedara en el sueño.

Despertó al cabo de ese tiempo, y dando una gran voz dijo:

—¡Bendito sea el poderoso Dios, que tanto bien me ha hecho! En fin, sus misericordias no tienen límite, ni las abrevian ni las estorban los pecados de los hombres.

La sobrina estuvo atenta a las razones del tío, y le parecieron más concertadas de lo que él solía decirlas, al menos en aquella enfermedad, y le preguntó:

—¿Qué dice usted, señor? ¿Tenemos algo nuevo? ¿Qué misericordias son esas, o qué pecados de los hombres?

—Las misericordias —respondió don Quijote—, sobrina, son las que en este instante ha usado Dios conmigo, a quien, como dije, no le estorban mis pecados. Ya tengo juicio libre y claro, sin las sombras tenebrosas de la ignorancia que me pusieron mi amarga y continua lectura de los detestables libros de caballerías. Ya conozco sus disparates y sus engaños, y solo me pesa que este desengaño haya llegado tan tarde, que no me deja tiempo para hacer alguna reparación leyendo otros que sean luz del alma.

Me siento, sobrina, a punto de muerte; quisiera morir de modo que se entendiera que no fue mi vida tan mala que dejara renombre de loco; porque, aunque lo fui, no quisiera confirmarlo con mi muerte. Llámame, amiga, a mis buenos amigos: al cura, al bachiller Sansón Carrasco y a maese Nicolás el barbero, que quiero confesarme y hacer mi testamento.

Pero la sobrina se excusó de ese trabajo con la entrada de los tres. Apenas los vio don Quijote, cuando dijo:

—Denme albricias, buenos señores: ya no soy don Quijote de la Mancha, sino Alonso Quijano, a quien mis costumbres dieron renombre de Bueno. Ya soy enemigo de Amadís de Gaula y de toda la infinita caterva de su linaje; ya me son odiosas todas las historias profanas de la caballería andante; ya conozco mi necedad y el peligro en que me pusieron esas lecturas; y ya, por misericordia de Dios, escarmentando en cabeza propia, las abomino.

Cuando los tres lo oyeron, creyeron, sin duda, que alguna nueva locura le había tomado. Y Sansón le dijo:

—¿Ahora, señor don Quijote, que tenemos noticia de que la señora Dulcinea está desencantada, sale usted con eso? ¿Y ahora que estamos tan cerca de ser pastores, para pasar la vida cantando como unos príncipes, quiere hacerse ermitaño? Calle, por su vida; vuelva en sí y déjese de cuentos.

—Los cuentos de hasta aquí —replicó don Quijote—, que han sido verdaderos para mi daño, los ha de volver mi muerte, con ayuda del cielo, en mi provecho. Yo, señores, siento que me voy muriendo a toda prisa; dejen las burlas, y tráiganme un confesor y un escribano: en tales trances no debe uno jugar con el alma. Les suplico que, mientras el señor cura me confiesa, vayan por el escribano.

Se miraron unos a otros, admirados de sus razones; y aunque dudaban, quisieron creerle. Y una de las señales por donde conjeturaron que se moría fue haber vuelto con tanta facilidad de loco a cuerdo; porque a las razones dichas añadió otras muchas tan cristianas y tan bien ordenadas, que les quitó la duda y les hizo creer que estaba en su juicio.

El cura hizo salir a la gente y se quedó solo con él, y lo confesó. El bachiller fue por el escribano, y al poco volvió con él y con Sancho Panza; el cual Sancho —que ya sabía por nuevas del bachiller en qué estado estaba su señor—, hallando al ama y a la sobrina llorosas, comenzó a hacer pucheros y a derramar lágrimas.

Acabó la confesión, y salió el cura diciendo:

—Verdaderamente se muere, y verdaderamente está cuerdo Alonso Quijano el Bueno; ya podemos entrar para que haga su testamento.

Estas nuevas arrancaron lágrimas y profundos suspiros del ama, de la sobrina y de Sancho Panza, su buen escudero; porque, como alguna vez se ha dicho, tanto cuando fue Alonso Quijano el Bueno como cuando fue don Quijote de la Mancha, siempre fue de apacible condición y de agradable trato; y por eso no solo era querido de los de su casa, sino de cuantos lo conocían.

Entró el escribano con los demás, y después de haber hecho la cabeza del testamento y ordenado su alma don Quijote con todas las circunstancias cristianas requeridas, llegando a las mandas, dijo:

—Ítem: es mi voluntad que de ciertos dineros que Sancho Panza —a quien en mi locura hice mi escudero— tiene, y porque ha habido entre él y yo ciertas cuentas y dimes y diretes, no se le haga cargo de ellos ni se le pida cuenta alguna; sino que, si sobrara algo después de haberse pagado de lo que yo le debo, el restante sea suyo —que será bien poco—, y buen provecho le haga. Y si, estando yo loco, fui parte para darle el gobierno de la ínsula, bien pudiera ahora, estando cuerdo, darle el de un reino, porque la sencillez de su condición y la fidelidad de su trato lo merecen.

Y volviéndose a Sancho, le dijo:

—Perdóname, amigo, por haberte dado ocasión de parecer loco como yo, haciéndote caer en el mismo error en que caí: creer que hubo y hay caballeros andantes en el mundo.

—¡Ay! —respondió Sancho llorando—. No se muera usted, señor mío; más bien siga mi consejo y viva muchos años, porque la mayor locura que puede hacer un hombre en esta vida es dejarse morir así, sin más, sin que nadie lo mate, ni otras manos lo acaben que las de la melancolía. No sea perezoso: levántese de esa cama y vámonos al campo vestidos de pastores, como lo tenemos acordado; quizá tras alguna mata encontremos a la señora doña Dulcinea desencantada, y no habrá más que ver.

Y si se muere de pena por verse vencido, écheme a mí la culpa, diciendo que por haber yo cinchado mal a Rocinante lo derribaron; además, usted habrá visto en sus libros de caballerías ser cosa ordinaria derribarse unos caballeros a otros, y que el vencido hoy puede ser vencedor mañana.

—Así es —dijo Sansón—, y el buen Sancho Panza tiene toda la razón en estos casos.

—Señores —dijo don Quijote—, vayamos despacio, que ya en los nidos de antaño no hay pájaros hoy. Yo fui loco y ya soy cuerdo; fui don Quijote de la Mancha y soy ahora, como he dicho, Alonso Quijano el Bueno. Ojalá mi arrepentimiento y mi verdad me devuelvan ante ustedes la estimación que antes se me tenía; y siga adelante el señor escribano.

—Ítem: mando toda mi hacienda, a puerta cerrada, a Antonia Quijana, mi sobrina, que está presente, habiendo sacado primero de lo mejor de ella lo que sea menester para cumplir las mandas que dejo hechas; y la primera satisfacción que quiero que se haga es pagar el salario que debo del tiempo que mi ama me ha servido, y, además, veinte ducados para un vestido.

Dejo por mis albaceas al señor cura y al señor bachiller Sansón Carrasco, que están presentes.

—Ítem: es mi voluntad que, si Antonia Quijana, mi sobrina, quisiera casarse, se case con hombre de quien primero se haya hecho información de que no sabe qué cosas son los libros de caballerías; y, en caso de que se averigüe que lo sabe y, con todo eso, mi sobrina quiera casarse con él, y se case, pierda todo lo que le he mandado, lo cual podrán mis albaceas distribuir en obras pías, a su voluntad.

—Ítem: suplico a los dichos señores mis albaceas que, si la buena suerte los lleva a conocer al autor que dicen que compuso una historia que anda por ahí con el título de *Segunda parte de las hazañas de don Quijote de la Mancha*, de mi parte le pidan, tan encarecidamente como se pueda, que perdone la ocasión que, sin pensarlo yo, le di para haber escrito tantos y tan grandes disparates como en ella escribe; porque parto de esta vida con escrúpulo de haberle dado motivo para escribirlos.

Cerró con esto el testamento y, tomándole un desmayo, quedó tendido de largo a largo en la cama.

Se alborotaron todos y acudieron a socorrerlo; y en los tres días que vivió después de aquel en que hizo el testamento, se desmayaba muy a menudo. La casa andaba revuelta; pero, aun así, comía la sobrina, brindaba el ama y se alegraba Sancho Panza; que esto de heredar algo borra o templa, en el heredero, la memoria de la pena que es natural que deje el muerto.

En fin, llegó el último de don Quijote, después de haber recibido todos los sacramentos y después de haber abominado, con muchas y eficaces razones, de los libros de caballerías. Hallándose el escribano presente, dijo que nunca había leído en ningún libro de caballerías que algún caballero andante hubiese muerto en su lecho tan sosegadamente y tan cristiano como don Quijote; el cual, entre compasiones y lágrimas de los que allí estaban, dio su espíritu: quiero decir, que se murió.

Viendo esto, el cura pidió al escribano que le diera testimonio de que Alonso Quijano el Bueno, llamado comúnmente don Quijote de la Mancha, había pasado de esta vida presente y muerto naturalmente; y pidió tal testimonio para quitar ocasión a que algún otro autor que Cide Hamete Benengeli lo resucitara falsamente e hiciera interminables historias de sus hazañas.

Este fin tuvo el Ingenioso Hidalgo de la Mancha, cuyo lugar no quiso poner Cide Hamete con precisión, para dejar que todas las villas y lugares de la Mancha disputaran entre sí por adoptarlo y tenerlo por suyo, como disputaron las siete ciudades de Grecia por Homero.

Se dejan de poner aquí los llantos de Sancho, la sobrina y el ama de don Quijote, y los nuevos epitafios de su sepultura; aunque Sansón Carrasco le puso este:

Yace aquí el Hidalgo fuerte
que a tanto extremo llegó
de valiente, que se advierte
que la muerte no triunfó
de su vida con su muerte.
Tuvo a todo el mundo en poco;
fue el espantajo y el coco
del mundo, en tal coyuntura,
que acreditó su ventura:
morir cuerdo y vivir loco.

Y el prudentísimo Cide Hamete dijo a su pluma:

«Aquí quedarás, colgada de esta espetera y de este hilo de alambre, no sé si bien cortada o mal tajada, pluma mía, donde vivirás largos siglos, si presuntuosos y malandrines historiadores no te descuelgan para profanarte. Pero antes de que lleguen a ti, puedes advertirles y decirles, del mejor modo que puedas:

¡Tate, tate, folloncicos!
De ninguno sea tocada;
Porque esta empresa, buen rey,
Para mí estaba guardada.

Para mí sola nació don Quijote, y yo para él: él supo obrar y yo escribir; solo los dos fuimos uno, a despecho y pesar del escritor fingido y tordesillesco que se atrevió, o se atreverá, a escribir con pluma de avestruz, grosera y mal alineada, las hazañas de mi valeroso caballero. No es carga para sus hombros, ni asunto para su ingenio resfriado. Y, si acaso llegas a conocerlo, adviértele que deje reposar en la sepultura los cansados y ya podridos huesos de don Quijote, y no lo quiera llevar —contra todos los fueros de la muerte— a Castilla la Vieja, sacándolo de la fosa donde real y verdaderamente yace tendido de largo a largo, imposibilitado de hacer tercera jornada y salida nueva.

Para hacer burla de tantas como hicieron tantos caballeros andantes, bastan las dos que él hizo, tan a gusto y beneplácito de las gentes a cuya noticia llegaron, tanto en estos como en extraños reinos. Y con esto cumplirás con tu cristiana profesión, aconsejando bien a quien mal te quiere; y yo quedaré satisfecho y ufano de haber sido el primero que gozó del fruto de sus escritos enteramente, como deseaba; porque no ha sido otro mi deseo que poner en aborrecimiento de los hombres las fingidas y disparatadas historias de los libros de caballerías, que por las de mi verdadero don Quijote ya van tropezando y han de caer del todo, sin duda alguna».

Vale.

FIN

GUÍA DE ESTUDIO PARTE II

COMPRENSIÓN BÁSICA Y RECONOCIMIENTO DE PERSONAJES

¿En qué se diferencia Don Quijote de la Parte II respecto a la Parte I?

¿Por qué muchos personajes ya conocen a Don Quijote y a Sancho Panza?

¿Qué papel cumplen los duques en la Parte II?

¿Qué es la Ínsula Barataria y qué sucede allí?

¿Cómo demuestra Sancho Panza su sentido común cuando gobierna la ínsula?

¿Por qué Don Quijote es derrotado por el Caballero de la Blanca Luna?

¿Qué promesa hace Don Quijote tras su derrota?

¿Cómo termina finalmente la historia de Don Quijote?

¿Qué relación hay entre realidad y ficción en la Parte II?

VERDADERO O FALSO

☐ En la Parte II, Don Quijote es más consciente de su entorno.

☐ Sancho Panza llega a gobernar una ínsula.

☐ Los duques se burlan cruelmente de Don Quijote y Sancho.

☐ Don Quijote muere en plena aventura como caballero andante.

☐ El Caballero de la Blanca Luna es Sansón Carrasco.

☐ Sancho demuestra sabiduría como gobernante.

☐ Don Quijote nunca es vencido en la Parte II.

☐ La Parte II es más reflexiva y triste que la Parte I.

☐ Al final, Don Quijote recupera la cordura.

SELECCIÓN MÚLTIPLE

Los duques representan principalmente:
a) La nobleza justa
b) La fantasía caballeresca
c) La burla y la crueldad
d) La pobreza

La Ínsula Barataria es:
a) Un reino verdadero
b) Un lugar imaginario
c) Una trampa para Sancho
d) Una ciudad lejana

El Caballero de la Blanca Luna derrota a Don Quijote para:
a) Ganar fama
b) Humillarlo
c) Hacerlo regresar a su casa
d) Robarle

Al final del libro, Don Quijote:
a) Sigue luchando
b) Se convierte en rey

c) Recupera la razón
d) Viaja a otra tierra

Sancho Panza demuestra ser:
a) Ambicioso
b) Cruel
c) Sabio y justo
d) Cobarde

La Parte II se caracteriza por:
a) Más batallas heroicas
b) Más humor infantil
c) Más reflexión y desengaño
d) Más magia

COMPLETAR

El caballero que vence a Don Quijote se llama_______________________

Sancho gobierna la famosa ____

Al final del libro, Don Quijote vuelve a llamarse_________________

Don Quijote promete abandonar la caballería durante _______________

La relación entre Don Quijote y Sancho en la II parte es más

____

ACTIVIDAD CREATIVA

ELIGE UNA DE LAS SIGUIENTES ACTIVIDADES:

Imagina que Sancho Panza es gobernante hoy. ¿Qué decisiones tomaría como alcalde o presidente?

Escribe una carta de despedida de Don Quijote explicando por qué deja de ser caballero.

Reflexiona: ¿Crees que Don Quijote fracasa o triunfa al final? Explica por qué.

CONTENIDO